Steuerung durch Indikatoren

Vorstandsreihe
der Deutschen Gesellschaft für
Erziehungswissenschaft (DGfE)

Rudolf Tippelt (Hrsg.)

Steuerung durch Indikatoren

Methodologische und theoretische Reflektionen zur deutschen und internationalen Bildungsberichterstattung

Verlag Barbara Budrich
Opladen & Farmington Hills 2009

Bibliografische Informationen der Deutschen Nationalbibliothek
Die Deutsche Nationalbibliothek verzeichnet diese Publikation in der Deutschen Nationalbibliografie; detaillierte bibliografische Daten sind im Internet über http://dnb.d-nb.de abrufbar.

Gedruckt auf säurefreiem und alterungsbeständigem Papier.

www.budrich-verlag.de

ISBN 978-3-86649-246-2

Umschlaggestaltung: disegno visuelle kommunikation, Wuppertal – www.disenjo.de
Druck: Paper & Tinta, Warschau
Printed in Europe

Inhalt

Steuerung durch Indikatoren!? – Methodologische und theoretische Reflexionen zur deutschen und internationalen Bildungsberichterstattung

Einleitung zur Tagung[1]

Rudolf Tippelt

Die internationale und die deutsche Bildungsberichterstattung der letzten Jahre ist eine Herausforderung, über die zentralen Begriffe „Steuerung“ und „Indikatoren“ zu reflektieren. Die derzeit vorherrschende Theorie des „neuen Output-Steuerungsmodells“ legt den Schluss nahe, dass Bildungssysteme tatsächlich steuerbar sind (vgl. Fisch/Koch 2005). In welchem Maße das allerdings möglich ist, welche Rolle der internationalen und nationalen – künftig eventuell auch der regionalen – Bildungsberichterstattung dabei zukommt und welche wissenschaftstheoretischen Anforderungen an eine indikatorengestützte, die Bildungsprozesse über die Lebensspanne thematisierende Bildungsberichterstattung zu stellen sind, wurde bei der Tagung der Deutschen Gesellschaft für Erziehungswissenschaft im Oktober 2007 in Berlin thematisiert. Die hier folgenden Beiträge dokumentieren diese kritische Reflektion aus theoretischer, aus methodologischer und aus empirischer Perspektive. In den folgenden einleitenden Überlegungen werden einige Leitfragen formuliert.

Will Bildungspolitik in Deutschland mit den Mitteln einer regelmäßigen Berichterstattung das Wissen über die Leistungsfähigkeit des Bildungswesens erhöhen, bedarf es parallel zur Etablierung einer dauerhaften Infrastruktur für die nationalen Bildungsberichte auch gezielter Forschungs- und Entwicklungsarbeiten sowie der wissenschaftlichen Klärung von Grundsatzfragen. Von zentraler Bedeutung sind dabei vor allem die Klärung der theoretischen Fundierung der heranzuziehenden Indikatoren und der argumentativen Plausibilisierung von Annahmen über empirisch belastbare Wirkungszusammenhänge. Auch müssen Interdependenzen zwischen Indikatoren im Blick behalten werden.

1 Tagung der Deutschen Gesellschaft für Erziehungswissenschaft (DGfE) vom 26. 10. bis 27. 10. 2007 in Berlin.

Es ist unter diesen Gesichtspunkten hervorragend, dass das Indikatorenkonzept der nationalen Bildungsberichterstattung mit seinen theoretischen und methodologischen Begründungen in dieser Publikation mit aufgenommen werden konnte. *Hans Döbert* und *Eckhard Klieme* vom Deutschen Institut für Internationale Pädagogische Forschung (DIPF), die die Federführung der nationalen Berichterstattung in Deutschland derzeit haben, ist für die Publikation dieser grundlegenden Expertise in dieser Veröffentlichung der DGfE zu danken.

1. Bildungsberichterstattung

Aber um was geht es, wenn man Steuerung durch eine indikatorengestützte Bildungsberichterstattung anstrebt? Einerseits wird die regelmäßige Information über die Dynamik des Bildungssystems in allen seinen Bereichen im Kontext eines Konzeptes des Lebenslangen Lernens angestrebt, so dass von einer kritischen Aufklärung der pädagogisch interessierten Öffentlichkeit gesprochen werden kann. Andererseits dient die empirische Bildungsberichterstattung in einer weiteren Zielperspektive der Orientierung einer bildungspolitischen und auch pädagogisch praktischen Bildungsplanung, die über einen bloßen Informationsanspruch hinausgeht. Orientierungswissen durch empirische Datenanalyse soll letztlich rationales Handeln ermöglichen. Zu fragen ist im Kontext der indikatorengestützten Bildungsberichterstattung allerdings, ob über Orientierungswissen hinaus sichere Ableitungszusammenhänge für die Formulierung sozialer Technologien möglich sind (vgl. Albert 1976). Selbstverständlich muss sich die Bildungsforschung im Besonderen wie die Erziehungswissenschaft und die Bildungspolitik im Allgemeinen mit dem Problem „sozialer Technologien" im sozialen und pädagogischen Kontext auseinandersetzen. Soziale Technologien, die eine präzise angebbare Wirkung auf der Basis kausaler oder probabilistischer Regelmäßigkeiten implizieren, wären prinzipiell in der Lage, eindeutige Ursache-Wirkungs-Zusammenhänge und präzise Ziel-Mittel-Ketten für pädagogisches und bildungspolitisches Handeln zu benennen. Allerdings wurden die Möglichkeiten von sozialen Technologien im pädagogischen Feld von der pädagogischen Theorie mit guten Argumenten in Frage gestellt. So gilt das pädagogische Feld als hoch komplex, so dass beispielsweise nicht alle intervenierenden Variablen vorhersagbar sind. Darüber hinaus ist das pädagogische Feld sehr dynamisch, so dass keine präzisen empirischen Kausalitäten vorliegen, die exakte vorhersagbare Wirkungen von mittelfristigen Bildungsplänen erlauben würden. Allerdings ist mit diesen allgemeinen Steuerungsproblemen zunächst nur eine Fragestellung angesprochen und noch keine Antworten, die sich nur in den spezifischen Beiträgen dieser Veröffentlichung ergeben können.

Es ist auch wichtig hervorzuheben, über welche Bildungsberichte wir in diesem Zusammenhang überhaupt sprechen: Es geht um die Reflexion der methodologischen und theoretischen Grundlagen des ersten und des zweiten nationalen Bildungsberichts, die die Bildungsbereiche über die Lebensspanne mit den Mitteln der statistischen Analyse erfassen (vgl. BMBF 2003b, 2004, 2006, 2008). Zu diskutieren sind auch die regelmäßig erscheinende Bildungsanalyse der OECD „Education at a Glance" (vgl. OECD 2007; Mitter/Schäfer 1994). In diesem Zusammenhang sind auch die Large-Scale-Assessments (z.B. PISA) in die Reflexion einzubeziehen sowie die Überlegungen zum geplanten Berufsbildungs-PISA zu reflektieren. Es geht darum, die Möglichkeiten eines nationalen Bildungspanels auszuloten und es soll die europäisch vergleichbare Analyse im Bereich der Erwachsenen- und Weiterbildung (Adult Education Survey) kritisch beleuchtet werden. Bei einer indikatorengestützten Berichterstattung interessieren aus pädagogischer Perspektive immer die differenzierenden Aspekte. So ist bei Indikatoren auf den sozioökonomischen Hintergrund, auf den Migrationshintergrund, das Geschlecht und die Bildungsunterschiede von verschiedenen Populationen einzugehen. Auch müssen bestimmte Indikatoren- und auch Steuerungsmodelle den jeweiligen Besonderheiten von Bundesländern und Regionen gerecht werden können. Der häufig intendierte internationale Vergleich im Kontext der nationalen Bildungsberichterstattung enthält besondere Herausforderungen und erfordert eine sehr hohe Kooperationsbereitschaft aller Beteiligten.

Notwendig sind sicherlich Zeitreihendaten, denn Orientierungs- oder Steuerungsmöglichkeiten werden erst sichtbar, wenn man beim Wandel von Teilen des Bildungssystems auch Kohorten-, Alters- und Periodeneffekte unterscheiden kann.

Auch eine indikatorengestützte Bildungsberichterstattung ist selbstverständlich auf die Benennung von Zieldimensionen und Interventionsfelder angewiesen. Hier haben sich die Zieldimensionen der Bildungsberichterstattung von 2006 und 2008 bewährt: die individuelle Regulationsfähigkeit hebt die kognitiven, motivationalen und sozialen Kompetenzen des einzelnen hervor, die Befähigung zur gesellschaftlichen Teilhabe und die Wahrung sozialer Chancen entsprechen den humanitären und universellen Ansprüchen einer demokratischen und fairen Gesellschaft, und die Betonung von Humanressourcen dient der Entfaltung von Qualifikation und Kompetenz im ökonomischen System – im gesellschaftlichen und im individuellen Interesse (vgl. BMBF 2003a). Die Vorgabe und Definition dieser allgemeinen Zieldimensionen strukturiert die Formulierung von Indikatoren und sichert somit eine realistische gesellschaftliche Perspektive einer empirischen indikatorengestützten Bildungsberichterstattung – ohne solche Zieldimensionen wären Indikatoren ohne handlungsbezogene Perspektive zudem nicht hinreichend strukturiert.

Allerdings sind in den folgenden Artikeln zwei zentrale Begriffe bildungsbereichsspezifisch zu klären, die die Tagung prägen – die Begriffe der Steuerung und der Indikatoren.

Zunächst ist festzuhalten – und dies ist eine Stärke der derzeitigen Bildungsberichterstattung in Deutschland –, dass sie die Analyse des Bildungswesens, die Bildung über die Lebensspanne und die Prozesse des Lebenslangen Lernens empirisch beschreibt. Es geht um die Bereiche der frühkindlichen Bildung, des allgemeinbildenden Schulwesens, der beruflichen Ausbildung, der Hochschulbildung und der beruflichen, allgemeinen und politischen Weiterbildung sowie der außerschulischen Jugendbildung. Alle diese Bereiche, die miteinander verzahnt sind, die aber dennoch einer jeweils besonderen Handlungs- und Entwicklungslogik verpflichtend sind, tangieren sich in ihren Strukturen. Die jeweiligen Kompetenzen der Teilnehmer- und Zielgruppen eines Teilsystems, sind jeweils Eingangsvoraussetzungen und definieren die Übergangsbedingungen des jeweils anderen tangierenden Bildungsbereichs.

2. Indikatoren

Aber was sind Indikatoren? Indikatoren sind zunächst empirisch relevante und belastbare Informationen über Bereiche des Bildungs- und Erziehungswesens. Sie sind in Zeitreihen fortschreibbare Datensätze, und sie müssen international oder länderspezifisch auch regional vergleichbare Daten zur Verfügung stellen (vgl. Lassnigg/Gruber 2001).

Ein für die Bildungsberichterstattung sinnvolles Indikatorenkonzept muss besonders wichtige Kernindikatoren benennen und diese von ebenfalls interessanten Ergänzungsindikatoren abgrenzen. Aber welche relevanten Kernindikatoren sind zu fokussieren, die in Replikationsstudien immer wieder gemessen werden müssen, um auf diese Weise den Wandel im Bildungswesen (vgl. Tippelt 1990) abbilden zu können? Gibt es einen Konflikt zwischen der kontinuierlichen Erhebung von Kernindikatoren und der Notwendigkeit, dass steuerungsrelevante Materialien der Bildungsberichterstattung auch Aktualität beanspruchen müssen? Wie verhalten sich die in der OECD oder der EU als relevant eingestuften Indikatoren der Bildungsberichterstattung zu jenen, die in Deutschland für relevant befunden werden? Ist die Vernetzung und Abstimmung der erhobenen Indikatoren für international vergleichende Studien hinreichend?

Der methodologische und theoretische Bericht des Konsortiums Bildungsberichterstattung zu den Indikatoren gibt auf solche und zahlreiche weitere Fragen Antwort.

Noch schwieriger als das „Indikatorenkonzept" ist das „Steuerungskonzept" zu definieren und einzugrenzen. Steuerung kann sich sicher auf die verschiedenen Ebenen (vgl. Fend 2006, 2008) der Gestaltung von Bildungsprozessen richten. Relevant sind hier die Gestaltung von Rahmenbedingungen (input), die Gestaltung von Verlaufsmerkmalen beispielsweise des Unterrichts oder genereller der Lehr- und Lernprozesse (process), die Erreichung spezifischer unmittelbarer kognitiver, motivationaler und sozialer Ergebnisse (output) und – schwer zu erheben aber von großer Bedeutung – die längerfristigen Erträge von Bildungsmaßnahmen (outcome).

Indikatorengestützte Berichterstattung erfolgt darüber hinaus auf verschiedenen Ebenen: die Makroebene thematisiert die nationale und regionale Bildungsplanung, die Mesoebene thematisiert evidenzbasierte Leistungen von Bildungsinstitutionen, die in Prozessen der Qualitätssicherung durch Evaluation sichtbar gemacht werden können. Die Mikroebene thematisiert die Effekte des Handelns pädagogischer Praktiker und Planer in Bildungseinrichtungen. Selbstverständlich stellt sich in diesem Zusammenhang die realistische Frage, inwieweit deskriptives Wissen auch tatsächlich orientierend wirkt? Nimmt die Bildungspolitik und die Bildungspraxis dieses indikatorengestützte Wissen überhaupt hinreichend zur Kenntnis? Auch wenn Planung nicht als eine aus Fakten ableitbare Steuerung, sondern als reflektierte aufgeklärte Konstruktion von Akteuren aufgefasst wird, stellen sich diese Fragen des Transfers und der Anwendung empirischen Wissens.

Bedeutsam für die Bildungsberichterstattung ist auch das sich im europäischen Kontext durchsetzende Konzept der formalen, der non-formalen und der informellen Bildung. Es stellt sich unter Berücksichtung dieses differenzierenden Konzeptes die Frage, welche Lern- und Bildungsorte man bei der Bildungsberichterstattung als steuerungsrelevant anerkennt und bearbeitet (zum Beispiel Schule, Weiterbildungseinrichtungen vs. Familie, Arbeitsplatz). Welche Bedeutung ist dem formalen Lernen in Institutionen, das intendiert und meist zertifikatsbezogen erfolgt, gegenüber dem alltäglichen und erfahrungsbasierten Lernen in denselben Institutionen zuzusprechen, das meist nicht intendiert und en passant geschieht. Sind solche informellen Lernprozesse auch indikatorenrelevant? In welchem Verhältnis stehen kognitive Kompetenzen und soziale und emotionale Kompetenzen? Sind beide – für Bildungsprozesse sicherlich wichtigen – Kompetenzbereiche durch Indikatoren hinreichend abzubilden?

3. Steuerung und Orientierung

Der Steuerungsbegriff legt nahe, pädagogische Forschung in empirisch pragmatischer Absicht zu betreiben und nicht eine lediglich „kontemplative Forschung“ (Albert 1976) anzustreben. Dennoch stellt sich die Frage, inwieweit die vom kritischen Rationalismus angeregte Transformation theoretischer Systeme, insbesondere deskriptiver und explikativer Aussagen, im pädagogischen Kontext in sozial-technologische Aussagensysteme (vgl. Stegmüller 1974) umgeformt werden können. Gegen sozial-technologische Aussagensysteme sprechen neben den bereits oben erwähnten Problemen beispielsweise folgende Einschränkungen: Trotz sachlich empirisch gehaltvoller Information über Entwicklungen und Trends gibt es eine Freiheit der praktischen und politischen Zwecksetzung, die durch Trends in keiner Weise determiniert sind. Grundsätzlich ist anzumerken, dass aus empirischen Fakten keine normativen Prämissen ableitbar sind – dies wurde bereits in der methodologischen Diskussion der 1970er Jahre als naturalistischer Fehlschluss bezeichnet (vgl. Albert 1976). Die systemtheoretische Erziehungswissenschaft hat die Komplexität der Bildungsplanung und der Bildungspraxis als ein Problem herausgearbeitet, das strukturell Technologiedefizite pädagogischen (und sozialwissenschaftlichen) Wissens zur Folge hat. Die mannigfaltigen Antezedensbedingungen realer Situationen können insbesondere bei steuernden Überlegungen der Bildungspraxis nicht komplett berücksichtigt werden. Vieles spricht daher dafür, dass Bildungsberichterstattung eine Form der dichten Deskription darstellt, allerdings kein nomothetisches Kausalwissen enthält, das *exakt* bestimmbare Umsetzungen impliziert.

Steuerung lässt sich zumindest assoziativ mit den Typen der Herrschaft und der Bildung nach Max Weber (zitiert nach 1964, 1922) ansprechen. Weber hat legale Herrschaft, traditionale Herrschaft und charismatische Herrschaft unterschieden. Zur Steuerung besonders relevant ist das zweckrationale Handeln, wobei Weber darunter folgendes versteht: „Zweckrational handelt, wer sein Handeln nach Zweck, Mitteln und Nebenfolgen orientiert und dabei sowohl die Mittel gegen die Zwecke, wie die Zwecke gegen die Nebenfolgen wie endlich auch die verschiedenen möglichen Zwecke gegeneinander rational abwägt: Also jedenfalls weder affektuell (und insbesondere nicht emotional) noch traditional handelt“ (Weber 1922, 13).

Zweckrationales Handeln ist der intellektuell kontrollierteste Typ des Handelns – auch in pädagogischen Kontexten. So handelt wertrational, wer die Ziele seines Handelns planvoll ohne Rücksicht auf die vorauszusehenden Folgen, nur an den selbstgestellten Forderungen und Überzeugungen orientiert, also besinnungsethisch vertritt, so handelt zweckrational, wer nicht bloß die Mittel im Lichte von Zwecken organisiert, sondern „seine Zwecke und

Folgen reflektiert setzt, d. h. ohne Beeinträchtigung der persönlichen Autonomie durch blinde Affekte oder undurchschaute Autoritäten" (vgl. Lenhardt 1984, 104).

Steuerung ist ohne Zweifel auf Zwecksetzung und Zielorientierung angewiesen und dennoch ist hervorzuheben, dass Zwecke jederzeit der kritischen Reflexion zugänglich sind. Selbstverständlich stellt sich im Zusammenhang mit der Notwendigkeit von zweckrationalem Handeln die Frage, wer in bildungspolitischen und in bildungsplanerischen Kontexten die Zwecke letztlich setzt. Man wird feststellen müssen, dass es ein Primat der Politik gibt, das allerdings seinerseits durch verschiedene Zuständigkeiten auf Bundes-, auf Landes- und auf kommunaler Ebene im Steuerungsgeschehen hoch differenziert und manchmal auch „schwierig" zu handhaben ist. Im erziehungswissenschaftlichen Kontext ist es wichtig herauszuarbeiten, welchen Einfluss indikatorengestütztes empirisches Forschen auf die Formulierung auch von steuerungsrelevanten Zwecken hat. Allerdings ist festzuhalten, dass der deskriptive und analytische Ansatz der Bildungsberichterstattung nicht schon die normativ zu legitimierenden Zwecke formuliert, sondern bestenfalls die orientierende Basis für dieses politische und praktische Handeln sein kann. Interessant ist es danach zu fragen, wie Bildungsplanung und Bildungspolitik bislang indikatorengestütztes pädagogisches Wissen genutzt haben. Weiterhin ist zu fragen, wie analytisches deskriptives Wissen aufbereitet sein muss, damit es bildungspolitisch und -praktisch orientierend herangezogen werden kann? Wird Steuerung, die von der Bildungspolitik und -praxis zu leisten ist, rational, wenn auf indikatorenbasiertes pädagogisch-empirisches Wissen, was von der Bildungsforschung erarbeitet wird (vgl. Tippelt 2002), zurückgegriffen werden kann?

Auch wenn indikatorenbasiertes empirisches Orientierungswissen ein bestimmtes bildungspolitisches und bildungspraktisches Handeln nahe legen kann, einen unmittelbaren Ableitungszusammenhang, das soll schon an dieser Stelle betont werden, gibt es nicht. Handeln basiert auf der mehr oder weniger informierten und intelligenten planenden Konstruktion von Akteuren.

Die folgenden Aufsätze sollen dementsprechend Aufschluss darüber geben, welche Begriffe der Steuerung und Orientierung in einzelnen Bildungsbereichen für Planungsprozesse adäquat sind und welche Indikatoren wie konstruiert werden müssen, damit ein sinnvolles und für die verschiedenen Ebenen des gestaltenden pädagogischen Handelns notwendiges Wissen entsteht.

Auch wenn viele Fachkollegen mit guten Argumenten große Bedenken gegenüber einer zu einfachen sozialtechnologischen Anwendung pädagogischen Wissens haben, wird man die positiven Effekte einer indikatorengestützten Bildungsberichterstattung im Zusammenhang mit Steuerung betonen können: Einerseits wird eine breite, pädagogisch interessierte Öffentlichkeit durch valides und empirisch belastbares Wissen aufgeklärt, andererseits ist theoretisch strukturiertes, empirisches Orientierungswissen für die verschiedenen Ebenen des pädagogischen Gestaltens und Handelns sehr bedeutsam (vgl. Tippelt 1998).

Allerdings ist Steuerung eine politische und praktische Aufgabe, Orientierung und Aufklärung dagegen die korrespondierende Aufgabe der Bildungsforschung und der Erziehungswissenschaft.

Literatur

Albert, H. (1976): Aufklärung und Steuerung. Aufsätze zur Sozialphilosophie und zur Wissenschaftslehre der Sozialwissenschaften. Hamburg: Hoffmann und Campe.

BMBF (2003a): Indikatorisierung der Empfehlungen des Forum Bildung. Verfügbar unter: http://www.bmbf.de/pub/indikatorisierung_der_empfehlungen_des_forum_bildung.pdf.

BMBF (2003b): Konzeptionelle Grundlagen für einen Nationalen Bildungsbericht. Berufliche Bildung und Weiterbildung/Lebenslanges Lernen. Verfügbar unter: http://www.bmbf.de/pub/nationaler_bildungsbericht_bb_weiterbildung.pdf.

BMBF (2004): Konzeptionelle Grundlagen für einen Nationalen Bildungsbericht. Non-formale und informelle Bildung im Kindes- und Jugendalter. Verfügbar unter: http://www.bmbf.de/pub/nonformale_und_informelle_bildung_kindes_u_jugendalter.pdf.

BMBF (2006): Bildung in Deutschland. Verfügbar unter: http://www.bildungs-bericht.de/daten/gesamtbericht.pdf.

BMBF (2008): Bildung in Deutschland. Verfügbar unter: http://www.bildungsbericht.de/img/bb08cover.pdf.

Fend, H. (2006): Neue Theorie der Schule. Einführung in das Verstehen von Bildungssystemen. Wiesbaden: VS Verlag für Sozialwissenschaften.

Fend, H. (2008): Schule gestalten. Systemsteuerung, Schulentwicklung und Unterrichtsqualität. Wiesbaden: VS Verlag für Sozialwissenschaften.

Fisch, R./Koch, S. (Hrsg.) (2005): Neue Steuerung von Bildung und Wissenschaft: Schule – Hochschule – Forschung. Bonn: Lemmens.

Lassnigg, L./Gruber, K.-H. (2001): Statistiken – Indikatoren – Standards – Benchmarks als Mittel zur Koordination und Steuerung im Bildungswesen. Verfügbar unter: http://www.equi.at/dateien/indik-benchmarks-lassnigg-gr.pdf.

Lenhardt, G. (1984): Schule und bürokratische Rationalität. Frankfurt/M.: Suhrkamp.

Mitter, W./Schäfer, U. (Hrsg.) (1994): Die internationalen Bildungsindikatoren der OECD – ein Analyserahmen. Ein OECD/CERI-Bericht. Frankfurt/M.: Lang.

OECD (2007): Education at a Glance. Indikatoren. Verfügbar unter: http://www.oecd.org/document/30/0,3343,en_2649_201185_39251550_1_1_1_1,00.html.

Statistische Ämter des Bundes und der Länder (Hrsg.) (2008): Internationale Bildungsindikatoren im Ländervergleich. Wiesbaden: Statistisches Bundesamt.

Stegmüller, W. (1974): Probleme und Resultate der Wissenschaftstheorie und Analytischen Philosophie. Band I: Theorie und Erfahrung. Berlin: Springer.

Teichler, U. (2005): Quantitative und strukturelle Entwicklungen des Hochschulwesens. In: Teichler, U./Tippelt,R. (Hrsg.): Hochschullandschaft im Wandel. Zeitschrift für Pädagogik, 50. Beiheft, S. 8-25.

Tippelt, R. (1990): Bildung und sozialer Wandel. Eine Untersuchung von Modernisierungsprozessen am Beispiel der Bundesrepublik Deutschland seit 1950. Weinheim: Deutscher Studienverlag.

Tippelt, R. (1998): Zum Verhältnis von allgemeiner Pädagogik und Bildungsforschung. In: Zeitschrift für Erziehungswissenschaft, Heft 2, S. 239-260.

Tippelt, R. (Hrsg.) (2002): Handbuch Bildungsforschung. Opladen: Leske + Budrich.

Tillmann, K.-J./Rauschenbach, T./Tippelt, R./Weishaupt, H. (Hrsg.) (2008): Datenreport Erziehungswissenschaft 2008. Opladen: Barbara Budrich.

Weber, M. (1922): Gesammelte Aufsätze zur Wissenschaftslehre. Tübingen: Mohr.

Weber, M. (1964): Wirtschaft und Gesellschaft. Grundriß der verstehenden Soziologie. Berlin u. Köln: Kiepenheuer & Witsch.

Was leistet die PISA-Studie zur Steuerung des Bildungssystems?

Klaus-Jürgen Tillmann

„Das Wissen über Leistungsergebnisse von Schulsystemen wächst schneller als das Wissen darüber, was man mit diesem Wissen anfangen kann."
(Ewald Terhart 2002, 108)

Es geht in diesem Beitrag – und in dem dahinter stehenden DFG-Forschungsprojekt[1] – um die Frage, wie die PISA-Ergebnisse der Jahre 2001 und 2002 in der Bildungspolitik ausgewählter deutscher Bundesländer verarbeitet wurden: Welche bildungspolitischen Entscheidungen wurden dadurch angeregt, welche Maßnahmeprogramme wurden realisiert? Und vor allem: In welcher Weise hat dabei das jeweilige Schulministerium, haben Minister bzw. Ministerin agiert?

Dass wir diese Fragen nach bildungspolitischen Aktivitäten und Verläufen auf die PISA-Studie beziehen, hat einen naheliegenden Grund: PISA ist vom Anspruch her als Systemevaluation angelegt – und PISA verspricht, „Steuerungswissen" für die Chefetagen des Bildungssystems zu liefern. Insofern kann die PISA-Studie als eine besonders umfassende Aktivität im Rahmen jener neuen „Philosophie" beschrieben werden, die als „evaluationsbasiertes Steuerungsmodell" (Altrichter/Heinrich 2006, 55) bezeichnet wird. Diese Steuerungsvorstellung, die inzwischen in Ministerien und in der Bildungsforschung eine große Anhängerschaft hat, lässt sich ganz knapp wie folgt skizzieren:

Auf der Basis vorgegebener „Bildungsstandards" werden externe Leistungstest durchgeführt, deren Ergebnisse dann in das System zurückgespielt werden. Die kritische Reflexion der Ergebnisse führt dann in den Schulen, in der Administration, in der Bildungspolitik zu angemessenen Maßnahmen der Qualitätsverbesserung.

Indem bildungspolitische Verläufe nach PISA, also die von den Ministerien tatsächlich in Gang gesetzten Aktivitäten, mit diesem Konzept verglichen werden, soll es auf seinen Realitätsgehalt geprüft werden: Lässt sich die

1 DFG-Projekt „Ministerielle Steuerung und Leistungsvergleichsstudien" (MiSteL) an der Universität Bielefeld, Mitarbeiter/innen: Kathrin Dedering, Christian Kuhlmann, Daniel Kneuper, Isa Nessel, Klaus-Jürgen Tillmann (Leitung).

politische Verarbeitung von PISA-Ergebnissen tatsächlich als „evaluationsbasierte Steuerung" beschreiben? Um dies herauszuarbeiten, argumentiere ich in drei Schritten:

- Im ersten Schritt wird der Anspruch der PISA-Studie dargestellt, „Steuerungswissen" für die Leitungsebene eines Schulsystems bereitzustellen.
- Sodann werden zwei bildungspolitische Abläufe im Detail präsentiert: die Einführung von Standards und zentralen Prüfungen in Bremen und der Ausbau des Ganztagsschulsystems in Brandenburg. In beiden Fällen geht es um die unmittelbare Reaktion der Landespolitik auf die PISA-Ergebnisse im Jahr 2002 und kurz danach.
- Abschließend erfolgt dann eine systematische Interpretation der Fälle: In welcher Weise sind die PISA-Ergebnisse politisch verarbeitet worden? Welche Steuerungsaktivitäten sind dadurch angestoßen worden? Wurde politisches Handeln durch „Steuerungswissen" rationaler?

Diese abschließende Interpretation mündet dann in eine Einschätzung, ob man die PISA-Studie (und die sich darauf beziehenden Maßnahmen) als eine Form der „evaluationsbasierten Steuerung" verstehen kann.

1. Der Ausgangspunkt: Schafft PISA „Steuerungswissen"?

PISA ist eine Stichproben-Untersuchung, die Aussagen über Schulsysteme, nicht jedoch über einzelne Schulen macht. Dementsprechend heißt es in der offiziellen PISA-Broschüre der OECD:

> „Das Hauptziel der Entwicklung und Durchführung dieser groß angelegten Untersuchung ist ... die Gewinnung von empirisch gesicherten Informationen, die als Grundlage von schulpolitischen Entscheidungen dienen können" (OECD-PISA 2000, 9).

In die gleiche Richtung argumentiert die Kultusministerkonferenz in ihren Konstanzer Beschlüssen (1997), wenn sie von „systemrelevantem Steuerungswissen" spricht, das durch die von ihr in Auftrag gegebenen Leistungsvergleichsstudien erzeugt werden soll (vgl. Stryck 2000, 120). Und auch die an den internationalen Studien beteiligten Wissenschaftler heben diesen Aspekt hervor: So sprechen Bos und Postlethwaite (2000) davon, dass eine „Generierung von Steuerungswissen zur Bildungsplanung" (375) angestrebt werde. Dann ist es auch nur konsequent, als Adressaten der PISA-Ergebnisse nicht so sehr die Schule und ihre Lehrer/innen, sondern vor allem die beteiligten Regierungen und ihre leitenden Mitarbeiter/innen in den Blick zu nehmen (vgl. Klieme/Baumert/Schwippert 2000, 394).

Seit Dezember 2001 (Veröffentlichung der PISA-I-Ergebnisse) zeigte sich nun aber, dass diese – im Konzept vorgesehene – Konzentration des

Adressatenkreises auf die „Steuerleute" durch die Dynamik der öffentlichen Diskussion völlig überrannt wurde. Was sich bei der Diskussion der TIMSS-Ergebnisse Ende der 1990er Jahre schon andeutete, wuchs sich hier zu einem erstaunlichen Phänomen aus: Die Ergebnisse der PISA-Studie wurden zu einem zentralen politischen Ereignis, das weit über das Jahr 2002 hinaus die bildungspolitische Diskussion in der Bundesrepublik bestimmte. Welch großen Umfang diese Debatte angenommen hat, lässt sich anhand einiger Zahlen aus unserem Forschungsprojekt verdeutlichen: In dem einen Jahr nach der Veröffentlichung der PISA-2000-Ergebnisse – also zwischen Dezember 2001 und Dezember 2002 – haben wir im „Spiegel" 54, im „Focus" 81 und in der „Zeit" 125 Artikel gefunden, die sich unmittelbar auf PISA beziehen. Und in der „Süddeutschen Zeitung" waren es im gleichen Zeitraum 462 Artikel. Aufgrund dieser hohen öffentlichen Aufmerksamkeit gerieten die Schulministerien der Länder aber auch in das Zentrum der öffentlichen Kritik: Sie hatten die Misere zu verantworten, sie sollten nun unmittelbar handeln. Dementsprechend verlagerten sich ihre Aktivitäten von den Anforderungen der systeminternen Steuerung hin zur Beeinflussung des (bildungs)politischen Diskurses: Es ging in den Ministerien längst nicht mehr „nur" um die „richtigen" Maßnahmen zur Problemlösung, sondern zunehmend um eine möglichst günstige öffentliche Präsentation der eigenen Handlungsfähigkeit angesichts der schlechten PISA-Nachrichten.

Zur Beantwortung der zuvor genannten Fragestellung wurden im Rahmen des o. g. Forschungsprojekts in vier Bundesländern – in Brandenburg, Bremen, Rheinland-Pfalz und Thüringen – qualitative Fallstudien durchgeführt. Dabei wurden umfangreiche Presse- und Materialanalysen mit Experteninterviews verknüpft[2].

2. Die Fallanalyse: Bildungspolitische Reaktionen auf PISA 2000

Die erste bundesweite PISA-Erhebung fand im Mai 2000 statt. Die ersten Ergebnisse – also der Vergleich der nationalen Werte mit denen der anderen Staaten – wurden am 4. Dezember 2001 veröffentlicht[3]. Am gleichen Tag, an dem das PISA-Konsortium seine ersten Ergebnisse veröffentlichte, verabschiedete die KMK einstimmig einen „Handlungskatalog". Darin wurde in sieben Handlungsfeldern festgelegt, welche bildungspolitischen Konsequenzen aus PISA zu ziehen seien:

2 Der theoretische und methodische Ansatz dieser Forschung wird ausführlich beschrieben in Tillmann u. a. 2008.

3 Der Vergleich der Bundesländer folgte erst im Juni 2002.

PISA-Handlungskatalog der KMK 2001:

1. Verbesserung der Sprachkompetenz in unterschiedlichen Feldern.
2. Bessere Verzahnung von Vor- und Grundschule, frühzeitige Einschulung.
3. Verbesserung der Grundschulbildung (Lesekompetenz, mathematisch-naturwissenschaftliche Kompetenz).
4. Bessere Förderung bildungsbenachteiligter Kinder.
5. Qualitätssicherung durch verbindliche Standards und Evaluation.
6. Stärkung der diagnostischen und methodischen Kompetenz der Lehrkräfte.
7. Ausbau schulischer und außerschulischer Ganztagsangebote (vgl. Pressemitteilung der KMK vom 06.12.2001).

Bei diesem Katalog handelt es sich um einen politischen Kompromiss zwischen CDU- und SPD-Ministern. Dies erklärt, warum bestimmte Bereiche (Vor- und Grundschule) besonders ausführlich angesprochen werden, andere hingegen (z.B. Schulstruktur in der Sekundarstufe I) gar nicht auftauchen. Mit diesem Katalog und ihrer schnellen Veröffentlichung erreichte die KMK eine erhebliche Presseresonanz: Es wurden ab Dezember 2001 nicht nur die schlechten PISA-Ergebnisse diskutiert, sondern zeitgleich und sofort auch die guten Absichten der Kultusminister. Dieser KMK-Handlungskatalog stellt gleichsam den inhaltlichen und zeitlichen Ausgangspunkt für alle weiteren Aktivitäten dar. Davon ausgehend mussten die einzelnen Landesministerien nun innerhalb ihres je spezifischen bildungspolitischen Kontextes agieren. Daraus ergibt sich unsere – landesspezifisch zu bearbeitende – Forschungsfrage:

Welche bildungspolitischen Entscheidungen wurden durch PISA angeregt, welche Maßnahmeprogramme wurden realisiert? In welcher Weise hat dabei das jeweilige Schulministerium agiert?

Beantwortet werden soll diese Frage, indem zwei Politikbeispiele präsentiert werden: Zunächst die Einführung zentraler Prüfungen in Bremen, dann die Ausweitung des Ganztagsschul-Sektors in Brandenburg. An diesen Beispielen soll exemplarisch verdeutlicht werden, ob und in welcher Weise die PISA-Ergebnisse zu einer datengestützten Steuerung des Bildungssystems beigetragen haben.

2.1 Der erste Fall: Die Einführung zentraler Prüfungen in Bremen

Im Sommer 2001, also sechs Monate vor Veröffentlichung der PISA-Ergebnisse, waren in Bremen standardisierte Verfahren der Leistungsüberprüfung so gut wie unbekannt. Es gab weder Lernstandserhebungen noch Vergleichsarbeiten, und es gab auch keine zentralen Abschlussprüfungen – weder nach der 10. noch nach der 13. Klasse. Nur drei Jahre später (Mitte 2004) stellte sich die Situation völlig anders dar:

- Alle Schüler/innen der vierten Klassen nahmen an Leistungsüberprüfungen im Rahmen des VERA-Projekts teil.
- Weitere verbindliche Vergleichsarbeiten gab es in den Jahrgängen 6, 9 und 10.
- Der zentrale Sekundarstufen-I-Abschluss und das Zentralabitur waren beschlossene Sache und wurden spätestens 2007 eingeführt.

In welcher Weise haben die PISA-Ergebnisse auf diesen massiven Wandel in so kurzer Zeit Einfluss genommen?

2.1.1 Die Diskussion nach PISA-I

Die im Dezember 2001 veröffentlichten bundesweiten PISA-Ergebnisse wurden in der Bremischen Presse breit dargestellt und diskutiert. Dabei wurde auch darauf verwiesen, dass im Handlungsfeld 5 des KMK-Katalogs Maßnahmen zur systematischen Leistungsevaluation (also: Prüfungen) vorgesehen sind. In diesem Kontext wurden von verschiedenen Seiten vermehrte Lernstandserhebungen, von etlichen auch zentrale Prüfungen, öffentlich gefordert. Solche Vorschläge zur verschärften Leistungsüberprüfung wurden in der Presse durchgängig positiv bewertet. Die damaligen Regierungsparteien CDU und SPD waren gemeinsam der Meinung, dass die Einführung von Vergleichsarbeiten das Leistungsniveau heben werde. Massive Kontroversen gab es hingegen bei den zentralen Prüfungen: Die CDU leitete aus den bundesweiten PISA-Ergebnissen die Notwendigkeit ab, endlich auch in Bremen das Zentralabitur und eine zentrale Sekundarstufenprüfung einzuführen. Die SPD und ihr Bildungssenator Willi Lemke lehnte dies ebenso entschieden ab: Es sei überhaupt nicht zu erkennen, wieso durch zentrale Prüfungen die fachlichen Leistungen gehoben werden könnten – und die Selektion werde dadurch eher noch verschärft. Die SPD verteidigte diese Position öffentlich, erhielt dafür breite Unterstützung in der Lehrerschaft – und erntete zugleich massive Kritik in der Presse. Das war die Diskussion in der ersten Jahreshälfte 2002, als die Bundesländerergebnisse von PISA noch nicht bekannt waren.

2.1.2 Die Diskussion nach PISA-E

Diese Ländergebnisse wurden dann im Juni 2002 veröffentlicht und brachten für Bremen ein katastrophales Ergebnis: Bei fast allen Leistungskriterien belegte Bremen den letzten Platz unter den Bundesländern. Die regierenden Politiker reagierten darauf unmittelbar: Bürgermeister Henning Scherf gab einen Tag später zusammen mit SPD-Bildungssenator Lemke und dem Wirtschaftssenator und CDU-Vorsitzenden Perschau eine Pressekonferenz. Scherf bekannte sich hier zur politischen „Schuld" an diesen Ergebnissen und bezeichnete sie als Resultat einer vierzigjährigen, offensichtlich mangelhaften Bildungspolitik (vgl. Weserkurier vom 27.06.2002). Sodann versprach er gemeinsame Anstrengungen, um die notwendigen Konsequenzen aus diesen Ergebnissen zu ziehen. Am gleichen Tag teilte Bildungssenator Lemke der Presse in einem Neun-Punkte-Programm mit, welche Maßnahmen kurz-, mittel- und langfristig ergriffen werden sollten. Zu diesen Maßnahmen gehörte eine massive Verstärkung von zentralen Verfahren der Leistungsüberprüfung: Noch im Juni/Juli 2002 beschloss der Senat:

- Vergleichsarbeiten in den Jahrgängen 3, 6, 9 und 10,
- zentrale Abschlussprüfungen am Ende der Sekundarstufe I,
- zentrale Abiturprüfungen.

Deutlich wird hier: Die von der Bremer CDU seit Langem geforderten zentralen Abschlussprüfungen wurden nun gemeinsame Senatspolitik, die SPD gab ihre lang vertretene Gegenposition (für dezentrale Prüfungen) auf. Eine kontroverse Diskussion dazu fand in der Bürgerschaft nicht mehr statt. Und in der Öffentlichkeit bezeichneten von nun an beide Regierungsparteien zentrale Prüfungen als sinnvolle, als notwendige Reaktion auf PISA.

2.1.3 Was zeigt dieser Fall?

Er macht zunächst noch einmal die große öffentliche Wirkung der PISA-Ergebnisse deutlich. Denn das schlechte Abschneiden Bremens wirkte sich unmittelbar auf die Landespolitik aus und stürzte den sozialdemokratischen Teil der Regierung in eine Legitimationskrise. Zum zweiten wird deutlich: Die Leistungsvergleichsstudie PISA 2000 wurde in Bremen dazu genutzt, solche Vorhaben politisch durchzusetzen, die im Land bereits längerfristig gefordert wurden, bisher aber auf zu großen politischen Widerstand stießen. PISA übte so gesehen eine beschleunigende bzw. verstärkende Wirkung bei der Durchsetzung bestimmter bildungspolitischer Maßnahmen aus. Es bedurfte in Bremen der (schlechten) PISA-Ergebnisse, um die schon lange vorher bestehenden Forderungen nach kontinuierlichen Leistungstests und zentralen Abschlussprüfungen dann weitgehend konfliktfrei durchsetzen zu können. Es setzte somit nach PISA keine differenzierte Analyse ein, um bildungspolitisch sinnvolle und pädagogisch erfolgversprechende Maßnahmen zu identifizieren. Vielmehr wirkten die PISA-Ergebnisse in der öffentlichen Diskussion vor allem als Legitimierung bzw. Delegitimierung bestimmter bildungspolitischer Positionen.

Bei der Entscheidung für zentrale Leistungsüberprüfungen wurde unterstellt, dass diese zur Behebung der durch PISA aufgedeckten Probleme (Kompetenzdefizite, hohe soziale Selektion) beitragen werden. Nun gibt es aber bis heute keine Belege dafür, dass Länder mit zentralen Prüfungen zu besseren Schülerleistungen kommen als solche mit dezentralen (vgl. Baumert/Bos/Watermann 1998, 119). Es lassen sich auch keine Erfahrungen empirisch festmachen, die von kontinuierlichen Leistungsprüfungen ohne weiteres zu verbessertem Unterricht und höheren Schülerleistungen führen. Und auch die Forschungslage zu Vergleichsarbeiten und ihren Effekten ist ausgesprochen dürftig (vgl. van Ackeren/Bellenberg 2004, 144ff.). Kurz: Eine empirisch gesicherte Plausibilität, dass die erhofften positiven Effekte auch tatsächlich eintreten werden, lag damals nicht vor, und liegt auch heute nicht vor.

Dagegen steht nun aber, dass zentrale Prüfungen eine Art öffentlichen Glauben genießen, sie würden zu Leistungssteigerungen beitragen; und genau deshalb waren sie angesichts des besonderen „PISA-Schocks" in Bremen politisch nicht mehr aufzuhalten. Kurz: In dem hier analysierten Fall besteht die Hauptfunktion der PISA-Ergebnisse darin, dass sie unmittelbar in die öffentliche Debatte einfließen, dort bestimmte bildungspolitische Positionen begünstigen oder schwächen.

2.2 Der zweite Fall: Der Ausbau der Ganztagsschulen in Brandenburg

In dem zweiten Beispiel geht es um Diskussion, die in der Folge der PISA-Studie in Brandenburg zum Ausbau des Ganztagsschul-Systems geführt hat. Auch hier zunächst einmal die Rahmendaten: Von landesweit 437 Schulen der Sekundarstufe I (vgl. BMBF 2002, 54) waren 2001 nur 65 als Ganztagsschulen ausgebaut (= 15%). Dabei handelte es sich ganz überwiegend um Gesamtschulen, die als Ganztagsschulen in gebundener Form geführt wurden. Aktivitäten zur Ausweitung der Ganztagsschulen hat es in Brandenburg vor der Veröffentlichung der PISA-Ergebnisse nicht gegeben, die Ganztagsschule war im Land kein bildungspolitisches Thema. Seit der ersten PISA-Veröffentlichung im Dezember 2001 wurde über die Ganztagsschule im Lande auch deshalb heftig diskutiert, weil der KMK-Katalog ein entsprechendes Handlungsfeld (Nr. 7) enthält – und weil Bildungsminister Reiche den Ganztagsschul-Ausbau zu einem zentralen Punkt seines Programms machte. Seit 2002 wird der Ganztagsbereich in Brandenburg kräftig ausgebaut, dabei wurden ganz überwiegend „offene Ganztagsschulen" neu errichtet. Inzwischen (2006) sind etwa 30% der Sekundarschulen des Landes als Ganztagsschulen ausgestattet (vgl. Quellenberg 2007, 16). Somit hat in Brandenburg nicht unmittelbar nach PISA, sondern erst mit einer zeitlichen Verzögerung die Ganztagsschul-Entwicklung einen deutlichen Schub erhalten. Welche Bedeutung für diese Entwicklung kommt den PISA-Ergebnissen zu? Welche Rolle hat dabei der Bildungsminister gespielt?

2.2.1 Die Diskussion nach PISA-I

Nach dem 04.12.2001 berichtete die Brandenburgische Presse umfassend über die PISA-Studie und ihre Ergebnisse. Bei der Frage, welche bildungspolitischen Maßnahmen denn erforderlich sind, spielte die Ganztagsschule von Beginn an eine wichtige Rolle. Dabei kam dem KMK-Handlungskatalog, der ja den Ausbau ganztägiger Angebote empfiehlt, eine hohe Bedeutung zu. In der Presse wurden unmittelbar nach dem 4. Dezember Politiker aller Parteien zitiert, die sich zustimmend zu der Forderung nach mehr Ganztagsschulen äußerten – dies ging von der CSU bis zur PDS. Daran wird auch deutlich, dass die Maßnahme „Ganztagsschule“ auf eine hohe öffentliche Zustimmung stieß. Auch in den Presse-Kommentaren wurden Ganztagsschulen als eine sinnvolle Reaktion auf die Probleme angesehen, die PISA aufgedeckt hat. Kompetenzdefizite und soziale Selektion lassen sich durch mehr Ganztagsschulen beheben – so die öffentliche Überzeugung. Für die öffentliche Diskussion spielte es offensichtlich keine Rolle, dass es 2001/2002 überhaupt keine wissenschaftlichen Belege für diese Wirkungsvermutung gab (vgl. Ipfling 1981; Holtappels u. a. 2007, 42). Kurz: Dass mehr Ganztagsschulen eine richtige Konsequenz aus PISA sei, genießt hohen öffentlichen Glauben; die fehlenden erziehungswissenschaftlichen Belege scheinen da nicht zu stören.

Vor diesem Hintergrund ist wohl auch die nächste Aktion von Bildungsminister Reiche zu verstehen: Er ging wenige Tage später – am 08.12.2001 – an die Öffentlichkeit und kündigte einen landesweiten Ausbau der Ganztagsschulen an (vgl. Lausitzer Rundschau v. 08.12.2001). Ziel sei es, dass im Jahr 2005 etwa 50 Prozent aller Brandenburger Schüler/innen der Sekundarstufe I eine Ganztagsschule besuchen sollen. Mit dieser Ankündigung beherrschte er über viele Tage die Landespresse.

Parallel zur Diskussion in Brandenburg verdichteten sich die Anzeichen, dass die Bundesregierung ein Programm plane, um den Ausbau von Ganztagsschulen massiv zu unterstützen. Bereits im Februar 2002 erklärte Bundeskanzler Schröder, dass er dieses Thema zentral in den Bundestagswahlkampf (September 2002) tragen wolle. Am 14.06.02 stellte er dann in einer Regierungserklärung vor dem Bundestag das Investitionsprogramm „Zukunft Bildung und Betreuung“ vor. Mit diesem Programm sollten in den Jahren 2003 bis 2007 insgesamt 4 Milliarden Euro zur Verfügung gestellt werden, um in den Ländern zusätzlich 10.000 Ganztagsschulen einzurichten (vgl.

BMBF 2003). Die Bundesregierung bot den Ländern diese Investitionsmittel an, verlangte aber zugleich, dass sie bestimmte inhaltliche Vorgaben des Bundes akzeptieren.

2.2.2 Diskussion nach PISA-E

Am 25.06.2002 stellte das nationale PISA-Konsortium die Ergebnisse des Bundesländervergleichs der Öffentlichkeit vor. Für Brandenburg gab es sehr schlechte Ergebnisse: Die Leistungen in Lesen, Mathematik und Naturwissenschaft lagen am unteren Ende des Länderspektrums. Die Reaktionen auf dieses PISA-Ergebnis setzten unmittelbar ein. Schon am gleichen Tag erschien ein Interview mit Minister Reiche, in dem er angesichts der miserablen Brandenburger Ergebnisse bildungspolitische Fehlentscheidungen zugab, ohne diese aber genauer zu benennen (vgl. Lausitzer Rundschau v. 25.06. 2002). Als Antwort auf das schlechte Abschneiden Brandenburgs verkündete er die Fortsetzung seiner „Bildungsoffensive" und erwähnte in diesem Zusammenhang auch den geplanten Ausbau des brandenburgischen Ganztagsschulwesens. Das Bundesprogramm sah er als sachliche und finanzielle Unterstützung seiner Position. Ende September gab es dann endlich eine Einigung in der CDU-SPD-Koalititon: Reiche konnte seine Zielmarke „50%" auch gegenüber der CDU durchsetzen, dafür musste die SPD Zugeständnisse in anderen Bereichen machen.

Bis zum Schuljahr 2005/06 wurden dann im Bereich der Sekundarstufe I sechs gebundene und 24 offene Ganztagsschulen neu geschaffen, so dass in Brandenburg insgesamt 94 Ganztagsschulen in der Sekundarstufe I existieren. Weil parallel dazu aufgrund sinkender Schülerzahlen zugleich sehr viele Schulen geschlossen bzw. zusammengelegt wurden, waren im Schuljahr 2005/06 knapp 30% aller Sekundarschulen als Ganztagsschulen ausgestattet. Die ursprüngliche Zielmarke 50% wurde damit zwar längst nicht erreicht, doch man ist ihr ein erhebliches Stück nähergekommen.

2.2.3 Was zeigt dieser Fall?

Es zeigt sich, dass die Ergebnisse der PISA-Studie einen massiven Einfluss auf die Bildungspolitik des Landes nehmen; denn sie bewegen das Ministerium dazu, in einem vorher kaum bearbeiteten Feld Programme zu entwickeln und diese landesweit zu realisieren. PISA-I-Ergebnisse und KMK-Handlungskatalog gemeinsam haben mit dazu beigetragen, dass Bildungsminister Reiche den Ausbau von Ganztagsschulen zu einem zentralen Programmpunkt erklärte und – bei breiter öffentlicher Unterstützung – dann auch entschlossen durchsetzte. PISA fungiert so gesehen als Initiator eines beachtlichen Ganztagsschul-Ausbaus. Diese von PISA angestoßene Entwicklung wird dann allerdings stark durch das Programm der Bundesregierung gestützt. Während die Steuerungswirkungen dieser Aktivitäten gerade in den ersten Jahren (2002/2003) recht begrenzt bleiben – denn der Ausbau erfolgt erst später – hat aus unserer Perspektive die ganze Debatte eine erhebliche Bedeutung für die Legitimationsbeschaffung der Regierung gewonnen. Dies soll knapp skizziert werden:

Auf die Verunsicherung der Öffentlichkeit durch die PISA-Ergebnisse reagierte Minister Reiche frühzeitig, indem er schon sehr bald Handlungskataloge präsentierte. Die dabei ausgewiesenen Maßnahmen – von der besseren Frühförderung über die Ganztagsschule bis hin zum weiteren Ausbau zentraler Prüfungen – stießen ganz überwiegend auf Zustimmung sowohl bei den Parteien wie in der Presse. Nachdem das Ganztags-Thema durch den KMK-Handlungskatalog zur offiziellen Politik der CDU- *und* SPD-Kultusminister erklärt wurde, wurde es von Minister Reiche für Brandenburg vollständig übernommen und in seinem Handlungsprogramm prominent platziert. Dabei wurde die Frage, ob denn die „offene Ganztagsschule" eine inhaltlich angemessene Reaktion auf die durch PISA ermittelten Kompetenz- und Selektionsprobleme ist, so gut wie gar nicht diskutiert. Denn spätestens seit dem KMK-Handlungskatalog genießt diese Maßnahme so etwas wie „öffentlichen Glauben", der auch in der Presse immer wieder transportiert wird: Dies sei eine wichtige, eine richtige Reaktion auf PISA. Lediglich die CDU störte diese Darstellung hin und wieder, drang damit im öffentlichen Meinungsbild aber nicht durch. Insgesamt zieht das Brandenburger Ministerium aus dieser Situation einen erheblichen Legitimationsgewinn: Es betrieb und betreibt ganz entschlossen die Realisierung einer Maßnahme, die von einer breiten Öffentlichkeit (und den meisten Politikern) für eine sinnvolle Reaktion auf PISA gehalten wird.

Dabei spielt es für die politischen Aktivitäten offensichtlich nur eine geringe Rolle, dass auch die pädagogische Wirksamkeit der Maßnahme „offene Ganztagsschulen" mit guten Gründen stark angezweifelt werden kann. Jedenfalls ist zu fragen, warum ein stark auf Beschäftigung und Betreuung ausgerichtetes Nachmittagsprogramm, das nur einen Teil der Schüler/innen erreicht (vgl. Holtappels u. a. 2007), dazu führen soll, die von PISA aufgedeckten Probleme (Kompetenzdefizite, hohe soziale Selektivität) zu beheben. Doch die Ganztagsschule genießt an dieser Stelle – genauso wie das Zentralabitur – eine Art „öffentlichen Glauben", was ihre Wirksamkeit betrifft. Und genau deshalb sind diese Maßnahmen für eine bildungspolitische Umsetzung von hoher Relevanz.

3. Fazit: Welche „Steuerungwirkung" hat PISA?

Welche Erkenntnisse lassen sich aus diesen beiden bildungspolitischen Verläufen ziehen? Bleibt man zunächst eng bei den beschriebenen Prozessen, so lässt sich feststellen:

a) In beiden Fällen haben die PISA-Ergebnisse, hat die PISA-Diskussion massive Auswirkungen auf bildungspolitische Verläufe und schulische Innovationen genommen. In dem einen Fall – zentrale Prüfungen in Bremen – verhilft sie einer im Lande lang strittigen Maßnahme zum Durchbruch. Im anderen Fall – Ganztagsschulen in Brandenburg – wird dadurch ein für das Land neues Programm auf die Agenda gesetzt.
b) In beiden Fällen geraten die PISA-Ergebnisse in eine politische Landschaft, in der sich unterschiedliche Interessen und unterschiedliche normative Konzepte aneinander reiben. Alle Akteure versuchen, die PISA-Ergebnisse für sich zu „vereinnahmen" – aber es gelingt nicht allen. Vielmehr erhalten in der öffentlichen Diskussion bestimmte Positionen eine höhere Glaubwürdigkeit und versprechen damit einen Legitimationsgewinn. Dies gilt für zentrale Prüfungen genauso wie für die Ganztagsschule.
c) Die Frage nach wissenschaftlichen Belegen für die Angemessenheit der angekündigten Maßnahme spielt dabei bestenfalls am Rande eine Rolle. Hier wirkt der KMK-Katalog de facto wie eine Art „Fachgutachten": Was dort aufgenommen wurde, ist von Experten als sinnvoll bezeichnet worden und genießt öffentliche Glaubwürdigkeit. Diese, im politischen Kompromiss zwischen CDU und SPD gefundenen Maßnahmen, werden vor allem dann nicht hinterfragt, wenn sie mit weit verbreiteten öffentlichen Überzeugungen von einem guten Schulangebot übereinstimmen. Und dazu gehört seit Alters her die strenge Prüfung und seit jüngerem wohl auch der Ganztagscharakter.

Wenn diese Interpretationen bis hierhin plausibel sind, so ergibt sich daraus eine klare Antwort auf die eingangs formulierte Frage, wie angemessen die Vorstellung von einer „evaluationsbasierten Steuerung" ist. Also: Werden die „Steuerleute" durch diese Studien in die Lage versetzt, in empirisch aufgeklärter Weise die angemessenen bildungspolitischen Maßnahmen zu ergreifen?

Unsere Analyse zeigt, dass die Wirklichkeit zumindest bei PISA wesentlich anders, wesentlich komplexer aussieht. Zunächst wird deutlich, dass Studien wie PISA keinesfalls bevorzugt die „Steuerleute" beliefern, sondern dass sie vor allem eine sehr aktive Medienöffentlichkeit bedienen. Von nun an müssen sich die Minister/innen vor allem mit dem öffentlichen Bild dieser

Ergebnisse auseinandersetzen. Und sie müssen versuchen, dieses Bild zu beeinflussen und zugleich zu nutzen. Daraus ergibt sich: Steuerungsaktivitäten in der Folge von öffentlich diskutierten Leistungsvergleichen sind politisch nur dann sinnvoll, wenn sie zugleich die öffentliche Akzeptanz der Regierungspolitik, wenn sie die Legitimationsbasis des Ministers stärken. Sowohl zentrale Prüfungen wie auch der Ausbau der Ganztagsschulen weisen genau dieses Legitimationspotential auf, und vor allem auch deshalb dürften nach PISA fast alle Schulminister auf diese Maßnahmen gesetzt haben. Damit wird anhand dieser konkreten Fälle auf einen Zusammenhang verwiesen, der in steuerungstheoretischen Diskussionen schon lange ein Thema ist: Steuerungstheoretische Konzepte – so Renate Mayntz (2004, 74) – vernachlässigen gerne, dass es in der Politik „keineswegs immer und primär um Aufgabenerfüllung, Leistungserbringung und Problemlösung, sondern oft in erster Linie um Gewinn und Erhalt von politischer Macht" geht. Deshalb werden auch gesellschaftliche Missstände „oft überhaupt erst dann zum politisch lösungsbedürftigen Problem, wenn sie die Herrschaft derer bedrohen, die die gesellschaftlichen Machtpositionen innehaben. Umgekehrt werden politische Reformziele oft nicht aus sachlichen Gründen, sondern aus einem machtpolitischen Kalkül gewählt und verfolgt" (ebd., 75).

Steuerungstheoretische Konzepte – und dazu gehört auch die Vorstellung von einer „evaluationsbasierten Steuerung" – tun nun aber so, als ginge es bei der politischen Verarbeitung empirischer Daten ausschließlich um eine sachlich angemessene Problemlösung. Demgegenüber hat unsere Analyse aber in aller Deutlichkeit gezeigt: Die PISA-Ergebnisse werden nicht von wenigen „Steuerleuten" in fachkompetenten Evaluations-Zirkeln verarbeitet, sondern von einer großen Zahl bildungspolitischer Akteure in einer z. T. aufgeregten öffentlichen Debatte. Reaktionen auf PISA, so die Verkündigung von Programmen, sind als Teil dieser öffentlichen Debatte zu verstehen – und sie sind in aller Regel darauf ausgerichtet, die politische Akzeptanz der Regierenden zu erhöhen.

Damit soll jetzt nicht behauptet werden, dass politische Entscheidungen nie sachorientiert, sondern immer nur machtorientiert verlaufen. Aber sehr wohl soll die Position vertreten werden, dass das Konzept einer „evaluationsbasierten Steuerung" zumindest für die hier beschriebenen Diskussions- und Entscheidungsprozesse auf der Systemebene viel zu kurz greift: Es ist nicht nur unklar, was eigentlich „Steuerungswissen" ist und wie die „Steuerleute" die „richtigen" Konsequenzen aus diesem Wissen ziehen können (vgl. Altrichter/Heinrich 2006, 56ff.). Es zeigt sich zugleich auch, dass Prozesse der politischen Legitimation für Entscheidungen auf der Systemebene eine hohe Relevanz besitzen – und dass genau dies im Konzept der „evaluationsbasierten Steuerung" nicht mitgedacht ist (vgl. Mayntz 2004). Das wiederum bedeutet: Wenn wir angemessen erklären wollen, wie die Ergebnisse von Leistungsvergleichsstudien auf der Systemebene „verarbeitet" werden, wie daraus zunächst politische Entscheidungen abgeleitet und dann pädagogische Programme entwickelt werden – dann greifen theoretische Ansätze, die nur die systeminternen Steuerungsprozesse in den Blick nehmen, viel zu kurz. Denn es geht eben nicht nur um eine Rationalisierung der Systemsteuerung, es geht zugleich auch um politisches Agenda-Setting, um Legitimationsbeschaffung, um Durchsetzung, Kompromissfindung und Interessenausgleich. Ein theoretisches Konzept, das die Verarbeitung von Leistungsvergleichsstudien in einen solchen umfassenden politischen Kontext stellt, wird noch gesucht.

Literatur

Ackeren, I. van/Bellenberg, G. (2004): Parallelarbeiten, Vergleichsarbeiten und Zentrale Abschlussprüfungen. In: Holtappels, H. G./Klemm, K./Pfeiffer, H./Rolff, H.-G./ Schulz-Zander, R. (Hrsg.): Jahrbuch der Schulentwicklung. Daten, Beispiele und Perspektiven, Band 13. Weinheim: Juventa, S. 125-159.

Altrichter, H./Heinrich, M. (2006): Evaluation als Steuerungsinstrument im Rahmen eines „neuen Steuerungsmodells" im Schulwesen. In: Böttcher, W./Holtzappels, H. G./Brohm, M. (Hrsg.): Evaluation im Bildungswesen. Weinheim: Juventa, S. 51-64.

Baumert, J./Bos, W./Watermann, R. (1998): TIMSS III. Schülerleistungen in Mathematik und Naturwissenschaften am Ende der Sekundarstufe II im internationalen Vergleich. Berlin: Max-Planck-Institut für Bildungsforschung.

Bos, W./ Postlethwaite, N. (2000): Möglichkeiten, Grenzen und Perspektiven internationaler Schulleistungsforschung. In: Rolff, H.-G. u. a. (Hrsg.): Jahrbuch der Schulentwicklung, Band 11. Weinheim: Juventa, S. 365-386.

Bundesministerium für Bildung und Forschung (2002): Grund- und Strukturdaten 2001/2002. Bonn: BMBF.

Bundesministerium für Bildung und Forschung (2003): Investitionsprogramm „Zukunft Bildung und Betreuung". Ganztagsschulen – Zeit für mehr. Bonn: BMBF.

Holtappels, H. G./Klieme, E./Radisch, F./Rauschenbach, Th./Stecher, L. (2007): Forschungsstand zum ganztägigen Lernen und Fragestellungen in StEG. In: Holtappels, H. G./Klieme, E./Rauschenbach, Th./Stecher, L. (Hrsg.): Ganztagsschule in Deutschland. Weinheim: Juventa, S. 37-50.

Ipfling, H.-J. (Hrsg.) (1981): Modellversuche mit Ganztagsschulen und anderen Formen ganztägiger Förderung. Bonn: Oedekoven.

Klieme, E./Baumert, J./Schwippert, K. (2000): Schulbezogene Evaluation und Schulleistungsvergleiche – eine Studie im Anschluss an TIMSS. In: Rolff, H.-G. u. a. (Hrsg.): Jahrbuch der Schulentwicklung, Band 11. Weinheim: Juventa, S. 387-420.

Mayntz, R. (2004): Governance im modernen Staat. In: Benz, A. (Hrsg.): Governance – Regieren in komplexen Regelsystemen. Wiesbaden: VS-Verlag für Sozialwissenschaften, S. 65-76.

OECD-PISA (Hrsg.) (2000): Schülerleistungen im internationalen Vergleich. Eine neue Rahmenkonzeption für die Erfassung von Wissen und Fähigkeiten. Berlin: MPI.

Quellenberg, H. (2007): Ganztagsschule im Spiegel der Statistik. In: Holtappels, H. G./ Klieme, E./Rauschenbach, Th./Stecher, L. (Hrsg.): Ganztagsschule in Deutschland. Weinheim: Juventa, S. 14-36.

Stryck, T. (2000): Qualitätssicherung in der Geisterbahn. Was hat die Schulaufsicht mit Schulqualität zu tun? In: Zeitschrift für Pädagogik, 41. Beiheft, S. 111-128.

Terhart, E. (2002): Wie können die Ergebnisse von vergleichenden Leistungsstudien systematisch zur Qualitätsverbesserung genutzt werden? In: Zeitschrift für Pädagogik, 48. Jg., Heft 1, S. 91-110.

Tillmann, K.-J./Dedering, K./Kneuper, D./Kuhlmann, Ch./Nessel, I. (2008): PISA als bildungspolitisches Ereignis. Fallstudien in vier Bundesländern. Wiesbaden: VS-Verlag für Sozialwissenschaften (in Vorbereitung).

Evaluationsbasierte Steuerung – Was kann die Bildungsforschung leisten?

Anmerkungen zum Beitrag von Klaus-Jürgen Tillmann[1]

Hans-Peter Füssel

Klaus-Jürgen Tillmann hat in seinem Beitrag gefragt, ob „politisches Handeln" durch „Steuerungswissen" rationaler wird. Er hat am Beispiel des Umgangs mit Ergebnissen der ersten PISA-Studie diese Frage näher untersucht und ist zu dem Ergebnis gekommen, dass auf die entsprechenden Ergebnisse der Bildungsforschung von der (Bildungs-)Politik versucht wird, diese für eigene Zwecke zu nutzen und für eigene bildungspolitische Zielrichtungen zu vereinnahmen. Deutlich geworden ist an diesen Untersuchungen zugleich, dass (Bildungs-)Politik sich nicht so sehr unmittelbar mit den Ergebnissen wissenschaftlicher Untersuchungen befasst, sondern primär auf das öffentlich transportierte Bild der entsprechenden Forschungsergebnisse reagiert.

1.

Bereits dieser Hinweis in den Ausführungen von *Tillmann* zeigt, dass es zwischen einer Bildungsforschung, die antritt, „Steuerungswissen" zu produzieren, und einer Politik, der sie dieses Wissen offeriert, Probleme der Vermittlung gibt.

Diese Probleme der Vermittlung werden im Rahmen einer evaluationsbasierten Politik noch dadurch vergrößert, dass (Bildungs-)Forschung auf der einen und (Bildungs-)Politik auf der anderen Seite unterschiedlichen Rahmenbedingungen und Logiken unterworfen ist. Allein deren Beachtung vermag sicherzustellen, dass beide Seiten miteinander „sprachfähig" bleiben und dass zugleich an die jeweils andere Seite gestellte Erwartungen nicht enttäuscht werden.

2.

Unterwirft man diejenigen, die in der Politik Verantwortung tragen und aufgerufen sind, Ergebnisse der Bildungsforschung umzusetzen, dem von *Tillmann* geprägten Begriff der „Steuerleute", so lassen sich die bereits benann-

1 S. in diesem Band, S. 17-30.

ten unterschiedlichen Erwartungen, Logiken und Argumentationsmuster wie folgt gegenüberstellen:

a) Ist es Ziel der „Steuerleute" in der Politik, Komplexität zu reduzieren, so ist das Interesse der wissenschaftlich tätigen Forscher darauf gerichtet, Komplexität angemessen zu erfassen.
b) Das durch Forschung gewonnene Wissen soll aus der Perspektive der „Steuerleute" im Hinblick auf Entscheidungsmöglichkeiten aufbereitet werden; Forscher und Forscherinnen streben eher danach, das gewonnene Wissen problemorientiert zu beschreiben.
c) Das Vorgehen der „Steuerleute" in der Politik ist gekennzeichnet durch die Notwendigkeit, Entscheidungen zu treffen – auch in dem Sinne, dass Politik auf Forschungsergebnisse reagiert. Forschung kann sich demgegenüber begrenzen und mögliche Konsequenzen außer Acht lassen.
d) „Steuerleute" müssen ihre Entscheidungen in politischen Gesamtzusammenhängen einbetten, Forscher und Forscherinnen sehen sich demgegenüber den Anforderungen eines theoriegeleiteten Handelns gegenüber.
e) Während Politik bei ihren Entscheidungen auf Akzeptanz bei den Betroffenen angewiesen ist, ist die Zielrichtung der Forschenden auf das Einhalten wissenschaftlicher Standards gerichtet.
f) Politische Entscheidungen können durchaus Kompromisscharakter haben – und sie haben es im Übrigen auch in der Mehrzahl der Fälle. Die Forscherperspektive ist demgegenüber diejenige empirischer Belastbarkeit.
g) Unterschiedlich ist schließlich auch der Umgang mit dem Faktor Zeit: Politik muss in befristeten Zeiträumen zu Entscheidungen kommen, Wissenschaft ist eher darauf ausgerichtet, Ergebnisse zu dem Zeitpunkt vorzulegen, zu dem sie hinreichend überprüft und entwickelt sind.

Allein schon an dieser, zweifelsohne nicht vollständigen, Gegenüberstellung der unterschiedlichen Rahmenbedingungen und Erwartungen von Politik auf der einen und Wissenschaft auf der anderen Seite lassen sich Probleme der Vermittlung und Verständigung erkennen.

3.

Vor dem Hintergrund der Unklarheit schließlich, welchem Zweck das durch Wissenschaft gewonnene neue Wissen dienen soll, wird die Verschiedenartigkeit im Umgang mit Forschungsergebnissen noch einmal weiter zugespitzt: Soll, wie *Rudolf Tippelt* es formulierte[2], (lediglich) „Orientierungswissen" bereitgestellt werden; oder geht es um „Aufklärungswissen" oder (nur) um die Verbesserung sozial-technologischer Anwendungen? Im Zweifel bleibt die unterschiedliche Zielrichtung dessen, was unter dem Aspekt von

2 S. in diesem Band S. 8.

evidenzbasierter Politik mit dem entsprechenden „Steuerungswissen“ geschehen soll, ungeklärt.

4.

(Bildungs-)Forscher und -Forscherinnen, die der (Bildungs-)Politik mit ihren Projekten „zuarbeiten“, stehen bisweilen in der Gefahr, die sich aus den Forschungsergebnissen vermeintlich ergebenden bildungspolitischen Konsequenzen nicht nur zu erhoffen, sondern diese ihrerseits gleichsam „einzufordern“. Meist jedoch tritt gerade der Fall eindeutig interpretierbarer Ergebnisse nicht ein, sondern die gefundenen Daten sind ihrerseits sperrig, teilweise widersprüchlich, zumindest aber nicht auf eine einheitliche Aussage hin orientierbar; die Frage einer klaren und eindeutigen „Botschaft“ wird von der Politik entweder nachdrücklich vermisst oder „freudig“ zur Kenntnis genommen. *Tillmann* hatte konkret dargestellt, wie im Einzelfall „passende“ Forschungsergebnisse für eigene bildungspolitische Zielsetzungen vereinnahmt werden.

Wichtig bleibt festzuhalten, dass bei einer nicht hinreichenden Klärung der jeweiligen Rollen und auch der an die jeweils „andere Seite“ gestellten Erwartungen notwendig in der Kommunikation zwischen (Bildungs-)Forschung und (Bildungs-)Politik Verwerfungen bis hin zu Friktionen eintreten müssen. Wenn dieser Prozess schließlich noch dadurch verschärft wird, dass das von der Wissenschaft bereitgestellte „Steuerungswissen“ in seinem Umfang ständig steigt und die Verarbeitungskompetenz der Politik und ihrer „Steuerleute“ nachdrücklich überfordert – worauf *Ewald Terhart* nachdrücklich hingewiesen hat[3] –, ist der Konflikt nahezu vorprogrammiert.

Interessant in diesem Zusammenhang ist zu beobachten, dass seitens der Bildungspolitik in einer solchen Situation versucht wird, neue „Strategien“ zu entwickeln und umzusetzen. Die eine besteht darin, möglichst nur auf breit abgesicherte und über eine längere Zeitspanne kontinuierliche Forschungsergebnisse abzustellen und zugleich die Vielzahl der so gewonnenen Informationen zu bündeln; als Beispiel für einen solchen Ansatz ließe sich die Bildungsberichterstattung in Deutschland beschreiben. Ein zweiter, für die Bildungsforschung nachdrücklich schwierigerer Ansatz ist der Versuch von Bildungspolitik, bestimmte wissenschaftliche Untersuchungen zwar weiter zuzulassen, aber in ihrer Bedeutung möglichst zu verringern, um so regelmäßige bildungspolitische Debatten über die entsprechenden Forschungsergebnisse zu vermeiden; in diese Richtung lassen sich bisweilen Vorstöße einzelner Politiker und Politikerinnen beobachten.

Überwindbar scheinen diese beschriebenen Vermittlungsprobleme in erster Linie durch eine Berücksichtigung der Interessenlage und der Handlungs-

---

3 Zitiert von Tillmann, a.a.O., S. 17.

bedingungen der jeweils anderen Seite. Würde dies einbezogen und im Hinblick auf mögliche Erwartungen an die jeweils andere Seite realisiert, so ließen sich manche Enttäuschungen bis hin zu Friktionen mildern.

Informelles Lernen. Möglichkeiten und Grenzen der Indikatorisierung

Thomas Rauschenbach

Informelles Lernen ist in den letzten Jahren in der Bundesrepublik zu einem vielfach verwendeten Begriff in erziehungswissenschaftlichen und bildungspolitischen Diskussionen geworden. Wiederholt wurde auf die Bedeutung dieser „anderen Seite der Bildung" hingewiesen (vgl. Otto/Rauschenbach 2008), wurde die Beachtung dieser bislang unterbelichteten Dimensionen des Lernens angemahnt (vgl. Dohmen 2001; Münchmeier/Otto/Rabe-Kleberg 2002; Overwien 2005; Autorengruppe Bildungsberichterstattung 2008).

So unüberhörbar diese Stimmen auch sein mögen, so unübersehbar ist auch die Skepsis hinsichtlich der empirischen Operationalisierung, gar der Indikatorisierung des informellen Lernens. Eher unfreiwillig wurde dieser Begriff so zu einer beliebten Arena für Pro- und Contra-Kontroversen, eröffnet er doch – bei Befürwortern wie bei Skeptikern – stellvertretend eine gute Projektionsfläche für viele ungeklärte Sachverhalte, sei es mit Blick auf die Reichweite der formalen Bildung und der diesbezüglich bislang einbezogenen Kompetenzen, sei es mit Blick auf die für viele zu eingeengte Beachtung allein offizieller Bildungsorte, sei es mit Blick auf die Thematisierung ausschließlich curricular organisierter Formen des Lernens oder sei es schließlich mit Blick auf eine befürchtete zu einseitige Betonung spezifischer wissenschaftsdisziplinärer Zugänge.

Schon diese Facetten der Thematik deuten beim Thema „informelles Lernen" eine vergleichsweise schwierige Kontextualisierung an. Die hierbei mitschwingenden Dimensionen des Unbehagens signalisieren, dass man sich bei diesem Thema auf einer anderen Ebene, mit einer anderen Ausgangslage und mit anderen Realisierungsbedingungen auseinandersetzen muss, als dies etwa bei der Steuerung oder der Indikatorisierung formaler Bildungsprozesse im Bildungswesen der Fall ist.

Daher wird nachfolgend mehr von Problemen als von Lösungen die Rede sein, werden Fragen der kategorialen Sortierung und des erhebungstechnischen Zugangs im Vordergrund stehen. Hierbei geht es durch eine präzisere Bestimmung seiner Potenziale, aber auch seiner Grenzen vor allem um eine verbesserte Operationalisierung des Gegenstandsbereichs und weniger um die Aufbereitung der allenfalls spärlich vorhandenen empirischen Befunde. Aufgrund der bislang weitgehend diffusen und unbestimmten Begriffsverwendung besteht mit Blick auf das informelle Lernen die Gefahr, dass dieser Begriff mit so unklaren und heterogenen Erwartungen überfrachtet wird, dass er am Ende jegliche wissenschaftliche Brauchbarkeit einbüßt.

1. Informelles Lernen – kategoriale Annäherungen

Bei dem Begriff des informellen Lernens schwingt oft ein ebenso beiläufiger wie vielschichtiger Bedeutungshorizont mit, der seine Attraktivität weniger aus seiner eigenen Bestimmung heraus als vielmehr aus der Abgrenzung zum formalisierten Lernen und den damit korrespondierenden Lernorten gewinnt, allen voran dem schulischen Lernen (vgl. Rauschenbach/Düx/Sass 2006).[1] Jenseits der schulischen Curricula oder anderer formalisierter Bildungsangebote wird mithilfe dieses Begriffes vielfach alles und jedes umschrieben, was nicht der formalen Bildung zugerechnet werden kann, von teilstandardisierten bis zu selbst regulierten, von unbewussten bis zu impliziten Lernprozessen, von Formen des sozialen Lernens bis zur politischen Bildung. Durch diese ungeklärte Vielfalt ist das informelle Lernen faktisch längst zu einem „Catch-all-Begriff" geworden, zu einem Begriff für alles, worüber man in Sachen Lernen nicht so genau Bescheid weiß – gewissermaßen für die unbeachtete, kontingente Seite der Bildung –, für das, was außerhalb des offiziellen Wahrnehmungshorizontes liegt, bisweilen auch für alles, was nicht Schule ist und was keine formal geregelte, überprüfte Bildung zum Ziel hat.

Diese Unbestimmtheit und Offenheit macht den Begriff des informellen Lernens auf der einen Seite offenkundig attraktiv und reizvoll – als eine gleichsam unentdeckte, fremde Bildungswelt –, macht ihn auf der anderen Seite zugleich aber auch wissenschaftlich kaum handhabbar, gerinnt er im Sinne einer unbestimmten, heterogenen und empirisch wenig fassbaren Umschreibung lernbezogener Sachverhalte doch unversehens zu einer fast uneinlösbaren Hypothek. Und gegenwärtig erhärtet sich der Eindruck, dass die Debatte zwischen den Protagonisten und den Skeptikern in dieser Pro- und Contra-Stellung zu verharren scheint, zum Stillstand kommt, dass das Stadium eines konstruktiven Ringens um Erkenntnisfortschritt bei diesem Thema aus dem Blick zu geraten droht.

Dass diese Ausgangslage das informelle Lernen kategorial nicht gerade einfacher, fassbarer, belastbarer und für wissenschaftliche, gar für empirische Forschungszwecke brauchbarer macht, kann nicht wirklich verwundern. Dennoch kann dies für sich genommen noch kein Grund sein, die Debatte

1 Auch wenn hier fast durchgängig von informellem *Lernen* die Rede sein wird, so ist dies nicht als eine systematische Abgrenzung zum Begriff der informellen *Bildung* zu verstehen. Beides wird in der gegenwärtigen Diskussion bisweilen durchaus unterschiedslos verwendet, auch wenn dies kategorial nicht immer befriedigend sein mag.

über die damit angesprochenen Dimensionen der Bildung und dieser Grundform des Lernens zu beenden, sich nicht mehr weiter mit den diesbezüglichen Sachverhalten wissenschaftlich auseinanderzusetzen. Solange es starke Plausibilitäten und Evidenzen gibt, dass auch außerhalb standardisierter Lernsettings, in Familien, in Kindergärten, in der außerschulischen Bildungsarbeit, in Gleichaltrigengruppen, am Arbeitsplatz oder alleine am Computer, um nur einige Beispiele zu nennen, in nicht unerheblichem Umfang Wissen und Kompetenzen angeeignet werden, muss dieses Themenfeld in der Bildungsforschung weiter bearbeitet werden. Und solange man das Ausmaß der Bedeutung dieser Bildungsgelegenheiten nicht genauer beziffern kann, besteht wissenschaftlicher Bedarf, sich diesen kaum bis gar nicht beachteten, gegebenenfalls erheblich unterschätzten Lernsettings zuzuwenden. Ob und inwieweit dies, zumindest mittelfristig, auf einem vergleichbaren Niveau standardisierter und zuverlässiger Operationalisierung möglich ist, wie dies seit einigen Jahren für standardisierte Themenbereiche bei den internationalen Leistungsvergleichsstudien PISA und IGLU der Fall ist, ist jedoch eine ganz andere Frage.

Der Begriff des informellen Lernens hat nicht nur mehrere wissenschaftsdisziplinäre Wurzeln, sondern auch verschiedene, weitgehend voneinander abgeschottete Verwendungskontexte (vgl. Overwien 2005; Rauschenbach/Düx/Sass 2006). Dies macht die Sachlage bei diesem Thema ebenfalls nicht gerade einfacher. Im Rahmen der Bildungsberichterstattung wird er in Deutschland bislang vor allem in zwei Richtungen verwendet: zum einen mit Blick auf das *Kindes- und Jugendalter* und das Lernen außerhalb und neben der Schule (vgl. Konsortium Bildungsberichterstattung 2006, 60ff.; Autorengruppe Bildungsberichterstattung 2008, 78ff.), zum anderen mit Blick auf die *berufliche Weiterbildung* in schwach standardisierten Kontexten des Lernens Erwachsener (vgl. Konsortium Bildungsberichterstattung 2006, 79ff.; Autorengruppe Bildungsberichterstattung 2008, 95ff.). In dem hier anstehenden Kontext liegt der Schwerpunkt auf dem Kindes- und Jugendalter.

2. Wo? Wie? Was? – Unterscheidungen des informellen Lernens

Wenn man den Sachverhalten, die mit dem informellen Lernen gleichgesetzt oder aber zumindest mit ihm in Verbindung gebracht werden, auf dem Weg zu dessen Indikatorisierung näher kommen will, muss man den Begriff zunächst einmal dekonstruieren, d. h. ihn in seine unterschiedlichen Bestandteile zerlegen, um ihn so von seiner Catch-all-Funktion zu entlasten. In Anbetracht dessen bietet es sich an – darauf hat sich auch die Autorengruppe Bildungsberichterstattung verständigt –, zumindest drei im Begriff des informellen Lernens ineinander verwobene Dimensionen deutlicher zu unterscheiden, die bei der Diskussion immer wieder vermengt werden und so zusätzlich für Verwirrung sorgen.

(1) Auf der einen Seite geht es beim informellen Lernen um die Frage nach den *anderen Bildungsorten*, also um jene Lern- und Bildungssettings, die in den (Selbst-)Beschreibungen des Bildungssystems üblicherweise nicht auftauchen, in denen aber unübersehbar gelernt wird, die zum Teil sogar einen gesetzlichen Bildungsauftrag haben, wie dies beispielsweise bei der Kinder- und Jugendarbeit der Fall ist (vgl. BMFSFJ 2005, 233ff.), aber dennoch aus der offiziellen Bildungspolitik ausgeblendet werden. Terminologisch bietet sich in dieser sozialräumlichen Dimension an – je nach Grad der Standardisierung und der ausdrücklichen Zuschreibung einer Bildungsfunktion – zwischen non-formalen Bildungsorten und informellen Lernwelten zu unterscheiden (vgl. ebd., 94ff.), wenn man zum einen etwa an den Kindergarten als einem non-formalen Bildungsort und zum anderen an die Familie als einer informellen Lernwelt denkt.

(2) Auf der anderen Seite geht es beim informellen Lernen auch um die Frage nach den *anderen Modalitäten* des Lernens, also um Wege der Kompetenzaneignung jenseits herkömmlicher, standardisierter Lehr-Lernprozesse, um die Fragen, ob es sich um explizite oder implizite Formen des Lernens handelt, ob das Lernen intendiert oder nicht intendiert ist, ob es direkt oder indirekt abläuft, ob es zufällig oder geplant zustande kommt, ob es von außen angestoßen oder intrinsisch motiviert ist. Die Besonderheit, die es hierbei zu beachten gibt – und dies erschwert die Handhabung des informellen Lernens für Forschungszwecke zusätzlich –, ist der Umstand, dass die ungeplanten Lernprozesse ebenso wie die impliziten lediglich retrospektiv erfasst und untersucht werden können – und selbst dann wird das implizite, unbeachtete Lernen am Ende oft nicht einmal bewusst und ohne weiteres wahrgenommen (vgl. dazu auch Düx u. a. 2008). Insofern muss bei dieser Dimension in der Polarität zwischen formellen und informellen Bildungsprozessen beachtet werden, dass bei letzteren stets nur abgelaufene Prozesse rekonstruiert werden können (vgl. auch BMFSFJ 2005).

(3) Und schließlich geht es beim informellen Lernen – und diese Dimension wird häufig außer Acht gelassen – auch um die Frage nach den *anderen Inhalten* der Bildung, also um jene Themenbereiche, die in den offiziellen Plänen des Bildungswesens nicht vorkommen oder zumindest an die Ränder, in die Präambeln oder auf die hinteren Seiten verbannt werden. Sofern jedoch mit dieser Dimension überhaupt andere Inhalte in Verbindung gebracht werden, handelt es sich meist um „weiche“ Themen, bei denen es vor allem um soziale oder personale Kompetenzen geht, also

etwa um „politische Bildung“, „Verantwortungsübernahme“ oder „Selbstständigkeit“.

Allerdings führt dieser thematische Zuschnitt zu einer vorschnellen Engführung der damit verbundenen inhaltlichen Horizonte. Produktiver wäre es stattdessen, wenn man den Blick auf die Inhalte erst einmal etwas offener in dem Sinne formuliert, dass es beim informellen Lernen vor allem um nichtschulische Inhalte geht, um Inhalte, die zumindest nicht in den Kernfächern vorkommen, die nicht unbedingt in Lehrplänen stehen, für die es nicht eigens ein Unterrichtsfach gibt. Dennoch können diese inhaltlichen Horizonte aber erhebliche Teile der Kenntnisse und Fähigkeiten umfassen, die das Kompetenzprofil Erwachsener konturieren und die auch in ganzen Branchen und Wirtschaftszweigen benötigt werden, denkt man beispielsweise an die Sozial-, Erziehungs- und Gesundheitsberufe auf der einen oder die IT-Branche auf der anderen Seite. Wenig strittig dürfte es daher sein, dass auch im Arbeitsleben wichtige Kompetenzen im Leben angeeignet werden müssen, ohne dass sie expliziter Gegenstand standardisierter und regulierter Bildungssettings sind, ohne dass sie im öffentlichen Bildungssystem regelhaft generiert werden.

Insgesamt wird also deutlich, dass bereits diese einfache Unterteilung des informellen Lernens nach *Orten, Modalitäten* und *Inhalten* eine ganze Menge an Folgeüberlegungen nach sich zieht, dass mit der Frage nach der Indikatorisierung des informellen Lernens unter Umständen somit ganz unterschiedliche Dimensionen angesprochen werden, die die Komplexität der Gesamtlage zwar steigern, jedoch keineswegs zwingend miteinander zusammenhängen und deshalb empirisch auch gesondert betrachtet werden müssen.

Als weiterführend könnte es sich daher erweisen, beim informellen Lernen drei Fragen genauer zu unterscheiden: *wo wird gelernt?* als die Frage nach den Orten; *wie wird gelernt?* als die Frage nach den Modalitäten; *was wird gelernt?* als die Frage nach den Inhalten. Bislang werden diese drei Dimensionen jedoch meist bis zur Unkenntlichkeit miteinander vermengt. Ihre je eigene Relevanz soll nachfolgend genauer aufgezeigt werden.

3. Die unterschätzte Relevanz des informellen Lernens – Fallbeispiele

Insbesondere im Kindes- und Jugendalter hat das informelle Lernen eine nicht zu unterschätzende Bedeutung für das Aufwachsen junger Menschen (vgl. Grunert 2005; Rauschenbach 2007). Am sinnfälligsten wird diese Bedeutung in den allerersten Lebensjahren, in denen das formalisierte, curriculare Lernen überhaupt keine Rolle spielt, obgleich die Lernpotenziale und Lernleistungen in diesem Alter, wie die Entwicklungspsychologie und die Neurowissenschaften nicht müde werden zu betonen, mit Abstand am größten sind. Allein dieser Umstand sollte mit Blick auf die oft unterschätzte Bedeutung des informellen Lernens mehr als nachdenklich stimmen. Oder anders formuliert: Die in den letzten Jahren unverkennbar verstärkte öffentliche Hinwendung zur frühkindlichen Bildung, wird mit Blick auf die Bildungsprozesse vor der Phase des schulisch-curricularen Lernens auch zu einer erhöhten Aufmerksamkeit gegenüber den damit verbundenen Formen des informellen Lernens und der Alltagsbildung führen (vgl. Rauschenbach 2007).

Diese außerordentlich wichtige, fast alternativlose Phase des informellen Lernens im Säuglings- und Kleinkindalter soll hier jedoch nicht weiter verfolgt werden. Stattdessen will ich anhand von drei Beispielen den Differenzierungsbedarf und die Relevanz des informellen Lernens im Lichte der vorgeschlagenen Unterscheidungen aufzeigen.

3.1 Das Fallbeispiel Computer

Als ein erstes Fallbeispiel bietet sich der Themenbereich *Computer* und *Computernutzung* an. Hierbei handelt es sich um einen Kompetenzbereich, der von seiner inhaltlichen Seite her längst zu einer modernen Grundbildung gehört, ohne jedoch zugleich ein selbstverständlicher Bestandteil schulischer Bildung zu sein. Infolgedessen lässt sich an diesem Themenbereich gut veranschaulichen, dass mit Blick auf das informelle Lernen zumindest zwei vielfach formulierte Annahmen nicht schlüssig sind: Zum einen, dass es beim informellen Lernen lediglich um weniger wichtige, vor allem im Privatbereich angesiedelte Kompetenzbereiche geht, zum anderen, dass informelles Lernen sich lediglich auf soziale und personale Kompetenzdimensionen erstreckt.

Beides trifft auf den Anwendungsfall „Computernutzung“ unübersehbar nicht zu: Auf der einen Seite handelt es sich dabei um eine elementare Kompetenz für das spätere Berufsleben, obgleich diese nicht zu den obligatorischen Bestandteilen der schulisch formalisierten Grundbildung gehört. In Anbetracht dessen geht es auch jenseits von formaler Bildung und Schule offenkundig um basale Schlüsselthemen und Kompetenzen. Auf der anderen Seite wird mit dem Thema Computernutzung eine Kompetenzdimension ins Blickfeld gerückt, die eher der instrumentellen und der kulturellen Bildung, jedenfalls eindeutig nicht der sozialen oder personalen Bildung zuzurechnen ist. Insoweit tangiert das informelle Lernen eindeutig auch Themenbereiche jenseits der sozialen und personalen Bildung.

Vor diesem Hintergrund wurde im Bildungsbericht 2006 als Beispiel für die Bedeutung des informellen Lernens auf der Basis der Daten der ersten

PISA-Studie der Indikator „Computernutzung in und außerhalb der Schule" eingeführt (vgl. Konsortium Bildungsberichterstattung 2006, 60f.). Legt man dieser Thematik die im vorigen Abschnitt eingeführte Unterscheidung von Orten, Inhalten und Modalitäten zugrunde, so wird daran sehr gut das ungeklärte Ineinander mehrerer Dimensionen sichtbar:

(1) So geht es bei dem dargestellten Thema Computernutzung – erstens – ganz offenkundig um einen *Inhalt*, der bislang nicht zu den Kernfächern der Schule gehört, sich aber dennoch unstrittig zu einer basalen Kulturtechnik des heutigen Alltags und zu einer Kernkompetenz des Arbeitslebens entwickelt hat. Insoweit ist das Beispiel Computer ein bedeutsamer Beleg dafür, dass es beim „informellen Lernen" keineswegs nur um „weiche" Kompetenzthemen geht, sondern dass dabei auch ganz andere, elementare Facetten moderner Bildung und instrumenteller Kompetenzen ins Blickfeld gelangen, die ansonsten eher zu kurz kommen. Vergleichbare Effekte ließen sich auch mit Blick auf andere wichtige Themengebiete moderner Lebensführung zeigen, etwa bei Themen wie Geld und Finanzen, Gesundheit und Medizin oder Gesetz und Recht. In all diesen Fällen handelt es sich um elementare Themen der Lebensführung erwachsener Menschen in Beruf und Familie im 21. Jahrhundert, die jedoch keineswegs zum selbstverständlichen Grundbestand eines formalisierten Bildungskanons gehören (vgl. Richter 2001). Das aber würde bedeuten, dass dem informellen, alltagsnahen Lernen zumindest dann eine erhebliche Bedeutung zukommt, wenn es sich um wichtige Komponenten einer modernen Grundbildung handelt, die ihrerseits kein obligatorischer Bestandteil formalisierter Bildung sind.

(2) Am Beispiel des Computerindikators im ersten Bildungsbericht 2006 wird – zweitens – zugleich gut sichtbar, dass keineswegs die Schule der *zentrale Lernort* ist, an dem die Herausbildung dieser Kompetenz grundlegend gefördert und entwickelt wird, sondern sehr viel eher Kontexte wie Familie, Freunde und Gleichaltrige, oder etwas allgemeiner: der Alltag (vgl. Konsortium Bildungsberichterstattung 2006, 61). Dies ist ein zusätzlicher Hinweis darauf, dass selbst ganz elementare, zukunftssichernde Kompetenzen der praktischen Bildung auch außerhalb und jenseits der öffentlich regulierten Bildungsorte erlernt werden, ohne dass es zugleich eine Verständigung darüber gäbe, wie sichergestellt werden kann, dass hierfür *allen* Menschen entsprechende Gelegenheiten eröffnet werden. Es ist sicherlich kein Zufall, dass es nicht zuletzt aufgrund dieser ungleichen Möglichkeitshorizonte eine Debatte um „digital divide" entstanden ist (vgl. Kutscher 2007).

(3) Und schließlich lässt sich am Beispiel des Erwerbs der Kompetenz zur Computernutzung – drittens – gut nachvollziehen, dass keineswegs nur

der curricular gestaltete Computerunterricht oder der außerschulische Computerkurs eine wichtige *Modalität des Lernens* ist, sondern dass in diesem Fall vielfach auch das ungeplante, flüchtige, das implizite und das selbst gesteuerte Lernen, gewissermaßen das zufällige Nebenherlernen und die Alltagsbildung von enormer Bedeutung sein können. Computerkenntnisse jedenfalls entstehen zu großen Teilen auf den verschlungenen Pfaden des ungeregelten, anlassorientierten Lernens und nicht in den vorgeformten Bahnen schulischen Unterrichts. Nicht das schulische „Vorratslernen", sondern das weitaus stärker anwendungsorientierte „Lernen bei Bedarf" ist hierbei vielfach die bedeutsamste Modalität des Lernens. Dieser Weg muss nicht unbedingt zielführender sein, aber es charakterisiert dennoch eine typische Modalität alltäglicher Bildung.

In allen drei Dimensionen liefert somit das Beispiel Computer hochplausible Belege dafür, dass eine Ausblendung der anderen Orte, Modalitäten und Inhalte der Bildung zu einer folgenreichen Verkürzung der faktischen Lernprozesse junger Menschen führen würde. Oder anders formuliert: Wenn man individuell und gesellschaftlich wichtige Lern- und Bildungsprozesse erfassen, wenn man erfolgreiche und nicht-erfolgreiche Prozesse der Kompetenzaneignung beschreiben und unterscheidbar machen will, muss man auch Dimensionen des informellen Lernens einbeziehen.

3.2 Das Fallbeispiel Kompetenzerwerb

Als zweites Fallbeispiel ungeklärter Sachverhalte im Kontext des informellen Lernens bietet sich das Thema *Erwerb von Kompetenzen* auf der Basis der PISA-Leistungsvergleichsstudien an. Diese haben überzeugend dargelegt, wie man einzelne Kompetenzbereiche erfassen, operationalisieren und messen kann (vgl. PISA-Konsortium Deutschland 2001, 2005, 2007). Auch wenn dies vorerst nur für einige schulnahe Themen und Kompetenzbereiche wie „literacy", Mathematik oder Naturwissenschaft gilt, ist dies kein systematisches Argument gegen eine prinzipielle und sukzessive Ausweitung auf andere zu untersuchende Kompetenzdimensionen (vgl. etwa zum Thema „Problemlösungen" Klieme/Leutner/Wirth 2005).

In dem hier anstehenden Zusammenhang geht es aber um einen anderen Punkt, der mit den PISA-Befunden zusammenhängt. Im Rahmen der damit verbundenen Kompetenzdiagnostik wurde anschaulich nachgewiesen, wie stark die gemessenen Kompetenzen letztlich von der sozialen Herkunft abhängen, d. h. von den Bildungsvoraussetzungen, der Schicht und den Bildungsabschlüssen der Eltern sowie dem Migrationshintergrund. Vereinfacht lässt sich formulieren: Die gemessene Leistungskompetenz hängt in stärkerem Maße von nicht-schulischen als von schulischen Einflüssen ab (vgl. Schümer 2001; Müller-Benedict 2007).

Und genau dahinter verbirgt sich eine weitere Ungereimtheit zwischen den bislang vermuteten Effekten formalisierter und informeller Bildung. Sofern man den Faktor „soziale Herkunft" nicht bloß als eine konstante soziologische Hintergrundvariable versteht, sondern stattdessen von der sehr viel näher liegenderen Annahme ausgeht, dass das Setting „soziale Herkunft" selbst als Gestaltungselement, als ein wesentlicher Akteur, also als Bildungsort und Lernwelt fungiert, der sich auf den Erwerb von Kompetenzen junger Menschen so oder so auswirkt, dann entsteht daraus ein eigentümlich ungeklärtes Spannungsfeld zwischen den vermeintlichen Erfolgen des formalisierten Bildungsortes Schule und den unaufgeklärten Potenzialen der informellen Lernwelten wie Familie, Gleichaltrigengruppe etc.

Oder anders formuliert: Da die bei den PISA-Studien zugrunde gelegte Hintergrundvariable „soziale Herkunft" als Kontext und Umwelt von Schule nicht nur als eine statische, unveränderliche Konstante fungiert, die Kinder und Jugendliche lediglich zu Beginn mit Blick auf ihre Ausgangslage beeinflusst hat, sondern die parallel zur Schule eine anhaltend dynamische Lernwelt darstellt, in der ebenfalls gelernt wird – oder auch nicht –, spricht einiges dafür, dass die PISA-Studien kaum etwas über die *örtliche* Seite des Zustandekommens von Kompetenzen aussagen können, auch wenn die PISA-Befunde in der Rezeption fast automatisch der Schule und dem Unterricht zugerechnet werden (vgl. auch Lüders 2004).

Das bedeutet: Die unbeobachteten, möglicherweise zusätzlich stattfindenden Bildungsprozesse jenseits der Schule, etwa in der Familie, in der Freizeit, am Computer, mit den Freunden, kurz: im Alltag, dürfen in ihrem Einfluss auf den gemessenen Kompetenzerwerb bei PISA nicht unterschätzt werden, solange die soziale Herkunft genauso viel oder gar mehr erklärt als der Bildungsort Schule.

Insofern wird durch die PISA-Studien letzten Endes nicht so sehr die Frage beantwortet, *wo* und *wie* die gemessenen Kompetenzen erworben werden, *wo* und *wie* diese gemessenen Unterschiede entstanden sind, sondern vor allem, ob und in welchem Ausmaß (unterschiedliche) Kompetenzen vorhanden sind. Auch in diesem Fall bleiben somit, ähnlich wie bei der Frage des Computers, Modalitäten unbeantwortet, da hierfür die notwendigen Kontrollgruppen und das längsschnittliche Design der Erhebungen fehlen. Dadurch wird bei den PISA-Studien vorerst vor allem eine einzige Dimension der Kompetenzentwicklung ins Blickfeld gerückt: die der Inhalte – und eben nicht die der Orte und der Modalitäten.

3.3 Das Fallbeispiel Verantwortungsübernahme

Als drittes und letztes Fallbeispiel soll hier der Themenbereich *Verantwortungsübernahme* herausgegriffen werden. Es dürfte wenig strittig sein, dass damit ebenfalls ein wesentliches Bildungsziel angesprochen wird, das auf dem Weg in das Erwachsenenalter realisiert werden sollte und mit Blick auf die Demokratiefähigkeit, die gesellschaftliche Teilhabe und den sozialen Zusammenhalt einer Gesellschaft von elementarer Bedeutung ist (vgl. Konsortium Bildungsberichterstattung 2006). Die inhaltliche Relevanz dieser Kompetenzdimension zeigt sich auch daran, dass zu dieser Thematik etwa die international vergleichende „Civic-Education-Study“ (vgl. Torney-Purta u. a. 2001; Oesterreich 2002; Oser/Biedermann 2003) oder das bundesweite BLK-Projekt „Demokratie leben & lernen“ durchgeführt worden sind (vgl. Edelstein/Fauser 2001; Beutel/Fauser 2007).

Vermutlich dürfte wenig strittig sein, dass in dieser Hinsicht die Schule kein primärer, schon gar nicht ein exklusiver Lernort ist. Familie, Freundeskreis, Verein, außerschulische Bildungsarbeit sind demgegenüber, neben außerunterrichtlichen schulischen Zusatzangeboten, vermutlich von weitaus größerer Relevanz (vgl. dazu Düx u. a. 2008). Vieles spricht dafür, dass im Fall Verantwortungsübernahme somit auch andere Bildungsorte und Lernwelten von erheblicher Bedeutung sind. Jedenfalls gibt es keine starken empirischen Indizien, dass entsprechende Bildungsprozesse der sozialen und politischen Bildung primär oder gar exklusiv durch die Schule generiert werden.

Auch in dieser Hinsicht lässt sich mithin die Frage nach den relevanten Bildungs*orten* keineswegs auf das formale Bildungswesen beschränken. Zugleich ist in diesem Zusammenhang aber neben der Frage des Ortes auch die Frage von Belang, *wie* diese Verantwortungsübernahme erlernt wird: durch herkömmlichen Unterricht, durch Nachahmung und teilnehmende Beobachtung, oder aber durch praktische Beteiligung und Selbsttätigkeit?

Die Bildungsberichte 2006 und 2008 haben sich dieser Frage anzunähern versucht, indem sie das freiwillige Engagement, also etwa die Übernahme eines Ehrenamtes, als eine Proxy-Variable für diesen Sachverhalt der aktiven Verantwortungsübernahme zugrunde gelegt haben, da auf der Basis qualitativer Studien davon auszugehen ist, dass im Rahmen dieser freiwillig ausgeübten Tätigkeit am ehesten so etwas wie die Übernahme realer Verantwortung zum Tragen kommt (vgl. Konsortium Bildungsberichterstattung 2006, 64f.; Autorengruppe Bildungsberichterstattung 2008, 80ff.). Mit anderen Worten: Verantwortungsübernahme wird am ehesten durch die Übernahme realer Verantwortung, also durch das eigene aktive, soziale Engagement in Ernstsituationen erworben. Diese Befunde werden gestützt durch eine aktuell vorliegende Studie, die den Kompetenzerwerb im freiwilligen Engagement in den Mittelpunkt rückt (vgl. Düx u. a. 2008).

Wenn man in diesem Zusammenhang danach fragt, *wo* diese Formen des aktiv-tätigen Engagements typischerweise realisiert werden können, dann erlangt im Kindes- und Jugendalter der Bereich der außerschulischen Bildung und der Kinder- und Jugendarbeit eine unübersehbare Bedeutung, da sich eine nicht zu vernachlässigende Zahl von jungen Menschen dort aktiv engagiert, hierbei Verantwortung für andere übernimmt und so Basiselemente dieser sozialen Kompetenzdimension erworben werden können (vgl. Düx u. a. 2008; Gensicke/Picot/Geiss 2006; BMFSFJ 2005).

Insgesamt zeigt sich auch am Beispiel der Verantwortungsübernahme zweierlei: zum einen, dass das informelle Lernen diesseits und jenseits der Schule eine wichtige Gelegenheitsstruktur für diese Formen des Kompetenzerwerbs sein kann; zum anderen, dass dabei die drei genannten Dimensionen oft unbeachtet ineinander fließen und unscharf werden, obgleich man auch hier Orte („Kinder- und Jugendarbeit"), Modalitäten („Handeln in Realsituationen") und Inhalte („Verantwortungsübernahme") deutlicher voneinander trennen müsste. Diese Unterscheidung wird jedoch bislang in den Diskussionen und in den Forschungsbemühungen rund um das informelle Lernen so gut wie nicht beachtet.

4. Was soll erfasst werden? Erhebungstatbestände des informellen Lernens

Neben der konzeptionellen Kennzeichnung stellt sich im Zusammenhang mit der Frage nach einer möglichen Indikatorisierung des informellen Lernens die Frage nach deren Erfassbarkeit und Operationalisierung. Allerdings liegen vergleichbare Verfahren und Instrumente zur systematischen Erfassung, wie diese etwa im Rahmen von PISA oder IGLU verwendet werden – zumal unter Berücksichtigung der zusätzlichen Unterscheidung von Orten, Inhalten und Modalitäten –, für den Bereich des informellen Lernens weder international, geschweige denn national vor (vgl. PISA-Konsortium 2001, 2005, 2007; Bos u. a. 2003, 2007). Umso mehr stellt sich jedoch die Frage, ob und wie eine Indikatorisierung des informellen Lernens möglich wird. Dabei müssen jedoch zusätzliche wichtige Unterschiede zur formalen Bildung beachtet werden, da sich bei letzteren einige Erhebungstatbestände als trivial erweisen und infolgedessen gar nicht eigens ins Blickfeld gerückt werden müssen, die aber beim informellen Lernen von Belang sind.

Dazu bietet es sich an, zunächst einmal drei Erhebungstatbestände informellen Lernens in nicht-standardisierten Kontexten zu unterscheiden, die für sich genommen eine je eigene Analyse- und Erkenntnisdimension darstellen, da auf allen drei Ebenen Selektionsprozesse und Disparitäten möglich sind:

(1) die Gelegenheits- und Ermöglichungsstrukturen,
(2) die Inanspruchnahme und Nutzung dieser Angebote sowie
(3) die vermeintlichen bzw. tatsächlichen Effekte und Wirkungen als Folge dieser Nutzung.

Diese Aufteilung in drei eigene Erhebungstatbestände ist bei schulnahen Leistungsvergleichen so nicht notwendig und wird infolgedessen in der empirischen Bildungsforschung auch gar nicht eigens ins Blickfeld gerückt. Da Schule eine Pflichtveranstaltung ist, zu der es keine wirkliche Alternative gibt, entfällt somit sowohl die Frage eines Angebots, also einer Gelegenheitsstruktur als auch – methodisch gesprochen – der binären Codierung „Schule vs. Nicht-Schule" als Möglichkeit der Differenzbildung auf der Ebene der Inanspruchnahme. Oder anders formuliert: Im Fall der Schule stellt sich die Frage der Gelegenheitsstrukturen ebenso wenig – da für jedes Kind ein Platz in der Schule zur Verfügung stehen muss – wie die Frage nach der selektiven Inanspruchnahme – da alle in die Schule müssen –, also der Unterscheidung danach, wer ein vorhandenes Angebot in Anspruch nimmt und wer nicht.

In Anbetracht dessen gelangen im Rahmen einer schulisch akzentuierten Bildungsforschung die beiden Dimensionen „Gelegenheitsstrukturen" und „Inanspruchnahme" als eigens zu beachtende Parameter für gelingende Bildungsprozesse erst gar nicht ins Blickfeld. Dies ist jedoch in jenen Bildungsbereichen völlig anders, in denen ein begrenztes Angebot, eine freiwillige Teilnahme oder ein limitierter Zugang gegeben ist und bei denen die damit einhergehenden Selektionsprozesse sehr wohl von erheblicher, vielleicht gar entscheidender Bedeutung sein können.[2] Gleichwohl hat diese erhebungstechnische Unterscheidung in die empirische Bildungsforschung bislang kaum Eingang gefunden.

Infolgedessen ist es nicht ganz zufällig, dass eine dementsprechende Diskussion eher in angrenzenden Bildungsbereichen, wie etwa den Kindertageseinrichtungen, geführt wird – und dies umso vehementer (vgl. Autorengruppe Bildungsberichterstattung 2008, 47ff.). Im Lichte eines nicht bedarfsdeckenden Platzangebots in Kindertageseinrichtungen sowie der Freiwilligkeit der Nutzung lässt sich dort eine Diskussion über regional ungleiche Angebotsstrukturen bzw. eine sozial ungleiche Inanspruchnahme beobachten.

2 Innerhalb der Schule dient als funktionales Äquivalent für die damit zusammenhängenden Fragen der Selektion auf der Ebene Teilnahme/Nicht-Teilnahme in gewisser Weise die Schulstrukturdebatte sowie zum Teil auch das Thema Schulversagen und Schulabbruch im Sinne einer outputorientierten Selektion.

Zuletzt wurde diese Debatte besonders intensiv vor allem mit Blick auf das Angebot für unter Dreijährige geführt (vgl. etwa Fuchs-Rechlin 2008). Dabei zeigt sich im Gegensatz zur Schule deutlich, dass die Unterscheidung der Gelegenheitsstrukturen ebenso relevant ist wie die Frage der ungleichen Inanspruchnahme (vgl. auch Autorengruppe Bildungsbericht 2008). Insbesondere bei dem geplanten Ausbau des Bildungs- und Betreuungsangebots für unter Dreijährige stellt sich mehr denn je die Frage, wie hoch der Bedarf ist, sprich: in welchem Umfang und mit welcher regionalen und lokalen Verteilung Angebote bereitgestellt werden müssen (vgl. Schilling/Rauschenbach 2008; Rauschenbach/Schilling 2008). Insofern sind Gelegenheitsstrukturen ein erheblich beeinflussender Erhebungstatbestand, da diese zu einer stark selektiven Inanspruchnahme beitragen können.[3]

Mit Blick auf eine vermeintlich oder tatsächlich geringere Inanspruchnahme der zur Verfügung stehenden Kindergartenplätze durch bildungsferne Eltern bzw. durch Eltern mit Migrationshintergrund – bei einer nichtselektiven Gelegenheitsstruktur, also im Falle einer lokalen Vollversorgung –, wurde lange Zeit diskutiert, ob der Besuch des letzten oder der beiden letzten Kindergartenjahre nicht verpflichtend sein müsse, so dass sich die Frage einer möglichen ungleichen Inanspruchnahme gar nicht mehr stellen würde. Dann wäre eine analoge Situation zur Schule hergestellt. Allein das Aufkommen dieser Debatte im Bereich der frühkindlichen Bildung macht deutlich, dass die Inanspruchnahme freiwilliger Leistungen eine zu beachtende Referenzgröße sein muss, da sie zu Ungleichheiten beitragen kann.

Insofern spricht einiges dafür, bei der Indikatorisierung des informellen Lernens im Unterschied zur Schule und zur formalen Bildung diese beiden Ebenen der Angebotsstruktur und der Inanspruchnahme als eigene Referenzpunkte gesondert zu beobachten und auszuweisen.[4]

Weniger eindeutig stellt sich die Lage schließlich mit Blick auf die dritte Ebene dar, der Frage nach den Wirkungen und Effekten eines bildungsbezogenen Angebots in den Grundformen des informellen Lernens. Auch wenn sich in jüngerer Zeit beispielsweise die Befunde über die positiven Wirkungen eines Kindergartenbesuchs mehren (vgl. Roßbach 2005; Rauschenbach/Prein 2008), auch wenn der Nobelpreisträger J. Heckman nicht müde

3 In Kenntnis der nicht bedarfsdeckenden Angebotsstruktur hat sogar der Gesetzgeber 2005 im Kinder- und Jugendhilfegesetz zusätzliche selektionsregulierende Kriterien festgelegt, wer im Falle eines zu geringen Angebots vorrangig den Anspruch auf einen Platz geltend machen kann – z. B. Erwerbstätige –, ein Tatbestand, der in der Schule gänzlich undenkbar wäre.

4 Diesem Anspruch ist der Bildungsbericht 2008 beispielsweise dadurch gerecht geworden, dass er für den Bereich der Kindestageseinrichtungen die Ebenen des Angebots und der Inanspruchnahme eigens beachtet und unterscheidet (vgl. Autorengruppe Bildungsberichterstattung 2008, 48ff.).

wird, die alles überragende Bedeutung der ersten Lebensjahre als Bildungsjahre zu betonen (vgl. Heckman 2000; Cunha u. a. 2006), so existieren bislang für Deutschland dennoch keine vergleichbaren outputorientierten Befunde über die Wirkungen etwa des Kindergartens wie im Falle der Schule durch Tests, Zensuren und Kompetenzmessungen. Allerdings haben auch die PISA- und IGLU-Studien zuletzt immer darauf hingewiesen, dass der Besuch einer Kindertageseinrichtung sich entwicklungsfördernd in den gemessenen Kompetenzbereichen auswirkt.

Aber dennoch muss man konstatieren, dass über die Relevanz des Kindergartens und über dessen Umgestaltungsbedarf bislang im Kern – von Seiten der Bildungspolitik ebenso wie von Seiten der Bildungsforschung – vor allem mit empirischem Wissen auf der Ebene der Gelegenheitsstrukturen (Angebote) und deren Nutzung (Inanspruchnahme), nicht aber etwa auf der Ebene irgendwie gemessener Kompetenzen operiert worden ist. Die Frage, ob der Kindergarten grundsätzlich mehr Kompetenzen als andere Konstellationen des Aufwachsens vermittelt, war somit bislang keine konstitutive Basis der Begründung für dessen Ausweitung oder Umbau (vgl. Aktionsrat Bildung 2007).

Dies deutet nochmals an, wie schwer sich bislang die gesamte Bildungsforschung mit der Erfassung von Wirkungen auf der personalen Ebene tut, sieht man einmal von den erst seit wenigen Jahren vorliegenden Kompetenzstudien PISA und IGLU ab. Wenn beispielsweise der Bildungsbericht über das schulische Angebot, das berufliche Ausbildungssystem oder die Hochschullandschaft berichtet, wird implizit und stillschweigend ebenfalls unterstellt, dass dort stets gelernt wird, dass dort alle mehr oder weniger lernen und dass dieses Lernen im Endeffekt effektiver ist als mögliche denkbare Alternativen. Man operiert mithin auch in den anerkannten formalen Bereichen des Bildungswesens mit Proxy-Annahmen.

Solange eine hinreichend große, erfahrungsbasierte Evidenz für ihre lernfördernde, kompetenzsteigernde Wirkung besteht, ist es daher nur konsequent, wenn man in dieser Weise auch in den Bildungsorten und Lernwelten jenseits der regulierten, formalisierten Bildungsangebote verfährt, da nur so deren Dynamik und Potenzialität ins Blickfeld gerückt werden kann. Nur auf diesem Weg wird es vorerst möglich sein, die Relevanz potenzieller Bildungsorte und potenzieller Gelegenheitsstrukturen im Vergleich überhaupt einigermaßen zuverlässig einschätzen zu können.

Unter dem Strich kommt so bei dem Versuch einer Indikatorisierung der Grundformen des informellen Lernens, den beiden genannten Dimensionen „Gelegenheitsstrukturen“ und „Inanspruchnahme“, eine nicht zu unterschätzende Bedeutung zu. Bereits auf dieser Ebene lassen sich wichtige Unterschiede in der Ermöglichung und der Wahrnehmung potenzieller

Bildungsangebote darstellen und beobachten, sei es, wenn ein gravierender (regionaler) Mangel an entsprechenden Bildungsangeboten sichtbar wird, sei es, wenn eine Diskussion darüber entbrennt, ob Kinder mit Migrationshintergrund den Kindergarten signifikant seltener besuchen oder Jugendliche mit Hauptschulabschluss deutlich häufiger im Übergangssystem landen als solche mit höheren Schulabschlüssen (vgl. Konsortium Bildungsberichterstattung 2006; Autorengruppe Bildungsberichterstattung 2008). Beide Erhebungsdimensionen haben mithin ihre eigene Bedeutung im Zuge der Indikatorisierung non-formaler und informeller Lernprozesse.

5. Wie kann informelles Lernen empirisch beobachtet werden? Zugänge zur Erfassung

Weitaus schwieriger wird es allerdings bei der dritten Erhebungsdimension, den potenziellen Effekten und Wirkungen, also bei der Qualität entsprechender Bildungssettings. Diese werden in der Regel an den individuellen Kompetenzen und Fähigkeiten festgemacht. In diesem Sinne liegen in den hier anstehenden Facetten der Thematik bislang lediglich erste Ansätze und Versuche einer empirisch-standardisierten Erfassung vor (vgl. z. B. Reinders 2006, 2007; Düx/Sass 2005; Düx u. a. 2008).

Will man auf dieser Ebene die Wirkung informeller Lernprozesse erfassen, so bieten sich – mit Einschränkungen – zwei bzw. drei Verfahren an: Messungen und (Ein-)Schätzungen, oder genauer: Messungen, Fremdeinschätzungen und Selbsteinschätzungen. Zum einen kann man selbstverständlich versuchen, Effekte informellen Lernens tatsächlich zu *messen*. In dieser Hinsicht ist jedoch beim gegenwärtigen Stand der Forschung vorerst am wenigsten zu erwarten. Noch fehlen etablierte Messinstrumente, empirisch aussagekräftige Skalen, ja selbst konsensfähige Dimensionen, die beispielsweise so etwas wie soziale Kompetenzen abbilden können, liegen über disziplinäre Grenzen hinweg vorerst nicht vor (vgl. Reinders 2007). Vielleicht schafft hier das geplante Nationale Bildungspanel „NEPS" mittelfristig Abhilfe.

Zum anderen kann man sich der Frage nach den Wirkungen auf der Ebene von *Einschätzungen* nähern, und zwar entweder in Form von Selbsteinschätzungen oder aber in Form von Fremdeinschätzungen. Beide empirische Verfahren lassen sich insbesondere in den non-formalen Bereichen und bei Formen des informellen Lernens finden. So arbeitet etwa das Team um W. Tietze im Bereich der Kindertagesbetreuung mit Blick auf deren Qualität auf der Basis von standardisierten Einschätzskalen, also mit *Fremdeinschätzungen* (vgl. Tietze 1998; Tietze u.a. 2007). Und im Bereich des informellen Lernens in ehrenamtlichen Settings im Jugendalter wurde jüngst eine Studie vorgelegt, in der mithilfe einer standardisierten Erhebung auf der Basis von *Selbsteinschätzungen* latente Wirkungen des ehrenamtlichen Engagements zu zeigen versucht wurden (vgl. Düx u. a. 2008).

Unter dem Strich wird jedoch deutlich, dass die Annäherungen an die Wirkungsfrage des informellen Lernens auf der Basis dieser drei Verfahren für sich genommen vorerst noch nicht befriedigen können. Diese Einschränkung gilt allerdings im Grunde genommen bislang für alles, was außerhalb der wenigen, standardisierten Kernkompetenzen in den Leistungsvergleichsstudien wie PISA oder IGLU liegt – und das ist vorläufig die große Mehrheit dessen, was Menschen im Laufe ihres Lebens an Kompetenzen erwerben. Zumindest ist vorerst keine Erwachsenenkompetenzstudie vorstellbar, die sich auf die drei oder vier bislang vorliegenden inhaltlichen Bereiche der etablierten PISA- und IGLU-Studien beschränken kann. Insofern dürfte diese Herausforderung einer verbesserten empirisch-standardisierten Erfassung von Wirkungen auf der Ebene nicht-standardisierten Lernens vorerst ein generelles Problem bleiben, das es in Zukunft gemeinsam zu bearbeiten gilt.

6. Bilanz

Die Frage der Indikatorisierung des informellen Lernens hat somit nicht nur wenigstens drei Dimensionen der Beobachtung zu unterscheiden – Orte, Inhalte und Modalitäten –, sondern erhebungstechnisch auch – quer dazu liegend – drei bildungsrelevante Ebenen zu beachten: Gelegenheitsstrukturen, Inanspruchnahme sowie Effekte und Wirkungen; dies ähnelt ein wenig der Dreiteilung von Input, Prozess und Output. Und schließlich müssen auch drei methodische Verfahren der Erfassung möglicher Wirkungen unterschieden werden: die Messung, die Selbsteinschätzung und die Fremdeinschätzung.

Wenn es gelänge, in den künftigen Debatten diese Unterscheidungen genauer zu beachten, würden vermutlich die Chancen rapide steigen, dass die Kontroversen um das informelle Lernen aus ihrer unproduktiven, eher blockierenden und verfestigten Situation herauskommen und eine neue Dynamik entfalten. Schon das wäre ein erheblicher Zugewinn auf dem Weg zur Steigerung der Leistungsfähigkeit einer Indikatorisierung des informellen Lernens.

Literatur

Aktionsrat Bildung (Hrsg.) (2007): Bildungsgerechtigkeit. Jahresgutachten 2007. Wiesbaden: VS Verlag für Sozialwissenschaften.

Autorengruppe Bildungsberichterstattung (2008): Bildung in Deutschland 2008. Ein indikatorengestützter Bericht mit einer Analyse zu Übergängen im Anschluss an den Sekundarbereich I. Bielefeld: Bertelsmann Verlag.

Beutel, W./Fauser, P. (Hrsg.) (2007): Demokratiepädagogik: Lernen für die Zivilgesellschaft. Schwalbach/Ts.: Wochenschau Verlag.

Bos, W./Lankes, E.-M./Prenzel, M./Schwippert, K. (2003): Erste Ergebnisse aus IGLU. Schülerleistungen am Ende der vierten Jahrgangsstufe im internationalen Vergleich. Münster/New York/München/Berlin: Waxmann.

Bos, W./Hornberg, S./Arnold, K.-H./Faust, G./Fried, L./Lankes, E.-M. (Hrsg.) (2007): IGLU 2006. Lesekompetenzen von Grundschulkindern in Deutschland im internationalen Vergleich. Münster/New York/München/Berlin: Waxmann.

Bundesministerium für Familie, Senioren, Frauen und Jugend (BMFSFJ) (2005): Bericht über die Lebenssituation junger Menschen und die Leistungen der Kinder- und Jugendhilfe in Deutschland. Zwölfter Kinder- und Jugendbericht. Berlin: Bundestagsdrucksache 15/6014.

Cunha, F./Heckman, J./Lochner, L./Masterov, D. (2006): Interpreting the Evidence on Life Cycle Skill Formation. In: Hanushek, E. A./Welch, F. (Hrsg.): Handbook of the Economics of Education. Amsterdam: North-Holland.

Dohmen, G. (2001): Das informelle Lernen. Die internationale Erschließung einer bisher vernachlässigten Grundform menschlichen Lernens für das lebenslange Lernen aller. Herausgegeben vom Bundesministerium für Bildung und Forschung. Bonn.

Düx, W./Prein, G./Sass, E./Tully, C.-J. (2008): Kompetenzerwerb im freiwilligen Engagement. Eine empirische Studie zum informellen Lernen im Jugendalter. Schriften des Deutschen Jugendinstituts: Jugend. Wiesbaden: VS Verlag für Sozialwissenschaften.

Düx, W./Sass, E. (2005): Lernen in informellen Kontexten. Lernpotenziale in Settings des freiwilligen Engagements. In: Zeitschrift für Erziehungswissenschaft, 7. Jg., S. 394-411.

Edelstein, W./Fauser, P. (2001): „Demokratie lernen und leben". Gutachten für ein Modellversuchsprogramm der BLK. In: Bund-Länder-Kommission für Bildungsplanung und Forschungsförderung: Materialen zur Bildungsplanung und zur Forschungsförderung, Heft 96. Bonn.

Fuchs-Rechlin, K. (2008): Kindertagesbetreuung im Spiegel des sozioökonomischen Panels. In: Deutsches Jugendinstitut/Dortmunder Arbeitsstelle Kinder- und Jugendhilfestatistik (Hrsg.): Zahlenspiegel 2007. Kindertagesbetreuung im Spiegel der Statistik.
(URL: http://www.bmfsfj.de/bmfsfj/generator/Publikationen/zahlenspiegel2007/01-Redaktion/PDF-Anlagen/Gesamtdokument,property=pdf,bereich=zahlenspiegel2007, sprache=de,rwb=true.pdf, Stand: 04.11.2008).

Gensicke, Th./Picot, S./Geiss, S. (2006): Freiwilliges Engagement in Deutschland 1999-2004.Ergebnisse der repräsentativen Trenderhebung zu Ehrenamt, Freiwilligenarbeit und bürgerschaftlichem Engagement. Herausgegeben im Auftrag des

Bundesministeriums für Familie, Senioren, Frauen und Jugend. Wiesbaden: VS Verlag für Sozialwissenschaften.

Grunert, C. (2005): Kompetenzerwerb von Kindern und Jugendlichen in außerunterrichtlichen Sozialisationsfeldern. In: Sachverständigenkommission Zwölfter Kinder- und Jugendbericht (Hrsg.): Materialien zum Zwölften Kinder- und Jugendbericht. Band 3. München: DJI Verlag, S. 9-94.

Heckman. J. (2000): Policies to foster human capital. In: Research in Economics, 54. Jg., S. 3-56.

Klieme, E./Leutner, D./Wirth, J. (Hrsg.) (2005): Problemlösekompetenz von Schülerinnen und Schülern. Wiesbaden: VS Verlag für Sozialwissenschaften.

Konsortium Bildungsberichterstattung (2006): Bildung in Deutschland. Ein indikatorengestützter Bericht mit einer Analyse zu Bildung und Migration. Bielefeld: Bertelsmann Verlag.

Kutscher, N. (2007): Digitale Ungleichheit und Bildungsbenachteiligung bei Kindern. In: Deutsches Kinderhilfswerk (Hrsg.): Kinderreport Deutschland 2007. Freiburg: Velber im Oz.

Lüders, C. (2004): PISA und die Konsequenzen für die erziehungswissenschaftliche Kinder- und Jugendhilfeforschung. In: Lenzen, D./Baumert, J./Watermann, R./ Trautwein, U. (Hrsg.): PISA und die Konsequenzen für die erziehungswissenschaftliche Forschung. Beiheft 7 der Zeitschrift für Erziehungswissenschaft. Wiesbaden: VS Verlag für Sozialwissenschaften, S. 65-80.

Müller-Benedict, V. (2007): Wodurch kann die soziale Ungleichheit des Schulerfolgs am stärksten verringert werden? In: Kölner Zeitschrift für Soziologie und Sozialpsychologie, 59. Jg., S. 615-639.

Münchmeier, R./Otto, H.-U./Rabe-Kleberg, U. (Hrsg.) (2002): Bildung und Lebenskompetenz. Kinder- und Jugendhilfe vor neuen Aufgaben. Herausgegeben im Auftrag des Bundesjugendkuratoriums. Opladen: Leske + Budrich.

Oesterreich, D. (2002): Politische Bildung von 14-jährigen in Deutschland. Ergebnisse der IEA-Studie Civic Education. Opladen: Leske + Budrich.

Oser, F./Biedermann, H. (Hrsg.) (2003): Jugend ohne Politik? Ergebnisse der IEA-Studie zu politischem Wissen, Demokratieverständnis und gesellschaftlichem Engagement von Jugendlichen in der Schweiz im Vergleich mit 27 anderen Ländern. Zürich: Rüegger.

Otto, H.-U./Rauschenbach, Th. (Hrsg.) (2008): Die andere Seite der Bildung. Zum Verhältnis von formellen und informellen Bildungsprozessen. 2. Auflage. Wiesbaden: VS Verlag für Sozialwissenschaften.

Overwien, B. (2005): Stichwort: Informelles Lernen. In: Zeitschrift für Erziehungswissenschaft, 7. Jg., S. 339-355.

PISA-Konsortium Deutschland (Hrsg.) (2001): PISA 2000. Basiskompetenzen von Schülerinnen und Schülern im internationalen Vergleich. Opladen: Leske + Budrich.

PISA-Konsortium Deutschland (Hrsg.) (2005): PISA 2003. Der zweite Vergleich der Länder in Deutschland – Was wissen und können Jugendliche. Münster/New York/München/Berlin: Waxmann.

PISA-Konsortium Deutschland (Hrsg.) (2007): PISA 2006. Die Ergebnisse der dritten internationalen Vergleichsstudie. Münster/New York/München/Berlin: Waxmann.

Rauschenbach, Th. (2007): Im Schatten der formalen Bildung – Alltagsbildung als Schlüsselfrage der Zukunft. In: Diskurs Kindheits- und Jugendforschung, 2. Jg., S. 439-453.

Rauschenbach, Th./Prein, G. (2008): Kindertagesbetreuung als frühkindliche Bildung? In: Politik und Kultur, 16. Jg., S. 2-3.

Rauschenbach, Th./Schilling, M. (2008): Demografie und frühe Kindheit. Prognosen zum Platz- und Personalbedarf in der Kindertagesbetreuung. Erscheint in: Zeitschrift für Pädagogik, 54. Jg.

Rauschenbach, Th./Düx, W./Sass, E. (Hrsg.) (2006): Informelles Lernen im Jugendalter. Vernachlässigte Dimensionen der Bildungsdebatte. Weinheim u. a.: Juventa.

Reinders, H. (2006): Freiwilligenarbeit und politische Engagementbereitschaft in der Adoleszenz. Skizzen und empirische Prüfung einer Theorie gemeinnütziger Tätigkeit. In: Zeitschrift für Erziehungswissenschaft, 8. Jg., S. 599-616.

Reinders, H. (2007): Messung sozialer und selbstregulatorischer Kompetenzen in Kindheit und Jugend. Unveröffentlichtes Manuskript. München: Deutsches Jugendinstitut.

Richter, I. (2001): Die sieben Todsünden der Bildungspolitik. Weinheim: Beltz.

Roßbach, H.-G. (2005): Effekte qualitativ guter Betreuung, Bildung und Erziehung im frühen Kindesalter auf Kinder und Familien. In: Sachverständigenkommission Zwölfter Kinder- und Jugendbericht (Hrsg.): Bildung, Betreuung und Erziehung von Kindern unter sechs Jahren. Materialien zum Zwölften Kinder- und Jugendbericht, Band 1. München: DJI Verlag, S. 55-174.

Schilling, M./Rauschenbach, Th. (2008): Die Last zuverlässiger Bedarfsbestimmungen. In: Thole, W./Roßbach, H.-G./Fölling-Albers, M./Tippelt, R. (Hrsg.): Bildung und Kindheit. Pädagogik der Frühen Kindheit in Wissenschaft und Lehre. Opladen/Farmington Hills: Barbara Budrich, S. 295-315.

Schümer, G. (2001): Institutionelle Bedingungen schulischen Lernens im internationalen Vergleich. In: Deutsches PISA-Konsortium (Hrsg.): PISA 2000, Basiskompetenzen von Schülerinnen und Schülern im internationalen Vergleich. Opladen: Leske + Budrich, S. 411-427.

Tietze, W. (Hrsg.) (1998): Wie gut sind unsere Kindergärten? Eine Untersuchung zur pädagogischen Qualität in deutschen Kindergärten. Weinheim: Beltz.

Tietze, W./Schuster, K.-M./Grenner, K./Rossbach, H.-G. (2007): Kindergarten-Skala (KES-R). Feststellung und Unterstützung pädagogischer Qualität in Kindergärten. Berlin: Cornelsen Verlag Scriptor.

Torney-Purta, J./Lehmann, R./Oswald, H. u. a. (2001): Citizenship and Education in Twenty-Eight Countries. Civic Knowledge and Engagement at Age Fourteen. Amsterdam: IEA.

Der mögliche Beitrag eines Berufsbildungs-PISA zur Bildungsberichterstattung

Martin Baethge / Frank Achtenhagen

1. Zur aktuellen Datensituation in der Berufsbildung mit Blick auf eine indikatorengestützte Bildungsberichterstattung

In seinem Indikatorenkonzept folgt der nationale Bildungsbericht dem international üblichen Modell „Kontext/Input – Prozess – Output/Outcome" (Konsortium Bildungsberichterstattung 2006, 3; vgl. auch OECD 2002, 8).[1] Wie auch andere nationale und internationale Bildungsberichte, die Bildungsakteure in Praxis und Wissenschaft, Politiker und die breite Öffentlichkeit über Entwicklungen im Bildungssystem informieren sollen, leidet auch „Bildung in Deutschland" an Mängeln in der Bildungsstatistik – insbesondere in den Indikatorenfeldern Prozess/Qualität und Outcome. Gelten diese Mängel schon für große Teile des allgemeinbildenden Schulwesens (vgl. Konsortium Bildungsberichterstattung 2005), so machen sie sich im Bereich der beruflichen Bildung unterhalb der Hochschulebene noch sehr viel empfindlicher bemerkbar (vgl. Baethge/Buss/Lanfer 2003). Dies liegt nicht zuletzt an der im Vergleich zum weitgehend öffentlichen Schul- und Hochschulwesen größeren funktionalen und institutionellen Heterogenität und an der privaten und halböffentlichen Kontrolle der größten Teile der Berufsbildung.

Aus der Perspektive einer Bildungsberichterstattung, die im Interesse einer Verbesserung von Qualität und Effektivität von Bildungsprozessen Probleme in Institutionen und Durchführung von Bildung aufzeigen will, lassen sich die Desiderate im Bereich der beruflichen Bildung in einer Reihe von Informations- und Datenlücken grob skizzieren:

- Bei den Kontext- und Inputfaktoren fehlen mit Ausnahme der Berufsbezeichnung
  - qualitative Angaben zu den Angeboten (die in vielen Bereichen nicht einmal quantitativ exakt zur Verfügung stehen);

1 Zum Gesamtdarstellungskonzept des Bildungsberichts vgl. Döbert u. a. in diesem Band.

- Daten zur personellen und materiellen Ausstattung der Ausbildungseinrichtungen und weitere für die Ausbildungsqualität relevante Inputfaktoren;
- mit Ausnahme der schulischen Vorbildung Daten zu individuellen biografischen Ausbildungsvoraussetzungen.

– Bei den Prozess- bzw. Qualitätsindikatoren mangelt es an flächendeckenden Daten zu
  - Lernort-Kombinationen;
  - Anteilen theoretischer und praktischer Unterweisung;
  - Arten der Unterweisung wie z. B. Unterstützungsverhalten des Ausbildungspersonals, Gruppenarbeit, Grad der Selbstständigkeit in der Durchführung von Aufgaben, Komplexität von Aufgaben.

– Bei den Outcomes werden zwar erfolgreiche Ausbildungsabschlüsse registriert, sie lassen sich aber bisher nicht auf Anfängerkohorten eines Ausbildungsgangs beziehen, was erforderlich wäre, um die Systemeffektivität zu kontrollieren. Darüber hinaus fehlen Daten zu
  - tatsächlich vermittelten Kompetenzen;
  - Relationen zwischen Ausbildungserfolg und biografischen Inputvariablen;
  - Arbeitsmarktresultaten erfolgreicher Ausbildung und
  - anderen bildungs- und berufsbiografischen Verwertungen von Ausbildung.

– Hinzu kommen Desiderate, die sich auf die internationale Vergleichbarkeit von Berufsbildungssystemen bzw. Ausbildungsgängen beziehen. Da im Zuge der zunehmenden Internationalisierung von Arbeitsmärkten und der voranschreitenden Europäisierung des beruflichen Ausbildungsraums internationale Vergleichbarkeit wichtiger wird, gewinnen die Desiderate steigende Bedeutung. Schon der jahrelange Streit um die Vergleichbarkeit von Berufsbildungsabschlüssen auf der Basis der ISCED-Klassifikation (vgl. OECD, diverse Jahrgänge) dokumentiert Notwendigkeit, Schwierigkeit und Brisanz von einheitlichen Indikatoren für die Messung von Outcomes beruflicher Bildungssysteme.

Ein Teil der statistischen Datenlücken lässt sich in Zukunft durch die im Berufsbildungsgesetz vom 23.03.2005 verankerte neue Berufsbildungsstatistik schließen. Da die neue Berufsbildungsstatistik als Individualstatistik geführt wird und nicht mehr wie die alte Kammerstatistik als Aggregatstatistik, die kaum Merkmalskombinationen zuließ, werden in den nächsten Jahren, wenn die Statistik implementiert sein wird, vielfache Merkmalskombinationen des individuellen Bildungs-/Ausbildungsverlaufs herstellbar und der

Indikatoren-Satz der Bildungsberichterstattung spürbar erweiterbar sein. Vor allem werden sich Zusammenhänge zwischen vorgängigen Bildungsepisoden (z. B. Teilnahme an Berufsvorbereitungsmaßnahmen) und Ausbildungsverläufen (z. B. Wechsel der Ausbildung sowie Ausbildungsabschluss), zwischen Ausbildungsstart und -abschluss oder auch zwischen Merkmalen des Ausbildungsangebots und Ausbildungsabschluss systematisch analysieren lassen (vgl. Baethge/Wieck 2006, 181ff.).

Allerdings bleiben auch nach Realisierung der neuen Berufsbildungsbildungsstatistik weiterhin Datenlücken. Sofern keine fixierte Personenkennziffer eingeführt wird, sind viele Längsschnittinformationen für die Analyse von Übergängen – z. B. von Ausbildung in Beschäftigung – nicht vorhanden (vgl. Uhly 2006). Vor allem aber fehlen weiterhin jegliche Daten darüber, was Jugendliche in der Berufsausbildung tatsächlich lernen im Sinne des Erwerbs unterschiedlicher Kompetenzen (z. B. kognitive, motivationale, berufsfachliche, sozialkommunikative) und wie dieses mit den Ausbildungsarrangements und -formen, die sie in ihrer Ausbildung erleben, zusammenhängt. Gerade Zusammenhänge zwischen erworbenen Kompetenzen und Ausbildungsarrangements, einschließlich Prüfungs- und Zertifizierungsformen, sind für eine Bildungsberichterstattung, die auf Verbesserung des Bildungswesens zielt, von zentraler Bedeutung. Schließlich bleiben auch die Fragen internationaler Vergleichbarkeit der Leistungsfähigkeit von Ausbildungsinstitutionen offen.

2. Die Relevanz eines Large scale assessment in der Berufsbildung für Bildungsberichterstattung

An dieser Stelle kommt ein Berufsbildungs-PISA ins Spiel. Es würde national und international valide Daten für einen objektiven Vergleich der Outcomes von unterschiedlichen institutionalisierten Berufsbildungsgängen, teils sogar -systemen produzieren und eine Fülle von Zusammenhängen zwischen institutionellen Settings und erworbenen Kompetenzen analysierbar machen. Solche Zusammenhangsanalysen sind für eine nationale und internationale Bildungsberichterstattung unverzichtbar. Im Einzelnen lassen sich die Erträge eines Berufsbildungs-PISA für Bildungsberichterstattung auf politisch-pragmatischer und wissenschaftlicher Ebene in folgenden Punkten resümieren:

- Auf der politischen Ebene ist ein erheblicher Gewinn an Steuerungswissen für die Gestaltung von Berufsbildungsprozessen zu erwarten, das insbesondere folgende Aspekte betrifft:

- Das Zusammenspiel von individuellen/biografischen Merkmalen, Ausbildungsformen und Kompetenzerwerb;
- Zusammenhänge zwischen in Abschlussprüfungen zertifizierten und gemessenen Kompetenzen;
- Verbindungen zwischen den Ergebnissen der vergleichenden Kompetenzmessung und institutionellen Ordnungen der Berufsbildungssysteme (Aufdecken der Stärken und Schwächen verschiedener Ausbildungsformen in unterschiedlichen Ländern).
- Die Einordnung unterschiedlicher Berufsbildungsabschlüsse in die internationalen Klassifikationen (ISCED; EQF), um die Anerkennungsverfahren zur Gleichstellung von Zertifikaten auf europäischer Ebene zu verbessern.

– Auf der wissenschaftlichen Ebene erwarten wir als Ertrag zunächst eine vertiefte Hypothesenbildung und ein valides und reliables Methodenensemble für eine international vergleichende Längsschnittstudie zur Leistungsfähigkeit von Berufsbildungsorganisationen als large-scale-assessment.

– Darüber hinaus darf man auf der inhaltlichen Ebene fundierte Erkenntnisse über die Zusammenhänge erwarten zwischen

- Kompetenzniveaus, Ausbildungsformen und Kontextvariablen,
- unterschiedlichen Kompetenz-Dimensionen (berufsfachlichen, allgemeinen und fachübergreifenden) sowie
- Berufskompetenzen und Outcomes am Arbeitsmarkt und in der Erwerbsarbeit.

Allerdings ist bereits an dieser Stelle auf eine Einschränkung der Reichweite eines Berufsbildungs-PISA hinzuweisen: Wenn man die Dimension der berufsfachlichen (domänenspezifischen) Kompetenzen als Messgegenstand ernst nimmt, was uns für ein Berufsbildungs-PISA als unabdingbar erscheint, kann man die Kompetenzmessung aus forschungspragmatischen Gründen nicht flächendeckend für alle Ausbildungsberufe durchführen. Man wird sich auf repräsentative Samples für quantitative und nach den praktizierten Ausbildungsformen relevante Berufe konzentrieren müssen (vgl. Abschnitt 5). Mit einer solchen exemplarischen Konzentration muss kein großer Informationsverlust für das System als Ganzes verbunden sein, wenn es gelingt, die wichtigsten Ausbildungsformen einzubeziehen.

Internationale Vergleichbarkeit und die Klärung der skizzierten Zusammenhänge, die unabhängig von der Verwertbarkeit seiner Ergebnisse einem Berufsbildungs-PISA aufgegeben sind, stellen hohe Anforderungen an die Anlage und Methodik eines large-scale-assessment in der beruflichen Bildung. Zunächst bedarf es zwischen den beteiligten Ländern eines konsensfähigen theoretischen Konzepts über Ziele und Niveau beruflicher Bildung. Zwischen den bisher an der Entwicklung eines europäischen large-scale-assessment of vocational education and training (VET-LSA) beteiligten Wissenschaftlern und Regierungsvertretern aus neun Ländern[2] wird als Niveau die Fachkräfteebene in der Regel unterhalb der Hochschulebene angezielt. In Bezug auf die Ziele von beruflicher Bildung einigte man sich darauf, nicht ein eng arbeitsplatzbezogenes, sondern ein weites Konzept zu verfolgen, nach dem Berufsbildungsprozesse an ihrem Beitrag zur Erreichung folgender drei Zieldimensionen zu messen sind:

- Entwicklung individueller beruflichen Regulationsfähigkeit – unter einer individuellen Nutzerperspektive und dem zentralen Aspekt der personalen Autonomie;
- Gewährleistung und Weiterentwicklung der Humanressourcen einer Gesellschaft und
- Gewährleistung gesellschaftlicher Teilhabe und Chancengleichheit (vgl. Baethge/Achtenhagen u. a. 2007).

Da sich diese Zielsetzungen weitgehend mit dem normativen Gerüst decken, das dem nationalen Bildungsbericht für Deutschland zu Grunde liegt (Konsortium Bildungsberichterstattung 2006, 2), kann man gerade für die deutsche Bildungsberichterstattung von einem Berufsbildungs-PISA (VET-LSA) viele anschlussfähige Daten erwarten – sowohl was den Vergleich mit dem Sekundarbereich II des allgemeinbildenden Schulwesens angeht als auch für internationale Vergleiche.

Da diese Zusammenhänge zwischen institutionellen Ausbildungs-Settings und Kompetenzerwerb analysiert werden sollen, ist die Anlage eines Berufsbildungs-PISA als Mehr-Ebenen-Analyse zu konzeptualisieren. In ihr ist die Mikro-Ebene individueller Kompetenzaneignung (auf dem Hintergrund biografischer Merkmale) mit der Meso-Ebene institutioneller Ausbildungs-Settings sowie der in ihnen praktizierten Lernprozesse zu verbinden, und beide auf dem Hintergrund von Steuerungs-Inputs auf der Makro-Ebene zu betrachten. *Abbildung 1* verdeutlicht die strukturellen Zusammenhänge.

---

2 Es sind dies bisher neben Deutschland, das auf Vorschlag der kooperierenden Länder vorerst, d. h. bis zu einer internationalen Ausschreibung, die Federführung des Projekts hat, Dänemark, Finnland, Norwegen, Österreich, Schweden, Schweiz, Slowenien und Spanien. (Als Beobachter einbezogen die EU-Kommission, Cedefop, das europäische Institut für Berufsbildung [Turin] und Frankreich.)

Abb. 1: Zusammenhänge institutioneller und individueller Ausbildungsbedingungen für den Erwerb von Kompetenzen und deren Verwertung

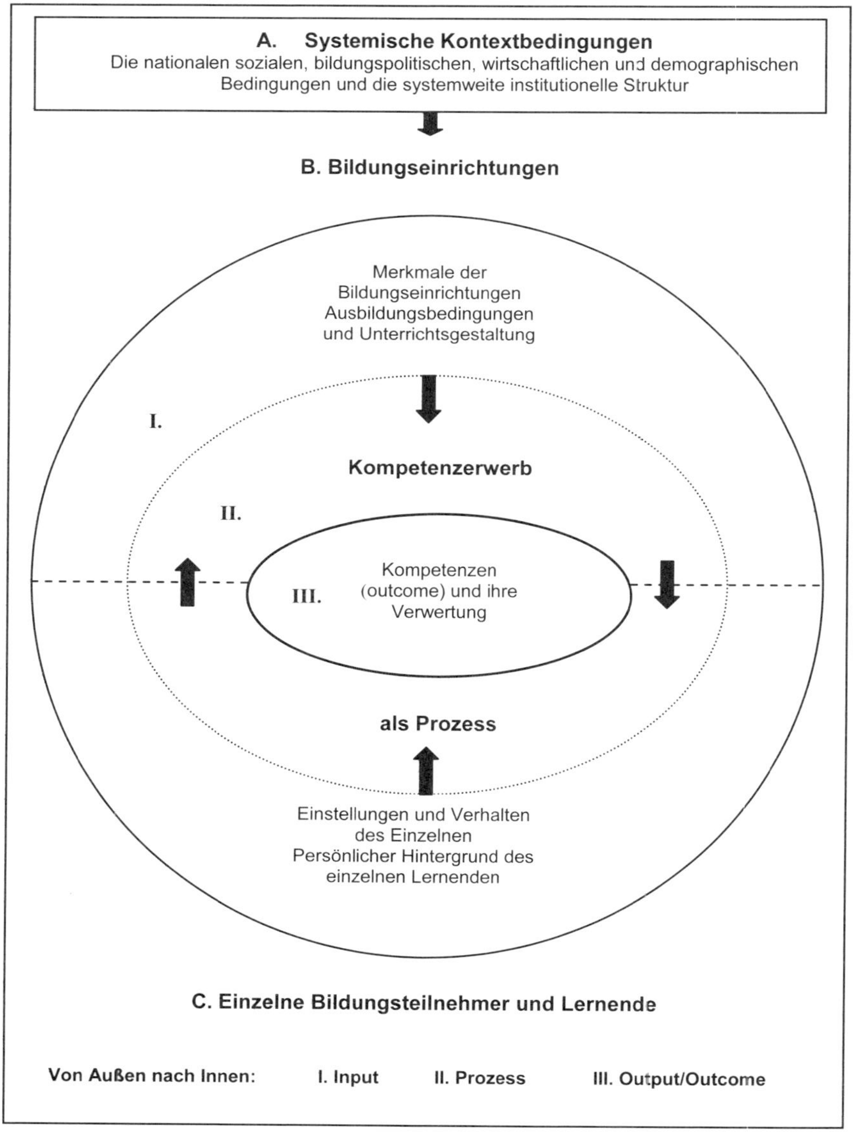

3. Das Konzept zur Messung beruflicher Kompetenzen

Im Zentrum eines Berufsbildungs-PISA steht die Messung beruflicher Kompetenzen. Eine Kompetenzmessung im Bereich der Berufsbildung gestaltet sich komplexer als im Bereich der Allgemeinbildung. Während internationale large-scale-assessments wie z. B. TIMSS (Third International Mathematics and Science Study) und PISA (Programme for International Student Assessment) sich darauf beschränken konnten, die Leistungen von Viert- und Achtklässlern in der Mathematik und den Naturwissenschaften zu erheben (TIMSS) bzw. „Literacy", „Numeracy", Naturwissenschaften und Problemlösen bei 15-Jährigen (PISA), muss ein Berufsbildungs-LSA sich auf die individuelle Performanz am Arbeitsplatz und auf dem Arbeitsmarkt sowie auch auf praktische Aspekte (motorische Fähigkeiten, Geschicklichkeit) beziehen. Darüber hinaus konnten sich die internationalen Leistungsvergleiche wie TIMMS und PISA auf sorgfältig begründete Forschungstraditionen und international validierte Konzepte stützen, wie z. B. auf ein Weltcurriculum für Mathematik. Im Vergleich dazu kann ein Berufsbildungs-LSA nicht auf vergleichbare Konzepte zurückgreifen, mit deren Hilfe sich die Struktur und die Entwicklung beruflicher Expertise in verschiedenen Berufsbereichen beschreiben lassen. Die Differenz zwischen Messungen im Bereich der Berufsbildung und dem Bereich der Allgemeinbildung lässt sich in mehrfacher Weise charakterisieren.

(1) Messungen im Bereich der Berufsbildung sind *immer handlungs- und aktivitätsbezogen*.

(2) *Handlungen und Aktivitäten* im Bereich der Berufsbildung *sind sehr spezifisch* – nicht allein im Hinblick auf die jeweilige nationale Festlegung von Berufen in den verschiedenen Ländern, sondern auch innerhalb der Berufe selbst:

– Die Variation und die Verschiedenheit der einzelnen beruflichen Tätigkeiten, sogar innerhalb eines Landes, lassen es als äußerst schwierig erscheinen, eine internationale Übereinkunft hinsichtlich konsistenter Kompetenzstandards zu erreichen[3].

3 Z. B. zeigte eine Analyse im Bereich des Kraftfahrzeughandwerks auf der europäischen Ebene grundlegende Differenzen: Während in einem Land nur eine Person im Hinblick auf die Durchsicht und Reparatur eines gesamten Autos ausgebildet wurde, ließen sich in einem anderen Land mehr als zehn verschiedene Handwerker finden, die jeweils für verschiedene Teile eines Autos zuständig waren. Hätte man ohne Kenntnis dieses Sachverhalts einen internationalen Vergleich zur Ausbildung im Kraftfahrzeughandwerk durchgeführt, wäre man zu unzutreffenden Schlussfolgerungen gekommen.

- Für den Bereich der Berufsbildung existiert zurzeit kaum Forschung zur Erarbeitung international vergleichbarer valider Konzepte bzgl. der Struktur und der Entwicklung beruflicher Expertise in verschiedenen beruflichen Bereichen. Ebenso fehlt eine internationale Übereinkunft bezüglich kompetenzbasierter beruflicher Standards oder Niveaus. Zurzeit könnte auf der europäischen Ebene die Entwicklung eines standardisierten europäischen Qualifikationsrahmens (EQR) und eines European Credit Transfer System for Vocational Education and Training (ECVET) eine Basis für weitere Entwicklungen abgeben. Ein Berufsbildungs-LSA vermag diese Ansätze zu unterstützen und Lösungen für ihre wissenschaftliche Absicherung bereitzustellen.
- Bezogen auf die Differenzen zwischen den jeweiligen nationalen Arbeitsmärkten und -kulturen muss auch der Einfluss der curriculumbasierten Ziele erörtert werden: Der Mehrheit der Berufsbildungssysteme liegen keine formalen Qualifikationen zugrunde (vgl. Deutschland, Österreich, Schweiz); die Curriculum-Inhalte und -ziele dienen als Grundlage für den Übergang in den Arbeitsmarkt. Von daher ist unter einer politischen und institutionellen Perspektive die Frage nach dem Vergleich curricularer Inhalte und Ziele einer der zentralen Aspekte eines Berufsbildungs-LSA; dabei sind ebenso Aspekte der Erfassung und der Erforschung von Lehr- und Lernprozessen von Bedeutung.
- In Übereinstimmung mit den gesetzten drei umfassenden Zielen beruflicher Bildung muss ein Berufsbildungs-LSA sich auf unterschiedliche Kompetenzbereiche und ihre Wechselwirkungen beziehen:

  - *Allgemeine inhaltsbezogene Kompetenzen* wie Lesen, Schreiben, Mathematik und Problemlösen sind bereits seit langem im Kontext der internationalen Vergleichsstudien im Bereich der Allgemeinbildung diskutiert worden.
  - *Allgemeine berufliche Kompetenzen* sind auf eine erfolgreiche Performanz auf dem Arbeitsmarkt bezogen. Sie werden für gewöhnlich unter den Begriff „Schlüsselqualifikationen" subsumiert; dabei sind auch ein Wissen über Wirkungen von Organisationsstrukturen und Arbeitsmärkten, die Interaktion in sozialen, durchaus heterogenen Gruppen, ein autonomes Handeln und der interaktive Gebrauch von Werkzeugen und Programmen eingeschlossen (Rychen/Salganik 2003).
  - *Berufliche inhaltspezifische Kompetenzen* beziehen sich auf die individuellen Voraussetzungen, die erforderlich sind, berufliche Identitäten zu entwickeln und konkrete Arbeitsaufgaben zu bewältigen. Inhaltsbezogene Fertigkeiten beziehen sich auf die erfolgreiche Bewältigung spezifischer beruflicher Aufgaben (diese Fertigkeiten umfas-

sen spezifische berufliche Inhalte, spezifische Handlungen, aber auch betriebsspezifische Fertigkeiten; vgl. Oates 2004).

(3) International bekannt gewordene Schemata zur Beschreibung beruflicher Kompetenzen beziehen sich auf Kognitionen und die kognitive Dimension, berücksichtigen aber nicht hinreichend die *Verschiedenheit von Wissensdimensionen*.

(4) Berufliche *Handlungen und Aktivitäten* erfordern Kompetenzen, die auf berufliche Aufgaben am Arbeitsplatz sowie auf die gegebenen sozialen Beziehungen hin ausgerichtet sind. Diese Kompetenzen lassen sich unter der Überschrift „Employability" fassen.

Eine weitere wichtige Frage ist es, wie sich Kompetenzen im allgemeinbildenden Bereich und Kompetenzen im berufsbildenden Bereich zueinander verhalten und aufeinander beziehen lassen. Diese Frage erfordert bildungspolitische Aufmerksamkeit: Reicht es aus, allgemeine höhere Qualifikationen im allgemeinbildenden Bereich zu erwerben, bevor man in den Arbeitsmarkt eintritt, oder ist es notwendig, eine Lehrlingsausbildung in einem dualen System zu absolvieren – mit drei bis vier Tagen pro Woche im Betrieb und zwei bis einem Tag in der Berufsschule? – Es besteht kein Zweifel daran, dass betriebliches Lernen notwendig ist, um den Übergang von der Schule in die Arbeitswelt zu unterstützen; allerdings ist wenig bekannt, welche Vorteile und Nachteile die verschiedenen Ausgestaltungen der Berufsbildung aufweisen – der zentrale Forschungspunkt eines Berufsbildungs-LSA.

In Anbetracht der Differenzen zwischen einer Kompetenzmessung im beruflichen und im allgemeinbildenden Bereich ist es so gut wie unmöglich, ein Schema festzulegen, mit dessen Hilfe sich berufliche Kompetenzen beschreiben und messen lassen, ohne dass es zu schwerwiegenden Überlappungen der Kategorien käme. Eine vorläufige Heuristik für die Systematisierung von Kompetenz- und Wissensdimensionen gibt Abbildung 2, die zugleich unsere Annahmen zum Zusammenspiel von Selbstkompetenz mit den Dimensionen der Sach-, Methoden- und Sozialkompetenz erläutert.

Abb. 2: Beschreibung der Kompetenzdimensionen[4]

Individuelle Fähigkeiten (in Anspruch genommen und interpretiert in verschiedenen Kontexten)	**Kompetenzbereiche** Performanz in verschiedenen berufsspezifischen Kontexten		
	Selbstkompetenz		
	Sachkompetenz	Methodenkompetenz	Sozialkompetenz
	(theoretische, analytische Anforderungen) „Umgang mit Konzepten"	(technische, funktionale Anforderungen) „Umgang mit technischer Ausstattung"	(interpersonale Anforderungen) „Umgang mit anderen"
Einstellungen Werte Wahrnehmungen	Selbstwirksamkeit (Selfefficacy) als Prädiktor für den Leistungsbereich (4 Items) (in der PISA-Studie eingesetzt: Kunter et al. 2002, 168)		
Antriebe Motivation	Handlungskontrolle in der Leistungssituation: (4 Items) (in der PISA-Studie eingesetzt: Kunter et al. 2002, 171) State-Komponenten der Motivation: Anstrengung und Ausdauerbereitschaft; Kompetenzstreben; Lernhandeln durch Aufgabenvalenz: (12 Items) (Winther, 2006) Interesse und Motivation: (18 Items) (Prenzel et al. 2001; verkürzte Version; im DFG-Schwerpunktprogramm eingesetzt) Selbstkonzept (verbal): (3 Items) (in der PISA-Studie eingesetzt: Kunter et al. 2002, 169)		
Metakognitive Strategien	LIST-Fragebogen zu Lernstrategien (Wild/Schiefele 1994); verkürzte Version aus eigenem DFG-Projekt:: 22 Items (α = 0,74-0,81)		
Deklaratives Wissen	Komplexe Aufgaben zur simultanen Erfassung von Sach- und Methodenkompetenz		Fragebogen zu „kritischen sozialen Situationen" („mindful identity negotiation") (17 Items; α = 0,89; Weber 2005) (enthält Items zum deklarativen, prozeduralen und strategischen Wissen im Bereich der Sozialkompetenz)
Prozedurales Wissen			
Strategisches Wissen	Je nach Berufsfeld: komplexe Aufgabe zur Sachkompetenz	komplexe Aufgabe zur Methodenkompetenz	
Allgemeine Fähigkeiten	Literacy; Numeracy		

Es fehlt hier der Raum, auf die Operationalisierung der unterschiedlichen Kompetenz-Dimensionen im Einzelnen einzugehen. Bei den allgemeinen und

4 In Klammern stehen bei einzelnen Kompetenzen Verweise auf literarische Fundstellen für Messinstrumente.

berufsübergreifenden Kompetenzen bietet der internationale Forschungsstand Anknüpfungsmöglichkeiten (vgl. Baethge u.a. 2007). Weitgehend Neuland ist in der Messung berufsfachlicher Kompetenzen mit Hilfe psychometrischer Verfahren zu betreten. Im Konsortium VET-LSA hat man sich darauf verständigt, die Messung berufsspezifischer Kompetenzen mit Computersimulationen von realitätsnahen Problemlösungsaufgaben vorzunehmen, die zugleich sowohl von authentischen Arbeitssituationen als auch von Berufscurricula her entwickelt werden (vgl. dazu genauer die Beispiele in Baethge/Achtenhagen u. a. 2007; Nickolaus u. a. 2008; Gschwendtner u. a. 2007).

4. Institutionelle und individuelle Einflussfaktoren für die Kompetenzvermittlung in Berufsbildungsprozessen

Im Zentrum eines Berufsbildungs-LSA steht die Messung von Kompetenzen, die in der beruflichen Erstausbildung vermittelt werden. Allerdings kann sich eine solche Studie nicht in der Messung von Kompetenzen erschöpfen, wenn sie einen Beitrag zur Verbesserung von Lern-/Ausbildungsarrangements leisten will. Hierzu müssen Testergebnisse auf die institutionellen und individuellen Bedingungen, unter denen die Ausbildungsprozesse durchgeführt werden, beziehbar sein. In der internationalen Bildungsforschung ist man sich weitgehend darüber einig, dass die institutionellen und individuellen Bedingungen von Bildungsprozessen von entscheidender Bedeutung für die individuelle Kompetenzentwicklung sind (vgl. Europäische Union 2001). Erklärungsmächtig im Hinblick auf den Informationsgehalt der Kompetenzmessung sind demnach neben den vorgängigen Lernerfahrungen und Lerndispositionen der Individuen auch die Ausbildungsorganisation und deren Einbettung in jeweils spezifische soziale, ökonomische und pädagogische Bedingungen (vgl. Baumert/Schümer 2001). Institutionelle und individuelle Kontextfaktoren können dazu beitragen, das Kompetenzniveau von Lernenden/Auszubildenden, aber auch von Beschäftigungsfeldern innerhalb eines Landes zu klassifizieren. Um Unterschiede im individuellen Arbeitsverhalten und dem Gebrauch von Kompetenzen in Arbeitskontexten zu analysieren, müssen sie in das Forschungsdesign eines Berufsbildungs-LSA in Ergänzung zu Indikatoren des Arbeitsmarktes und seiner Organisation einbezogen werden.

4.1 Mehr-Ebenen-Ansatz zur Analyse institutioneller Faktoren

Ausgehend von diesen Überlegungen stellt sich die Frage nach einem geeigneten Forschungsdesign, das es erlaubt, einen Beitrag zur systematischen Untersuchung von Unterschieden in beruflichen Bildungsprozessen und -ergebnissen zu leisten. Wir sind zu dem Schluss gekommen, uns an einem Mehr-Ebenen-Modell zu orientieren: System-, Ausbildungsinstitutions- und Unterrichtsmerkmale sollen daraufhin geprüft werden, wie sie – in Interaktion mit individuellen und sozialen Einflussgrößen – die Vermittlung und Verwertung von Kompetenzen beeinflussen. Bezugsbasis ist das „Bildungsproduktions-Modell" von Scheerens (1990), das auch die konzeptionell-theoretische Grundlage für die PISA-Studien lieferte. Wir greifen damit die theoretischen Vorarbeiten und Ergebnisse der Schuleffektivitäts-, Schulorganisations- und Lehr-Lern-Forschung auf und modifizieren sie für die Untersuchung von Berufsbildungsprozessen.

Im Hinblick auf die institutionellen Bedingungen unterscheiden wir zwischen systemischen Bedingungen, die durch die Bildungssysteme der einzelnen Länder vorgegeben sind, und den jeweils spezifischen Bedingungen einzelner Bildungsanbieter, unter denen die Auszubildenden in den verschiedenen Ländern lernen (vgl. Scheerens/Bosker 1997).

Ein Vergleich der institutionellen und individuellen Faktoren innerhalb der vergleichenden Bildungsstatistiken macht klar, dass es eine Anzahl von Indikatoren gibt, die relevante Informationen über die Qualität der Berufsbildungsorganisation abbilden. Tabelle 1 und Abbildung 1 veranschaulichen die relevanten Umgebungsfaktoren in einem zusammenhängenden Rahmen, der gleichzeitig die Ziele und Stufen von Aktivitäten und Ergebnissen (Input, Prozess, Output), soziale Kontexte sowie Ausbildungsstrukturen reflektiert.

Im Folgenden führen wir als Beispiele Indikatorenbündel für die einzelnen Ebenen an:

Auf der *Makroebene* des institutionellen Rahmens (Input) sind Indikatoren aufzunehmen für die Analyse von

- institutionellen Arrangements, die Standards und Curricula in der Berufsbildung definieren (und dabei insbesondere der Rolle und des Einflusses von verschiedenen Akteuren in der Berufsbildung wie Regierung, Ausbildungseinrichtungen, Sozialpartner etc.);
- Unterschieden in den Ausbildungscurricula im Sinne von eng arbeitsplatzbezogenen oder breiten kognitiven und berufsfachlichen Qualifikationen;
- Finanzierungssystemen der Berufsbildung (z. B. durch den Staat oder/ und Unternehmen);
- Standards für Qualifikationsanforderungen des Ausbildungspersonals und dessen kontinuierliche professionelle Weiterentwicklung;
- Regulationen für die öffentliche Qualitätskontrolle von Institutionen und Angeboten der Berufsbildung.

Tab. 1: Erhebungsplan für institutionelle und individuelle Kontextbedingungen

Systemischer Kontext (Makroebene)

Systemische Kontextbedingungen
Systemweite institutionelle Struktur
- Steuerung und Koordination
- Standards und Normen
- Finanzierung

Bildungseinrichtungen (Meso- und Mikroebene)

Input

Merkmale und Organisation der Bildungseinrichtungen
- Ressourceneinsatz
- Lernortkooperation
- Qualitätskontrollen

Prozess

Ausbildungsbedingungen und Unterrichtsgestaltung
- Gestaltung der Ausbildungsprozesse (schulische Lernsituation, betriebliche Ausbildungssituation)
- Lernklima

Einzelne Bildungsteilnehmer und Lernende

Input

Persönlicher Hintergrund des einzelnen Lernenden
- Sozialökonomische Stellung der Familie
- Kulturelles Kapital der Familie und der Jugendlichen
- Lern- und Arbeitsbiografie

Prozess

Einstellungen und Verhalten des Einzelnen
- Informationsverhalten und Lernzeit
- Bildungsaspiration

Output/Outcome

Kompetenzerwerb und –verwertung
- Qualifikationsniveau
- Übergang in ausbildungsadäquate Tätigkeit
- Berufliche Mobilität

Wichtige Indikatoren auf der *Meso- und Mikroebene* für die Qualität der Ausbildung könnten beispielsweise sein:

Mesoebene
- organisatorische Bedingungen;
- personelle und materielle Ressourcen;
- Kooperation unterschiedlicher Lernorte;
- Qualitätskontrolle.

Mikroebene

- Problemhaltigkeit und Komplexität der (Arbeits-)Aufgaben: beziehen sich auf die kognitive Herausforderung durch die Arbeit (Ausmaß an Denkoperationen, Neuartigkeit der Arbeitsaufgabe, Komplexität, Anzahl der vorangehenden Planungsschritte);
- Variabilität: bezieht sich auf die Vielfalt der Arbeitsgegenstände, der Arbeitsverfahren und Arbeitsbedingungen als Voraussetzungen für die Transferierbarkeit vorhandenen Wissens;
- Handlungsspielraum: bezieht sich auf die Freiheitsgrade, die dem Auszubildenden bei der Bearbeitung einer Aufgabe zugebilligt bzw. abverlangt werden;
- Handlungsfunktionale Integrität: bezieht sich auf die Einbeziehung des Auszubildenden in die Arbeitsprozesse;
- soziale Unterstützung bei der Arbeit: bezieht sich auf das Feedback der Kollegen und Ausbildungsleiter bezüglich der Arbeitsleistung sowie der Möglichkeit, über auftretende Probleme zu sprechen und Erfahrungen auszutauschen.

4.2 Die Ebenen der einzelnen Bildungsteilnehmer und Auszubildenden

Wie die Merkmale der Ausbildungsqualität so werden auch individuelle *Hintergrundsmerkmale der Auszubildenden* auf der Input-Ebene mit Hilfe von Fragebögen erfasst. Im Anschluss zu bisherigen internationalen Vergleichsstudien werden Indikatoren für die folgenden Merkmale benötigt:

- sozioökonomischer Status der Familie (einschließlich Migration);
- soziales und kulturelles Kapital der Familie (vgl. Baumert/Schümer 2001);
- Bildungsbiografie des Auszubildenden;
- Teilnahme an non-formalen und informellen Lernaktivitäten in Arbeits- und sozialen Kontexten wie auch selbstorganisierte Lernaktivitäten (insbesondere mit Bezug auf wenig formalisierte Ausbildungssysteme hat informelles Lernen einen bedeutenden Einfluss auf die Entwicklung sowohl genereller als auch fachspezifischer Kompetenzen) und
- Freizeitaktivitäten wie auch eine entsprechende Integration in soziale Netzwerke der Jugendlichen.

In Ergänzung zu den Hintergrundsvariablen sind auch Indikatoren, die sich auf das *Lernverhalten, die Bildungsaspirationen und die Wahrnehmung des Ausbildungsprozesses* beziehen, zu berücksichtigen:

- Informationsverhalten (bietet Einsicht in das Ausmaß von Wissen, das die Grundlage für die Wahl des Ausbildungsweges im Übergang von Schule zur Berufsbildung ist);
- Lernaktivitäten (verweist auf Lernleistungen in der Schule; könnte mit Hilfe der durchschnittlichen Zeit gemessen werden, die außerhalb der Einrichtung in Lernaktivitäten investiert wird);
- berufliche Karriereaspirationen (individuelle Perspektiven im Sinne von Handlungsplänen für die Realisierung individueller Ziele);
- Wahrnehmung des Ausbildungsprozesses, den Jugendliche in der Berufsausbildung durchlaufen (nur über einen Satz von Indikatoren, die sich auf die Wahrnehmung der Ausbildung beziehen, ist es möglich, Informationen zu gewinnen über die Qualität der Gestaltung und der Verfahren der Ausbildung).

Bezogen auf die *Arbeits- und Arbeitsmarktergebnisse* sind Indikatoren vorzusehen, z. B. im Hinblick auf

- das formale Niveau des in der Berufsbildung erreichten Abschlusses (z. B. Zugangsberechtigungen, etwa für den Einstieg in eine Fachhochschule oder Universität);
- den Übergang in einen ausbildungsadäquaten Job (dieser Indikator bezieht sich auf Entsprechung von Berufseinmündung und Abschluss der Ausbildung);
- die Qualität des erreichten Arbeitsplatzes (im Sinne von Komplexität der Arbeitsaufgaben, persönliche Verantwortlichkeit, Handlungsspielraum bei der Durchführung der Arbeit, Partizipation an Entscheidungen am Arbeitsplatz, Beschäftigtenstatus innerhalb des Unternehmens, Lerngelegenheiten am Arbeitsplatz);
- berufliche Mobilität sowohl im Sinne von erzwungener Diskontinuität als auch von Karrieremobilität.

Die Auflistung der institutionellen und individuellen Kontextfaktoren sollte einen Einblick in die Komplexität der Datenkombinationen geben, die ein Berufsbildungs-PISA für eine Bildungsberichterstattung ermöglicht.

5. Zur Durchführung eines Berufsbildungs-PISA

5.1 Probleme der Sample-Bildung

Mit PISA und TIMSS existieren zwar internationale Vergleichsstudien des Typs „large-scale-assessment". Dass diese für die Untersuchungsanlage eines

Berufsbildungs-LSA nur einen begrenzten Vorbildcharakter haben, liegt an den Differenzen in der inhaltlichen und institutionellen Gestaltung zwischen allgemeinbildenden Schulen und Berufsausbildung. Haben erstere bei allen Unterschieden in der Mikroorganisation von Lernprozessen und personeller Zusammensetzung in verschiedenen Ländern doch einen gemeinsamen curricularen Grundkanon und eine im Durchschnitt ähnliche Altersstruktur der Klassen, so fehlen diese Voraussetzungen für ein Berufsbildungs-LSA. Berufsbildung ist inhaltlich sehr divergent entsprechend der Vielfalt beruflicher Domänen und institutionell sowohl in als auch zwischen Gesellschaften höchst heterogen. Methodisch sicherzustellen, dass die jeweiligen nationalen Samples in etwa das gleiche Niveau der Berufsbildung als auch jeweils fachlich-funktionale Äquivalente repräsentieren – also vertikal und horizontal vergleichbar sind –, ist schwierig.

In den internationalen Diskussionen über ein large-scale-assessment in der Berufsbildung wurde Übereinstimmung darüber erzielt, das Problem der horizontalen und vertikalen Vergleichbarkeit durch eine feasibility-study zu lösen (vgl. zum folgenden Baethge u.a. 2007). Sie soll in allen beteiligten Ländern für die in Aussicht genommenen Berufe die Ausbildungscurricula und Prüfungen, die zu ihnen führen, sowie die für diese Berufe typischen Einsatzfelder und Tätigkeitsprofile im Beschäftigungssystem klären, um sicher zu gehen, dass tatsächlich Gleiches mit Gleichem verglichen wird.

Für die Untersuchung wurden vier Berufe vorläufig ausgewählt, die in allen Ländern funktional wichtig und quantitativ bedeutsam sind:

- Kraftfahrzeugmechatroniker (ein europäisches Berufsbild);
- Industrie-Elektroniker oder Elektroinstallateur;
- Industriekaufmann/-frau;
- Krankenschwester/-pfleger oder Altenpfleger.

5.2 Zur Anlage der Untersuchung

Es bestand in den internationalen Diskussionen nie ein Zweifel darüber, dass der Königsweg eines Berufsbildungs-PISA eine Längsschnittuntersuchung mit drei Messzeitpunkten ist: einer am Beginn, einer am Ende und einer drei Jahre nach Beendigung der Ausbildung. Auf diesem Weg lassen sich die eingangs skizzierten Ziele eines international vergleichenden Berufsbildungs-PISA am besten erreichen. Vor allem sind auf diesem Wege die Zusammenhänge zwischen beruflichen Kompetenzen und tatsächlichem Arbeits- und Arbeitsmarktverhalten (gleichsam als Außenkriterium) zu analysieren.

Allerdings erfordert eine solche Längsschnittuntersuchung sehr viel Zeit – wenigstens 8 bis 9 Jahre – und einen sehr hohen Forschungsaufwand.

Angesichts dieses Zeit- und Ressourcenaufwands hat sich in den internationalen Diskussionen die Überzeugung durchgesetzt, aus forschungspragmatischen Gründen das Konzept einer nach Kohorten differenzierten Querschnittsstudie zu verfolgen. Als Kernkohorte für alle beteiligten Länder zeichnet sich die vor Ausbildungsabschluss stehenden Auszubildenden im Alter zwischen 18 und 20 Jahren ab. Wie viele Länder zum gleichen Untersuchungszeitpunkt auch eine Ausbildungsanfängerkohorte und/oder eine drei Jahre nach Ausbildungsabschluss einbeziehen werden, ist im Augenblick noch offen.

Wenn es gelingt, eine größere Zahl von Ländern in Europa in ein Berufsbildungs-PISA einzubinden, wäre für die nationale und europäische Bildungsberichterstattung ein sehr breites Reservoir an Daten gewonnen, die zur Aufklärung über eine Fülle von Zusammenhängen zwischen Ausbildungsqualität, vermittelten Kompetenzen und Arbeits- und Arbeitsmarktverhalten dienen könnten.

Literatur

Baethge, M./Achtenhagen, F./Arends, L./Babic, E./Baethge-Kinsky, V./Weber, S. (2006): Berufsbildungs-PISA. Machbarkeitsstudie. Stuttgart: Steiner.

Baethge, M./Achtenhagen, F./Nickolaus, R./Arends, L./Winther, E. (2007): Concept for an International Large-Scale-Assessment of Vocational Education and Training (VET-LSA). Working Paper for the International Workshop, 29.-30. October, 2007, Bonn. Download: www.vet-lsa-uni-goettingen.de

Baethge, M./Buss, K.-P./Lanfer, C. (2003): Konzeptionelle Grundlagen für einen Nationalen Bildungsbericht: Berufliche Bildung und Weiterbildung/Lebenslanges Lernen. Berlin: BMBF.

Baethge, M./Wieck, M. (2006): Berufliche Bildung in der Bildungsberichterstattung. In: Zeitschrift für Erziehungswissenschaft (ZfE), Beiheft 6, S. 163-185.

Baumert, J./Schümer, G. (2001): Familiäre Lebensverhältnisse, Bildungsbeteiligung und Kompetenzwettbewerb im internationalen Vergleich. In: Baumert, J./Artelt, C./ Klieme, E./Neubrand, M./Prenzel, M./Schiefele, U. et al. (Hrsg.): PISA 2000: Die Länder der Bundesrepublik Deutschland im Vergleich. Opladen: Leske + Budrich, S. 159-202.

Gschwendtner, T./Knöll, B./Nickolaus, R. (2007): Förderung und Entwicklung der Fehleranalysefähigkeit in der Grundstufe der elektronischen Ausbildung. In: bwp@, Ausgabe 14, http://www.bwpat.de/ausgabe13/gschwendtner_etalbwpat13.pdf.

Konsortium Bildungsberichterstattung (2005): Bildungsberichterstattung – Entwurf eines Indikatorenmodells. Frankfurt/M.: DIPF.

Konsortium Bildungsberichterstattung (2005): Indikatorenbericht. Frankfurt/M.: DIPF (Ms.).

Konsortium Bildungsberichterstattung (Hrsg.) (2006): Bildung in Deutschland. Ein indikatorengestützter Bericht mit einer Analyse zu Bildung und Migration. Bielefeld: Bertelsmann.

Kunter, M. et al. (2002): PISA 2000 – Dokumentation der Erhebungsinstrumente. Max-Planck-Institut für Bildungsforschung, Berlin. http://www.kmk.org/schul/pisa/Datensaetze/Gesamt-Druckversion.pdf.

Nickolaus, R./Gschwendtner T./Geißel, B. (2008): Modellierung und Entwicklung beruflicher Fachkompetenz in der gewerblich-technischen Erstausbildung. In: ZBW, 104. Bd., H. 1, S. 48-73.

Oates, T. (2004): The role of outcome-based national qualifications in the development of an effective vocational education and training system: The case of England and Wales. In: Policy Futures in Education, Volume 2.

OECD (2002): Education at a Glance. Paris: OECD.

OECD div. Jg: Education at a Glance. Paris: OECD.

Prenzel, M./Kramer, K./Drechsel, B. (2001): Selbstbestimmt motiviertes und interessiertes Lernen in der kaufmännischen Erstausbildung – Ergebnisse eines Forschungsprojekts. In: K. Beck/Krumm, V. (Eds.): Lehren und Lernen in der beruflichen Erstausbildung: Grundlagen einer modernen kaufmännischen Berufsqualifizierung. Opladen: Leske & Budrich, S. 37-63.

Rat der Europäischen Union (2001): Europäische Sozialagenda. Luxemburg: EU.

Rychen, D. S./Salganik, L. H. (2003): A holistic model of competence. In: Rychen, D. S./ Salganik, L. H. (Eds.): Key competencies for a successful life and a well-functioning society. Göttingen: Hogrefe & Huber, S. 41-62.

Scheerens, J./Bosker, R. J. (1997): The foundations of educational effectiveness. Oxford: Pergamon Press.

Scheerens, J. (1990): School effectiveness research and the development of process indicators of school functioning. In: School Effectiveness and School Improvement, 1, S. 61-80.

Uhly, A. (2006): Weitreichende Verbesserungen der Berufsbildungsstatistik ab April 2007. In: Krekel, E. M. u. a. (Hrsg.): Forschung im Spannungsfeld konkurrierender Interessen. Bonn, Bielefeld: BiBB.

Weber, S. (2005): Intercultural learning as identity negotiation. Frankfurt/M.: Lang.

Wild, K.-P./Schiefele, U. (1994): Lernstrategien im Studium. Ergebnisse zur Faktorenstruktur und Reliabilität eines neuen Fragebogens. In: Zeitschrift für Differentielle und Diagnostische Psychologie, 15, S. 185-200.

Winther, E. (2006): Motivation in Lernprozessen. Konzepte in der Unterrichtspraxis von Wirtschaftsgymnasien. Wiesbaden: DUV.

Hochschulindikatoren in der nationalen Bildungsberichterstattung: Ihre Stärken und Schwächen

Andrä Wolter

1. Hochschule als Teil nationaler Bildungsberichterstattung

In Deutschland sind in den letzten Jahren mehrere Konzepte und Verfahren des Bildungsmonitoring nebeneinander etabliert worden, die sich idealerweise zu einem aufeinander abgestimmten System zusammenfügen sollen. Die internationalen Schulvergleichs- und Kompetenzstudien zählen dazu ebenso wie die schon langjährige deutsche Mitwirkung an „Education at a Glance" (OECD 2007) oder das neue Länder-EAG (Statistische Ämter des Bundes und der Länder 2007). Bildungsmonitoring meint dabei die kontinuierliche und systematische, auf wissenschaftliche Methoden gestützte Beobachtung der Bedingungen, Verläufe, Ergebnisse und Wirkungen von Bildungsprozessen in und außerhalb von Institutionen mit dem Ziel, bildungspolitischen Akteuren wissenschaftlich aufbereitetes, empirisches Wissen zur Information für bildungspolitische Entscheidungsprozesse zur Verfügung zu stellen. Bildungsmonitoring als eine Variante wissenschaftlicher Politikberatung wird oft auch als ein Beitrag zur „empirischen Wende der Bildungspolitik" bezeichnet (es sei hier dahingestellt, inwieweit davon tatsächlich die Rede sein kann). Eine der tragenden Säulen dieses neuen „Systems" des Bildungsmonitoring ist die nationale Bildungsberichterstattung, die in einer indikatorenorientierten Form vorhandenes empirisches Wissen über Bildungsprozesse politikrelevant präsentieren soll. Im Jahr 2006 ist der erste Bildungsbericht veröffentlicht worden (Konsortium Bildungsberichterstattung 2006), der zweite wird im Juni 2008 vorgelegt werden.

Als im Jahr 2004 vom Bundesministerium für Bildung und Forschung und von der Kultusministerkonferenz der Auftrag zur Ausarbeitung des ersten nationalen Bildungsberichts an das Konsortium Bildungsberichterstattung vergeben wurde, waren zwei Prämissen maßgeblich: Der nationale Bildungsbericht sollte erstens systemisch angelegt sein, d. h. das Bildungssystem als Ganzes, vom frühkindlichen Bereich bis zur Weiterbildung, einschließen und dabei insbesondere die Schneidung, die Interdependenzen und Verknüpfungen zwischen einzelnen Institutionen bzw. Sektoren des Bildungssystems berücksichtigen. Und er sollte sich zweitens am Konzept „Bildung im Lebenslauf" orientieren, d. h. alle Sequenzen in Bildungslebensverläufen, insbesondere die kritischen Ereignisse und Weichenstellungen innerhalb von Bildungsbiografien (wie z. B. Übergänge und Verbleibsprozesse), einbeziehen ebenso wie verschiedene Formen von Bildung bzw. Lernen (formal, nonformal, informell) und die längerfristigen Wirkungen und Erträge von Bildungskarrieren. Damit stand fest, dass auch der Hochschulbereich in die nationale Bildungsberichterstattung einbezogen würde.[1] Volkswirtschaftlich gesehen ist die Hochschule inzwischen zu einer der wichtigsten Qualifizierungseinrichtungen in unserer Gesellschaft geworden. Unter den Bedingungen der aufkommenden Wissensgesellschaft wird sie mehr und mehr zur prototypischen Institution der Wissensproduktion und Wissensdistribution überhaupt werden.

Die Einbeziehung der Hochschule in die nationale Bildungsberichterstattung mag auf den ersten Blick selbstverständlich sein. Aber die Praxis der Bildungsberichterstattung in Deutschland – hier vor allem auf lokaler oder Länderebene – wie im internationalen Vergleich zeigt, dass es eine Reihe von Berichtssystemen gibt, die ihrer Anlage nach „reine" oder jedenfalls schwerpunktmäßig Schulberichte sind oder sich auf andere partikulare Segmente des Bildungssystems konzentrieren (in Deutschland zum Beispiel der Berufsbildungsbericht). Bislang nur sehr vereinzelt finden sich darunter auch solche, die nur oder primär den Hochschulbereich betreffen (z. B. länderspezifische Hochschulberichte wie im Freistaat Sachsen). Solche enger gefassten Konzepte von Bildungsberichterstattung hängen teilweise mit den bildungspolitischen Zuständigkeiten und Interessen der Auftraggeber zusammen, teilweise mit historisch gewachsenen Berichtstraditionen oder mit besonderen Problemlagen, die Anlass ihrer Etablierung waren.

Ebenfalls keineswegs selbstverständlich war die Entscheidung, den deutschen Bildungsbericht zwar nicht vollständig, aber in wesentlichen Teilen der Struktur des Bildungssystems folgend aufzubauen. Der erste Bildungsbericht enthält vier übergreifende (Rahmenbedingungen, Grundinformationen, Wirkungen und Erträge, Migration) und fünf bereichsspezifische Kapitel, vom Vorschulbereich bis zur Weiterbildung. Sowohl der OECD-Bericht „Education at a Glance" (OECD 2007) als auch andere nationale Bildungsberichte (zum Beispiel der US-Bericht „The Condition of Education", vgl. U.S. Department of Education 2007) verzichten auf eine bereichsspezifische Gliederung und sind in übergreifende Themenfelder unterteilt (z. B. Bildungsbeteiligung, Lernergebnisse und Erträge, Bildungsfinanzierung). Obgleich eine solche

1 Im Rahmen der Gesamtverantwortung des Konsortiums Bildungsberichterstattung, dem sechs Einrichtungen angehören, zeichnet für die hochschulbezogenen Teile die HIS (Hochschul-Informations-System GmbH) verantwortlich.

übergreifende Anlage durchaus den Anforderungen einer systemischen Orientierung ebenso wie dem Konzept „Bildung im Lebenslauf" entsprechen kann, wurde für den deutschen Bildungsbericht neben den vier übergreifenden Kapiteln eine Strukturierung entlang der Sektoren des Bildungssystems gewählt, um den spezifischen Erwartungen und Informationsinteressen gerecht zu werden, die mit einer arbeitsteiligen Organisation der staatlichen Bildungspolitik in institutionsspezifische Handlungsfelder verbunden sind.

Eine weitere Entscheidung betrifft die Indikatorenbasierung der deutschen Bildungsberichterstattung. Auch diese ist international weithin üblich, aber keineswegs alle vorhandenen Berichtssysteme folgen einer strengen Indikatorenlogik. Diese Vorentscheidung seitens der Auftraggeber hatte zur Folge, für die nationale Bildungsberichterstattung noch vor der Ausarbeitung des ersten Bildungsberichts ein zumindest heuristisches Verständnis von Indikatoren finden und ein Indikatorenmodell entwickeln zu müssen, das die wesentlichen Elemente des Bildungssystems und seiner einzelnen institutionellen Sektoren ebenso wie die wichtigsten Stufen und Ereignisse in Bildungsverläufen abbildet – immer mit Blick auf die verfügbaren, „indikatorenfähigen" Datenbestände. Beide Aufgaben sind in einem ersten Entwurf für den ersten Bildungsbericht pragmatisch, aber keineswegs abschließend bearbeitet worden (siehe dazu den Beitrag von Döbert u. a. in diesem Band). Identifizierung und Operationalisierung übergreifender oder bereichspezifischer Indikatoren stellen vielmehr eine gleichsam iterative, ständig – zum Beispiel im Lichte bisheriger Erfahrungen, neuer Anforderungen oder Datenquellen – neu zu reflektierende und weiterzuentwickelnde Aufgabe dar. Indikatorenforschung ist ein in Deutschland bislang eher randständiges Feld von Bildungsforschung gewesen, das durch die Bildungsberichterstattung möglicherweise einen wichtigen Impuls bekommen hat.

2. Hochschulindikatoren im internationalen Vergleich

Vergleicht man den deutschen Bildungsbericht und die darin enthaltenen Hochschulindikatoren mit anderen nationalen Bildungsberichten (ich beschränke mich auf die USA, auf Kanada und die Schweiz) oder dem komparativ angelegten OECD-Bericht, dann zeigen sich viele Gemeinsamkeiten, aber auch einige Unterschiede (vgl. hierzu im einzelnen Döbert u. a. in diesem Band). Die Alternative, entweder spezifische Hochschulindikatoren, wie in Kanada (Canadian Education Statistics Council 2007) oder der Schweiz (Schweizerische Koordinationsstelle für Bildungsforschung 2006), oder vorrangig bereichsübergreifende Indikatoren (USA, OECD) aufzuführen, von denen dann einige einen Hochschulbezug aufweisen, ist schon erwähnt worden. Der deutsche Bildungsbericht enthält neben übergreifenden Indikatoren mit bereichsspezifischen Konkretisierungen (z. B. Personal, Finanzierung, Bildungsbeteiligung) schwerpunktmäßig bildungsbereichspezifische Indikatoren, die kontinuierlich oder in wechselndem Rhythmus jeweils in einem eigenen Kapitel gebündelt berichtet werden.

Eine wesentliche Differenz zwischen dem deutschen Bericht und den anderen vier Berichten besteht darin, dass diese auf einem deutlich stärker operational gefassten Indikatorenbegriff beruhen, auch wenn dieser international keineswegs einheitlich definiert wird. Für den deutschen Bericht ist dagegen ein eher weites Indikatorenverständnis charakteristisch, wonach Indikatoren sich auf zentrale Merkmale von Bildungsprozessen beziehen, denen dann verschiedene empirisch belastbare Kennzahlen zugeordnet werden (vgl. Döbert u. a. in diesem Band). Es können also zwei Indikatorenkonzepte unterschieden werden: Entweder werden bereits die Indikatoren über genaue Mess- und Berechnungsverfahren definiert oder Indikatoren werden als Konstrukte verstanden, die dann empirisch mithilfe einer oder mehrerer Kennzahlen gefüllt werden. Im Rahmen der Bildungsberichterstattung dominiert das zweite Verständnis, wobei sich die Indikatoren primär auf bildungspolitisch relevante Themen- oder Problemfelder beziehen, also „steuerungsrelevant" sein sollen (was immer das heißt).

Allerdings kann von keinem der international vorliegenden Berichte behauptet werden, dass Auswahl und Definition der Indikatoren auf einem theoretisch elaborierten Modell – weder für den gesamten Indikatorensatz noch für einzelne Indikatoren – beruhen, vielleicht mit einer kleinen Einschränkung beim OECD-Bericht, der dies noch am ehesten für sich beansprucht. Pragmatische Kriterien wie Machbarkeit, Datenverfügbarkeit oder bildungspolitische Bedeutsamkeit spielen überall eine Rolle. Gemeinsam ist allen Bildungsberichten die – manchmal nur implizit erkennbare – Orientierung an dem Kontext-Input-Prozess-Output-Outcome-Modell zur Auswahl und Ordnung der Indikatoren, das als international weitgehend akzeptiert gelten kann (Scheerens 2004, 2006). So nützlich ein solches Modell heuristisch ist, so wird man es aber nur schwer als ein theoretisches Konzept bezeichnen können. Mit der Orientierung an diesem Modell hängt aber sicher zusammen, dass sich im Großen und Ganzen in den Berichten eine sehr ähnliche Auswahl an Hochschulindikatoren findet.

Mit dem bei den anderen Berichten vorfindbaren stark operationalen Indikatorenverständnis hängt ein weiterer Unterschied zusammen, der die Textsorte betrifft. Die drei anderen nationalen Bildungsberichte sind in ihren begleitenden bzw. kommentierenden Texten sehr deskriptiv abgefasst, eher im Stil eines Datenreports, weit deskriptiver, als das beim deutschen Bericht der Fall ist, der zumindest im Vergleich eine am ehesten noch problemanalytische, interpretativ-explanatorisch ausgerichtete Textsorte enthält. Gemeinsam wiederum ist allen Berichten eine gewisse bildungspolitische Enthaltsamkeit im Blick auf Bewertungen oder Handlungsempfehlungen. Empfehlungen oder Bewertungen auszusprechen, gehört in Deutschland durchaus zu den Aufgaben anderer Berichtssysteme, etwa des Familien- oder des Kinder- und Jugendberichts, die von unabhängigen Sachverständigenkommissionen erstellt werden (siehe dazu Krüger/Rauschenbach/Sander 2007). Beim Bildungsbericht behält sich dies jedoch der Auftraggeber vor. Stärker als beim ersten deutschen finden sich in den anderen nationalen Bildungsberichten „affirmative policy-" oder „equity"-Indikatoren. Zwar enthält der erste Bildungsbericht zahlreiche Hinweise auf soziale Disparitäten in den Bildungschancen oder Bildungsverläufen, aber nicht als durchgehendes Leitmotiv oder in zusammenfassender Prägnanz. Hier gilt es, in den zukünftigen Berichten noch deutlicher Akzente zu setzen.

Alle Bildungsberichte konzentrieren sich naturgemäß auf quantitativ-strukturelle Sachverhalte, Entwicklungen und Zusammenhänge – im Hochschulbereich ebenso wie in den anderen Bildungssektoren. Auffällig ist aber insbesondere in den hochschulbezogenen Teilen der hier erwähnten Bildungsberichte die Zurückhaltung bei komplexen theoretischen Konstrukten, wie z.B. Kompetenzen, über die Absolventen und Absolventinnen am Ende ihres Studiums verfügen, oder der Qualität des Studiums oder der Hochschullehre. Verantwortlich ist hierfür primär der Mangel an entsprechenden Indikatoren und an „indikatorenreifen" Datenbeständen; so gibt es in der Hochschulforschung bislang kein Gegenstück zu den PISA-Studien. Wie weit das neue Hochschul-PISA der OECD hier Abhilfe schaffen wird, bleibt abzuwarten. Zwei weitere Gemeinsamkeiten mit den anderen Berichten sind für die Konzeption des Hochschulkapitels im deutschen Bildungsbericht von großer Bedeutung:

- Mit Ausnahme der Schweiz (mit ihrer recht übersichtlichen Hochschullandschaft) werden Indikatoren nicht institutionell – also auf der Ebene der einzelnen Hochschulen – ausgewiesen. Zwischen Bildungsberichterstattung und Hochschul-„ranking" wird eine klare Differenzierung getroffen. Zum Teil finden sich nicht einmal regionale oder nur sehr vage räumliche Differenzierungen. Der deutsche Bildungsbericht trennt ebenfalls zwischen datengestützter Problemanalyse zu Fragen der Hochschulentwicklung und „ranking"-ähnlichen Bewertungen, die weder auf Länder- noch auf Hochschulebene beabsichtigt sind, auch wenn die Kennzahlen – soweit sinnvoll – nach Ländern differenziert werden.
- Darüber hinaus wird international eine ebenso klare Unterscheidung zwischen Bildungs- und Forschungsberichterstattung getroffen. Mit Ausnahme finanz- und personalstatistischer Indikatoren oder Kennzahlen enthalten die Berichte in der Regel keine Angaben zu Qualitäts-, Produk-

tivitäts- oder Anerkennungsindikatoren von Forschungsleistungen der Hochschulen. Auch in Deutschland wird zwischen Forschungs- und Bildungsberichterstattung getrennt, selbst wenn Forschung unbestritten eine Kernaufgabe des Hochschulsystems darstellt. Forschungsbezogene Kennzahlen gehen nur insoweit ein, als es sich um die Hochschulausgaben für Forschung oder das in der Forschung beschäftigte Hochschulpersonal handelt. An der Schnittstelle zwischen Forschung und Ausbildung wird selbstverständlich auch die akademische Qualifizierung des wissenschaftlichen Nachwuchses einbezogen.

Aber leistungsbezogene Forschungsindikatoren i.e.S. – zum Beispiel bibliometrische Indikatoren – sind bislang kein Teil der nationalen Bildungsberichterstattung, zum Teil wegen ihrer noch fehlenden methodischen Reife oder der Datenverfügbarkeit über alle Fächergruppen und Fächermilieus hinweg, zum Teil wegen der engen Verflechtung zwischen außeruniversitärer und universitärer Forschung, die gerade bei internationalen Vergleichen Zuordnungs- und Erfassungsprobleme aufwirft. Es besteht unter den Akteuren der Bildungsberichterstattung Übereinstimmung darüber, außeruniversitäre Einrichtungen nicht in die nationale Bildungsberichterstattung in Deutschland einzubeziehen.

3. Die deutschen Hochschulindikatoren und ihre Datenbasis

Für den Hochschulbereich wurden im ersten, noch vorläufigen Indikatorenmodell insgesamt 22 Indikatoren (ohne Kontextindikatoren) ausgewählt und spezifiziert, zehn davon sind bereichsspezifische Konkretisierungen übergreifender Indikatoren, zwölf sind hochschulspezifische Indikatoren (Übersicht bei Wolter/Kerst 2006, 196). Wie alle Indikatoren der nationalen Bildungsberichterstattung sind sie nach dem Schema untergliedert:

- (1) Wirkungen: (1.1) Abschlüsse, (1.2) Kompetenzen, (1.3) Bildungserträge;
- (2) Input: (2.1) Bildungsausgaben, (2.2) Bildungsbeteiligung, Bildungsteilnehmer, (2.3) Personalressourcen, (2.4) Bildungsangebote, Bildungseinrichtungen;
- (3) Prozesse: (3.1) Übergänge, (3.2) Qualitätssicherung, (3.3) Bildungszeit.

Es hängt in erster Linie mit der Datenverfügbarkeit zusammen, dass dabei die Felder Wirkungen und Input mit sieben bzw. zehn Indikatoren umfangreicher dokumentiert sind als das Feld „Prozesse“ mit fünf Indikatoren. Hier muss daran erinnert werden (vgl. den Beitrag von Döbert u. a. in diesem Band), dass an die Datengrundlage der Indikatoren hohe Anforderungen im Blick auf zeitliche Fortschreibung, Repräsentativität, Vergleichbarkeit und andere

Gütekriterien gestellt werden. Diese Anforderungen werden im Rahmen der im Hochschulbereich vorhandenen Datenquellen bislang praktisch nur von der amtlichen Hochschulstatistik sowie einigen Surveys aus der empirischen Hochschulforschung erfüllt. Insbesondere in der amtlichen Statistik, aber auch den Surveys liegt der Schwerpunkt eher auf den Bereichen „input" und „Wirkungen" als den „Prozessen". In jedem Fall ist die Unterbelichtung der „Prozesse" (zum Beispiel der Studienverläufe oder anderer intrainstitutioneller Vorgänge) ein kritischer Punkt, der bei den zukünftigen Datenanforderungen der nationalen Bildungsberichterstattung („Datenstrategie") eine wesentliche Rolle spielt.

Der erste Bildungsbericht (2006) gruppierte die dort berücksichtigten Indikatoren im Kapitel „F Hochschule" unter vier Unterpunkte:

- F 1 Übergänge in die Hochschule,
- F 2 Studienanfängerinnen und Studienanfänger,
- F 3 Studieneffektivität,
- F 4 Hochschulabsolventinnen und -absolventen.

Einige weitere hochschulbezogene Indikatoren oder Differenzierungen finden sich insbesondere im Kapitel „I Wirkungen und Erträge von Bildung".

Der zweite Bildungsbericht (2008) wird im Hochschulkapitel fünf Unterabschnitte enthalten, die teilweise aufgrund ihrer hochschulpolitischen Relevanz Fortschreibungen aus dem ersten Bericht sind:

- F 1 Studienanfängerinnen und Studienanfänger,
- F 2 Lehrendes Personal,
- F 3 Studienfinanzierung,
- F 4 Studienverlauf, Studiendauer, Studienabbruch,
- F 5 Hochschulabsolventinnen und -absolventen.

Weitere Hochschulindikatoren finden sich 2008 insbesondere im für dieses Jahr gewählten Schwerpunktkapitel „H Übergänge Schule – Berufsausbildung – Hochschule – Arbeitsmarkt", in dem sowohl den Übergängen von der Schule zur Hochschule wie denjenigen von der Hochschule in den Arbeitsmarkt bzw. den Beruf eine herausragende Bedeutung zukommt.

Von den insgesamt 22 Hochschulindikatoren sind im ersten Bildungsbericht (2006) elf enthalten, die Mehrzahl im Hochschulkapitel, einige in den übergreifenden Kapiteln (insbesondere unter „Wirkungen und Erträge von Bildung"). Im zweiten Bildungsbericht (2008) sind 14 enthalten, rund die Hälfte davon in den übergreifenden Kapiteln. In beiden Bildungsberichten werden die Indikatoren dabei nicht einzeln der Reihe nach, sondern ihrer sachlichen Affinität nach in thematisch gruppierter Form berichtet. Dies gilt vor allem für die studienverlaufsbezogenen Indikatoren und diejenigen, die sich auf die Absolventen/Absolventinnen und deren Übergänge in den Arbeitsmarkt und Beruf erstrecken. Diese Anordnung macht noch einmal auf die schon erwähnte keineswegs trennscharfe Abgrenzung zwischen Themenfeldern, Indikatoren und Kennzahlen aufmerksam. Eine schematische Konsistenz zwischen dem ersten und dem zweiten Bildungsbericht konnte auch deshalb nicht hergestellt werden, weil zahlreiche Hochschulindikatoren in das für 2008 gewählte Schwerpunktkapitel „Übergänge" fallen.

Auch wenn mit indikatorbasierter Berichterstattung im Hochschulbereich in Deutschland wesentlich noch Neuland betreten wurde, so finden sich hier doch schon einige, wenn auch begrenzte Vorarbeiten. In der Hochschulforschung gibt es bereits eine längere Tradition der Beschäftigung mit Indikatoren und Kennzahlen als Steuerungsinstrumenten sowohl im Verhältnis von Staat und Hochschulen wie auch auf der institutionellen Ebene der einzelnen Hochschule. In besonderer Weise gilt dieses für Modelle und Verfahren indikatorenbasierter oder formelgebundener Hochschulfinanzierung und Mittelallokation (Ederleh 2003). Solche Ansätze haben im Kontext neuer Steuerungs- oder Governance-Konzepte in den letzten 10 bis 15 Jahren erheblich an Bedeutung gewonnen, in der Regel mit dem Ziel, bürokratische Formen staatlicher Regulierung von Hochschulen zugunsten wettbewerblicher Steuerungsformen und einer stärkeren institutionellen Selbststeuerungsfähigkeit der einzelnen Hochschule abzubauen (vgl. Jäger/Leszczensky 2007; Kehm/Lanzendorf 2005, 2007; Wolter 2007).

Auch wenn hier ähnlich wie bei der Bildungsberichterstattung mit Indikatoren oder Kennzahlen gewisse Steuerungsabsichten und -ansprüche verbunden werden, so erstrecken sich diese hier in erster Linie auf die einzelne Hochschule und ihre Leistungen, das heißt primär auf die Ebene der Institutionen und nicht, wie bei der nationalen Bildungsberichterstattung, auf die Systemebene oder die gesamtstaatliche Ebene. Ähnlich wie bei der Bildungsberichterstattung kann man in diesem Feld aber ein mitunter wenig trennscharfes Verständnis von Indikatoren und Kennzahlen antreffen. Andere Vorarbeiten, die dem Anliegen der Bildungsberichterstattung bereits näher kommen, finden sich etwa in den hochschulstatistischen Kennzahlen, die das Statistische Bundesamt regelmäßig veröffentlicht, in dem neuen Länder-EAG der Statistischen Ämter (2007) oder ansatzweise, wenn auch ohne ein explizites Indikatorenmodell, in der bisherigen Berichterstattung zur technologischen Leistungsfähigkeit Deutschlands.

Datenbasis der Hochschulindikatoren des nationalen Bildungsberichts ist bei etwa der Hälfte der Indikatoren die amtliche Statistik, speziell die Studierenden- bzw. Hochschulstatistik, die Hochschulfinanz- und -personalstatistik sowie der Mikrozensus. Ein großer Vorteil besteht darin, dass die Studierendenstatistik in Deutschland, anders als die Schulstatistik, schon traditionell als Individualstatistik geführt wird, wenn auch bislang nur sehr eingeschränkt als Verlaufsstatistik. Die andere Hälfte der Indikatoren basiert auf sozialwissenschaftlicher Surveyforschung, in erster Linie auf den HIS-Untersuchungsreihen (Studienberechtigten-, Studienanfänger- und Absolventenbefragungen), die teilweise als Panels durchgeführt werden, ferner auf dem Konstanzer Studierendensurvey (zuletzt Multrus/Bargel/Ramm 2005), den Sozialerhebungen des Deutschen Studentenwerks (von HIS durchgeführt, zuletzt Isserstedt u. a. 2007) sowie dem Sozio-ökonomischen Panel in der Verantwortung des Deutschen Instituts für Wirtschaftsforschung.

Diese unterschiedlichen Datenquellen ermöglichen es nicht nur, soweit es sich um Untersuchungsreihen handelt, Zeitreihen aufzubauen, sondern auch, soweit es sich um Panels handelt (z. B. bei den HIS-Absolventenstudien), Einblicke in Verläufe, insbesondere Berufskarrieren, zu gewinnen. Aufgrund der Tatsache, dass es neben der amtlichen Statistik eine ganze Reihe etablierter Surveys der sozialwissenschaftlichen Hochschulforschung gibt, kann die Datenbasis für den Hochschulteil in der nationalen Bildungsberichterstattung als relativ gut bezeichnet werden, was allerdings gravierende Datendefizite in relevanten Themen- und Indikatorenfeldern nicht ausschließt (worauf noch näher eingegangen wird). Im Blick auf ihre Datenbasis muss hier allerdings noch ergänzt werden, dass die Bildungsberichterstattung nirgends über eigene, exklusive Datenquellen (von Spezialauswertungen abgesehen) verfügt, sondern immer auf Kooperation mit anderen bzw. Zuarbeit durch andere Institutionen angewiesen ist. Damit sind die Grenzen der vorhandenen Datenbestände auch die Grenzen der Bildungsberichterstattung.

4. Funktionen der Bildungsberichterstattung und Stärken der Hochschulindikatoren

Zu den Stärken der Hochschulindikatoren für die nationale Bildungsberichterstattung zählen die folgenden Aspekte, einzelne sind in den vorangegangenen Ausführungen schon angesprochen worden. Daran lassen sich zugleich beispielhaft einige wesentliche wissenschaftliche und bildungspolitische Funktionen der Bildungsberichterstattung veranschaulichen.

Der vorläufig ausgewählte Indikatorensatz entspricht weitgehend dem international üblichen „set“ an Indikatoren. Das bestätigt zum einen die Auswahlentscheidungen, die hinsichtlich der in den deutschen Bildungsbericht einzubeziehenden Indikatoren getroffen wurden. Zum anderen wird dadurch die *Möglichkeit des internationalen Vergleichs* eröffnet, eine wesentliche Funktion der Bildungsberichterstattung, die allerdings nicht zu unterschätzende Fragen zu den dabei zu berücksichtigenden nationalen Kontextbedingungen und Systembesonderheiten aufwirft. Angesichts dieser bei internationalen Vergleichen oft vorhandenen „systemischen“ Vergleichsprobleme ist es ein Vorteil, dass sich das deutsche Hochschulsystem relativ gut innerhalb der ISCED-Klassifikation abbilden lässt, mit deren Hilfe ja bekanntlich versucht wird, Bildungssysteme strukturell vergleichbar zu machen (OECD 1999).

Mit Ausnahme der Verwaltungsfachhochschulen zählen alle deutschen Hochschulen bzw. die von ihnen angebotenen Programme (und nur sie) zur ISCED-Stufe 5 A, welche die akademischen Programme umfasst, also die von Hochschulen angebotenen Studiengänge, die einen Zugang zu Masterprogrammen oder zur Promotion eröffnen. Komparative Probleme ergeben sich am ehesten noch im Blick auf die international variierende Zuordnung von beruflichen Ausbildungsgängen zu unterschiedlichen Institutionen. Die Einstufung von Programmen wird innerhalb der ISCED-Klassifikation nach Qualität, Niveau oder Dauer des entsprechenden Programms vorgenommen. Diese Kriterien schließen aber unterschiedliche Zuordnungen nicht aus, wenn Ausbildungsprogramme für bestimmte Berufe eindeutig auf zwischen den Ländern variierenden Niveau- und Anforderungsebenen angeboten werden. Solche Einstufungsprobleme erklären aber keineswegs, wie das in Deutschland gerne behauptet wird, die erheblichen Unterschiede, die sich in der Bildungsbeteiligung, z. B. beim Zugang zur Hochschulbildung, zwischen Deutschland und anderen Ländern auftun (Banschbach 2007). Diese Unterschiede sind weit größer, als dass sie allein auf Besonderheiten des deutschen Bildungssystems, insbesondere der gut ausgebauten betrieblichen Berufsausbildung, zurückgeführt werden könnten.

Mit der Indikatorenorientierung mehr oder weniger vorgegeben ist eine starke Konzentration auf quantitativ erfass- und abbildbare Entwicklungen und Zusammenhänge im Hochschulsystem, die für alle hier betrachteten Bildungsberichte typisch ist (es gibt auch Bildungsberichte, die auf Experten-„review“ beruhen). Dies hat zur Folge, dass der Brennpunkt der Berichterstattung in Deutschland auf den zentralen quantitativen Trends der Hochschulentwicklung und den damit verknüpften Problemen, Aufgaben und Herausforderungen für die Hochschulen oder die staatliche Hochschulpolitik liegt. Bildungsberichterstattung erfüllt hier eine weitere wesentliche Funktion, nämlich die der quantitativen *Abbildung zentraler systemischer Entwicklungsprozesse und Entwicklungsprobleme*. So liefert der Bildungsbericht in konzentrierter Form Informationen und Befunde zum Beispiel zu folgenden Fragen:

– Wie entwickeln sich die Studienanfänger- und Absolventenzahlen (und -quoten), insbesondere in bestimmten Fächergruppen (z. B. den MINT-Fächern), wie steht Deutschland im internationalen Vergleich da? Worin bestehen die wichtigsten Ursachen für die in Deutschland seit einigen

Jahren beobachtbare Stagnation der realisierten Studiennachfrage? Welche Rolle spielt die Einführung von Studienbeiträgen/-gebühren?
- Verstärkt sich der Trend zu einer immer stärkeren Akademisierung hinsichtlich der Bildungsherkunft der Studierenden? Wie entwickeln sich die sozialgruppenspezifische Bildungsbeteiligung bzw. die sozialen Disparitäten in den Chancenstrukturen des Hochschulzugangs?
- Wie entwickelt sich die Ressourcenausstattung der deutschen Hochschulen im Verhältnis zur Studiennachfrage? Auch die soziale Infrastruktur des Studiums (Studienfinanzierung) spielt hier eine wesentliche Rolle.
- Welche Veränderungen lassen sich hinsichtlich des Studienerfolgs und der Studieneffektivität (drop-out, Verweildauer) oder in den Mobilitätsmustern der Studierenden beobachten – national wie international –, nicht zuletzt unter dem Einfluss der Studienstrukturreform?

Hier wird deutlich, dass Bildungsberichterstattung neben der oben schon genannten komparativen Funktion auch ein *Instrument der Dauerbeobachtung und der systeminternen Problemanalyse* der Bildungs- bzw. Hochschulentwicklung ist, das unter bestimmten Vorzeichen auch eine *Präventivfunktion* als eine Art *Frühwarnsystem* wahrnehmen kann.

Einige aktuelle hochschulpolitische Stichworte unterstreichen die Bedeutsamkeit solcher Indikatoren und Ergebnisse: die seit Jahren bestehende und sich tendenziell verschärfende Überlastsituation deutscher Hochschulen, der Hochschulpakt 2020, der hier zumindest teilweise Abhilfe verspricht, der Bologna-Prozess, der ja zu einem höheren Studienerfolg und zu einer stärkeren Internationalisierung der Hochschulen führen soll, oder die Auswirkungen des demografischen Wandels auf den Hochschulbesuch. Die hochschulpolitische Brisanz solcher Fragen wird ersichtlich, wenn man an einige ehrgeizige Planungsziele der staatlichen Hochschulpolitik in Deutschland erinnert: So soll die Studienanfängerquote langfristig auf jeweils 40% und die Absolventenquote auf 35% der entsprechenden Alterskohorte erhöht werden, was wiederum sowohl eine bestimmte Übergangsquote von der Schule zur Hochschule wie eine bestimmte Erfolgsquote im Studium voraussetzt (vgl. dazu Wissenschaftsrat 2006). Bildungsberichterstattung kann hier eine gleichsam *evaluative Funktion, eine bildungspolitische Rückmeldefunktion* hinsichtlich der Probleme und des Grades der Zielerreichung bei solchen zentralen hochschulpolitischen Vorhaben wahrnehmen.

Zumindest in diesen Feldern der Hochschulentwicklung ist die verfügbare Datenlage dank amtlicher Statistik und ergänzender surveybasierter Hochschulforschung recht gut. Das gilt in besonderer Weise, dank entsprechender langjähriger Untersuchungsreihen, für die beiden zentralen Übergangsstellen des Hochschulsystems, dem Zugang zur Hochschule und dem Übergang in den Arbeitsmarkt bzw. das Beschäftigungssystem. Der Rückgriff auf sozialwissenschaftliche Surveys ist hier auch insofern wichtig, als die amtliche Statistik keine Daten zu so zentralen Merkmalen wie der sozialen Herkunft oder dem familiären Bildungshintergrund der Studierenden enthält, auch nicht zum Migrationsstatus (von der staatsbürgerschaftsrechtlichen Unterscheidung zwischen Bildungsinländern und -ausländern abgesehen).[2] Daher können gegenwärtig die sozialen Chancenstrukturen und Partizipationsmuster beim Hochschulzugang nur auf der Grundlage surveygestützter Daten dargestellt werden. Auch nur durch Surveys können zumindest teilweise individuelle Verknüpfungen zwischen unterschiedlichen Bildungsbereichen – Schule/Hochschule oder Hochschule/Beschäftigung – hergestellt werden, so dass Übergangssequenzen darstellbar sind.

Die Betrachtung dieser beiden Übergangsstellen, die ja schon durch die Leitidee „Bildung im Lebensverlauf“ nahegelegt wird, ist aber auch darüber hinaus von zentraler bildungspolitischer Bedeutung. Die oben genannten hochschulplanerischen Zielzahlen zu den Studienanfänger- und Absolventenquoten zeigen deutlich, dass das Thema der Hochschulexpansion auch zukünftig in Deutschland von ungebrochener Bedeutung sein wird. Der massive Wandel der Studiennachfrage und des Hochschulbesuchs durch wachsende Teilnahme, vor allem durch die Expansion der relativen Bildungsbeteiligung – in der internationalen Hochschulforschung häufig mit solchen Begriffen wie „massification of higher education“ oder „the shift from elite to mass higher education“ umschrieben – bildet seit Jahrzehnten nicht nur einen der wichtigsten säkularen Wandlungsprozesse in nahezu allen nationalen Hochschulsystemen, sondern auch einen der wichtigsten Brennpunkte der Hochschul- und Arbeitsmarktpolitik. Dies gilt auch für Deutschland, obgleich sich hier die Expansion bislang auf einem deutlich niedrigeren Sockel als in vielen anderen hoch entwickelten Ländern vollzogen hat.

Dieser Wandel zeigt ja nicht allein eine quantitative Entwicklung an, in deren Folge Hochschulen großbetriebliche Einrichtungen werden, sondern einen tief greifenden Funktionswandel des ganzen Hochschulsystems, in dessen Folge sich die institutionelle Identität der Hochschule ebenso verändert wie ihre volkswirtschaftliche Bedeutung, verbunden mit einer Fülle neuer Herausforderungen für die Organisation des Studiums oder das Management von Hochschulen. Von daher zählen solche quantitativen Veränderungen zu den konstitutiven Rahmenbedingungen der Hochschulentwicklung – deshalb stehen sie auch im Zentrum der Bildungsberichterstattung. Gegenüber dieser expansiven Entwicklung wird oft die Befürchtung einer Überfüllung des akademischen Arbeitsmarktes mit den entsprechenden negativen

2 Eine Ausnahme bzw. ein Grenzfall ist hier der Mikrozensus, der zur amtlichen Statistik gehört und solche Daten durchaus bereitstellt. Sie sind jedoch mit den Daten der „regulären“ amtlichen Statistik nicht zu verknüpfen.

Folgen für die Beschäftigung von Hochschulabsolventen und Absolventinnen geäußert – von prekärer Beschäftigung, „Generation Praktikum" oder „downgrading" ist heute oft die Rede. Von daher ist es besonders wichtig, die Konsequenzen dieser Entwicklung für die Übergänge von der Hochschule in den Beruf und den Arbeitsmarkt, für den beruflichen Verbleib und die weiteren beruflichen Karrieren auf der Grundlage entsprechender Absolventenstudien kontinuierlich zu dokumentieren – ein Schwerpunkt sowohl im ersten wie im zweiten Bildungsbericht.

5. Schwächen der Hochschulindikatoren

Neben diesen Stärken lassen sich bei den Hochschulindikatoren in der nationalen Bildungsberichterstattung aber auch einige Schwächen identifizieren, die teilweise mit institutionellen Besonderheiten des Hochschulbereichs oder dem Stand der empirischen Hochschulforschung zusammenhängen, teilweise Problemstellen der Bildungsberichterstattung generell markieren. Auf zwei Schwachstellen soll hier zusammenfassend hingewiesen werden, zum einen auf die Grenzen der Indikatorenbildung, zum anderen auf vorhandene Datendefizite; beide Aspekte sind nicht streng voneinander zu trennen.

In einer indikatorenbasierten Berichterstattung lassen sich – erstens – nicht alle bildungs- oder hochschulpolitisch relevanten Prozesse und Veränderungen abbilden, weil es dafür entweder keine brauchbaren Indikatoren gibt oder sich bestimmte Sachverhalte überhaupt nur schwer bis gar nicht „indikatorisieren" lassen. Zwar lassen sich im Hochschulbereich wesentliche Reformprozesse, insbesondere der Stand und Fortgang des Bologna-Prozesses, indikatorenmäßig relativ einfach an der Struktur des Studienangebots, der Zusammensetzung der Studienanfänger und Studienanfängerinnen oder der Hochschulabsolventen und Hochschulabsolventinnen nachvollziehen. Dagegen ist es bislang kaum möglich, die Konsequenzen des Bologna-Prozesses für den Wandel der Studienkultur an den deutschen Hochschulen – die Praxis der Lehre ebenso wie das Lernverhalten oder die kognitiven Stile der Studierenden – in Form von Indikatoren zu erfassen, jedenfalls nicht solcher, welche die methodischen Ansprüche an Indikatoren erfüllen. Hierzu werden wahrscheinlich auch langfristig keine überzeugenden und realisierbaren Indikatoren verfügbar sein. Insgesamt weist die Bildungsberichterstattung, wie bereits erwähnt, eine Präferenz für input- und output-/outcome-Indikatoren auf, was nicht nur im Hochschulkapitel mit Defiziten bei aussagefähigen Qualitäts- und Prozessindikatoren einhergeht.

Auch der langfristig möglicherweise wichtigste Umbau, der zurzeit innerhalb des deutschen Hochschulsystems stattfindet, die Etablierung der sogenannten neuen Steuerungsmodelle und -verfahren, oft als neues „Governance-regime" bezeichnet, ist mit Indikatoren nur schwer zu erfassen. Die langfristigen Folgen dieses Wandels – die Transformation der „alten" akademischen Republik in einen neuen Typus von „managerial university" (vgl. Wolter 2004, 2007) – sind zwar für Identität und Gestalt der deutschen Hochschulen vermutlich weit folgenreicher als die Studienreform. Aber es gibt kaum geeignete Indikatoren, und viele dieser Prozesse manifestieren sich eher auf der institutionellen Ebene, die nicht Gegenstand der Bildungsberichterstattung ist. Die Affinität indikatorenorientierter Berichterstattung zu quantifizierbaren Vorgängen hat zur Folge, dass bestimmte komplexere Veränderungsprozesse in der Bildungsberichterstattung lediglich als erklärende Rahmenbedingungen, nicht aber als Indikatoren selbst vorkommen.[3] Andere wichtige Prozesse, wie zum Beispiel die Auswirkungen einer stärkeren vertikalen Differenzierung des deutschen Hochschulsystems (u. a. durch die Exzellenzinitiative) oder auch gegenläufige Trends stärkerer Konvergenz (u. a. in den Studienstrukturen), können dagegen zu einem späteren Zeitpunkt durchaus mithilfe der vorhandenen oder neuer Indikatoren dargestellt werden. Hier besteht das Problem eher im geeigneten Zeitpunkt, weil viele dieser Prozesse noch zu jung sind, als dass dafür schon geeignete Daten vorhanden wären.

Während in den vorangegangenen Abschnitten primär auf die Grenzen der „Indikatorisierbarkeit" bestimmter Entwicklungen oder Zustände hingewiesen wurde, liegt eine zweite Schwachstelle der Bildungsberichterstattung in einigen eklatanten Datendefiziten. Hier wäre es zwar grundsätzlich vorstellbar, sachangemessene Indikatoren zu definieren, aber gegenwärtig fehlen die dafür erforderlichen Datenbestände – in der Regel wegen fehlender entsprechender Erhebungsreihen. Auf drei solcher Defizite soll hingewiesen werden:

- Bislang ist es kaum möglich, Bildungsverläufe über mehrere Institutionen bzw. Lebenslaufsequenzen hinweg mit Paneldaten oder anderen Informationen zu verfolgen. So ermöglicht es die amtliche Statistik bislang nicht, Schuldaten mit Hochschuldaten und schon gar nicht mit Daten über die nachuniversitären Werdegänge individuell zu verknüpfen. Surveys aus der Hochschulforschung können dieses Defizit zumindest teilweise ausgleichen. Aber auch hier gibt es bislang keine Untersuchungsreihen, allenfalls punktuelle Studien, die es als „echter" Längsschnitt ermöglichen würde, Verläufe von der Schule über die Hochschule bis in das Berufsleben hinein über lange Zeiträume zu beobachten. Untersuchungen konzentrieren sich zumeist auf eine einzelne transitorische

3 Vorstellbar wäre, solche Entwicklungen, wenn sie auch andere Teile des Bildungssystems betreffen, wie das bei den neuen Steuerungskonzepten gewiss der Fall ist, als Schwerpunktthema aufzugreifen.

Sequenz – Schule/Hochschule oder Hochschule/Beruf. Vor allem sind die wenigen vorhandenen Untersuchungen, die längere Verläufe erfassen, nicht auf Dauer gestellt. Angesichts der Erwartung an die Bildungsberichterstattung, „Bildung im Lebensverlauf" abzubilden, stellt dieses Defizit ein gravierendes Problem dar, das aber nicht nur den Hochschulteil betrifft, sondern den Bildungsbericht insgesamt, denn auch für andere Sektoren fehlt es an Verlaufsdaten. Hier richten sich hohe Erwartungen an die in Deutschland geplante Etablierung eines Bildungspanels, solche Verlaufsdaten in einem überschaubaren Zeitraum – wenn schon nicht gleich für lange biografische Verläufe, so doch zumindest für wichtige Bildungsverlaufssequenzen – bereitzustellen, langfristig auch als Zeitreihen.

- Nicht nur im Blick auf institutionenübergreifende Verläufe, sondern auch auf die Prozesse innerhalb der Institutionen selbst, hier innerhalb der Hochschule, lassen sich schwerwiegende Datendefizite benennen. So sind empirische Aussagen über die „Qualität" des Studiums und der Lehre bislang im Wesentlichen nur auf der Basis von Studierendenbefragungen möglich, eine zwar unerlässliche, aber nicht allein hinreichende Datenquelle. Auch über das hohe Ausmaß an Fluktuation während des Studiums – zum Beispiel durch Fachwechsel, Hochschulwechsel, Studienabbruch, Studienunterbrechung – gibt es zwar eine Reihe von Datenquellen, die es zulassen, die statistische Größenordnung solcher Ereignisse zu schätzen und tentative Aussagen über deren Gründe und Ursachen zu formulieren. Es ist aber mit den vorhandenen Untersuchungen bislang weder möglich, ihre Größenordnungen exakt (z. B. auf der Basis der kompletten Studierendenstatistik) zu ermitteln, noch genauere Angaben über „Kausalitäten" zu machen. So ist es angesichts der hochschulpolitischen Prominenz des Themas ein auffälliger Mangel, dass es zur Ermittlung der Studienabbruchquoten an deutschen Hochschulen bislang „nur" Schätzverfahren gibt, wenn auch methodisch schon sehr ausgereifte. Genauere Daten über Studienverläufe als Teil der amtlichen Hochschulstatistik zu gewinnen, ist bislang in erster Linie an datenschutzrechtlichen Bedenken gescheitert. Begleitend zu den Arbeiten an der Bildungsberichterstattung läuft zurzeit ein Forschungsprojekt (beim Statistischen Bundesamt), mit den vorhandenen Datenbeständen zu noch genaueren Berechnungsverfahren für wichtige Studienverlaufsereignisse, insbesondere dem Studienabbruch, zu kommen. Auch in diesem Bereich kann ein Beitrag von der bevorstehenden Einführung eines Bildungspanels erwartet werden, weil es dadurch möglich wird, individuelle Verläufe genauer zu rekonstruieren.
- Noch wichtiger wird das zukünftige Bildungspanel in einem dritten Defizitbereich, dem der Kompetenzmessung bei Studierenden und bei Hoch-

schulabsolventen und Hochschulabsolventinnen. In Deutschland gibt es bislang keine Untersuchungen über studentische Kompetenzentwicklung während des Studiums, die ähnlichen theoretischen und methodischen Anforderungen wie bei den bekannten schulischen Kompetenzstudien genügen. Kompetenzmessungen im Hochschulbereich, vor allem solche, die alle Fachrichtungen einbeziehen, beruhen ganz überwiegend auf Selbsteinschätzungen der befragten Studierenden oder Hochschulabsolventen und Absolventinnen; testbasierte Untersuchungen gibt es nur wenige, und dann eher fachpartikular. Untersuchungen, welche die Kompetenzentwicklung durch Mehrfacherhebungen als Prozess durch das Studium hindurch, auch bis in den Beruf hinein, erfassen, sind ebenfalls Mangelware. Neben diesen methodischen Einschränkungen gibt es noch ein gravierendes inhaltliches Defizit: Die meisten Untersuchungen konzentrieren sich auf fächerübergreifende Schlüsselkompetenzen; für fachliche Kompetenzentwicklung gibt es bisher nur ganz wenige Ansätze. Im Übrigen führt kaum eine der bislang vorhandenen Kompetenzuntersuchungen zu Datenbeständen, die für eine indikatorenbasierte Berichterstattung geeignet wären. Auch ein Bildungspanel wird solche Defizite in der hochschulbezogenen Kompetenzmessung nicht vollständig beseitigen können, schon gar nicht im Bereich der Fachkompetenzen, was ohnehin schon wegen der Vielfalt der Fächer ein ganz schwieriges Terrain ist. Daten sind hier über alle Studienrichtungen hinweg am ehesten für den Bereich der fächerübergreifenden Schlüsselkompetenzen zu erwarten.

6. Schlussbemerkungen: Steuerung durch Indikatoren?

Abschließend soll noch kurz auf das für die DGfE-Tagung maßgebliche Thema „Steuerung durch Indikatoren?!“ aus der Perspektive der Hochschulindikatoren eingegangen werden. Beide Begriffe – Steuerung und Indikatoren – sind erklärungsbedürftig. Für den Indikatorenbegriff sind in dem vorliegenden Beitrag bereits einige wichtige Merkmale – theoretischer Bezug, Zuordnung von empirisch belastbaren Kennzahlen, als Zeitreihe darstellbar, national und international vergleichbar – genannt worden. Steuerung ist ein Begriff, der ursprünglich stark von kybernetischen und systemtheoretischen Konzepten geprägt worden ist und nicht frei von sozialtechnologischen Konnotationen ist, die weder den Möglichkeiten erziehungswissenschaftlichen Wissens noch der Funktionsweise von Bildungssystemen oder der Struktur bildungspolitischer Entscheidungsprozesse gerecht werden. In vielen Fällen ist „Steuerung“ auch nur ein Begriff, der bildungspolitischen Entscheidungsprozessen eine Rationalität zuschreibt, die sie aufgrund ihrer Bindung an normative Voraussetzungen oder an soziale Interessen gar nicht haben.

Als wissenschaftliches Konzept kann sich „Steuerung" auf solche bildungs- bzw. hochschulpolitische Entscheidungsprozesse – entweder im politisch-administrativen System oder auf institutioneller Ebene (Hochschulen) – beziehen, die bestimmte Kriterien erfüllen: zum Beispiel das der Orientierung an hochschulpolitischen Zielen/Zwecken, der Berücksichtigung aller relevanten empirischen Informationen über Situation und Probleme der Hochschulen, das der kritischen Abschätzung der Ziel-Mittel-Relation ebenso wie der zu erwartenden Folgen. Steuerung kann und sollte also auf Informationen über Realität, also auf empirisches Wissen aufbauen. Das ist wohl im Wesentlichen mit der weit verbreiteten Formulierung von der „empirischen Wende der Bildungspolitik" oder von „evidenzbasierter Bildungspolitik" gemeint. Dennoch scheint mir die für die Tagung gewählte Formulierung „Steuerung durch Indikatoren", im Übrigen zu Recht mit einem Fragezeichen versehen, auf einem – absichtlich provozierenden? – Missverständnis zu beruhen. Denn weder kann durch Indikatoren „gesteuert" werden, noch gibt es so etwas wie eine Determinierung – oft aber eine Legitimation – von Steuerung durch Wissen.

Steuerung beruht auf bildungspolitischen Entscheidungen, die einerseits hinreichende Informationen über vorhandene Bedingungen, Prozesse und Kontexte, also empirisches Wissen voraussetzen, andererseits aber ohne Setzung von Zielen gar nicht vorstellbar sind. Indikatoren können dazu beitragen, solches empirisches Wissen bereitzustellen, aber aus ihnen können weder Ziele noch Entscheidungen abgeleitet werden. Empirisches Wissen ist in der Regel sogar mit unterschiedlichen politischen Zielvorstellungen kompatibel. Insofern können durch empirisches Wissen, wie es die Bildungsberichterstattung in Form von Indikatoren zur Verfügung stellt, vielleicht steuerungsrelevante Informationen geliefert werden, aber durch empirisches Wissen allein kann nicht „gesteuert" werden. Wie der vorliegende Beitrag exemplarisch für die Hochschulindikatoren zeigen sollte, sind mit diesem evidenzbasierten Steuerungsanspruch auch andere Illusionen verbunden. So sind relevante Sachverhalte oft gar nicht messbar, noch häufiger können Kausalitäten empirisch nur vermutet, aber nicht behauptet werden, so gut wie nie handelt es sich um politisch noch einfach zu beeinflussende (steuerbare) Monokausalitäten.

Im Übrigen ist es eine offene Frage, ob eine bessere wissenschaftliche Information der bildungspolitischen Akteure tatsächlich zu einer höheren Qualität bildungspolitischer Entscheidungen führt. Manches in der aktuellen Hochschulpolitik deutet jedenfalls nicht darauf hin. Unterschiedliche hochschulpolitische Handlungsstrategien sind selten auf Unterschiede im verfügbaren empirischen Wissen zurückzuführen; im Großen und Ganzen steht den politischen Akteuren derselbe Wissensvorrat offen. Auch wenn ohne Zweifel der wissenschaftliche Informationsbedarf von Bildungs-/Hochschulpolitik hoch ist, so hat Bildungspolitik in vielen Feldern angesichts des vorhandenen empirischen Wissens eher ein Handlungs- als ein Informationsdefizit. Auch verfügt Bildungspolitik über alternative Strategien des Umgangs mit wissenschaftlichen Informationen, insbesondere mit solchen Informationen, die unangenehm sind oder den Akteuren zuwiderlaufen: Sie kann sie selektiv zur Kenntnis nehmen oder instrumentalisieren; sie kann sie durch Methoden- und Datenkritik oder durch Mobilisierung von Gegenexpertise abwehren. Sie kann sie aber auch einfach ignorieren. Von dem mit evidenzbasierter Bildungspolitik verbundenen Rationalitätsanspruch ist Bildungspolitik noch weit entfernt.

Literatur

Banschbach, V. (2007): Bildungsbeteiligung im Tertiärbereich – Stärken und Schwächen Deutschlands im internationalen Vergleich. In: Beiträge zur Hochschulforschung, Heft 2, S. 54-76.

Canadian Education Statistics Council (2007): Education Indicators in Canada. Report of the Pan-Canadian Education Indicators Program 2007. Ottawa.

Ederleh, J. (2003): Hochschulfinanzierung und Hochschulcontrolling mit Kennzahlen. In: Zeitschrift für Betriebswirtschaft, Ergänzungsheft 2/2003, S. 147-159.

Jäger, M./Leszczensky, M. (2007): Governance als Konzept sozialwissenschaftlicher Hochschulforschung – am Beispiel neuer Modelle und Verfahren der Hochschulsteuerung und Finanzierung. In: Das Hochschulwesen, 56. Jg., Heft 1, S. 17-25.

Isserstedt, W./Middendorff, E./Fabian, G./Wolter, A. (2007): Die wirtschaftliche und soziale Lage der Studierenden in der Bundesrepublik Deutschland 2006. Bonn, Berlin: BMBF.

Kehm, B./Lanzendorf, U. (2005): Ein neues Governance-Regime für die Hochschulen – mehr Markt und weniger Selbststeuerung? In: Teichler, U./Tippelt, R. (Hrsg.): Hochschullandschaft im Wandel. Zeitschrift für Pädagogik, 50. Beiheft, S. 41-56.

Kehm, B./Lanzendorf, U. (2007): Reforming University Governance. Bonn.

Konsortium Bildungsberichterstattung (2006): Bildung in Deutschland. Ein indikatorengestützter Bericht mit einer Analyse zu Bildung und Migration. Bielefeld: Bertelsmann.

Krüger, H.-H./Rauschenbach, T./Sander, U. (Hrsg.) (2007): Bildungs- und Sozialberichterstattung. Zeitschrift für Erziehungswissenschaft. Beiheft 6-06.

Multrus, F./Bargel, T./Ramm, M. (2005): Studiensituation und studentische Orientierungen – 9. Studierendensurvey an Universitäten und Fachhochschulen. Berlin: BMBF.

OECD (1999): Classifying Educational Programmes. Manual for ISCED-97 Implementation in OECD Countries. Paris: OECD.

OECD (2007): Education at al Glance (dt. Version: Bildung auf einen Blick). Paris: OECD.

Scheerens, J. (2004): The Conceptual Basis of Indicator Systems. Unveröffentl. Manuskript, erstellt im Auftrag des Konsortiums Bildungsberichterstattung.

Scheerens, J. (2006): The Case of Evaluation and Accountability Provisions in Education as an Area for the Development of Policy Malleable System Level Indicators. In: Zeitschrift für Erziehungswissenschaft, Beiheft 6-06, Bildungs- und Sozialberichterstattung, S. 207-224.

Schweizerische Koordinationsstelle für Bildungsforschung (2006): Bildungsbericht Schweiz 2006. Aarau.

Statistische Ämter des Bundes und der Länder (2007): Internationale Bildungsindikatoren im Ländervergleich – Ausgabe 2007. Wiesbaden: Bundesamt.

U.S. Department of Education, National Center for Education Statistics (2007): The Condition of Education. Washington, DC.

Wissenschaftsrat (2006): Empfehlungen zum arbeitsmarkt- und demographiegerechten Ausbau des Hochschulsystems. Köln: Wissenschaftsrat.

Wolter, A. (2004): From State Control to Competition. German Higher Education Transformed. In: The Canadian Journal of Higher Education, Vol. XXXIV, No. 3, P. 73-104.

Wolter, A. (2007): From the Academic Republic to the Managerial University – The Implementation of New Governance Structures in German Higher Education. In: University of Tsukuba, Research Center for University Studies (Ed.): 3. International Workshop of Reforms in Higher Education in Six Countries/Regions – Commonalities and Differences, Tokyo, S. 111-132.

Wolter, A./Kerst, C. (2007): Hochschule und Hochschulentwicklung in der nationalen und internationalen Bildungsberichterstattung. In: Zeitschrift für Erziehungswissenschaft, Beiheft 6-06, Bildungs- und Sozialberichterstattung, S. 186-206.

Bildungsstandards als Steuerungsinstrument für die Entwicklung des berufsschulischen Systems

Olga Zlatkin-Troitschanskaia

Spätestens seit der Veröffentlichung des vertiefenden Vergleichs der Schulsysteme ausgewählter PISA-Staaten und des Klieme-Gutachtens werden nationale Bildungsstandards als ein politisches Instrument ‚propagiert' und begründet. Die Fragen nach der (berufs)bildungs-, schul- sowie steuerungstheoretischen Legitimation von Bildungsstandards, aber auch nach deren empirischer Begründung, werden in der einschlägigen politischen Diskussion, in Teilen auch in der Forschungsdebatte, eher in den Hintergrund gerückt. Die für die allgemeinbildenden Schulen bereits hinreichend vielschichtige Argumentation gestaltet sich nochmals erheblich komplexer, wenn man die Entwicklung und Implementierung von Bildungsstandards in der beruflichen Bildung diskutiert, wenn auch zunächst nur für die berufsschulischen Handlungsfelder.

Der Beitrag will mögliche Ursachen für diese Komplexität aufzeigen. Nach einer kurzen Skizze der Konzeptionierung von Bildungsstandards in Deutschland für den Bereich des allgemeinbildenden Schulwesens und für die berufliche Bildung wird die Problematik und Komplexität des Objektbereichs „Standardsetzung und -überprüfung in der beruflichen Bildung" aus der Forschungsperspektive pointiert angerissen. Die Analyse zeigt, dass *erstens* zwischen den Bildungsstandards als Instrument im Rahmen des neuen output-orientierten Steuerungsmodells und den historisch-kulturell tief verankerten und auf allen Systemebenen fest institutionalisierten Steuerungsprinzipien der beruflichen Bildung in Deutschland sowohl konzeptionelle als auch methodische Unvereinbarkeiten vorliegen, so dass die erfolgreiche Realisierbarkeit dieses neuen Steuerungsinstruments für den Bereich der beruflichen Bildung derzeit in Frage zu stellen ist. *Zweitens* ist das Konstrukt des Bildungsstandards als Steuerungsinstrument im Bildungswesen theoretisch und empirisch bislang unzureichend erforscht; insbesondere gibt es kaum Studien zu steuerungsrelevanten Wirkungszusammenhängen. Diese defizitäre Situation legt einen hohen Handlungsbedarf für die Berufsbildungsforschung nahe.

1. Ausgangslage

1.1 Konzeption der KMK-Bildungsstandards

Bei der Konzeption der Bildungsstandards in Deutschland wird der bildungspolitische *Regulierungsfokus* von den inhaltsbezogenen Bildungszielen als normativem Zielhorizont auf die „*überprüfbaren* fachbezogenen" Leistungsergebnisse verlagert, die über Kompetenzstandards normiert werden (KMK 2005). Es findet somit eine Verstärkung der Output-Orientierung im Steuerungsmodell des deutschen Bildungssystems statt (Zlatkin-Troitschanskaia 2006a). Die Bildungsstandards werden als Normen für den Output von Schulen im Sinne von *performance standards* konzipiert, die bildungspolitische Leistungserwartungen festlegen und beschreiben, welche Kompetenzen Schülerinnen und Schüler bis zu einer bestimmten Jahrgangsstufe in der *Regel* erworben haben sollen (KMK 2005).

KMK-Bildungsstandards stellen somit ein politisches Steuerungsinstrument für das allgemeinbildende Schulsystem dar. Dieses normiert das Schulsystem hinsichtlich des Leistungsergebnisses, das in den Schulen und in den dort verankerten Bildungsprozessen anzustreben ist. Dies gilt als Regelstandard und ist konzeptionell systematisch an die Output-Kontrolle im Sinne von ‚Standardsetzung *x* Standardüberprüfung' gekoppelt (KMK 2005).

1.2 ‚Berufsbildungsstandards' in Deutschland

Im Berufsbildungssystem, das – anders als das allgemeinbildende Schulwesen – zentral kooperativ über unterschiedliche Lernorte in verschiedenen Lerninstitutionen konstruiert und strukturell sowie funktionell auf mehrfache Weise mit dem Arbeitsmarkt gekoppelt ist (vgl. z. B. Greinert 2000), haben sowohl die Standardprogrammatik als auch die kompetenzorientierte Sichtweise bereits eine lange Tradition (vgl. z. B. Reetz 2005). Rechtlich betrachtet setzen die Regelungen der KMK wie die Rahmenlehrpläne und Rahmenvereinbarungen für den berufsschulischen Bereich sowie die Regelungen gemäß dem Berufsbildungsgesetz 2005 wie das Berufsprofil, der Ausbildungsplan und die detaillierten Prüfungsvorgaben für den betrieblichen Ausbildungsbereich „Standards" für das (Sub-)System der beruflichen Bildung (s. hierzu Straka 2001, 2004; Achtenhagen 2004). In den Ausbildungsordnungen, konkret im Berufsbild, werden die angestrebten Kompetenzen kodifiziert (vgl. z. B. Benner 2006, 105f.). Deren Erfüllung wird regelmäßig in den zunehmend überregional definierten Abschlussprüfungen überprüft. In der letzten Dekade wurde die Entwicklung von Prüfungsvorgaben in Richtung kompetenzorientierter Prüfungen forciert, in welchen komplexe Aufgaben gelöst werden sollen, die typische Situationen von beruflichen Tätigkeitszusammenhängen abbilden (vgl. z. B. Metzger 2005; Reetz 2005).

Auch die Europäische Union hat in den letzten Jahren ihre Bemühungen intensiviert, mit der Entwicklung eines Europäischen Qualifizierungsrahmens (EQF) und eines europäischen Leistungspunktesystems (ECVET) mehr Transparenz und Vergleichbarkeit in der Berufsbildung Europas zu erzeugen (vgl. hierzu Sellin 2005; Schopf 2005). Wie stark normierend der EQF mit den acht Referenzniveaus wirkt, zeigt sich z. B. bei den bereits vorgelegten daran orientierten Entwürfen für den Nationalen Qualifikationsrahmen in Deutschland (BiBB 2005; KWB 2005).

Mit dem Dokument „Eckwerte Reform berufliche Bildung" des BMBF vom Februar 2004 wurde die Diskussion um die KMK-Bildungsstandards und Kompetenzmessung bildungspolitisch auch auf den beruflichen Bereich übertragen. Betrachtet man die ‚amtlichen' Definitionen von Bildungsstandards der KMK und des BMBF, so zeigen sich hohe Konjunktionen zwischen den beiden Konzepten (Straka 2004; siehe Tab. 1).

Tab. 1: Gemeinsamkeiten der Bildungsstandards

BMBF-Expertise (18.2.2004)	*KMK-Vereinbarung (4.12.2003)*
1. Orientierung an Bildungszielen	Aufgreifen allgemeiner Bildungsziele
2. Konkretisierung in Kompetenzanforderungen (Lernergebnisse)	Benennung von Kompetenzen, die bis zu einer bestimmten Jahrgangsstufe zu erwerben sind fachliche und fachübergreifende Basisqualifikationen, bedeutsam für weitere schulische und berufliche Ausbildung Konzentration auf Kernbereiche eines Faches, Einklang mit Auftrag der schulischen Bildung Persönlichkeitsentwicklung und Wertorientierung aus der Begegnung mit zentralen Gegenständen unserer Kultur mittleres Anforderungsniveau
3a. Konkretisierung in Aufgabenstellungen	Veranschaulichung durch Aufgabenbeispiele
3b. Empirisch zuverlässige Erfassung (Messverfahren)	Erfassung mittels Testverfahren

(in Anlehnung an Straka 2004)

Die Gemeinsamkeiten der Bildungsstandards der BMBF-Expertise (2004) und der KMK-Vereinbarung (2003) liegen in den Aufgaben, Bildungsziele zu definieren, dafür ausdefinierte Kompetenzen zu formulieren, ihre Konkretisierung mittels Aufgaben vorzunehmen und die Ergebnisse mittels Testverfahren zuverlässig und valide zu erfassen.

Vor diesem Hintergrund führt die Analyse von Bildungsstandards für die berufliche Bildung zu mindestens zwei Dimensionen der Diskussion:

1. Die Standards im Segment der beruflichen Schulen können um die Bildungsstandards des allgemeinbildenden Bereichs weiterentwickelt werden.
2. Die Standards in der beruflichen Bildung können insbesondere im Rahmen des europäischen Harmonisierungsprozesses weiterentwickelt werden.

Die nachfolgenden Ausführungen orientieren sich an der ersten Dimension und stellen ausgewählte Spezifika der beruflichen Bildung in Deutschland dar, welche die Konzeptionierung und Umsetzung von Standards nachhaltig prägen.

2. Berufliche Bildung in Deutschland und deren Standardsetzung

Im Vergleich zum allgemeinbildenden Schulwesen zeichnet sich der berufsbildende Sektor durch eine Reihe von Besonderheiten sowohl in seiner strukturellen Ausgestaltung als auch in seinem Bildungs- und Qualifizierungsauftrag aus, welche die Standardsetzung und die Erfassung beruflicher Kompetenzen maßgeblich prägen. Ordnungspolitisch und in der Folge auch in seiner strukturellen Ausgestaltung sind für das deutsche Berufsbildungssystem drei historisch-kulturell fest etablierte Steuerungsprinzipien kennzeichnend:

- *Berufsprinzip i. S. der berufsförmigen Organisation von Erwerbsarbeit*: Es ist nicht nur im Wirtschafts- und Arbeitsleben, sondern auch in den darauf bezogenen Bildungs- und Qualifizierungsprozessen dominant. Dies betrifft das gesamte System des schulischen, betrieblichen und außerbetrieblichen Berufsbildungswesens (Harney 1999; Beck 2003, 72). Durch Vorgabe einzuhaltender Mindeststandards werden mit ca. 350 staatlich anerkannten Ausbildungsberufen bundesweit geltende und anerkannte Berufsabschlüsse festgelegt (BiBB 2003), womit neben der Qualitätssicherung auch Transparenz und Mobilität gesichert werden sollen.
- *Duales Prinzip* hinsichtlich der *Verknüpfung von Lernen und Arbeiten*, das sich sowohl in der Dualität der Institutionalisierung („Duales System“) als auch der Dualität der beruflichen Lernkontexte zeigt (vgl. z. B. Greinert/ Schur 2004). Durch funktionales Lernen im Sozialisationskontext eines Unternehmens einerseits sowie durch intentional gestaltetes Lernen in

Ausbildungskontexten andererseits soll die individuelle Entwicklung fördernd gestaltet und auf die Integration in das Beschäftigungssystem hin orientiert werden. Demzufolge lernen Jugendliche in mehreren Ausbildungs- und Lerninstitutionen und an den unterschiedlichen dort realisierten Lernorten.
- *Konsensprinzip*: Der Prozess der Etablierung und Implementierung von Ausbildungsberufen beruht auf dem *Konsensverfahren* zwischen allen an der Berufsausbildung beteiligten Sozialpartnern; dies sind Arbeitgeber, Gewerkschaften, Bund und Länder.

Speziell für das Berufs*schul*wesen im Vergleich zum allgemeinbildenden Schulwesen sind exemplarisch die folgenden strukturellen und funktionellen Besonderheiten hervorzuheben (Baethge 2003; Kell 2006):

- *die doppelte Zielsetzung*: Vermittlung allgemeiner Bildung zum einen und Qualifizierung für den Beruf inklusive überfachlicher Kompetenzen zum anderen; dies soll in relativ kurzer Zeit erreicht werden, wobei zusätzlich noch die Leistungsdefizite des allgemeinbildenden Systems zu kompensieren sind;
- *sehr heterogene Schülerklientel* innerhalb vieler Bildungsgänge (im Rahmen der Berufsvor-, aus- und -weiterbildung) aufgrund der Vorbildung der Jugendlichen sowie der zugrunde liegenden Berufswahl- und -findungsprozesse – bei gleicher nominaler Unterrichts- und Ausbildungszeit für alle Jugendlichen;
- *hoher struktureller Differenzierungsgrad*: So ist z. B. das berufliche Schulwesen im Land Berlin in 8 Schultypen strukturiert, die teils wiederum aus unterschiedlichen Bildungsgängen bestehen wie der 1-, 2- oder 3-jährigen Berufsfachschule;
- rechtlich kodifizierte *gleichberechtigte Beteiligung* mehrerer Ausbildungs- und Qualifizierungsinstitutionen an der Erfüllung des Bildungs- und Qualifizierungsauftrags;
- der *hohe curriculare Differenzierungsgrad* aufgrund von ca. 350 Ausbildungsberufen und auch der Art der Ausbildungsbetriebe sowie höchst unterschiedlichen fachdidaktisch-methodischen Anforderungsprofilen;
- komplex gestaltete Lehr-Lern-Zusammenhänge insbesondere im Rahmen der *Implementierung von Lernfeldern* und auch der *Modularisierung*, die sich in den Abschlussprüfungen abbilden bzw. abbilden sollen.

Diskutiert man die Übertragung der KMK-Bildungsstandards in den berufsschulischen Bereich, so ist besonders zu konstatieren: Hier zeichnen sich bei der Umsetzung des Steuerungsmodells auf der Grundlage von verbindlichen Kompetenzstandards sowie einer ergebnisorientierten Evaluation spezifische Problembereiche ab. Diese beziehen sich v. a. auf besondere konzeptionelle und methodische Voraussetzungen der output-orientierten Steuerung. Bezug nehmend auf den KMK-Bildungsstandardzusammenhang ‚Bildungsziele – Kompetenzmodelle – Aufgabenstellungen – Messverfahren' kann pointiert hervorgehoben werden:

Zu Bildungszielen

Hier stellt sich primär die Frage der Output-Bestimmung als Grundbaustein jeglicher Konzeption der output-orientierten Steuerung: Das Ziel der beruflichen Bildung bezieht sich auf die Vermittlung von umfassender, allerdings branchenmäßig oder ähnlich gefasster beruflicher Handlungskompetenz (KMK 1999; Breuer 2005). Die Ausbildungsordnungen und Rahmenlehrpläne liefern bisher nur wenige, keinesfalls jedoch hinreichend operationale Vorgaben für die Abbildung und Operationalisierung der beruflichen Handlungskompetenz. Neben der Output-Bestimmung stellt sich besonders für den beruflichen Bereich die Frage nach dem *Outcome*, also die Frage nach den angestrebten langfristigen Effekten (Timmermann 2002, 81f.). Hier sind von besonderer Bedeutung der erfolgreiche Übergang in das Beschäftigungssystem sowie der Verbleib in bezahlter Arbeit (s. z.B. einen Überblick in Corsten/Hillmert 2003). Eine Konsequenz für die Berufsbildungsforschung ist daher die eher kurzfristig ausgerichtete Output-Perspektive systematisch um eine mittel- und längerfristige Outcome-Perspektive so zu erweitern, dass die Analysekategorien konzeptionell sowie methodisch anschlussfähig bleiben.

Zu Kompetenzmodellen und Aufgabenstellungen

Hier stellt sich mehr denn je die Frage nach theoretisch fundierten domänenspezifisch ausgerichteten Kompetenzmodellen, die in fachdidaktisch angemessener Weise Struktur, Stufung und Entwicklungsverläufe der eingeforderten Kompetenzen abbilden (Klieme/Leutner 2006). Für den Bereich der beruflichen Bildung stellt die Abbildung von umfassender Handlungskompetenz im gewählten Beruf das letztendliche Ziel dar.

Kompetenzen werden in der beruflichen Bildung *handlungstheoretisch* interpretiert (vgl. z. B. Reetz 1999; Achtenhagen 2004). Art und Profil der zu vermittelnden Kompetenzen variieren sehr deutlich zwischen Gerüstbauer, Einzelhändler, Krankenschwester oder Bankkaufmann. Für die Entwicklung der Aufgabenstellungen bedeutet dies: Die Aufgaben sollten ökologisch valide möglichst direkt aus einer beruflichen Domäne gewonnen und fachdidaktisch kompetent interpretiert werden. Dies setzt u. a. eine hinreichend präzise operationalisierbare Abgrenzung von beruflichen Domänen (für derzeit ca. 350 Ausbildungsberufe) voraus. Wie Beck (2005) und auch Sloane und Dilger (2005) herausarbeiten, stellt berufliche Domäne jedoch eine nur schwer operationalisierbare Kategorie dar.

Zu den Messverfahren

Neben der domänenspezifischen Abbildungsvalidität geht es hier um die Entwicklung adäquater Messverfahren mit Hilfe psychometrischer Modelle (Rost 2005). Hierbei stellen sich die Fragen (1) nach der Skalierung von verschiedenen Kompetenzniveaus wie z. B. zwischen dem formalen Status der Ausbildungsfähigkeit und dem Erreichen von Berufsfähigkeit sowie (2) nach dem Einbezug situationsspezifischer Faktoren neben der Modellierung latenter Variablen auf der Personenebene in die verwendeten Messmodelle (Rost 2004). Eine zentrale Frage für die Berufsbildungsforschung ist hierbei, auf welche Weise das Verhältnis zwischen *situativen Anforderungen* einerseits und *Personenmerkmalen* andererseits modelliert werden soll, damit individuelle Testwerte als Fähigkeit zur Bewältigung spezifischer Anforderungen interpretiert werden können (s. hierzu auch Baethge et al. 2005).

Eine weitere bislang nur wenig thematisierte Aufgabe für die Berufsbildungsforschung besteht in der Konzeption von Messmodellen, mit denen Kompetenzzuwächse abgebildet und hinreichend präzise geschätzt werden können. Hier ist auch insbesondere die Frage nach den relativen Beiträgen der unterschiedlichen Lernorte der beruflichen Bildung zu stellen.

3. Fazit

Das Problem der Standardsetzung und Kompetenzmessung stellt sich in der Berufsbildung deutlich komplexer dar als im Bereich der allgemeinbildenden Schulen. Die Komplexität wird z. B. markiert durch die Vermittlung und den Erwerb beruflicher Handlungskompetenzen in unterschiedlichen Lerninstitutionen und dort verankerten Lernorten. Die Fülle und Heterogenität beruflicher Ausbildungen in Deutschland mit den schon mehrfach angesprochenen derzeit ca. 350 Ausbildungsberufen erschweren die Konstruktion von einheitlichen Kompetenzstandards. Hinzu kommt die Vielzahl von funktionalen und fachübergreifenden Kompetenzdimensionen wie motorische Fähigkeiten sowie die sog. Arbeitstugenden bzw. die Verknüpfung unterschiedlicher Kompetenzarten in den beruflichen Domänen, die es zu berücksichtigen gilt: Es sind nicht allein (berufs-)fachliche Kompetenzen zu erfassen, sondern ebenso kognitive Basiskompetenzen wie bei PISA-Studien für allgemeinbildende Schulen, aber auch berufsübergreifende Aspekte der arbeitsbezogenen Kompetenzen (Achtenhagen 2004, 2005). Denn gerade die Frage, wie sich das Verhältnis zwischen allgemeinen kognitiven und fachspezifischen Kompetenzen im Laufe von Ausbildung und Arbeitsleben entwickelt, gewinnt unter der Bedingung lebenslangen Lernens zentrale Bedeutung (s. z. B. Reinisch/Tramm 2006). Es stellt sich die Frage, wie die verschiedenen Kompetenzebenen angemessen auf die berufliche Bildung bezogen werden können. Dabei spielen die Definitionsversuche für die Ebene der überfachlichen sowie für die Ebene der berufsfachlichen Kompetenzen eine besondere Rolle. Eine weitere Forschungsperspektive stellt vor diesem Hintergrund die Klärung der Zusammenhänge zwischen in der beruflichen Ausbildung erworbenen Kompetenzen und Arbeitseffekten für Individuen dar, also die Frage nach dem Zusammenhang zwischen intentionalem und funktionalem Lernen und deren relativen Beiträgen zum Erreichen einer umfassenden Handlungskompetenz im gewählten Beruf.

Die hier nur skizzierten Problembereiche markieren tief greifende Unvereinbarkeiten zwischen Bildungsstandards, wie sie für die allgemeinbildenden Schulen erstellt werden, und deren output-orientierter Evaluation auf der einen Seite sowie den konsensual zwischen den Sozialpartnern vereinbarten Konzepten beruflicher Bildung in Deutschland auf der anderen Seite. Dabei wird deutlich: Das neue Steuerungsmodell kann nicht direkt aus dem Bereich der allgemeinen Bildung auf berufliche Bildungsgänge übertragen werden. Denkbar ist die Übertragung von Bildungsstandards auf den Bereich der vollzeitschulischen Bildung. Die vollzeitschulischen Berufsbildungsgänge sind jedoch dadurch gefährdet, aufgrund des wie auch immer legitimierten Scholarisierungsvorwurfs noch tiefer als bisher für die dort lernenden Jugendlichen in eine Insellage zu geraten (s. hierzu Zlatkin-Troitschanskaia 2005), wie dies u. a. die Untersuchungen zum Verbleib der Jugendlichen im Beschäftigungssystem aufzeigen (für Berlin vgl. Schumann 2005).

Die internationalen Befunde verweisen auf die komplexe und teils hochambivalente Wirkungs- und Wirksamkeitsstruktur bei der Umsetzung von Standards- und Evaluationsmaßnahmen in nationalen Bildungssystemen (Zlatkin-Troitschanskaia 2007). Auch die ersten nationalen empirischen Hinweise wie bei Koch et al. (2006) verdeutlichen: Selbst im Rahmen einer hoch professionell gehandhabten Umsetzung des neuen output-orientierten Steuerungsmodells ist in kurz- bis mittelfristiger Perspektive sowohl mit positiven Wirkungen als auch mit negativen Nebeneffekten zu rechnen (siehe auch Klieme 2007). Obgleich für den berufsschulischen Bereich bislang kaum Studien vorliegen, ist dort aufgrund der oben skizzierten strukturellen und funktionalen Besonderheiten des beruflichen Schulwesens eher eine noch komplexere bzw. ambivalentere Wirkungsstruktur von Bildungsstandards für die Entwicklungspraxis beruflicher Schulen erwartbar.

Über steuerungsrelevante Wirkungszusammenhänge ist jedoch derzeit sowohl theoretisch als auch empirisch zu wenig bekannt (Zlatkin-Troitschanskaia 2006b). Der Forschungsstand zeigt insgesamt die hohe Notwendigkeit und auch zeitliche Dringlichkeit von *Wirksamkeitsanalysen* auf, welche über den empirischen Gehalt der bereits vorliegenden Rezeptionsstudien deutlich hinausgehen sollen (s. hierzu als Überblick Kohler/Schrader 2004). In diesem Kontext sollte besonders auch der Frage der Nachhaltigkeit des outputorientierten Steuerungsmodells im Sinne seiner langfristigen Effekte empirisch nachgegangen werden.

Literatur

Achtenhagen, F. (2004): Prüfung von Leistungsindikatoren für die Berufsbildung sowie zur Ausdifferenzierung beruflicher Kompetenzprofile nach Wissensarten. In: Baethge, M./Buss, K.-P./Lanfer, C. (Hrsg.): Expertisen zu den konzeptionellen Grundlagen für einen Nationalen Bildungsbericht. Bonn, Berlin: BMBF.

Achtenhagen, F. (2005): Berufsbildungsforschung und Steuerung institutionalisierter beruflicher Bildung – Einige mikrostrukturelle Aspekte der Output- und Outcome-Erfassung. In: Buer, J. van /Zlatkin-Troitschanskaia, O. (Hrsg.): Adaptivität und Stabilität der Berufsausbildung. Frankfurt/M.: Lang.

Baethge, M. (2003): Das berufliche Bildungswesen in Deutschland am Beginn des 21. Jahrhunderts. In: Cortina, K. S. et al. (Hrsg.): Das Bildungswesen in der Bundesrepublik Deutschland. Strukturen und Entwicklungen im Überblick. Reinbek: Rowohlt, S. 525-580.

Baethge, M./Achtenhagen, F./Arends, L./Babic, E./Baethge-Kinsky, V./Weber, S. (2005): „Wie könnte eine internationale Vergleichsstudie zur beruflichen Bildung aussehen?" Machbarkeitsstudie. Endbericht. Göttingen: Georg-August-Universität.

Beck, K. (2003): Forschungsergebnisse und Forschungsaufgaben im Bereich der kaufmännischen Berufausbildung. In: Achtenhagen, F./John, E. G. (Hrsg.): Meilensteine der beruflichen Bildung. Band 1. Die Lehr-Lern-Perspektive. Bielefeld: Bertelsmann, S. 72-82.

Beck, K. (2005): Ergebnisse und Desiderate zur Lehr-Lern-Forschung in der kaufmännischen Berufsausbildung. In Zeitschrift für Berufs- und Wirtschaftspädagogik, 101(4), S. 533-556.

Benner, H. (2006): Ausbildungsordnung. In: Kaiser, F.-J./Pätzold, G. (Hrsg.): Wörterbuch Berufs- und Wirtschaftspädagogik. 2. Auflage. Bad Heilbrunn: Klinkhardt, S. 49-50.

BiBB (2003): Die anerkannten Ausbildungsberufe. Bielefeld: wbv.

BiBB (2005): Europäischer Qualifikationsrahmen (EQF). Stellungnahme des Hauptausschusses des Bundesinstituts für Berufsbildung. Pressemitteilung 47/2005. Bonn: BiBB.

BMBF (2003): Zur Entwicklung nationaler Bildungsstandards – Eine Expertise. Bonn: BMBF.

BMBF (2004): Eckwerte Reform berufliche Bildung. Download unter: http://www.freie-berufe.de/fileadmin/freie-berufe.de/pdf/eckwerte_bbig_reform.pdf.

Breuer, K. (2005): Berufliche Handlungskompetenz – Aspekte zu einer gültigen Diagnostik in der beruflichen Bildung. In: bwp@ Ausgabe Nr. 8.
Download unter: www.bwpat.de/ausgabe8/breuer_bwpat8.shtml.

Corsten, M./Hillmert, S. (2003): Bildungs- und Berufskarrieren in Zeiten gestiegener Konkurrenz. In: Zeitschrift für Berufs- und Wirtschaftspädagogik, Heft 99, S. 42-60.

Greinert, W.-D. (Hrsg.) (2000): Organisationsmodelle und Lernkonzepte in der beruflichen Bildung. Baden-Baden: Nomos.

Greinert, W.-G./Schur, I. R. (Hrsg.) (2004): Zwischen Markt und Staat. Berufsbildungsreform in Deutschland und in der Schweiz. Berlin: Overall Verlag.

Harney, K./Tenorth, H.-E. (Hrsg.) (1999): Beruf und Berufsbildung. Situation, Reformperspektiven, Gestaltungsmöglichkeiten. Zeitschrift für Pädagogik, Beiheft 40. Weinheim: Beltz.

Kell, A. (2006): Berufliches Schulwesen in der Bundesrepublik Deutschland. In: Kaiser, F.-J./Pätzold, G. (Hrsg.): Wörterbuch Berufs- und Wirtschaftspädagogik. 2. Auflage. Bad Heilbrunn: Klinkhard, S. 89-92.

Klieme, E./Leutner, D. (2006): Kompetenzmodelle zur Erfassung individueller Lernergebnisse und zur Bilanzierung von Bildungsprozessen. Antrag an die DFG auf Einrichtung eines Schwerpunktprogramms.

Klieme, E. (2007): Vom Wiegen ... Oder: Wie können Vergleichsarbeiten die pädagogische Praxis beeinflussen? Vortrag an der EMSE-Tagung am 6. Dezember 2007, Mainz.

KMK (1999): Handreichungen für die Erarbeitung von Rahmenlehrplänen der KMK für den berufsbezogenen Unterricht in der Berufsschule und ihre Abstimmung mit Ausbildungsordnungen des Bundes für anerkannte Ausbildungsberufe. Bonn: KMK.

KMK (2003): Entwicklung und Implementation von Bildungsstandards. Bonn: KMK.

KMK (2005): Bildungsstandards für Kultusministerkonferenz: Erläuterungen zur Konzeption und Entwicklung. München: Wolters Kluwer Deutschland.

Koch, U. et al. (2006): Von der Evaluation zur Schul- und Unterrichtsentwicklung – Ergebnisse der Lehrerbefragungen zur Auseinandersetzung mit den VERA-Rückmeldungen. In: Eder, F./Gastager, A./Hofmann, F. (Hrsg.): Qualität durch Standards? Tagungsband zur 68. Tagung der AEPF. Salzburg, S. 187-199.

Kohler, B./Schrader, F.-W. (Hrsg.) (2004): Ergebnisrückmeldung und Rezeption: Von der externen Evaluation zur Entwicklung von Schule und Unterricht. In: Empirische Pädagogik, 18 (1), 3.

KWB (Kuratorium der deutschen Wirtschaft für Berufsbildung) (2005): Berufliche Bildung für Europa. Europäischer Qualifikationsrahmen (EQF) und Leistungspunktesystem (ECVET), Position der deutschen Wirtschaft. Bonn: KWB.

Metzger, C. (2005): Kompetenzorientiert prüfen in der beruflichen Grundbildung der Schweiz: Anspruch und Wirklichkeit – gezeigt am Beispiel der kaufmännischen Grundbildung. In: bwp@ Ausgabe Nr. 8.
Download unter: www.bwpat.de/ausgabe8/metzger_bwpat8.shtml.

Reetz, L. (1999): Kompetenz. In: Kaiser, F-J./Pätzold, G. (Hrsg.): Wörterbuch Berufs- und Wirtschaftspädagogik. Bad Heilbrunn: Klinkhardt, S. 245-246.

Reetz, L. (2005): Situierte Prüfungsaufgaben – die Funktion von Situationsaufgaben in Abschlussprüfungen des Dualen Systems der Berufsbildung. In: bwp@ Ausgabe Nr. 8.
Download unter: www.bwpat.de/ausgabe8/reetz_bwpat8.shtml.

Reinisch, H./Tramm, T. (2006): Entgrenzungen der beruflichen Bildung – „Bildung über die Lebenszeit“ als Herausforderung und Perspektive der Praxis, Politik und Theorie beruflicher Bildung. Wiesbaden: VS Verlag für Sozialwissenschaften, S. 255-264.

Rost, J. (2004): Psychometrische Modelle zur Überprüfung von Bildungsstandards anhand von Kompetenzmodellen. In: Zeitschrift für Pädagogik, 50 (5), S. 662-678.

Rost, J. (2006): Expertise – Zum Einsatz der Item-Response-Theorie für die Messung berufsbezogener Kompetenzen im Rahmen der Studie „Berufsbildungs-PISA". In: Baethge, M./Achtenhagen, F. et al. (Hrsg.): Wie könnte eine internationale Vergleichsstudie zur beruflichen Bildung aussehen? Machbarkeitsstudie. Endbericht. Göttingen: Georg-August-Universität, S. XXXIV-XXXVII.

Schopf, M. (2005): EUROPASS, EQF, ECVET und CQAF – reformiert die EU jetzt die deutsche Berufsbildung? In: bwp@ Ausgabe Nr. 8.
Download unter: www.bwpat.de/ausgabe8/schopf_bwpat8.shtml.

Schumann, S. (2005): Geringe Chancen und hohe Risiken – Individuelle Übergangsprozesse von Absolventen vollzeitschulischer und außerbetrieblicher Ausbildungsgänge in Berlin. In: Buer, J. van/Zlatkin-Troitschanskaia, O. (Hrsg.): Adaptivität und Stabilität der Berufsausbildung – Theoretische und empirische Untersuchungen zur Berliner Berufsbildungslandschaft. Frankfurt/M.: Lang, S. 301-328.

Sellin, B. (2005): Europäischer Qualifikationsrahmen (EQF). Ein gemeinsames Bezugssystem für Bildung und Lernen in Europa. In: bwp@ Ausgabe Nr. 8.
Download unter: www.bwpat.de/ausgabe8/sellin_bwpat8.shtml.

Sloane, P. F. E./Dilger, B. (2005): The Competence Clash – Dilemmata bei der Übertragung des „Konzepts der nationalen Bildungsstandards" auf die berufliche Bildung. In: bwp@ Ausgabe Nr. 8.
Download unter: www.bwpat.de/ausgabe8/sloane_dilger_bwpat8.shtml.

Straka, G. A. (2001): Leistungen im Bereich der beruflichen Bildung. In: Weinert, F. E. (Hrsg.): Leistungsmessungen in Schulen. Weinheim, Basel: Beltz, S. 219-235.

Straka, G. A. (2004): Die Handlungskompetenzdefinition der Kultusministerkonferenz – ein Standard für Leistungsmessung und pädagogische Diagnostik? In: Kölner Zeitschrift für Wirtschaft und Pädagogik, 19. Jg., Heft 36, S. 69-97.

Timmermann, D. (2002): Bildungsökonomie. In: Tippelt, R. (Hrsg.): Handbuch Bildungsforschung. Opladen: Leske + Budrich, S. 81-122.

Zlatkin-Troitschanskaia, O. (2005): Zur Funktionalität der vollzeitschulischen Berufsbildungsgänge – Effizienz und Effektivität aus berufspädagogischer Sicht. In: van Buer, J./Zlatkin-Troitschanskaia, O. (Hrsg.): Adaptivität und Stabilität der Berufsausbildung. Eine theoretische und empirische Untersuchung der Berliner Berufsbildungslandschaft. Frankfurt/M.: Lang, S. 255-280.

Zlatkin-Troitschanskaia, O. (2006a): Steuerungsfähigkeit des öffentlichen Schulwesens versus Steuerbarkeit der Schule – Paradigmenwechsel? In: van Buer, J./Wagner, C. (Hrsg.): Qualität von Schule – Entwicklungen zwischen erweiterter Selbstständigkeit, definierten Bildungsstandards und strikter Ergebniskontrolle. Ein kritisches Handbuch. Frankfurt/M.: Lang, S. 67-81.

Zlatkin-Troitschanskaia, O. (2006b): Steuerbarkeit von Bildungssystemen mittels politischer Reformstrategien – Interdisziplinäre theoretische Analyse und empirische Studie zur Erweiterung der Autonomie im öffentlichen Schulwesen. Frankfurt/M.: Lang.

Zlatkin-Troitschanskaia, O. (2007): Bildungsstandards in der beruflichen Bildung. Paradigmenwechsel für die Entwicklungspraxis beruflicher Schulen und Folgen für die Berufsbildungsforschung. In: Zeitschrift für Berufs- und Wirtschaftspädagogik, 103. Band, Heft 1, 75-100.

Vom „Berichtssystem Weiterbildung" zum „Adult Education Survey" – Aussagekräftige Indikatoren in der Weiterbildung?

Bernhard von Rosenbladt

1. Indikatoren und Steuerung

„Are things getting better or worse, and why?" Mit dieser einfachen Frage kann man das Interesse an sozialen Indikatoren erklären – so formuliert von den Veranstaltern eines Forums zum Thema *„The Role of Social Indicators to Inform Public Policy"* auf dem kommenden Internationalen Soziologie-Kongress 2008.[1]

Indikatoren sind also nicht unbedingt an die Absicht politischer „Steuerung" gebunden. Sie bedienen zunächst einmal ein Informations- und Aufklärungsinteresse. Im Unterschied zu rein deskriptiven Maßzahlen haben sie dabei eine wertende Dimension, einen Bezug auf wünschenswerte Entwicklungen. Sie beziehen sich auf Sachverhalte, bei denen man vor dem Hintergrund gesellschaftlicher und politischer Zielvorstellungen ein „besser" oder „schlechter" unterscheiden kann. Insofern stellen sie eine Schnittstelle zwischen Forschung und Politik, zwischen *„Research and Public Debate"* dar.

Das gilt auch für die „Bildungsindikatoren", die zum wesentlichen Instrument der deutschen und internationalen Bildungsberichterstattung geworden sind.[2] Die „indikatorengestützte" Bestandsaufnahme von Bildungsentwicklungen zwingt dabei zu Objektivierungen und Systematisierungen bildungspolitischer Zielvorstellungen. Über die Relevanz einzelner Indikatoren als Instrument politischer Steuerungsansätze ist damit aber noch nichts gesagt. Dies ist eine eigene, interessante Frage im Überschneidungsbereich von politik- und erziehungswissenschaftlichen Themenstellungen.

Ein Indikator, der zunächst rein wissenschaftlichen oder informativen Zwecken dient, kann eine „politische Karriere" machen. Dies geschieht etwa dann, wenn politische Zielwerte anhand statistischer Kennziffern formuliert werden. (Zum Beispiel: „Die Ausgaben für das Bildungswesen sollen min-

1 Konferenz der International Sociological Association (ISA), Barcelona, Sept. 5-8, 2008. Forum „Sociological Research and Public Debate".

2 Vgl. für Deutschland: Konsortium Bildungsberichterstattung 2006; international: OECD 2005.

destens 3% des Bruttosozialprodukts erreichen.“). Oder wenn internationale Vergleiche anhand statistischer Kennziffern („Benchmarking“) politische Aufmerksamkeit erhalten und eine gute internationale Positionierung ein eigenes Ziel wird. Der Grad der politischen Verbindlichkeit solcher Zielmarken kann höher oder geringer sein. Im positiven Fall werden politische Programme oder Maßnahmen beschlossen, um der Realisierung des formulierten Ziels näher zu kommen.

Für bewertende Darstellungen des Bildungswesens werden im Wesentlichen drei Arten von Indikatoren genutzt: Kennziffern, die sich auf *participation* beziehen (Bildungsbeteiligung) oder auf *input* (etwa Finanzierung) oder auf *outcome* (Lernerfolge, Kompetenzen, Erträge). Im Bereich der Weiterbildung stehen Indikatoren der *participation* im Vordergrund.

2. Indikatoren und Steuerung in der Weiterbildung

Weiterbildung ist in Bezug auf politische Steuerung ein schwieriges Feld. Es handelt sich um ein Feld mit heterogenen Bildungs- oder Lernaktivitäten, mit heterogenen Teilnehmerkreisen, mit heterogenen Anbietern oder Trägern, also institutioneller Fragmentierung und ohne klare politische Zuständigkeiten. Einheitliche Leistungsmessungen wie im Schulbereich sind aus diesen Gründen nicht möglich. Politische Steuerung erfolgt, wenn überhaupt, über rechtliche Regelungen und in Teilbereichen über öffentliche Finanzierung (Kuhlenkamp 2007). Daneben werden Ansätze der Qualitätssicherung unterstützt, etwa Tests der Stiftung Warentest oder Zertifizierungsinstrumente für Weiterbildungsanbieter. In dem kleinen Teilsegment der von der Bundesagentur für Arbeit finanzierten beruflichen Weiterbildung wird ein (umstrittener) Erfolgs-Indikator auch für Steuerungszwecke genutzt, nämlich die nachfolgende Arbeitsmarktintegration der Kursteilnehmer.

Aus den genannten Gründen ist im Weiterbildungsbereich die Möglichkeit generalisierender Kennziffern beschränkt. Wichtigster verwendeter Indikator ist die „Weiterbildungsbeteiligung“ der Bevölkerung im Erwachsenenalter. Eine hohe Beteiligung gilt bildungspolitisch als wünschenswert. Idealerweise ist dieser Indikator ein Hinweis darauf, in welchem Maße das „lebenslange Lernen“ in einer Gesellschaft praktiziert und unterstützt wird (Rosenbladt 2008).

Indikatoren zur Weiterbildungsbeteiligung sind unter zwei Gesichtspunkten zu beurteilen:

- Der erste bezieht sich auf die Aussagekraft der verwendeten Maßzahlen. Welche Art von Lernaktivitäten im Erwachsenenalter als „Weiterbildung“ oder „lebenslanges Lernen“ ausgewiesen werden, ist keine einfache Frage, weder konzeptionell-definitorisch noch in Bezug auf die empirische Erfassung. Die Aussagekraft (sprich: Qualität) der konkret verwendeten Indikatoren kann höher oder geringer sein und bedarf der kritischen Diskussion.

– Der zweite Aspekt ist die bildungspolitische Relevanz der Indikatoren. Angesichts der begrenzten Möglichkeiten zur politischen Steuerung des Weiterbildungsverhaltens versteht es sich nicht von selbst, ob und in welcher Weise das Ziel einer hohen Weiterbildungsbeteiligung von politischen Akteuren aufgegriffen und umgesetzt wird. Dementsprechend kann die politische Relevanz des Indikators größer oder kleiner sein.

3. Weiterbildungsberichterstattung in Deutschland

Der erste nationale Bildungsbericht „Bildung in Deutschland" (Konsortium Bildungsberichterstattung 2006, 123ff.) verwendet als ersten Indikator zur Weiterbildung die „Weiterbildungsbeteiligung", ergänzt – soweit die Datenlage es erlaubt – um Indikatoren zum informellen Lernen, zum betrieblichen Weiterbildungsangebot und zum Weiterbildungserfolg, letzteres im (begrenzten) Sinne der Arbeitsmarktintegration von Kursteilnehmern in BA-geförderter Weiterbildung. Wir gehen im Folgenden nicht auf dieses ganze Spektrum ein, sondern diskutieren ausführlicher die vorhandenen Indikatoren zur Weiterbildungsbeteiligung und ihre Datengrundlagen.

Basis für Aussagen zur Weiterbildungsbeteiligung der Bevölkerung kann nicht eine Zusammenstellung von Teilnehmerstatistiken einzelner Weiterbildungsträger sein, sondern nur eine repräsentative Befragung zum individuellen Weiterbildungsverhalten. Sieht man von Einzelstudien im wissenschaftlichen Bereich ab, so gibt es in Deutschland derzeit drei auf kontinuierliche Berichterstattung angelegte Erhebungen zur Weiterbildungsteilnahme:

(1) das *Berichtssystem Weiterbildung (BSW)*, das im Auftrag des Bundesministeriums für Bildung und Forschung (BMBF) die Entwicklung der Weiterbildungsteilnahme in Deutschland seit 1979 im dreijährigen Turnus beschreibt;

(2) den jährlich durchgeführten *Mikrozensus (MZ)* der amtlichen Statistik, speziell die im Rahmen des Mikrozensus durchgeführte europäische Arbeitskräfte-Erhebung (*Labour Force Survey*), die derzeit die Datengrundlage für international vergleichende Aussagen zur Weiterbildungsbeteiligung darstellt;

(3) den *„Adult Education Survey (AES)"*, der als neue Erhebung der europäischen Statistik künftig in allen EU-Staaten verpflichtend werden soll

und in Deutschland erstmals im Jahr 2007 durchgeführt wurde; perspektivisch soll der AES die BSW-Erhebungen ablösen.

4. Das Berichtssystem Weiterbildung (BSW)

Das deutsche *Berichtssystem Weiterbildung (BSW)*[3] wurde in seinen Grundzügen Ende der 1970er Jahre konzipiert und reflektiert damit die damalige bildungspolitische Diskussion, die die „Weiterbildung" programmatisch zur „vierten Säule" des Bildungssystems erklärte. Seit Ende der 1980er Jahre wurden schrittweise neue Aspekte wie das informelle Lernen einbezogen. Die Grundkonzepte spiegeln das deutsche Begriffsverständnis von Weiterbildung wider. Dazu gehören:

- die Unterscheidung von Erstausbildung und Weiterbildung,
- die Unterscheidung von allgemeiner und beruflicher Weiterbildung,
- das Verständnis von Weiterbildung als einer zielgerichteten, organisierten Form des Lernens, also in Form von Kursen, Lehrgängen, Seminaren, Veranstaltungen (wobei das „informelle Lernen" ergänzend in den Blick genommen wird).

In diesem Rahmen wird für die 19- bis 64-jährige Bevölkerung die individuelle Beteiligung an Weiterbildung ausgewiesen, unterschieden nach 1) beruflicher Weiterbildung, 2) allgemeiner Weiterbildung, 3) informeller beruflicher Weiterbildung und 4) dem Selbstlernen. Die in diesem begrifflichen Rahmen erfassten Lernaktivitäten der zurückliegenden 12 Monate (Teilnahmefälle) werden einzeln erfasst und beschrieben. Damit wird darstellbar, welche Arten von Weiterbildung im Einzelnen hinter den aggregierten Teilnahmequoten stehen. Neben der personbezogenen Analyse (Teilnahmequoten) ist auf dieser Basis auch eine systembezogene Analyse (Strukturen der Gesamtheit von Weiterbildungsaktivitäten) möglich.

Nach den Daten des BSW 2007 haben in den zurückliegenden 12 Monaten 26% der 19- bis 64-Jährigen an beruflicher Weiterbildung und etwa ebenso viele (27%) an Veranstaltungen der allgemeinen Weiterbildung teilgenommen. Für beide Bereiche zusammen (wobei es Überschneidungen gibt) beträgt die Teilnahmequote an organisierter Weiterbildung 43%.

Nach der Trendreihe der BSW-Zahlen ist die Weiterbildungsbeteiligung in Deutschland im Zeitraum von 1979 bis 1997 erheblich angestiegen, in den Jahren danach jedoch rückläufig gewesen. Die aktuelle Erhebung 2007 zeigt eine Stabilisierung der Teilnahme an Weiterbildungskursen und -veranstal-

3 Für ausführlichere Darstellungen siehe Kuwan et al. 2006; Rosenbladt 2008; Rosenbladt/Bilger 2008.

tungen, bei gleichzeitiger Zunahme von Aktivitäten der informellen Weiterbildung.

Das BSW ist ein nationales Berichtssystem, dessen Zahlen zur Weiterbildungsbeteiligung für internationale Vergleiche nur bedingt herangezogen werden können. Dies ist ein Nachteil, der heute nicht mehr akzeptabel ist. Der internationale Vergleich anhand ausgewählter Kennziffern ist eine zu wichtige Methode zur Beurteilung des Bildungswesens geworden, als dass auf die internationale Vergleichbarkeit der Indikatoren verzichtet werden könnte. Darauf wird später näher eingegangen.

Dennoch ist zu unterstreichen, dass die Bundesregierung in Gestalt des zuständigen Bildungsministeriums sich mit der frühzeitigen Etablierung einer eigenständigen, aussagefähigen Weiterbildungsberichterstattung ein großes Verdienst erworben hat. Die vorliegende Datenreihe, die mittlerweile fast drei Jahrzehnte umfasst, hat durchaus Vorbildcharakter für die heutigen Bestrebungen auf europäischer Ebene.

Allerdings haben die Zahlen zur Entwicklung der Weiterbildungsbeteiligung in Deutschland für die Politik immer nur informativen Charakter gehabt. Steigende Teilnahmequoten wurden als etwas Positives zur Kenntnis genommen, aber es gab keine Verpflichtung auf eine bestimmte Zielmarke und keine entsprechenden Handlungsprogramme zur Erreichung eines solchen Ziels. Dies beginnt sich erst jetzt zu wandeln. Erstmals im Herbst 2007 hat das BMBF es als politisches Ziel bezeichnet, „bis zum Jahr 2015 die Beteiligung der Bevölkerung an Weiterbildung auf 50% zu steigern" (BMBF 2007). Dies wurde aufgegriffen in den Empfehlungen des Innovationskreises Weiterbildung (BMBF 2008a, 2) und bekräftigt im Berufsbildungsbericht 2008 (BMBF 2008b, 17). Der Zielwert bezieht sich auf den oben dargestellten Indikator aus dem BSW, der 2003 eine Weiterbildungsbeteiligung von 41% und 2006 von 43% ausweist. Die 50%-Marke ist also ein ehrgeiziges, aber erreichbares Ziel – zumal dieses nicht nur abstrakt gesetzt wird, sondern mit politischen Empfehlungen und Handlungsprogrammen verbunden ist. Wie die Entwicklung tatsächlich verläuft, wird zu beobachten sein.

5. Deutschland im internationalen Vergleich: OECD-Indikatoren

Die OECD betont seit Langem die große Bedeutung der Weiterbildung. Als in den 1990er Jahren die Gestaltung der „Wissensgesellschaft" als zentrale Herausforderung unserer Zeit diskutiert wurde, war damit auch der konzeptionelle Rahmen hierfür formuliert. Mit einem Manifest unter dem Titel „Lifelong Learning for All" (OECD 1996) suchte die OECD die verstärkte Aufmerksamkeit der Regierungen für das Thema zu gewinnen.

In den jährlich erscheinenden OECD-Indikatorenberichten *„Education at a Glance"* tauchte das Thema zunächst nur sporadisch auf, weil die Datenlage in Bezug auf international vergleichende Statistiken zur Weiterbildung völlig unbefriedigend war. Erstmals im Bericht 2005 konnte ein Indikator „Teilnahme an Fort- und Weiterbildung" auf eine einigermaßen einheitliche Datenbasis gestützt werden. Dies war das „Ad-hoc-Modul Lebenslanges Lernen 2003" in der Europäischen Arbeitskräfte-Erhebung, mit ähnlichen Erhebungen zum *Adult Learning* in den USA und Kanada. Der Indikator (C6) ist dabei definiert als „Anteil der 25-64-jährigen Erwerbspersonen, die in den zurückliegenden 12 Monaten an nichtformaler berufsbezogener Fort- und Weiterbildung teilgenommen haben" (OECD 2005, 351, 365).[4]

Im Ergebnis zeigt sich ein breit auseinandergezogenes Feld der OECD-Länder in Bezug auf die Weiterbildungsbeteiligung der Bevölkerung. Die Spitzengruppe erreicht Teilnahmequoten von über 40% (Dänemark, Schweden, Finnland, USA). Das Schlusslicht bilden mediterrane Länder mit Teilnahmequoten von unter 10% (Griechenland, Italien, Spanien, Portugal, Ungarn). Deutschland liegt mit 14% nur wenig höher.

Damit war nach dem Schulwesen („Pisa-Schock") die Weiterbildung als weiteres Feld aufgezeigt, in dem das deutsche Bildungswesen im internationalen Vergleich bestenfalls als mittelmäßig eingestuft werden kann. Deutsche Kommentierungen schlugen vereinzelt einen entsprechend alarmierenden Ton an. Vor allem stellt sich aber Irritation ein, weil die OECD-Zahlen, gestützt auf amtliche Statistik, für Deutschland ein deutlich niedrigeres Niveau der Weiterbildungsbeteiligung ausweisen als das nationale Berichtssystem BSW.[5] Die Frage ist, ob der Weiterbildungssektor und die Weiterbildungsaktivität in Deutschland wirklich deutlich schlechter entwickelt sind als in vielen Nachbarländern. Möglicherweise wird in der europäischen Arbeitskräfte-Erhebung die Lernaktivität Erwachsener in verschiedenen Länder-Erhebungen unterschiedlich gut erfasst. Die empirische Evidenz zu dieser Frage ist derzeit für eine Bewertung der Sachlage nicht ausreichend.

---

4 In den Folgejahren hat die OECD diesen Indikator etwas komplexer definiert, indem auch der zeitliche Umfang der Weiterbildung berücksichtigt wird: „Im Laufe eines Berufslebens zu erwartende Teilnahmestunden an nicht formaler, berufsbezogener Fort- und Weiterbildung". Datenbasis ist weiterhin das „Ad-hoc-Modul" im Labour Force Survey 2003. Siehe OECD 2007, S. 385ff.

5 Ein direkter Vergleich ist wegen unterschiedlich definierter Kennziffern nicht möglich. Der OECD-Indikator der „berufsbezogenen" Fort- und Weiterbildung ist aber *weiter* definiert als die „berufliche Weiterbildung" im BSW. Von daher müsste die OECD-Kennziffer eher *höhere* Werte ausweisen als das BSW. Vgl. dazu auch Rosenbladt 2007.

6. Deutschland im internationalen Vergleich: EU-Benchmark-Indikatoren

Im Zuge der im Jahr 2000 beschlossenen „Lissabon-Strategie" hat die Europäische Union ein Arbeitsprogramm „Allgemeine und berufliche Bildung 2010" entwickelt, das die Modernisierung der Bildungssysteme in Europa voranbringen soll. Im Jahr 2003 wurden wesentliche Ziele in der Form quantitativer Größen festgelegt, die bis zum Jahr 2010 erreicht sein sollen. Die als „Benchmarks" bezeichneten Kennziffern sollen einen „kohärenten Rahmen von Indikatoren" bilden, mit dessen Hilfe die Realisierung definierter Ziele gemessen und beobachtet werden kann. Unter den sechs konkret benannten bildungspolitischen Zielen betrifft eines das „Lebenslange Lernen" (Europäischer Rat 2005).

Die Zielformulierung lautet: „In einer Wissensgesellschaft müssen die Menschen ihre Kenntnisse, Kompetenzen und Fertigkeiten während des gesamten Lebens auf dem neuesten Stand halten und vervollständigen, um so ihre persönliche Entwicklung zu optimieren und ihre Stellung auf dem Arbeitsmarkt zu sichern und zu verbessern. Daher sollte bis 2010 der EU-Durchschnitt der Erwachsenen im erwerbsfähigen Alter, die sich am Lebenslangen Lernen beteiligen, mindestens 12,5% betragen."

Der Indikator ist konkret definiert als „Anteil derjenigen in der Altersgruppe 25-64 Jahre, die in den vier Wochen vor der Erhebung an Maßnahmen der allgemeinen oder beruflichen Bildung teilgenommen haben." Als Datengrundlage ist die europäische Arbeitskräfte-Erhebung festgelegt, aus der diese Maßzahl stammt.[6] Es handelt sich also um dieselbe Datenquelle wie für den OECD-Indikator, nur ist der EU-Indikator anders definiert:

a) Er bezieht nicht nur die Weiterbildung ein, sondern auch den Besuch regulärer Ausbildungs- und Studiengänge, sofern sie von Personen ab 25 Jahren besucht werden, und nimmt dabei keine Eingrenzung auf berufsbezogene (Weiter-)Bildungsmaßnahmen vor.
b) Der Referenzzeitraum umfasst nicht die zurückliegenden 12 Monate vor der Befragung, sondern nur die zurückliegenden 4 Wochen (was sich zu Lasten der Erfassung kurzzeitiger Weiterbildungsveranstaltungen auswirkt).

Im Ergebnis liegt das ausgewiesene Niveau der Beteiligung an Aus- und Weiterbildung deutlich niedriger als nach dem OECD-Indikator, nämlich bei

6 In einer Fußnote wurde zugleich festgehalten, dass eine verbesserte Datenbasis angestrebt wird. „Eine Projektgruppe von Eurostat arbeitet zurzeit an einer neuen Erhebung über Erwachsenenbildung, die ein besseres Bild über die Teilnahme vermitteln soll." Gemeint ist der „Adult Education Survey (AES)", der am Ende dieses Beitrags vorgestellt wird.

9,6% im europäischen Durchschnitt (Commission of the European Communities 2007, 79). In beiden Fällen steht hinter dem Durchschnitt aber ein breit auseinandergezogenes Feld von Ländern. Die Bandbreite in Europa reicht von 1,3% in Bulgarien und Rumänien sowie 1,9% in Griechenland – bis hin zu 32,1% in Schweden, 29,2% in Dänemark und 26,6% in Großbritannien. Für Deutschland ist eine Teilnahmequote von 7,5% ausgewiesen. Damit liegt Deutschland in der großen Gruppe der Länder, die weit davon entfernt sind, den politischen Zielwert von 12,5% zu erreichen.

Nun ist diese EU-Benchmark-Kennziffer in jeder Hinsicht ein „schwacher" Indikator. Seine politische Relevanz ist gering. Der Zielwert von 12,5% wird verstanden als Durchschnittswert aller EU-Länder, nicht als Zielvorgabe für jedes einzelne Land. Deutschland hat den Zielwert für sich nie als politisch maßgeblich anerkannt. Die methodischen Zweifel in Bezug auf das ausgewiesene niedrige Niveau der Weiterbildungsbeteiligung in Deutschland sind dieselben wie für den OECD-Indikator. Inhaltlich ist der Indikator wenig ergiebig, weil die pauschale Kennziffer nicht erkennen lässt, wie sich die großen Unterschiede zwischen den Ländern erklären lassen. Welche unterschiedlichen Strukturen und Verhaltensweisen stehen dahinter, wenn für Deutschland eine Bildungsbeteiligung der 25-bis 64-jährigen Bevölkerung in Höhe von 7,5% ausgewiesen wird, für Großbritannien dagegen in Höhe von 26,6%?

Dennoch ist der Indikator politisch nicht ohne Bedeutung. Auf der EU-Ebene gewährleistet er, dass der Bereich der Weiterbildung im Bereich der bildungspolitischen Zielkoordinaten bleibt und Aufmerksamkeit erhält. So wurde in einem umfangreichen Konsultationsprozess mit den Mitgliedsstaaten im September 2007 ein *„Action Plan on Adult Learning"* verabschiedet, aus dem auch eine gewisse Ungeduld mit der für unzureichend gehaltenen Aktivität der Mitgliedsstaaten spricht. So heißt es darin:

> „Die Notwendigkeit, Investitionen in die Erwachsenenbildung zu erhöhen, wird bestätigt durch die jüngsten Ergebnisse für den entsprechenden Benchmarking-Indikator, aus denen sich ergibt, dass die Beteiligung Erwachsener (im Alter zwischen 25 und 64 Jahren) am lebenslangen Lernen nicht mehr zunimmt und 2006 sogar leicht auf 9,6% gesunken ist" (Kommission der Europäischen Gemeinschaften 2007, 3).

7. Eine neue europäische Datengrundlage: Der „Adult Education Survey (AES)"

Der Vorschlag für eine eigenständige europäische Erhebung zum Bereich des *Adult Learning* entstand im Rahmen der programmatischen Überlegungen zur sogenannten Lissabon-Strategie. In einem „Memorandum über Lebenslanges Lernen" aus dem Jahr 2000 heißt es, „dass der erfolgreiche Übergang zur wissensbasierten Wirtschaft und Gesellschaft mit einer Orientierung zum lebenslangen Lernen einhergehen muss" (Kommission der Europäischen Gemeinschaften 2000, 3). Es wird dabei auch konstatiert, dass für dieses Feld eine aussagekräftige statistische Datenbasis fehle, und es wird das erforderliche statistische Erhebungsprogramm skizziert, das in den folgenden Jahren dann unter Federführung von Eurostat konkretisiert wurde und mittlerweile als *Adult Education Survey (AES)* in einer ersten Realisierungsphase steht.[7]

Mit dem *Adult Education Survey (AES)* wird in die europäische Bildungsstatistik ein ähnliches Berichtskonzept eingeführt, wie es in Deutschland mit dem *Berichtssystem Weiterbildung (BSW)* seit langem besteht. Vermutlich ab 2011 wird die Durchführung dieser Erhebung für alle EU-Mitgliedsstaaten verbindlich. Derzeit beteiligen sich über 20 Länder an einer ersten Erhebungsrunde auf freiwilliger Basis, darunter auch Deutschland. Während in den meisten Ländern die Durchführung beim Nationalen Statistischen Amt liegt, ist das Vorhaben in Deutschland als Forschungsprojekt des BMBF angelegt, um der spezifischen Problematik des Übergangs von einem etablierten nationalen Berichtskonzept zu einem neuen europäischen Konzept Rechnung zu tragen. Verantwortlich ist ein Projektverbund mehrerer Institute unter Führung des Erhebungsinstituts TNS Infratest Sozialforschung. Ein erster Ergebnisbericht unter dem Titel „Weiterbildungsbeteiligung in Deutschland – Eckdaten zum BSW-AES 2007" wurde vom BMBF im Februar 2008 als Online-Dokument veröffentlicht (Rosenbladt/Bilger 2008).

Der *Adult Education Survey (AES*) fragt nach Bildungs- und Lernaktivitäten im Erwachsenenalter in ihrer ganzen Bandbreite, also nicht beschränkt auf „Weiterbildung". Die grundlegenden Kategorien zur Erfassung des Bildungsverhaltens sind der internationalen *Classification of Learning Activies (CLA)* entnommen (European Commission/EUROSTAT). Deren Hauptkategorien sind:

- *Formal Education (FED)*, im deutschen Berichtskonzept bezeichnet als „Besuch regulärer Bildungsgänge";
- *Non-Formal Education (NFE),* im deutschen Berichtskonzept bezeichnet als „Teilnahme an Weiterbildungsveranstaltungen";
- *Informal Learning (INF*), wobei im europäischen wie im deutschen Berichtskonzept die erfassten Lernformen auf das intentionale „Selbstlernen" eingegrenzt sind.

Die Einbeziehung der regulären Bildungsgänge ist gegenüber dem BSW eine begrüßenswerte Ausweitung. Der Schwerpunkt liegt aber auch im AES bei der *Non-Formal Education*, die weitgehend das abdeckt, was wir im Deut-

7 Für eine ausführlichere Darstellung der programmatischen Diskussion im Vorfeld des AES ebenso wie eine ausführlichere Darstellung der AES-Konzeption vgl. Rosenbladt 2008.

schen als *Weiterbildung* bezeichnen. Wie im BSW werden individuelle Lernaktivitäten einzeln erfasst und beschrieben. Der Referenzzeitraum umfasst wie im BSW die zurückliegenden 12 Monate. Die Zahlen des deutschen AES beziehen sich wie die des BSW auf die 19- bis 64-jährige Bevölkerung. In methodischer Hinsicht sind die Ergebnisse daher gut vergleichbar. Jedoch ist das inhaltliche Begriffsraster, mit dem die Lernaktivitäten erfasst werden, recht unterschiedlich.

Während im BSW von vornherein nach „beruflicher Weiterbildung" und „allgemeiner Weiterbildung" unterschieden wird und beide Bereiche mit spezifischen Vorgaben erfasst werden, wird im AES zunächst nach fünf Veranstaltungsarten gefragt, an denen man teilgenommen haben kann. Die Klassifikation umfasst

a) Kurse, Lehrgänge, Seminare, Schulungen, die länger als 1 Tag dauern,
b) Vorträge, Seminare, Schulungen, die höchstens 1 Tag dauern,
c) Einzelunterweisungen am Arbeitsplatz,
d) Privatunterricht in der Freizeit,
e) Fernunterricht und E-Learning.

Erst im zweiten Schritt wird über eine Nachfrage nach dem subjektiven Zweck – Teilnahme „hauptsächlich aus beruflichen Gründen oder mehr aus privatem Interesse?" – die berufsbezogene von anderer Weiterbildung unterschieden.

Die Teilnahme an Weiterbildungsveranstaltungen insgesamt ist damit in BSW und AES zwar nicht identisch, aber doch vergleichbar abgegrenzt. Tatsächlich ergibt sich in den zwei Erhebungen, die im Frühjahr 2007 zeitlich parallel durchgeführt wurden, ein fast gleich hohes Niveau der Weiterbildungsbeteiligung, nämlich 43% nach dem BSW-Konzept und 44% nach dem AES-Konzept.

Dagegen wird die Differenzierung nach beruflicher und allgemeiner Weiterbildung in beiden Konzepten so unterschiedlich vorgenommen, dass die Zahlen nicht vergleichbar sind. Während nach dem BSW-Konzept beide Teilbereiche eine etwa gleich hohe Teilnahmequote aufweisen, überwiegt im AES die (subjektiv definierte) berufsbezogene Weiterbildung bei Weitem. In der deutschen AES-Auswertung wird die berufsbezogene Weiterbildung dabei unterteilt in „betriebliche Weiterbildung" und „individuelle berufsbezogene Weiterbildung".[8] Damit sind statt der Zweigliederung im BSW jetzt drei Weiterbildungsarten unterschieden, für die folgende Teilnahmequoten ermittelt wurden:

8 Definitionskriterium für „betriebliche Weiterbildung" ist dabei, dass (a) die Weiterbildung überwiegend während der Arbeitszeit stattfindet *oder* (b) auf betriebliche Anordnung erfolgt.

(1) betriebliche Weiterbildung: 29% (Erwerbstätige: 40%),
(2) individuelle berufsbezogene Weiterbildung: 13% (Erwerbstätige: 14%),
(3) nicht berufsbezogene Weiterbildung: 10% (Erwerbstätige: 9%).

Das Ergebnis unterstreicht, welch große Bedeutung in einer Gesamtbetrachtung von Weiterbildungsaktivitäten die betriebliche Weiterbildung hat.

8. Schlussfolgerungen in deutscher und europäischer Perspektive

Für die deutsche Weiterbildungsberichterstattung stellt das BMBF-Projekt „BSW-AES 2007" einen Umbruch dar, aber auch einen Aufbruch zu neuen Perspektiven.

Die BSW-Erhebung 2007 bildet den Abschluss einer nationalen Zeitreihe von Zahlen zur Weiterbildungsbeteiligung, die nahezu drei Jahrzehnte umfasst. Die zeitgleich durchgeführte erste AES-Erhebung 2007 hat gezeigt, dass das europäische Konzept einer Erhebung zum *Adult Learning* auf die deutschen Verhältnisse sinnvoll übertragen werden kann. BSW und AES führen beide – wenn auch leicht unterschiedlich – zu aussagekräftigen Indikatoren der Weiterbildungsbeteiligung und ermöglichen beide eine differenzierte Analyse der Weiterbildungsaktivität in Deutschland. Die Berichtstradition des BSW kann daher künftig mit dem AES fortgeführt werden. Der konzeptionelle Umstieg von „Weiterbildung" hin zum umfassenderen „Lernen im Erwachsenenalter" gibt dabei auch Anstöße für die inhaltliche Diskussion – für einen „neuen Blick auf die Weiterbildung".[9]

Zugleich öffnet sich damit die Perspektive besserer Möglichkeiten des internationalen Vergleichs. Die begrenzte Aussagekraft der bisher verwendeten Zahlen zur Weiterbildungsbeteiligung aus der europäischen Arbeitskräfte-Erhebung verlangt nach Analysen auf einer differenzierteren Datengrundlage. Der europaweite *Adult Education Survey* soll die nötige „gemeinsame Währung" dafür bereitstellen und damit aussagekräftige vergleichende Indikatoren zur Weiterbildung ermöglichen.

In einer ersten Runde von AES-Erhebungen auf zunächst freiwilliger Basis beteiligen sich, wie bereits erwähnt, über 20 europäische Länder. Nach der Planung von Eurostat ist eine erste vergleichende Aufbereitung der Ergebnisse im Laufe des Jahres 2008 vorgesehen. Aus den bisher bekannt gewordenen Länderzahlen zeichnet sich ab, dass der AES in den meisten Län-

9 So der Titel des Workshops am 19. 2. 2008 in Bonn, auf dem die Ergebnisse des BSW-AES 2007 einer breiteren Fachöffentlichkeit vorgestellt wurden. Eine Publikation der Beiträge zu dieser Veranstaltung in der Schriftenreihe des DIE ist in Vorbereitung.

dern ein höheres Niveau der Weiterbildungsbeteiligung ausweisen wird als die Arbeitskräfte-Erhebung, dass die Differenz aber in manchen Ländern eher gering, in andern dagegen sehr kräftig ausfallen wird. Deutschland gehört zu dieser zweiten Gruppe. So beträgt die berufsbezogene Weiterbildungsbeteiligung in der Definition des OECD-Indikators für Deutschland 14%, wenn man die Daten der Arbeitskräfte-Erhebung zugrunde legt, demgegenüber aber 46%, wenn man die Daten des AES zugrunde legt. Der EU-Benchmark-Indikator für das Lebenslange Lernen weist auf Basis der Arbeitskräfte-Erhebung für Deutschland eine Beteiligungsquote von 7,5% aus, während sich auf Basis des AES ein doppelt so hohes Niveau der Bildungsbeteiligung ergibt (Rosenbladt 2008, 22ff.).

Es ist derzeit noch zu früh für eine fundierte Bewertung. Internationale Vergleiche sind immer ein schwieriges Vorhaben, und auch die Zahlen des AES werden kritisch diskutiert werden müssen. Klar ist jedoch, dass diese Aufgabe mehr ist als eine akademische Übung. Auch bildungspolitisch ist es von Belang, ob Deutschland auf dem wichtigen Feld der Weiterbildung deutlich schwächer entwickelt ist als viele andere europäische Länder (wie die bisher verwendeten Daten sagen) oder ob der Weiterbildungssektor und die Weiterbildungsaktivität in Deutschland vergleichsweise gut entwickelt sind.

Der Blick über den nationalen Tellerrand ist auf jeden Fall lohnend. Wenn es Länder gibt, in denen die Weiterbildungsbeteiligung deutlich höher (oder niedriger) ist als in Deutschland: Was im Einzelnen ist dort eigentlich anders? Welche Stärken und Schwächen lassen sich erkennen? Für solche Bewertungen und Folgerungen schärft ein Vergleich den Blick.

Die Europäische Union – Europäischer Rat, Parlament und Kommission – unterstreicht mit der Etablierung des *Adult Education Survey* die große Bedeutung, die der Entwicklung des Weiterbildungssektors zugemessen wird. Geeignete statistische Indikatoren sollen die Entwicklung auf diesem Gebiet sichtbar machen. *„Are things getting better or worse, and why?"*

Literatur

BMBF (2007): BMBF-Pressemeldung vom 27. 09. 2007: Beteiligung an Weiterbildung auf 50 Prozent erhöhen, Pressemitteilung 194/2007. Berlin: BMBF.

BMBF (Hrsg.) (2008a): Empfehlungen des Innovationskreises Weiterbildung für eine Strategie zur Gestaltung des Lernens im Lebenslauf. Siehe www.bmbf.de/pub/empfehlungen.

BMBF (2008b): Berufsbildungsbericht 2008. Siehe www.bmbf.de/pub/bbb_08.

Commission of the European Communities (2007): Progress towards the Lisbon Objectives in Education and Training. Indicators and Benchmarks. Commission Staff Working Document SEC (2007) 1284.

Europäischer Rat (2005): Schlussfolgerungen des Rates vom 24. Mai 2005 zu neuen Indikatoren im Bereich der allgemeinen und beruflichen Bildung (2005/C 141/04).

Kommission der Europäischen Gemeinschaften (2000): Memorandum über Lebenslanges Lernen. SEK (2000) 1832.

Kommission der Europäischen Gemeinschaften (2007): Aktionsplan Erwachsenenbildung. KOM (2007) 558.

Konsortium Bildungsberichterstattung (2006): Bildung in Deutschland. Ein indikatorengestützter Bericht mit einer Analyse zu Bildung und Migration. Bielefeld: Bertelsmann.

Kuhlenkamp, D. (2007): Trennt das Weiterbildungsrecht allgemeine und berufliche Weiterbildung? In: REPORT – Zeitschrift für Weiterbildungsforschung, 30. Jg., Heft 4, S. 9-20.

Kuwan, H./Bilger, F./Gnahs, D./Seidel, S. (2006): Berichtssystem Weiterbildung, IX. Integrierter Gesamtbericht zur Weiterbildungssituation in Deutschland. Im Auftrag des BMBF. Bonn, Berlin: BMBF. Siehe www.bmbf.de/de/1366.php.

OECD (2005): Bildung auf einen Blick. OECD-Indikatoren 2005. Paris: OECD.

Rosenbladt, B. von (2007): Zur Unterscheidung von beruflicher und allgemeiner Weiterbildung in empirischen Erhebungen zur Weiterbildungsteilnahme. In: REPORT – Zeitschrift für Weiterbildungsforschung, 30. Jg., Heft 4, S. 21-31.

Rosenbladt, B. von (2008): Weiterbildungsbeteiligung in Deutschland und Europa – Konzeptionelle Fragen. BSW-AES-Arbeitspapier Nr. 3, München. Siehe www.tns-infratest-sofo.com/arbeitsber/2530/index.html.

Rosenbladt, B. von/Bilger, F. (2008): Weiterbildungsbeteiligung in Deutschland – Eckdaten zum BSW-AES 2007. Im Auftrag des BMBF. Bonn, Berlin: BMBF. Siehe www.bmbf.de/de/1366.php.

Indikatoren für die Weiterbildung – Diskussionsbeitrag

Bernhard Schmidt-Hertha

Im folgenden Diskussionsbeitrag wird zunächst die Frage aufgeworfen, welche Konstrukte Indikatoren in der Weiterbildung als Bezugspunkte wählen sollten, bevor auf das Potential des neuen *Adult Education Survey* eingegangen wird und auf die mit ihm einhergehenden Veränderungen hinsichtlich Weiterbildungsindikatoren. Dabei wird insbesondere der mit der Umstellung auf nationaler Ebene verbundene Wegfall der Trennung von beruflicher und allgemeiner Weiterbildung kritisch diskutiert und auf die analytische Relevanz dieser Differenzierung verwiesen.

1. Indikatoren in der Weiterbildung

Auf der Suche nach geeigneten Indikatoren für Weiterbildung ist zunächst zu klären, was Gegenstand dieser Indikatoren sein sollte. Versteht man Weiterbildung als „*Fortsetzung oder Wiederaufnahme organisierten Lernens nach Abschluß einer unterschiedlich ausgedehnten ersten Ausbildungsphase*" (Deutscher Bildungsrat 1970, 197), so wären aussagekräftige Daten zur Teilnahme an organisierten Angeboten der Erwachsenenbildung bereits zufriedenstellende Indikatoren. Der gerade in den letzten Jahren verstärkt in den Blick der Bildungsforschung geratene Bereich des informellen Lernens Erwachsener (Overwien 2002) bliebe dann außen vor, was insbesondere vor dem Hintergrund der Diskussion um das Lebenslange Lernen als defizitär angesehen werden müsste. Bezieht man dagegen informelle Lernformen mit ein und rückt das Konstrukt des Lebenslangen Lernens in den Mittelpunkt, so ist die auf europäischer Ebene etablierte Begrenzung auf die 25- bis 64-Jährigen kaum zu rechtfertigen. Für das Kindes- und Jugendalter kann noch der Verweis auf eine Abdeckung durch andere Teile des Bildungsberichts und andere Indikatoren den Fokus auf spätere Lebensphasen rechtfertigen, der Ausschluss der nachberuflichen Lebensphase wird dagegen als Defizit umso deutlicher sichtbar. Die europaweit gebräuchliche Begrenzung von Indikatoren zum Lebenslangen Lernen auf Personen vor dem oder im Erwerbsalter legt zudem den Verdacht nahe, dass das Erkenntnisinteresse primär den (auch) beruflich relevanten Lern- und Bildungsaktivitäten gilt. Vor diesem Hintergrund ist es weiterhin bemerkenswert, dass die in der deutschen

Erwachsenenbildungsforschung tradierte Differenzierung von allgemeiner und beruflicher Bildung auf europäischer Ebene kaum gebräuchlich ist. Im *Adult Education Survey* (AES), der zukünftig europaweit vergleichbare Indikatoren für die Bildungspartizipation im Erwachsenenalter liefern soll, wird zwar gefragt, ob eine Weiterbildung primär beruflich oder privat motiviert war oder inwieweit der Arbeitgeber diese finanziell oder durch Freistellung unterstützt hat, ungeklärt ist bislang aber, ob diese Indikatoren die in Deutschland etablierte Differenzierung allgemeiner und beruflicher Weiterbildung abbilden können. Im Folgenden soll deshalb nach dem Sinn und Erkenntniswert dieser heuristischen Trennung zweier Bildungssegmente gefragt werden, wobei zunächst der AES als wesentliche Quelle für Indikatoren zur Bildung Erwachsener vorgestellt wird.

2. Der Adult Education Survey

Der AES knüpft einerseits an vorliegende, methodisch bislang unbefriedigende europäische Indikatoren zum Bildungsverhalten Erwachsener an, allen voran der *Labour Force Survey*. Dieser aus den Erhebungen von *Eurostat* gespeiste Datensatz liefert nur unzureichend koordiniert erhobene Kernindikatoren zur Weiterbildungsbeteiligung der Erwerbsbevölkerung und war bislang die zentrale Quelle für internationale Vergleiche zu diesem Bildungsbereich. Auf nationaler Ebene liegt in Deutschland mit dem *Berichtssystem Weiterbildung* (BSW) ein seit Ende der 1970er Jahre in dreijährigem Turnus eingesetztes und stetig weiterentwickeltes Instrument zur Erhebung von Weiterbildungsverhalten vor (Bilger 2007), das ein umfassendes Bild zu Bildungsaktivitäten, -interessen und -barrieren der Erwerbsbevölkerung zulässt und seit den 1990er Jahren auch informelle Lernformen mit berücksichtigt. Mit dem AES findet auf Basis eines einheitlich koordinierten und abgestimmten Frageninventars in vielen europäischen Staaten eine international vergleichbare Erhebung des Bildungsverhaltens der Erwerbsbevölkerung statt (Rosenbladt 2007). Dabei werden detaillierte Daten zu einzelnen Bildungsmaßnahmen ebenso erfasst wie die Beteiligung an informellen Lernformen. Bislang den internationalen Vergleich verzerrende Unterschiede in der Datenbasis werden damit aufgefangen, und auch den strukturellen Differenzen zwischen den Bildungssystemen der beteiligten Nationen wurde in der gemeinsamen Koordination soweit wie möglich Rechnung getragen. Ergänzungen des so erarbeiteten Inventars von Kernfragen sind auf nationaler Ebene zwar vorgesehen, eine Differenzierung von allgemeiner und beruflicher Weiterbildung – wie sie im BSW etabliert war – ist aufgrund der international verbindlichen Vorgaben jedoch nicht mehr möglich.

3. Differenzierung allgemeiner und beruflicher Weiterbildung

Die getrennte Betrachtung beruflicher und allgemeiner Weiterbildung – so könnte man argumentieren – ist als überholt anzusehen, da sie sich in den Köpfen der Teilnehmer so nicht widerspiegelt und keine eindeutige Zuordnung ermöglicht, sondern zumeist auf subjektiven Zuschreibungen der Lernenden beruht. Beide Einwände sind nicht völlig von der Hand zu weisen. Es ist aber anzumerken, dass es erstens fraglich sein dürfte, ob eine klare Trennung zwischen beiden Formen früher deutlicher war als heute und dass zweitens zumindest die wenig genaue Abgrenzung beider Weiterbildungsarten keine neuere Entwicklung darstellt, sondern den Begriffen immanent ist. Die Zuordnung einer Bildungsmaßnahme durch die Teilnehmer selbst zum Bereich beruflicher oder allgemeiner Weiterbildung ist zwar insofern subjektiv, als sie auf individuellen Zuschreibungen beruht, für die Befragten kann sie aber dennoch bedeutsam sein. Dies zeigt sich insbesondere in qualitativen Befragungen zu Weiterbildungsverhalten und -interesse, die auf teilweise sehr unterschiedliche Anforderungen, Erwartungen und Barrieren für berufliche und allgemeine Weiterbildung verweisen (Reich u. a. 2004).

Am Beispiel des Bildungsverhaltens Älterer kann der analytische Mehrwert einer Differenzierung in berufliche und allgemeine Weiterbildung zusätzlich untermauert werden, wie im Folgenden kurz verdeutlicht wird. So zeigen verschiedene Studien eine deutliche Abnahme der Weiterbildungsbeteiligung mit zunehmendem Alter, beginnend etwa zwischen 45 und 50 Jahren. Auch eine eigene Auswertung der Daten aus dem BSW 2003 verdeutlicht diesen Zusammenhang (siehe Abb. 1). Bereits ab Mitte Vierzig ist ein deutlicher und kontinuierlicher Abfall der Bildungsbeteiligung insgesamt erkennbar, die Teilnahmequoten gehen von 50% bei den 40- bis 44-Jährigen bis auf 22% bei den 60- bis 64-Jährigen zurück. Aktuelle Daten aus dem AES zeigen einen weiteren Rückgang für die über 64-Jährigen. Diese Daten verraten zunächst aber wenig über die Ursachen und Hintergründe dieses deutlichen altersabhängigen Rückgangs der Bildungsaktivitäten. Es ist anzunehmen, dass der Erwerbsstatus einen wesentlichen Einfluss hat, da die Weiterbildungsquote der Erwerbslosen in allen Altersgruppen deutlich unter dem Durchschnitt liegt und die Zahl der nicht (mehr) Erwerbstätigen in den höheren Altersgruppen aufgrund von Frühverrentung und Erwerbsunfähigkeit wächst. In Abbildung 1 wird deutlich, dass – differenziert nach Erwerbsstatus und allgemeiner bzw. beruflicher Weiterbildung – sich der Rückgang der Bildungsbeteiligung in den älteren Gruppen wesentlich moderater darstellt. In der beruflichen Weiterbildung sind die geringsten Teilnahmequoten für die über 50-jährigen Nicht-Erwerbstätigen zu konstatieren. Bei einem Teilnehmeranteil von unter 3% hat sich diese Gruppe nahezu vollständig aus der beruflichen Weiterbildung verabschiedet. Bei den Erwerbstätigen ist ein deutlicher Bruch in den Teilnahmequoten erst für die älteste Gruppe, die 60- bis 64-Jährigen, erkennbar. Zwar ist eine etwas geringere Beteiligung auch bei den 45- bis 59-Jährigen zu beobachten, diese bewegt sich aber immer noch auf hohem und innerhalb der drei Altersgruppen konstantem Niveau von ca. 32%. In der allgemeinen Weiterbildung ist unabhängig vom Erwerbsstatus ein moderater, aber kontinuierlicher Rückgang der Beteiligung von 30% bzw. 25% bei den 40- bis 44-Jährigen sowie auf 23% bzw. 14% bei den 50- bis 54-Jährigen festzustellen. Danach bleibt die Teilnahmequote der Erwerbstätigen konstant, während sich die Erwerbslosen hinsichtlich ihrer Partizipation an allgemeiner Weiterbildung wieder den Erwerbstätigen annähern.

Abb. 1: Weiterbildungsbeteiligung differenziert nach Altersgruppen

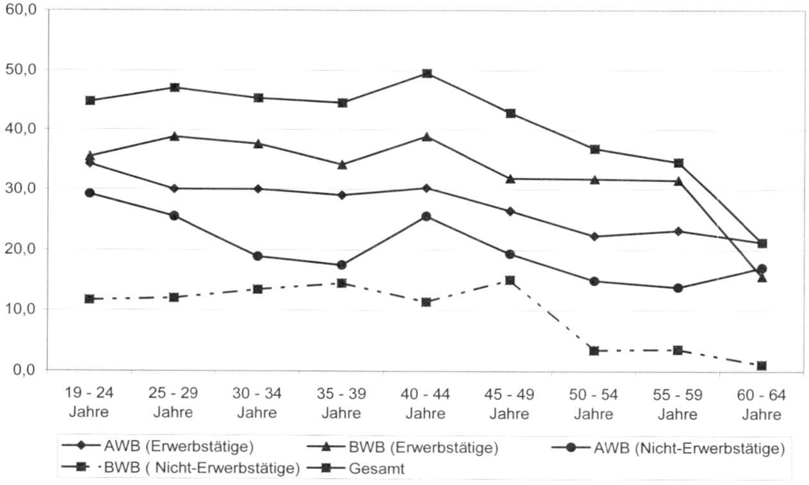

Quelle: Daten aus der BSW-Befragung 2003

Wie an diesem Beispiel deutlich wird, würde ein völliger Verzicht auf die Unterscheidung berufsbezogener und privater Weiterbildung einen erheblichen Informationsverlust bedeuten, der die Gefahr einer Übergeneralisierung von Befunden birgt. Wie ist in diesem Zusammenhang die Unterscheidung beruflich und privat motivierter Weiterbildung im Rahmen des AES zu beurteilen? Das in dem europäischen Frageninventar für diese Differenzierung vorgesehene Item bietet den Weiterbildungsteilnehmern an, eine Bildungsaktivität als „beruflich“, „privat“ oder „teils beruflich/teils privat“ motiviert zu klassifizieren. Auch wenn diese Frage zunächst in eine ähnliche Richtung weist, wie die Differenzierung allgemeiner und beruflicher Weiterbildung, so ist dennoch fraglich, inwieweit beide Konzepte vergleichbare Ergebnisse erbringen. Die Ergebnisse der BSW-Befragung 2003 machen deutlich, dass zumindest die Teilnahme an allgemeiner Weiterbildung keineswegs auf rein private Motive schließen lässt. Für Bildungsaktivitäten im Bereich der allgemeinen Weiterbildung wurde 2003 – analog der entsprechenden Frage im AES – nach dem Motiv der Teilnahme (beruflich, privat, teils/teils) gefragt und die Ergebnisse zeigen eine nicht zu vernachlässigende Häufigkeit von rein überwiegend beruflichen oder zumindest teilweise beruflichen Motiven (vgl. Abb. 2).

Abb. 2: Teilnahmemotive bei allgemeiner Weiterbildung

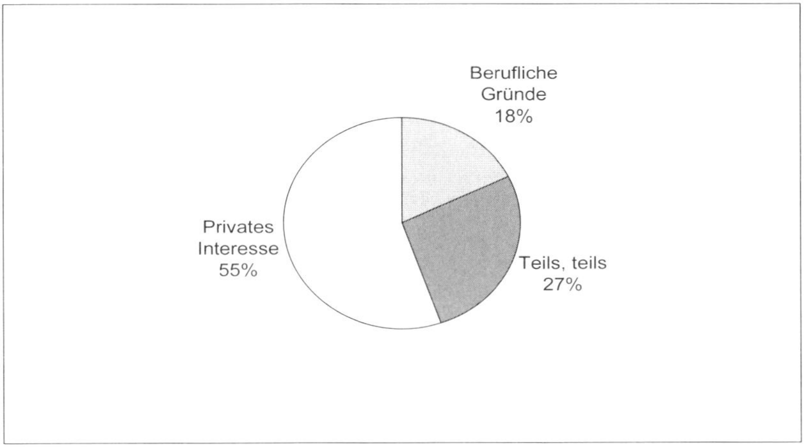

Quelle: Daten aus der BSW-Befragung 2003

Die in Abbildung 2 dargestellte Auswertung verdeutlicht, dass die Einordnung in berufliche und allgemeine Weiterbildung einerseits und die Frage nach den Gründen der Teilnahme andererseits unterschiedliche Konstrukte erfassen und das eine daher nicht durch das andere ersetzt werden kann. Die Differenzierung von Bildungsaktivitäten durch die Teilnahmegründe der Befragten erfolgt ausschließlich auf der Ebene persönlicher Motive und regt die Befragten nicht an, auch Angebotsmerkmale in ihrer Zuordnung zu berücksichtigen. Allerdings ist eine Ergänzung dieser individuellen Zuordnung durch Angebotsmerkmale – wie sie im AES erfasst werden – möglich. Dazu gehören beispielsweise die finanzielle Beteiligung des Arbeitsgebers, eine

Freistellung für die Zeit der Weiterbildungsteilnahme, Anbieter bzw. Träger der Bildungsmaßnahme etc. Diese Kriterien können weitere Anhaltspunkte für eine Differenzierung beruflicher und allgemeiner Weiterbildung liefern, diese aber auch nicht vollständig abbilden. Somit wird die tradierte Differenzierung beruflicher und allgemeiner Weiterbildung so nicht mehr abbildbar sein.

Dennoch bleibt der Wechsel von BSW auf AES aus verschiedenen Gründen eine begrüßenswerte Innovation. Nicht nur, dass mit dem AES eine europäisch koordinierte Teilnehmerbefragung durchgeführt wird, die wesentlich verlässlichere internationale Benchmarks zum Bildungsverhalten Erwachsener liefert, sondern es wird auch die auf europäischer Ebene etablierte Differenzierung von formaler, non-formaler und informeller Bildung übernommen; eine noch differenziertere Beschreibung der einzelnen Teilnahmefälle sind als wesentliche Errungenschaften des AES zu nennen. Einzig die Differenzierung allgemeiner und beruflicher Weiterbildung wird nicht mehr wie bisher möglich sein (Rosenbladt 2007). Aufgrund der Relevanz dieser Kategorisierung im Rahmen der Betrachtung einzelner Zielgruppen, müssen nun andere Kriterien herangezogen werden, um Fehlschlüsse z.B. hinsichtlich der Bildungspartizipation im Alter zu vermeiden. Inwieweit die im AES verfügbaren Indikatoren ausreichen, um den Wegfall dieser analytischen Differenzierung zu kompensieren, bleibt abzuwarten.

4. Fazit

Der Übergang von BSW zu AES stellt die zentrale Innovation der letzten Jahre und Jahrzehnte im Bereich der Indikatoren für Weiterbildung in Deutschland dar. Dieser Wechsel geht einher mit einer neuen Qualität internationaler Vergleichbarkeit, aber auch mit einem Bruch in der Kontinuität der Teilnehmerforschung. Verschiedene Variablen werden anders operationalisiert, Differenzierungen entfallen oder kommen neu hinzu, Interessensschwerpunkte verlagern sich. Unter anderem ist mit dem neuen AES eine veränderte Kategorisierung von Weiterbildungsaktivitäten (formal, nonformal, informal) und eine andere Strategie zur Unterscheidung berufsbezogener und nicht-berufsbezogener Weiterbildung verbunden. Darüber hinaus ist eine Verlagerung des Erkenntnisinteresses in Richtung beruflich relevanter Bildungsaktivitäten erkennbar. Hier liegt sicherlich noch Potenzial zur Erweiterung des AES auf europäischer Ebene, auch mit Blick auf die einbezogenen Altersgruppen. Die mit dem Zusatzprojekt EdAge (vgl. Schmidt 2007) durchgeführte Erweiterung der Stichprobe auf die bis 80-Jährigen inklusive einer entsprechenden Erweiterung des Fragenrepertoires für die 45- bis 80-Jährigen ist bislang eine auf die nationale Ebene beschränkte Innovation, die vor dem Hintergrund demografischer Entwicklungen auch für andere Länder richtungsweisend sein könnte.

Literatur

Bilger, F. (2007): Wie misst man Weiterbildung? Vorgehen am Beispiel des „Berichtssystems Weiterbildung“ (BSW). In: Feller, G. (Hrsg.): Weiterbildungsmonitoring ganz öffentlich. Entwicklungen, Ergebnisse und Instrumente zur Darstellung des lebenslangen Lernens. Bonn: BIBB, S. 65-88.

Deutscher Bildungsrat (1970): Empfehlungen der Bildungskommission: Strukturplan für das Bildungswesen. Stuttgart: Klett-Verlag.

Overwien, B. (2002): Informelles Lernen in der internationalen Diskussion – kritische Ansätze und Perspektiven. In: Dehnbostel, P./Gonon, P. (Hrsg.): Informelles Lernen – eine Herausforderung für die berufliche Aus- und Weiterbildung. Bielefeld: Bertelsmann, S. 43-58.

Reich, J./Panyr, S./Drexl, D./Barz, H./Tippelt, R. (2004): Praxishandbuch Milieumarketing, Band 1 der Reihe Weiterbildung und soziale Milieus in Deutschland, Hrsg. von H. Barz und R. Tippelt. Bielefeld: Bertelsmann.

Rosenbladt, B. von (2007): Unterscheidung von beruflicher und allgemeiner Weiterbildung in empirischen Erhebungen zur Weiterbildungsteilnahme. In: Report, H. 4, 21-31.

Schmidt, B. (2007): Educational behaviour and interests of older adults. In: Lucio-Villegas, E./Carmen Martrinez, M. del (Eds.): Adult Learning and the Challenges of Social and Cultural Diversity: Diverse Lives, Cultures, Learnings and Literacies 1. Proceedings of the 5th ESREA European Research Conference, pp. 157-166.

Möglichkeiten eines Bildungspanels zur Steuerung im Bildungswesen

Hartmut Ditton

Die Frage, wieweit ein Bildungspanel hilfreich für Aufgaben der Steuerung im Bildungswesen sein kann, wird im folgenden Beitrag in drei Abschnitten behandelt. Der erste Abschnitt geht auf den besonderen Status eines Bildungspanels ein und skizziert das Potential, aus den durch ein Panel gewonnenen Erkenntnissen steuerungsrelevantes Wissen zu generieren. Der zweite Abschnitt geht auf Fragen der Steuerung im Bildungswesen ein und bezieht sich auf das damit angesprochene Verhältnis von Wissenschaft und Politik. Im Zentrum steht die Frage, inwieweit Politik (die steuert) durch Wissenschaft (die Erkenntnis liefert) beeinflussbar zu sein scheint. Aus der Zusammenschau beider Aspekte ergibt sich dann schließlich im dritten Abschnitt die Einschätzung, was ein Bildungspanel für Aufgaben der Steuerung im Bildungswesen leisten kann.

1. Möglichkeiten eines Bildungspanels

Groß angelegte, zum Teil auch regelmäßig durchgeführte Längsschnittstudien sind in der Bildungsforschung international durchaus üblich (Kristen u. a. 2005). Sie sollen eine gültige und verlässliche Datengrundlage schaffen, mit denen die Ursachen individueller und gesellschaftlicher Prozesse, Entwicklungen und Veränderungen im Bildungsbereich ermittelt werden können. Damit verbunden ist außerdem die Absicht, aus den gewonnenen Erkenntnissen überzeugende Handlungsempfehlungen ableiten zu können. Im Gegensatz dazu werden in Deutschland bislang keine systematischen nationalen Längsschnittstudien zu Bildungsverläufen durchgeführt. Von daher ist über die Bildungskarrieren von Kindern, Jugendlichen und Erwachsenen über die verschiedenen Etappen der Bildungslaufbahn hinweg wenig bekannt. Dass seit einiger Zeit in Deutschland über die Notwendigkeit eines Bildungspanels intensiv diskutiert wird, ist im Kontext einiger neu- bzw. wiedererkannter Herausforderungen im Bildungsbereich zu sehen, die mit Veränderungen in bildungspolitischen Auffassungen einhergehen. Stichwortartig sind zu nennen:

- Die Beschlüsse seitens der KMK bzgl. einer regelmäßigen Teilnahme Deutschlands an internationalen Vergleichsuntersuchungen (PISA, IGLU, TIMSS).
- Die forcierte Entwicklung von Ansätzen zur systematischen und kontinuierlichen Beobachtung im Bildungssystem zusammen mit den Bemühungen um die Gewinnung der dafür erforderlichen empirischen Basisdaten.
- Die Etablierung einer systematischen, kontinuierlichen und indikatorengestützten Bildungsberichterstattung.
- Die zunehmende Verbreitung von Maßnahmen der Evaluation in den unterschiedlichen Institutionen und auf den unterschiedlichen Ebenen des Bildungssystems.

Diese Veränderungen zielen auf eine verstärkt empirisch fundierte und erfolgskontrollierte Bildungspolitik ab. Ein solcher Trend ist nicht nur in Deutschland zu erkennen, vielmehr kann OECD-weit von einer Renaissance der Bemühungen um eine *evidenzbasierte* Bildungspolitik gesprochen werden (OECD 2007a), mit der besonders auch die Schlüsselrolle *wissensbasierter Innovationen* im Bildungsbereich betont wird. Verbunden ist damit häufig auch die Vorstellung, dass Formen der sogenannten Input-Steuerung durch solche einer Output-Steuerung abgelöst werden sollen. Die Grundidee ist dabei, dass es weniger zielführend ist, Bildungseinrichtungen durch Reglementierungen der Vorgaben steuern zu wollen, sondern eher klar definierte Standards (Zielsetzungen, Leistungsvereinbarungen) notwendig sind, deren Erreichung dann auch (regelmäßig) überprüft werden muss. Allerdings ist damit eher auf ein Desiderat verwiesen als auf eine schon tatsächlich vollzogene Wende. Konsequent zu Ende gedacht müssen für eine funktionierende Output-Steuerung mehrere Voraussetzungen erfüllt sein: Zunächst einmal müssen den Akteuren vor Ort die Zielsetzungen hinreichend genau und präzise bekannt sein. Sie müssen außerdem wissen, wie die Ziele erreicht werden können, und es sind im Prozessablauf Informationen dazu nötig, wie der jeweils aktuelle Grad der Zielereichung ist. Das impliziert bereits, dass auch das nötige Wissen und die operativen Mittel und Verfahren zur Verfügung stehen müssen, um Prozesse zu initiieren, zu gestalten und ggf. Veränderungen einzuleiten. Damit können auch gezielte Maßnahmen nötig sein, um bei Abweichungen von definierten Sollgrößen Erfolg versprechend intervenieren zu können. Kurz gesagt: Eine funktionierende und effiziente Output-Steuerung impliziert Wissen über wirksame Prozesse und die Steuerbarkeit bzw. Beeinflussbarkeit dieser Prozesse. In diesem Zusammenhang, verlässliches Wissen über Zusammenhänge und die Wirksamkeit von Prozessen zu generieren, sind die Möglichkeiten eines Bildungspanels für Aufgaben der Steuerung zu sehen.

Unser empirisch geprüftes Wissen zum Kompetenzerwerb im Lebensverlauf ist äußerst lückenhaft. Zu Bildungsverläufen und den Effekten von Bildungsprozessen über die Lebensspanne ist insgesamt recht wenig bekannt. Besonders trifft das für längere Zeiteinheiten und für Verläufe oder Verlaufsmuster über unterschiedliche Bildungsstationen oder -etappen hinweg zu. Aus Studien in anderen Ländern lässt sich diesbezüglich nur begrenzt etwas lernen, da unser Bildungssystem seine ganz besonderen Spezifika hat, die sich in dieser Konfiguration kaum anderswo zeigen. Für eine empirisch fundierte und zugleich hinsichtlich ihrer Wirkungen evaluierbare Politik der Förderung des Kompetenzerwerbs über die gesamte Bildungsbiografie hinweg sind deshalb repräsentative Längsschnittanalysen in unserem System unbedingt erforderlich. Sicherlich ist es nicht so, dass wir derzeit gar nichts wissen oder dass ein Bildungspanel der einzig überhaupt mögliche Weg zur Generierung von nützlichem Wissen ist. Auch Querschnittstudien können durchaus steuerungsrelevantes Wissen liefern. Beispiele dafür bietet die Bildungsforschung zur Genüge – angefangen von den *Coleman-Studien* in den USA der 1960er Jahre (Coleman u. a. 1966) bis hin zu vertiefenden Analysen aktueller PISA-Daten für Deutschland (Baumert/Stanat/Watermann 2006). Außerdem werden inzwischen auch in Deutschland immer häufiger Längsschnittstudien zu Bildungsverläufen und Übergängen zwischen Bildungsetappen durchgeführt. Diese Studien sind jedoch zeitlich und altersspezifisch eher eng begrenzt und beziehen sich fast ausnahmslos auf lokale Stichproben. Demgegenüber könnte ein Bildungspanel bei einem entsprechenden Design den gesamten Lebenslauf in den Blick nehmen und für nationale Repräsentativität sorgen.

Für die Durchführung eines nationalen Bildungspanels sprechen viele Argumente. Diese sind zunächst schon im besonderen Charakter von Längsschnittuntersuchungen begründet, die eine Darstellung von Verlaufsmustern ermöglichen und notwendige Voraussetzung sind, um kausale Beziehungen zwischen Bedingungen und Wirkungen ermitteln zu können (Kristen u. a. 2005). Obwohl schon die differenzierte Beschreibung von Entwicklungen wichtige Einsichten liefern kann, besteht die Hauptabsicht eines Panels doch darin, die Konstituierung und den Verlauf von Bildungsbiografien innerhalb der einzelnen Institutionen und in einer die Institutionen übergreifenden Perspektive deutlich zu machen. Im Mittelpunkt steht somit der Zusammenhang von Rahmenbedingungen des Lernens (z. B. Lebenslagen, institutionelle sowie nonformale Lerngelegenheiten, deren Gestaltung) und subjektiven Voraussetzungen auf der einen sowie individuellen und gesellschaftlichen Erträgen von Bildung auf der anderen Seite. Für ein Bildungspanel bildet dabei die Entwicklung fachlicher und fachübergreifender Kompetenzen im Lebenslauf den zentralen Fokus. Dies schließt mit ein, die Beziehungen zur Entwicklung bedeutsamer Mediatoren (Motivation, Interesse, Selbstkonzept) mit im Blick zu haben. Außerdem geht es darum zu untersuchen, durch welche Merkmale sich entwicklungsförderliche Kontexte auszeichnen und wie unterschiedliche Kontexte (z. B. Familie und Schule) zusammenwirken. Näher geklärt werden kann damit auch, wovon im Lebenslauf die Kompetenzentwicklung und die eingeschlagenen Bildungslaufbahnen in besonderem Maße abhängig sind und welche ökonomischen, sozialen, gesundheitsbezogenen und biografischen Erträge mit Bildung einhergehen.

Da Deutschland ein im Vergleich zu anderen Ländern stark differenziertes Bildungssystem hat, bei dem eine Aufteilung in unterschiedliche Laufbahnen schon früh erfolgt, resultieren eine Vielzahl von Übergängen und Wahl- sowie Wechsel- und Korrekturoptionen im Verlauf einer Bildungskarriere (Ditton 2007). Differenzierte Informationen zu Verläufen fehlen bislang weitgehend, wären aber besonders wichtig, spezifisch mit Blick auf die zentralen Übergangsstationen vom Kindergarten in die Grundschule, bezüglich der Überweisungen an Sonder- bzw. Förderschulen, der Übergänge in die weiterführenden Schulen nach der Primarstufe, der Übergänge in das berufsbildende bzw. berufliche System, der Teilnahme an Fort- und Weiterbildung während der Berufsphase usw. Zu einer Vielzahl wichtiger Fragen fehlt es an belastbaren Daten: Wie bedeutsam ist frühes (vorschulisches) Lernen für den weiteren Lern- und Bildungserfolg? Was sind die Kennzeichen einer wirksamen Frühförderung? Welche Ansätze und Programme der Frühförderung sind spezifisch für benachteiligte Gruppen wirksam? Lassen sich für die Programme auch Langzeiteffekte nachweisen? Wie wirken sich (zu) frühe und verspätete Einschulungen aus? Wie bewähren sich Übergangsentscheidungen, vor allem nach der Grundschule, aber auch an anderen Anschlussstellen des Bildungssystems? Bezogen auf den gesamten Lebenslauf sind vor allem die Möglichkeiten des Nachholens von Qualifikationen und Bildungsabschlüssen von Interesse. Erst in der Gesamtbilanz über den Lebenslauf ergeben sich verlässliche Aussagen zur Offenheit und Durchlässigkeit des Bildungssystems und zur Anschlussfähigkeit zwischen einzelnen Bildungsetappen.

Bezüglich der Kompetenzentwicklung und der Bildungsverläufe verdienen Fragen der Ungleichheit nach Geschlecht, sozialer Herkunft und nach dem Migrationsstatus besondere Beachtung: Wieweit sind soziale Ungleichheiten durch unterschiedliche Niveaus erbrachter Leistungen erklärbar und welche Effekte bestehen darüber hinaus? An welchen Schnittstellen ergeben sich Hinweise auf eine bewusste oder unbewusste (institutionelle) Diskriminierung nach Geschlecht oder Merkmalen der Herkunft? Welche Mechanismen sind an welchen Schnittstellen von welcher Bedeutung? Welche Rolle spielen die Sprachbeherrschung und die kulturelle Anpassung an (implizite) institutionelle Erwartungen?

Was ein Bildungspanel zur Klärung dieser beispielhaft ausgewählten Fragestellungen leisten kann, geht weit über den Informationsgehalt von Bildungsstatistiken und die Möglichkeiten von Querschnittsuntersuchungen hinaus. Aus wissenschaftlicher Sicht kann an der Relevanz und Notwendigkeit eines Bildunspanels kein Zweifel bestehen. Der Ertrag eines Panels für Aufgaben der Steuerung bleibt dagegen nachfolgend noch zu klären.

2. Steuerung im Bildungswesen

Erwartungen an ein Bildungspanel werden nicht nur bezüglich des wissenschaftlichen Erkenntnisgewinns artikuliert, vielmehr wird darin auch häufig eine wichtige Grundlage für eine rationale, evidenzbasierte bildungspolitische Steuerung gesehen.

Mit dem Begriff Steuerung werden im Allgemeinen Prozesse und Wirkungen von (staatlichen) Interventionen in das Gesellschaftssystem bzw. seine Teilsysteme (Bildungssystem) bezeichnet (Mayntz 1987). Dies beinhaltet spezifische Kontrollmöglichkeiten seitens der dafür autorisierten Organe und die Verfügbarkeit von funktionierenden Kontrollmedien. Innerhalb der verschachtelten Struktur mehrerer Ebenen im Bildungswesen (Ministerien, Schulaufsicht, Schulträger; einzelne Einrichtungen; Lerngruppen; Akteure) ist nicht einfach zu durchschauen, auf welcher Ebene was im Einzelnen gesteuert wird und welche Wirksamkeit Steuerungsmechanismen entfalten. Diese Komplexität versucht der Begriff *Governance* auszudrücken (Altrichter/Brüsemeister/Wissinger 2007; Benz 2004), der auf Formen der Regulierung und Koordination in institutionellen Strukturen mit einem komplexen Organisationsgefüge verweist. Steuerung in diesem Sinn muss nicht streng hierarchisch verstanden werden, sondern kann Mechanismen der wechselseitigen Anpassung und des Verhandelns bzw. Aushandelns im Hinblick auf die Umsetzung von Entscheidungen beinhalten. Dahinter steht die Idee, dass Institutionen eine Netzwerkstruktur aufweisen und am besten als lose gekoppelte, (teil-)autonome Einheiten eines komplexen Gefüges verstanden werden können (Rolff 1993). Sofern Steuerungsabsichten jedoch nicht völlig aufgegeben werden – was in einem gesellschaftlich verantworteten System schwer vorstellbar ist – müssen zumindest Ansatzpunkte für Interventionen durch die Aufsicht bestehen, indem z. B. Rahmenbedingungen gesetzt und Handlungsanreize geschaffen werden und bei Bedarf auch gezielte Interventionen erfolgen können. Steuerung muss jedoch nicht per se wissensbasiert erfolgen, ebenso denkbar sind machtorientierte oder an Opportunitäten ausgerichtete Strategien der Steuerung. Sofern jedoch wissensbasiert gesteuert werden soll, kommt die Wissenschaft mit ins Spiel und es ist zu überlegen, wieweit Wissenschaft und die für die Steuerung zuständige Politik überhaupt miteinander auskommen können.

Wissenschaft und Politik sind gesellschaftliche Teilsysteme, die verschiedenartige Funktionen zu erfüllen haben. Von daher haben beide Systeme auch unterschiedliche Logiken und verschiedenartige Strukturen ausgebildet. Möglicherweise sind beide Systeme auch nur begrenzt miteinander kompatibel, da die Grundfunktionen *Erkenntnis* auf der einen und *Steuerung* auf der anderen Seite, unterschiedliche Auffassungen des Zugangs zu Wissen bzw. des Wissens über die Wirklichkeit sowie den jeweiligen Gegenstandsbereich beinhalten. Die moderne Wissenschaft versteht die Welt als komplex und differenziert und geht von einer prinzipiellen Unsicherheit und Vorläufigkeit vorhandener Erkenntnis aus. Damit geht eine allenfalls begrenzte Planbarkeit der Wirkungen von Maßnahmen einher sowie ein Forschungsprogramm, das weniger auf kurzfristigen Erfolg, sondern eher auf ein langfristig anwachsendes Netzwerk von Wissen ausgerichtet ist (Popper 1973). Für die Politik und eine mit Optimismus betriebene Steuerung wären dagegen eher ein gut überschaubares, klares und eindeutiges Wissen, der Nachweis auch schon kurzfristig erzielbarer Erfolge und das Vertrauen auf ein Mindestmaß an Kontinuität und Stabilität zweckdienlicher. Was kann vor diesem Hintergrund die moderne Wissenschaft für die Steuerung leisten? Kann sie möglicherweise die Politik belehren? Und auf der anderen Seite: ist die Politik durch die Wissenschaft belehrbar?

Im wissenschaftlichen System der Generierung von Wissen ist es üblich, nach dem Entstehungs-, Begründungs- und Verwertungszusammenhang zu unterscheiden. Unter dem *Entstehungszusammenhang* wird der Anlass verstanden, der zu einem Forschungsprojekt geführt hat. Dieser Anlass können Grundlagenfragen des Faches, ein soziales Problem oder ein Auftrag sein. Als Königsweg gilt dabei in der Regel der erste Anlass, weitestgehend akzeptiert scheint auch der zweite Anlass zu sein. Eine Forschung „im Auftrag" erscheint dagegen in der Regel als eher suspekt, weil hier die Unabhängigkeit der Wissenschaft gefährdet sein könnte. Unter dem *Begründungszusammenhang* sind die Abläufe zu verstehen, mit deren Hilfe das Problem untersucht wird. Dies umfasst alle Schritte von der Klärung der Fragestellung, über die Methodenauswahl bis zur Datenerhebung, Datenanalyse und Darstellung der Ergebnisse. Die Interpretation und Diskussion der Befunde stellt den Übergang zur dritten Phase, dem *Verwertungszusammenhang* dar. Darunter zu verstehen sind die Effekte einer Untersuchung auf soziale Strukturen (Gruppen, Gesellschaften etc.). Im engeren Sinn gehört schon die Disseminination der Studie und ihrer Ergebnisse dazu (z.B. Überlegungen zur Form der Präsentation der Ergebnisse, da dies oft über die Zugänglichkeit der Studie auch für Nicht-Experten entscheidet). Zudem geht es aber auch um die Frage, ob und ggf. welche praktischen Konsequenzen aus den Ergebnissen abgeleitet werden können, z. B. in Form von Handlungsempfehlungen für die Praxis oder Politik. Im Kontext der Wissenschaft wird über die Qualität einer wissenschaftlichen Untersuchung nicht in Abhängigkeit von ihrer Verwendung, Verwertung oder Verwertbarkeit entschieden. Diese Aspekte müssen im System der Wissenschaft nicht einmal eine Rolle spielen. Dies ist deshalb sinnvoll, weil die Verwendung und Verwertung wissenschaftlich gewonnener Ergebnisse oft gar nicht vorhersehbar und von der Wissenschaft zu verantworten ist. Außerdem verweist die Diskussion im Anschluss an PISA geradezu beispielhaft darauf, dass eindeutige Konsequenzen aus Studien nicht in jedem Fall zu ziehen sind. Ein Blick in die Presse und die bunte Palette unterschiedlichster Stellungnahmen sowie Schlussfolgerungen zeigt leicht, dass es kaum eine Position gibt, die sich nicht durch PISA bestätigt fühlt. Daher werden auch höchst unterschiedliche Konsequenzen aus den Ergebnissen abgeleitet, je nachdem, wer sich gerade mit welcher Absicht Unterstützung für die schon immer vertretene eigene Position verschaffen will. Auch dezidierte Hinweise der Wissenschaft bezüglich der Einschränkungen möglicher ableitbarer Schlussfolgerungen können das nicht verhindern. Nochmals schwieriger wird die Situation in aller Regel dann, wenn bezüglich der Untersuchung selbst Meinungsverschiedenheiten zwischen Forschergruppen oder Vertretern unterschiedlicher wissenschaftlicher Positionen bzw. Wissenschaftstraditionen auftreten (bzgl.: Messverfahren, Design, Methodik, Analyseverfahren usw.). Was im internen Wissenschaftsbetrieb zum Tagesgeschäft gehört, kann im Licht der Öffentlichkeit und Politik mitunter als höchst irritierend erscheinen.

Streiten lässt sich auch darüber, ob Studien wie PISA überhaupt als genuin wissenschaftliche Untersuchung in einem enger verstandenen Sinn zu bezeichnen sind. Immerhin werden sie in Abstimmung mit der Politik (hier: der OECD) durchgeführt und Entscheidungen über die Studie werden nicht allein nach wissenschaftlichen Kriterien oder Standards getroffen. Überdies wird von den Auftraggebern erwartet, dass die Studie für die Politik verwertbare Ergebnisse liefern wird. Seitens der OECD finden sich an vielen Stellen teils sehr weitreichende diesbezügliche Versprechen (OECD 2001, 2004, 2007b). Wenn dem so ist, sind derartige Studien zwar Untersuchungen, die sich an wissenschaftlichen Standards ausrichten, sie haben aber in erster Linie den Charakter von Evaluationen und diese weisen, bezüglich der anzulegenden Gütekriterien, durchaus Besonderheiten auf (Ditton 2002). Außer den in der Sozialforschung üblichen Kriterien der Objektivität, Reliabilität und Validität werden für Evaluationen oftmals die Rechtzeitigkeit, Verfügbarkeit, Anwendbarkeit, Veränderbarkeit und Angemessenheit genannt. Zum Ausdruck kommt dies beispielhaft in den *Standards für Evaluationen* (Joint

Committee on Standards for Educational Evaluation 1999), bei denen nach vier Gruppen unterschieden wird:

- Genauigkeitsstandards (*Accuracy*: eine Evaluation soll über die Güte und/oder Verwendbarkeit des evaluierten Programms fachlich angemessene Informationen hervorbringen und vermitteln).
- Korrektheitsstandards (*Propriety*: eine Evaluation soll rechtlich und ethisch korrekt durchgeführt werden und dem Wohlergehen der in die Evaluation einbezogenen und der durch die Evaluation betroffenen Personen gebührende Aufmerksamkeit schenken).
- Durchführbarkeitsstandards (*Feasibility*: eine Evaluation soll realistisch, gut durchdacht, diplomatisch und kostenbewusst ausgeführt werden).
- Nützlichkeitsstandards (*Utility*: eine Evaluation soll an den Informationsbedürfnissen der Evaluationsnutzer ausgerichtet sein).

Während die ersten beiden Kriterien unstrittig auch für die wissenschaftliche Forschung anwendbar sind, dürfte das dritte zumindest nicht als Kardinalkriterium wissenschaftlicher Qualität anzusehen sein. Der Nützlichkeitsaspekt schließlich hat mit dem Kernanliegen der Wissenschaft insofern kaum etwas zu tun, als sich der Nutzen von Untersuchungen kaum zuverlässig abschätzen lässt (welcher, für wen und wann?). Auch die für Evaluationen oft genannten Nebenkriterien wie die *Rechtzeitigkeit* oder *schnelle Verfügbarkeit* werden nicht gerade als Grundpfeiler wissenschaftlich exzellenter Forschung anzusehen sein.

Selbst wenn man diese „Besonderheiten" des Systems Wissenschaft ausblenden wollte, ist die *Verwendung von Wissen* kein simpler Prozess und kein einfacher Weg. Aus Wissen ergibt sich nicht schon, was zu tun ist. Entsprechende Ergebnisse liegen schon seit Längerem, insbesondere aus der sog. Anwendungs- bzw. Verwendungs- oder Wissensforschung vor. Das wichtigste Ergebnis dieser Forschungsrichtungen besagt, dass die Anwendung von Wissen keine einfache Übertragung, sondern ein komplizierter *Transformationsprozess* ist. Selbst als gesichert geltendes Wissen – soweit es das überhaupt geben kann – erfährt mehrfach Brüche, bis es zur Anwendung kommt. In diesem Sinne stellen König und Zedler (1989, 14) als zentrales Arbeitsergebnis der *Kommission Wissenschaftsforschung* der DGfE heraus, dass die Rezeption und Verwendung erziehungswissenschaftlichen Wissens in der Praxis und Politik etwas anderes ist als eine bloße Übernahme. Rezeption und Verwendung bedeuten stets die Transformation des Wissens in das Begriffs- und Bezugssystem der Rezipienten. Zu einem entsprechenden Ergebnis kommen auch die bis heute lesenswerten Untersuchungen von John Goodlad aus den 1960er und 1970er Jahren. Goodlad hat die Planung und Umsetzung von Bildungsprogrammen untersucht und hierzu die bemerkenswerte Unterscheidung nach intendiertem, implementiertem und realisiertem Curriculum eingeführt (Goodlad 1979)[1]. Nach Goodlad ist es wesentlich, dass über Bildungsprogramme in verschiedenen Handlungsbereichen entschieden oder vorentschieden wird. Ein Programm erfährt auf diese Weise mehrfache Veränderungen, bevor es auf die eigentlichen Adressaten trifft. Das lässt sich in vier Teilaussagen präziser fassen:

1. Bildungsprogramme konstituieren sich in einem komplexen Strukturgefüge von Bedingungen im gesellschaftlich-sozialen, im institutionellen, im Interaktions- und im personalen Bereich. In jedem dieser vier Bereiche (bzw. auf allen vier dieser Ebenen) werden Entscheidungen oder Vorentscheidungen über das Programm getroffen.
2. Die Realisierung eines Bildungsprogramms zeichnet sich durch Transaktionen und Interpretationen aus, denen es auf jeder Entscheidungsebene unterliegt. Es greift insofern zu kurz, von dem Programm allgemein zu sprechen, denn jedes Programm ist sozusagen mehrfach repräsentiert, abhängig von der Wahrnehmung und Interpretation durch die beteiligten Gruppen und Individuen. So können zwischen dem Bildungsprogramm, das eine Schulbehörde erlässt, und dem Programm, das ein Schüler dann im Unterricht tatsächlich erlebt, deutliche Diskrepanzen bestehen.
3. Die Transaktionen und Interpretationen verweisen auf den Einfluss von *Interessen*, *Wertvorstellungen* und *Bedürfnissen* der Beteiligten. Unterschiedliche Gruppen können recht unterschiedliche Bedürfnisse haben und unterschiedliche Interessen verfolgen.
4. Damit wiederum steht in Zusammenhang, dass Entscheidungen über Bildungsprogramme nicht allein aufgrund von fundiertem Wissen getroffen werden. Zwar werde versucht, Entscheidungen auf Wissen zu stützen und durch Wissen zu begründen, daneben sind aber auch *Konventionen* (conventional wisdom) und die *öffentliche Meinung* (popular opinion) von Bedeutung.

Für den deutschsprachigen Raum sind diesbezüglich auch die Arbeiten von Flechsig und Haller in Erinnerung zu rufen, die Curriculumentwicklung in einem Gutachten für den Deutschen Bildungsrat als *policy-making* oder *Curriculumpolitik* kennzeichnen (Flechsig/Haller 1973). Sie verweisen damit auf ebensolche Brüche zwischen Wissen und Handeln wie Goodlad und wie die späteren Arbeiten im Kontext der Wissens- bzw. Verwendungsforschung.

Eine Herausforderung besteht in diesem Zusammenhang schon darin, dass von divergierenden wissenschaftlichen Begründungen bzw. von unterschiedlichen wissenschaftlichen Positionen her, unterschiedliche Programme

1 Interessanterweise taucht diese Unterscheidung im Rahmenkonzept von TIMSS dann wieder auf (Schmidt/Cogan 1996).

abgeleitet werden können. Heid hält dazu fest, „dass es fast keine (gesellschafts-) politische Position oder Programmatik gibt, für die sich nicht auch erziehungstheoretische Legitimation anböte oder beschaffen ließe“ (Heid 1989, 119). Ein einheitliches wissenschaftliches Wissen kann also nicht immer vorausgesetzt werden. Darüber hinaus ist die wissenschaftliche Stringenz oder Logik der Begründung eines Programms nicht das alleinige und möglicherweise nicht einmal unbedingt das dominante Kriterium für seine Akzeptanz in der Politik und Praxis: „Wo zur Interpretation oder Rechtfertigung einer jeweiligen Praxis Theorie explizit gefragt ist, kommt es weniger auf Wahrheit und Richtigkeit, sondern primär auf Plausibilität und soziale Geltung ... an“ (Heid 1989, 117). Die Bewertung von Programmen erfolgt auch, wenn nicht sogar vorrangig, nach Aspekten der Realisierbarkeit, der Finanzierbarkeit und der bildungspolitischen wie auch verwaltungstechnischen Umsetzbarkeit. Nicht zuletzt müssen Programme mehrheitsfähig sein und als der Öffentlichkeit vermittelbar gelten.

Wissenschaft und Politik bewegen sich insofern sowohl bezüglich des Verständnisses und der Generierung als auch der Verwendung von Wissen in unterschiedlichen Bezugssystemen. Mit dem Wechsel des Bezugssystems ändert sich auch das, was als Wissen angesehen wird. Zumindest sollte man die Möglichkeiten, Wissen zwischen den Systemen Wissenschaft, Politik und Praxis gefahrlos zu transportieren, nicht allzu optimistisch beurteilen.

3. Möglichkeiten und Grenzen der Steuerung durch ein Bildungspanel

Entscheidend für den Wert eines Bildungspanels ist in allererster Linie seine wissenschaftliche Qualität. Dass mit einem Bildungspanel ein erheblicher Erkenntnisgewinn verbunden ist, steht außer Frage, da hiermit zahlreiche Forschungslücken systematisch gefüllt werden können. Besonders gilt dies für Analysen zu Entwicklungsverläufen über längere Zeiträume, die Übergänge und Anschlussstellen in der Bildungsbiografie mit einschließen. Überdies ist ein Panel auch von forschungspraktischem Nutzen, da es vielfältige Anknüpfungspunkte für Anschlussprojekte bietet und allgemein der Entwicklung von Instrumenten zur Messung von Kompetenzen und deren Rahmenbedingungen über den Lebenslauf dient. Nicht zuletzt werden die Daten der wissenschaftlichen Gemeinschaft zeitnah zur Verfügung stehen. Insofern würde die Bildungsforschung insgesamt sehr erheblich profitieren.

Was kann vor dem Hintergrund der Ausführungen zuvor ein Bildungspanel darüber hinaus für die Steuerung im Bildungswesen leisten? Auch wenn Wissenschaft und Politik als unterschiedliche Systeme charakterisiert wurden, gibt es doch auch Berührungspunkte und genügend Möglichkeiten einer für beide Seiten produktiven Zusammenarbeit. Beispiele dafür geben nicht nur PISA und IGLU, sondern auch Studien wie LAU (Lehmann u. a. 2004; Lehmann/Peek 1997) und KESS (Bos/Pietsch 2006) in Hamburg oder MARKUS (Helmke u. a. 2002) in Rheinland-Pfalz. Ein weiteres Beispiel liefert die Einrichtung des Instituts zur Qualitätsentwicklung im Bildungswesen (IQB) an der Humboldt-Universität Berlin. Das IQB kann auf der einen Seite als eine „Serviceeinrichtung" der Länder gesehen werden, um die Weiterentwicklung der Bildungsstandards und ihrer Überprüfung voranzubringen. Zugleich wird am IQB genuin wissenschaftliche Forschung betrieben. Beide Aufgaben gehen insofern „Hand in Hand", als die wissenschaftliche Forschung unverzichtbar ist, um den Serviceauftrag mit der notwendigen Qualität erfüllen zu können. Umgekehrt bildet der Serviceauftrag eine gute Ausgangsbasis, um damit wissenschaftlich anspruchsvolle Studien zu verbinden.

Die Ausgangsbedingungen für ein Bildungspanel sind insofern keineswegs ungünstig. Allerdings dürfte es riskant sein, ein Panel mit nicht erfüllbaren Erwartungen zu überfrachten. Insofern sollten weder die Versuche einer Einflussnahme seitens der Politik noch die von der Wissenschaft gegebenen Heilsversprechen allzu groß sein. Welcher Gewinn aus der Studie gezogen werden kann, ist wissenschaftlich vergleichsweise eindeutig, bezüglich der praktischen Verwertung aber nur ungenau spezifizierbar. Betrachtet man allerdings, welche starken Impulse in den zurückliegenden Jahren für die Bildungspolitik aus Ergebnissen empirischer Untersuchungen entstanden sind, sollten die Erwartungen an ein Panel auch nicht zu gering angesetzt werden. Da es bei der Steuerung im Bildungssystem um politische Entscheidungen geht, sind die Grundlagen dafür jedoch nicht allein wissenschaftliche Ergebnisse, sondern zudem bildungspolitische Werte und Zielsetzungen. Ziele und Werte sind aber nun einmal aus der empirischen Forschung nicht zu gewinnen, und zwingende politische Maßnahmen lassen sich aus Forschungsergebnissen nicht unmittelbar ableiten. Steuerung setzt neben Fachverstand und Wissen überdies politischen Willen und ebenso die Zuständigkeit (Kompetenz!) sowie die Bereitschaft zur Übernahme der Verantwortung voraus. Von daher macht es durchaus Sinn, dass in Demokratien Entscheidungen seitens der Politik und nicht seitens der Wissenschaft getroffen werden.

Ob, wie und an welcher Stelle ein Bildungspanel der Steuerung nützt, hängt einerseits von der wissenschaftlichen Qualität des Panels ab. Auf der anderen Seite hängt der Nutzen auch vom Steuerungsverständnis und insofern vom Selbstverständnis der Politik ab. Eine aufgeklärte, evidenzbasierte und lernfähige Steuerung ist auf belastbare Daten angewiesen und wird versuchen, Entscheidungen und Maßnahmen datengestützt zu begründen. In diesem Sinne kann die Forschung Grundlagen für die Steuerung liefern, aber Steuerung nicht ersetzen.

Festhalten lässt sich daher: Der wissenschaftliche Erkenntnisgewinn durch ein Bildungspanel ist unstrittig. Es wird bestehende Forschungslücken füllen und für die Bildungsforschung insgesamt ein Gewinn sein. Die Nutzbarmachung und mögliche Verwertung von Ergebnissen für die Steuerung kann bei der Planung und Konzeption mit bedacht werden, darf aber nicht den Hauptfokus bilden. Wieweit die Politik bzw. politische Steuerung von den Ergebnissen des Panels profitieren wird, hängt nicht zuletzt von der Steuerungsauffassung ab. Steuerung bleibt eine politische Aufgabe im engeren Sinn, da hierfür Ziele, Prioritäten und bildungspolitische Leitlinien Voraussetzung sind, die ein Panel nicht beinhalten kann. Hohe Erwartungen an ein Bildungspanel hinsichtlich des Gewinns für eine rationale, aufgeklärte, evidenzbasierte Steuerung sind insoweit durchaus gerechtfertigt. Einen Dispens von bildungspolitischen Entscheidungen oder die Lösung aller Steuerungsprobleme gewährt ein Bildungspanel aber genauso wenig wie es die definitive und endgültige Klärung aller wissenschaftlich interessanten Fragestellungen versprechen kann.

Literatur

Altrichter, H./Brüsemeister, T./Wissinger, J. (Hrsg.) (2007): Educational Governance. Handlungskoordination und Steuerung im Bildungssystem. Wiesbaden: VS Verlag für Sozialwissenschaften.

Baumert, J./Stanat, P./Watermann, R. (2006): Herkunftsbedingte Disparitäten im Bildungswesen: Differenzielle Bildungsprozesse und Probleme der Verteilungsgerechtigkeit. Vertiefende Analysen im Rahmen von PISA 2000. Wiesbaden: VS Verlag für Sozialwissenschaften.

Benz, A. (Hrsg.) (2004): Governance – Regieren in komplexen Regelsystemen. Wiesbaden: VS Verlag für Sozialwissenschaften.

Bos, W./Pietsch, M. (Hrsg.) (2006): KESS 4 – Kompetenzen und Einstellungen von Schülerinnen und Schülern am Ende der Jahrgangsstufe 4 in Hamburger Grundschulen. Münster: Waxmann.

Coleman, J. S./Campbell, E. Q./Hobson, C. J./McPartland, J./Mood, A. M./Weinfeld, F. D./York, R. L. (1966): Equality of educational Opportunity. Washington, D.C.: U.S. Department of Health, Education, and Welfare.

Ditton, H. (2002): Evaluation und Qualitätssicherung. In: Tippelt, R. (Hrsg.): Handbuch Bildungsforschung. Opladen: Leske + Budrich, S. 775-790.

Ditton, H. (2007): Kompetenzdiagnostik bei Übergangsentscheidungen. In: Prenzel, M./Gogolin, I./Krüger, H.-H. (Hrsg.): Kompetenzdiagnostik. Zeitschrift für Erziehungswissenschaft. Sonderheft 7/2007. Wiesbaden: Verlag für Sozialwissenschaften, S. 187-199.

Flechsig, K.-H./Haller, H.-D. (1973): Entscheidungsprozesse in der Curriculumentwicklung. (Deutscher Bildungsrat. Gutachten und Studien der Bildungskommission, Bd. 24). Stuttgart: Klett.

Goodlad, J. I. u. a. (1979): Curriculum-Inquiry. New York: McGraw-Hill.

Heid, H. (1989): Über die praktische Belanglosigkeit pädagogisch bedeutsamer Forschungsergebnisse. In: König, E./Zedler, P. (Hrsg.): Rezeption und Verwendung erziehungswissenschaftlichen Wissens in pädagogischen Handlungs- und Entscheidungsfeldern. Weinheim: Deutscher Studienverlag, S. 111-124.

Helmke, A./Jäger, R. S./Balzer, L./Hosenfeld, I./Ridder, A./Schrader, F.-W. (2002): MARKUS Mathematik-Gesamterhebung Rheinland-Pfalz: Kompetenzen, Unterrichtsmerkmale, Schulkontext. Mainz: Ministerium für Bildung, Frauen und Jugend Rheinland-Pfalz.

Joint Committee on Standards for Educational Evaluation (1999): Handbuch der Evaluationsstandards. Opladen: Leske + Budrich.

König, E./Zedler, P. (Hrsg.) (1989): Rezeption und Verwendung erziehungswissenschaftlichen Wissens in pädagogischen Handlungs- und Entscheidungsfeldern. Weinheim: Deutscher Studien Verlag.

Kristen, C./Römmer, A./Müller, W./Kalter, F. (2005): Längsschnittstudien für die Bildungsberichterstattung – Beispiele aus Europa und Nordamerika. Gutachten im Auftrag des BMBF. Berlin: Bundesministerium für Bildung und Forschung (BMBF).

Lehmann, R. H./Hunger, S./Ivanov, S./Gänsfuß, R./Hoffmann, E. (2004): LAU 11 – Aspekte der Lernausgangslage und der Lernentwicklung, Klassenstufe 11. Ergebnisse einer Längsschnittuntersuchung in Hamburg. Hamburg: Behörde für Bildung und Sport.

Lehmann, R. H./Peek, R. (1997): Aspekte der Lernausgangslage von Schülerinnen und Schülern der fünften Klassen an Hamburger Schulen. Bericht über die Untersuchung im September 1996. Berlin: Humboldt-Universität.

Mayntz, R. (1987): Politische Steuerung und gesellschaftliche Steuerungsprobleme. Anmerkungen zu einem theoretischen Paradigma. In: Jahrbuch zur Staats- und Verwaltungswissenschaft, 1, S. 89-110.

OECD (2001): Lernen für das Leben. Erste Ergebnisse der internationalen Schulleistungsstudie PISA 2000. Paris: OECD.

OECD (2004): Lernen für die Welt von morgen. Erste Ergebnisse von PISA 2003. Paris: OECD.

OECD (2007a): Evidence in Education: Linking Research and Policy. Paris: OECD.

OECD (2007b): PISA 2006 – science competencies for tomorrow's world (Vol. 1: Analysis). Paris: OECD.

Popper, K. R. (1973): Logik der Forschung. Tübingen: Mohr.

Rolff, H.-G. (1993): Wandel durch Selbstorganisation. Theoretische Grundlagen und praktische Hinweise für eine bessere Schule. Weinheim und München: Juventa.

Schmidt, W. H./Cogan, L. S. (1996): Development of the TIMSS Context Questionnaire. In: Martin, M. O./Kelly, D. L. (Hrsg.): TIMSS Technical Report, Volume I. Chestnut Hill: MA: Boston College, S. 5-1 bis 5-22.

Migrationsbezogene Indikatoren für eine Bildungsberichterstattung

Petra Stanat / Michael Segeritz

Eine Bildungsberichterstattung, die eine gesamtgesellschaftliche Perspektive einnimmt, hat dem Konzept des Konsortiums Bildungsberichterstattung (2005, 3) zufolge die Funktion, Bildungsprozesse und -ergebnisse im Hinblick darauf zu untersuchen, inwieweit es gelingt,

a) die Individuen zu befähigen, die eigene Biografie, das Verhältnis zur Umwelt und das Leben in der Gemeinschaft selbstständig zu gestalten (individuelle Regulationsfähigkeit),
b) die auf dem Arbeitsmarkt benötigten Kompetenzen bereitzustellen und somit quantitativ wie qualitativ das Arbeitskräftevolumen zu sichern, das für Wohlstand und gesellschaftliche Entwicklung erforderlich ist (Humanressourcen) sowie
c) gesellschaftliche Teilhabe, auch unter dem Gesichtspunkt sozialer Kohäsion, zu gewährleisten und systematischer Benachteiligung nach Geschlecht, Religion, sozialer Herkunft, nationaler oder ethnischer Zugehörigkeit entgegenzuwirken (Chancengleichheit).

Im vorliegenden Beitrag geht es primär um den dritten vom Konsortium Bildungsberichterstattung (2005) spezifizierten Aspekt der Chancengleichheit, und zwar speziell für die Gruppe von Kindern und Jugendlichen aus zugewanderten Familien. Es wird gefragt, was Chancengleichheit für diese Gruppe bedeutet und wie sie sich anhand von Indikatoren beschreiben lässt. Dabei werden gleichzeitig auch die Aspekte der Sicherung von individueller Regulationsfähigkeit und von Humanressourcen in den Blick genommen, die mit Chancengleichheit untrennbar verbunden sind. Denn Chancengleichheit setzt die Förderung individueller Regulationsfähigkeit bei allen Heranwachsenden voraus und ist somit auch für eine optimale Nutzung des vorhandenen Potenzials an Humanressourcen zentral.

Der Beitrag umfasst drei Teile, wobei der Schwerpunkt auf dem zweiten Teil liegt. Im ersten Teil wird zunächst diskutiert, was unter Integration von Heranwachsenden mit Migrationshintergrund im Bildungswesen zu verstehen ist. Dabei handelt es sich um eine wichtige konzeptuelle Frage, die für die Definition und Interpretation migrationsbezogener Indikatoren zentral ist. Daran anknüpfend beschreibt der zweite Teil des Beitrags mögliche Operationalisierungen der relevanten Konstrukte im Rahmen von Bildungsforschung und Bildungsberichterstattung. Es werden mögliche Indikatoren für den Migrationshintergrund, Indikatoren für Wirkungen (Output) sowie Indikatoren für Input- und Prozessfaktoren dargestellt und erörtert. Im dritten Teil schließlich wird diskutiert, auf welcher Grundlage die Ergebnisse migrationsbezogener Indikatoren zu bewerten sind und welche Implikationen unterschiedliche Herangehensweisen haben können.

1. Integration im Bildungswesen

Analysen zur Integration von Personen mit Migrationshintergrund beschäftigen sich mit der Frage, inwieweit Zuwanderer und deren Nachkommen an gesellschaftlich relevanten Bereichen teilhaben. Aus der Perspektive der sozialen Ungleichheitsforschung ist dabei die kategoriale Sozialintegration entscheidend, die sich auf Aggregate individueller Akteure bezieht (Esser 2006). Danach lässt sich das Ausmaß der Integration von Migranten daran ablesen, inwieweit zentrale Merkmale innerhalb dieser Gruppe ähnlich verteilt sind wie bei Personen ohne Migrationshintergrund. Kategoriale Sozialintegration ist dann erreicht, wenn sich die Verteilungen vollständig überlappen.

Nach Esser (2006) lassen sich vier Dimensionen sowie, innerhalb der Dimensionen, verschiedene Aspekte der Sozialintegration unterscheiden. Diese sind in Tabelle 1 im Überblick dargestellt. Diejenigen Dimensionen und Aspekte, die im vorliegenden Beitrag primär in den Blick genommen werden, wurden durch Kursivdruck hervorgehoben. Aus Sicht von anzustrebender Chancengleichheit ist die *strukturelle Integration* entscheidend, die als Prüfstein für gelingende Integrationsprozesse bewertet werden kann. Dabei nimmt die Bildung als wichtige Grundlage für Arbeitsmarkterfolg und individuellen Wohlstand eine zentrale Rolle ein. Sowohl die Bildungs- als auch die Arbeitsmarktintegration werden wiederum von Rechten beeinflusst, die den Zuwanderern im jeweiligen Aufnahmeland zugestanden werden oder verwehrt bleiben. Dabei handelt es sich etwa um Regelungen der Schulpflicht oder des Arbeitsmarktzugangs, die wichtige Rahmenbedingungen für eine gelingende Sozialintegration darstellen.

Kulturelle Integration ist im vorliegenden Zusammenhang vor allem insofern relevant, als sie wichtige Voraussetzungen für strukturelle Integration im Bildungsbereich beinhaltet. Zentral sind vor allem die Aspekte Wissen, Fertigkeiten und Beherrschung der Verkehrssprache. Auch der Lebensstil einer Familie kann selbstverständlich eine Rolle spielen, der vermittelt über den Kompetenzerwerb wirken dürfte, aufgrund seiner beschränkten Beeinflussbarkeit jedoch aus einer institutionellen Perspektive nur bedingt von Interesse ist. Dies gilt auch für die *sozialen und emotionalen Dimensionen* der Sozialintegration, die strukturelle und kulturelle Integrationsprozesse zwar beeinflussen dürften, die jedoch nicht zwangsläufig eine Voraussetzung für diese Prozesse bilden. Allgemein ist über den Einfluss von sozialer und emotionaler Integration auf den Bildungserfolg von Heranwachsenden mit Migrationshintergrund nur wenig bekannt.

Tabelle 1: Dimensionen und Aspekte der Sozialintegration

Dimensionen	Aspekte
strukturell	*Rechte, Bildung*, Einkommen
kulturell	*Wissen, Fertigkeiten, Beherrschung der Verkehrssprache*, Lebensstil
sozial	Freundschaften, Familie, Heirat
emotional	Identität, Solidarität, Werte

Quelle: Esser 2006, S. 27.

2. Operationalisierung der relevanten Konstrukte

Bei Analysen von Disparitäten im Bereich der Bildung geht es um die Frage, inwieweit ein Zusammenhang zwischen einem bestimmten Hintergrundmerkmal von Individuen (unabhängige Variable) und deren Bildungserfolg (abhängige Variable) besteht sowie welche Faktoren diesen Zusammenhang beeinflussen (Moderatorvariable) oder vermitteln (Mediatorvariable). Im Folgenden wird zunächst dargestellt, welche Indikatoren in Analysen von Disparitäten, die mit dem Migrationshintergrund von Heranwachsenden verbunden sind, zur Operationalisierung der unabhängigen Variable herangezogen werden können. Anschließend werden nach einer kurzen Diskussion von Wirkungsindikatoren, die allgemein zur Operationalisierung der abhängigen Variablen verwendet werden, verschiedene Input-, Prozess- und Kontextindikatoren dargestellt, die als Moderator- oder Mediatorvariablen relevant sein können.

2.1 Migrationshintergrund

Wie der Migrationshintergrund von Personen im Rahmen der Bildungsforschung und der Bildungsberichterstattung definiert wird, hängt von der jeweiligen Fragestellung und von Annahmen über disparitätserzeugende Prozesse ab, sowie rein praktisch oft auch von den zur Verfügung stehenden Daten. Zu den Merkmalen, die zur Beschreibung des Migrationshintergrunds herangezogen werden, gehören vor allem die folgenden:

a) Staatsangehörigkeit/Aufenthaltsstatus
b) Geburtsland der Zielperson und deren Vorfahren (Inland vs. Ausland)
c) Spezifisches Herkunftsland/ethnischer Hintergrund
d) Sprachhintergrund.

Zusätzlich ließen sich auch sichtbare Köpermerkmale einbeziehen, um die Situation sogenannter „visible minorities" zu beschreiben. Dies ist in den USA gängige Praxis („race", „people of color") und insbesondere im Hinblick auf Fragen der Diskriminierung relevant. In Deutschland werden solche Kriterien dagegen kaum verwendet. Auch die Religionszugehörigkeit spielt in vorliegenden Analysen des Bildungserfolgs von Heranwachsenden kaum eine Rolle. Dieser Aspekt wird zwar zunehmend als relevant erachtet (z. B. Boos-Nünning/Karakaşoğlu 2005), jedoch sind die Prozesse, die einem möglichen Zusammenhang zwischen religiösem Hintergrund und Bildungserfolg zugrunde liegen könnten, bisher weder theoretisch noch empirisch in überzeugender Weise spezifiziert worden.

Staatsangehörigkeit/Aufenthaltsstatus

In der amtlichen Statistik sowie im Mikrozensus und in vielen sozialwissenschaftlichen Untersuchungen wurde der Migrationsstatus in der Vergangenheit anhand des Kriteriums der *Staatsangehörigkeit* indiziert. Unterschieden wird dabei zwischen Ausländern, also Personen mit der Staatsangehörigkeit eines anderen Landes, sowie Staatenlosen und Deutschen. (Spät-)Aussiedler und zugewanderte Ausländer, die die deutsche Staatsangehörigkeit erworben haben, bzw. die in Deutschland geborenen Kinder von Ausländern, denen unter bestimmten Voraussetzungen die deutsche Staatsangehörigkeit verliehen wird, lassen sich anhand dieses Kriteriums nicht identifizieren. Wer neben der fremden Staatsangehörigkeit auch die deutsche besitzt, wird als Deutscher gezählt. Dies gilt auch für (Spät-)Aussiedler, die aufgrund ihrer deutschen Vorfahren einen deutschen Pass erhalten, für zugewanderte Ausländer, die die deutsche Staatsangehörigkeit erworben haben und für in Deutschland geborene Kinder von Ausländern, denen unter bestimmten Voraussetzungen die deutsche Staatsangehörigkeit verliehen wird. Diese Gruppen sind somit in Datensätzen, die den Migrationshintergrund anhand der Staatsangehörigkeit erfassen, nicht als zugewanderte Personen identifizierbar.

Geburtsland der Zielperson und deren Vorfahren (Inland vs. Ausland)

Aufgrund der Beschränkungen, die mit dem Kriterium der Staatsangehörigkeit verbunden sind, wird zunehmend dazu übergegangen, das umfassendere Merkmal des Geburtslands zu verwenden, wie es etwa in den internationalen Schulleistungsstudien üblich ist. Damit wird die Erhebung der Staatsangehörigkeit als Indikator für den Migrationsstatus jedoch keineswegs obsolet. Sie ist unter anderem für die strukturelle Integration von Migranten im Hinblick auf Rechte und Pflichten relevant sowie für die ungeklärte Frage, welcher Zusammenhang zwischen der Bleibeperspektive von Zuwanderern und ihrem Bildungserfolg besteht. Dabei wäre es wünschenswert, bei Ausländern zusätzlich den Aufenthaltsstatus zu erfassen, um Anhaltspunkte darauf zu erhalten, wie sich ein mehr oder weniger gesicherter Aufenthalt auf den Bildungserfolg von Zuwanderern auswirkt.

Bei der Verwendung des Geburtslands der Zielperson bzw. deren Vorfahren werden als Indikator für den Migrationsstatus also auch solche Heranwachsenden mit Migrationshintergrund identifiziert, die die deutsche Staatsbürgerschaft besitzen, deren Familien jedoch zugewandert sind. Anhand dieses relativ breiten Kriteriums ist es möglich, sich einen Gesamtüberblick über die Situation von jungen Menschen mit Migrationsgeschichte zu verschaffen. Um Anhaltspunkte auf den Integrationsverlauf zu erhalten, ist es zudem sinnvoll, zwischen der ersten, der zweiten und der dritten Zuwanderergeneration zu unterscheiden. Zur *ersten Generation* werden Personen gezählt, die selbst zugewandert sind. Bei der *zweiten Generation* ist die Person selbst im Aufnahmeland geboren, ihre Eltern sind aber zugewandert, und bei der *dritten Generation* sind sowohl die Person selbst als auch deren Eltern im Aufnahmeland geboren, aber die Großeltern (zumindest einige von ihnen) sind zugewandert. Insbesondere die dritte Generation wird in der Literatur jedoch uneinheitlich definiert. So werden in den USA häufig solche Personen der dritten oder einer höheren Zuwanderergeneration zugeordnet, wenn weder sie selbst noch ihre Eltern zugewandert sind, sie sich aber dennoch z. B. als „Mexican-American" oder „Asian-American" identifizieren (vgl. z. B. Glick/Hohmann-Marriott 2007; Zsembik/Llanes 1996). Der deutsche Bildungsbericht bzw. der Mikrozensus verwenden dagegen anstelle der Selbstkategorisierung die Staatsangehörigkeit als Kriterium und ordnen solche Personen der dritten Generation zu, die selbst und deren Eltern in Deutschland geboren sind, die jedoch nicht die deutsche Staatsangehörigkeit besitzen (Konsortium Bildungsberichterstattung 2006). Damit wird die dritte Generation jedoch wiederum nur teilweise erfasst, da Personen aus zugewanderten Familien, die einen deutschen Pass haben, unberücksichtigt bleiben. Weiterhin fassen beide Vorgehensweisen die dritte Zuwanderergeneration mit allen höheren Generationen zusammen, so dass sich die Ergebnisse nicht weiter ausdifferenzieren lassen.

Für die nach dem Zweiten Weltkrieg zugewanderten Migrantengruppen spielt die Unterscheidung zwischen der dritten und der vierten Generation zwar noch keine Rolle, da die vierte Generation zahlenmäßig bislang kaum ins Gewicht fällt. In Zukunft wird aber zu klären sein, wie weit zurück ein

Migrationshintergrund verfolgt werden soll und wie dabei vorzugehen ist. Mit anderen Worten: Wann hört ein Migrant auf, ein Migrant zu sein? Um die vierte Generation zu erfassen, müsste man das Geburtsland von acht Urgroßelternteilen erheben. Dabei wäre die Entscheidung, ab welcher Anzahl von im Ausland geborenen Vorfahren ein Migrationshintergrund vorliegt, noch schwieriger und willkürlicher als bei der dritten Generation. Die Möglichkeiten variieren zwischen einem sehr strengen Kriterium, bei dem alle Urgroßeltern im Ausland geboren sein müssen, um eine Person der vierten Zuwanderergeneration zuzuordnen, und einem sehr breiten Kriterium, bei dem bereits ein zugewandertes Urgroßelternteil für eine entsprechende Zuordnung ausreicht. Zudem muss damit gerechnet werden, dass die Befragten – insbesondere wenn es sich um Kinder oder Jugendliche handelt – über die notwendigen Informationen oft gar nicht verfügen. Trotz dieser Komplikationen wäre es wichtig, Zuwandererfamilien zumindest bis zur vierten Generation zu identifizieren, um Anhaltspunkte darauf gewinnen zu können, ob die Sozialintegration im Bildungsbereich voranschreitet oder ob z. B. Unterschichtungseffekte im Sinne einer „segmented assimilation" (Portes/Rumbaut 2001; Zhou 1997) zu beobachten sind. Dabei könnte man so vorgehen, dass die dritte Generation anhand des Geburtslandes der Eltern und Großeltern identifiziert wird und zur Bestimmung der vierten und höheren Generationen zusätzlich Selbstkategorisierungen herangezogen werden. In Anlehnung an das oben beschriebene Kriterium, das in den USA häufig zur Identifizierung der dritten Generation angewendet wird, würde die Gruppe der vierten und höheren Generationen Heranwachsende umfassen, deren Eltern und Großeltern in Deutschland geboren sind, die sich selbst aber als Personen mit Migrationshintergrund (bzw. als Personen mit einem nichtdeutschen ethnischem Hintergrund – s. u.) kategorisieren.

Zusätzlich zu den beschriebenen Generationen werden vor allem in der US-amerikanischen Literatur teilweise auch sogenannte Dezimalgenerationen unterschieden. Dabei handelt es sich um eine genauere Differenzierung der ersten Generation, bei der neben dem Geburtsland der Zielperson auch ihr Alter bei der Zuwanderung berücksichtigt wird. Dieser Ansatz basiert unter anderem auf sprachpsychologischen Erwägungen, wonach der Erwerb einer Zweitsprache mit zunehmendem Alter schwieriger wird und somit die Integration in das Bildungssystem mit größeren Hürden verbunden ist. So schlägt Rumbaut (1997) vor, zwischen der 1.75sten Generation (Zuwanderung im Vorschulalter), der 1.5ten Generation (Zuwanderung in der mittleren Kindheit im Alter von 6-12 Jahren) und der 1.25sten Generation (Zuwanderung als Teenager im Alter von 13-18 Jahren) zu unterscheiden (vgl. auch Oropesa/Landale 1997).

Spezifisches Herkunftsland/ethnischer Hintergrund

Da sich die verschiedenen Migrantengruppen in ihrem Bildungserfolg teilweise erheblich unterscheiden (vgl. z. B. Müller/Stanat 2006; Walter/Stanat/Segeritz im Druck) ist eine Beschreibung von Heranwachsenden mit Migrationshintergrund als Gesamtgruppe nur bedingt aussagekräftig und kann sogar zu gravierenden Fehlinterpretationen führen. So erzielten beispielsweise in PISA 2003 die Jugendlichen mit Migrationshintergrund der zweiten Generation im Vergleich zu Gleichaltrigen ohne Migrationshintergrund deutlich schwächere Leistungsergebnisse als die Jugendlichen mit Migrationshintergrund der ersten Generation (Stanat/Christensen 2006). Dies wurde vielfach dahingehend interpretiert, dass sich die Disparitäten über die Generationen vergrößern, dass also die Enkel der Zugewanderten schlechter integriert sind als deren Eltern. Aufgrund der historischen Entwicklung der Migrationsbewegungen in den letzten 40 Jahren sind jedoch in der ersten Generation Kinder von Spätaussiedlern und in der zweiten Generation Kinder von Arbeitsmigranten stärker vertreten. Da die Kinder von Spätaussiedlern tendenziell erfolgreicher sind, lassen sich die Leistungsdifferenzen zwischen den Generationen teilweise auf Unterschiede in der Zusammensetzung der Gruppen zurückführen. Innerhalb der einzelnen Migrantengruppen erzielt die zweite Generation erwartungsgemäß bessere Leistungen als die erste Generation, wobei allerdings die Größe des Unterschieds wiederum zwischen verschiedenen Herkunftsgruppen stark variiert. Insbesondere Heranwachsende türkischer Herkunft sind auch in der zweiten Generation noch sehr stark benachteiligt (Walter/Stanat/Segeritz im Druck).

Um also die Bildungssituation von Heranwachsenden mit Migrationshintergrund angemessen zu beschreiben, ist es notwendig, nach ihrer Herkunft zu differenzieren. Soweit es die Datenlage zulässt, wird dies in der aktuellen Bildungsberichterstattung in Deutschland auch getan. Dabei werden allerdings unterschiedliche Kriterien verwendet, die über verschiedene Herkunftsgruppen variieren. So werden teilweise primär regionale oder an der Staatsangehörigkeit orientierte Gruppierungen vorgenommen (etwa im Falle von Personen türkischer Herkunft, denen in der Regel auch Kurden aus der Türkei zugeordnet werden), teilweise primär ethnische (etwa im Falle von Aussiedlern, die aus verschiedenen Ländern zugewandert sein können). Die gewählten Kategorien orientieren sich überwiegend daran, welche Gruppierungen gesellschaftlich als relevant erachtet werden und für welche Teilpopulationen ausreichend Daten zur Verfügung stehen, um sie separat auszuweisen. Dies ist insofern unbefriedigend, als den Kategorisierungen keine expliziten Annahmen darüber zugrunde liegen, warum bei einigen Gruppen die regionale Herkunft, bei anderen Gruppen der ethnische Hintergrund primär relevant sein sollte. Dies dürfte Ausdruck eines allgemeinen Mangels an

Theorien darüber sein, welche Dimensionen des kulturellen Hintergrunds zusätzlich zur Sprache den Bildungserfolg von Heranwachsenden mit Migrationshintergrund beeinflussen (Stanat 2008).

Wird die Herkunft anhand des Geburtslandes der Zielperson bzw. deren Eltern zur Bestimmung des Migrationshintergrunds spezifiziert, ergibt sich wiederum die Frage, welcher Gruppe ein Heranwachsender zuzuordnen ist, dessen Eltern aus unterschiedlichen Ländern stammen. Dies betrifft sowohl Kinder von Eltern, die beide im Ausland geboren sind, als auch Kinder von einem in Deutschland und einem im Ausland geborenen Elternteil. Die damit verbundene Komplexität nimmt mit der Anzahl interethnischer Eheschließungen in der Generationenfolge weiter zu und wird in der Forschung uneinheitlich behandelt (Segeritz/Walter/Stanat in Vorb.). Auch zur Bestimmung des spezifischen Herkunftslandes bzw. der ethnischen Herkunft dürfte es also spätestens ab der dritten oder vierten Generation kaum noch sinnvoll sein, das Geburtsland der Vorfahren heranzuziehen. Sofern Grund zur Annahme besteht, dass diese Merkmale auch noch in höheren Generationen für den Bildungserfolg relevant sind, wird man zu ihrer Erfassung zunehmend auf Selbstkategorisierungen zurückgreifen müssen.

Allgemein handelt es sich bei den in der Literatur verwendeten Indikatoren für die Herkunft von Personen mit Migrationshintergrund um sehr grobe Kategorien, die in der Regel eine ganze Reihe von schwer zugänglichen und miteinander konfundierten Merkmalen, wie etwa kulturell geprägte Werte und Normen, Religion, ethnische Identität, Sprachgebrauch oder Erfahrungen als Mitglied einer (sichtbaren) Minderheit, umfassen (Phinney 1996). Für eine Bildungsberichterstattung können solche groben Indikatoren durchaus nützlich sein, um besonderen Handlungsbedarf zu identifizieren. Sie sollten jedoch von der Grundlagenforschung mit theoretischen Überlegungen und empirischen Befunden zu ihrer Bedeutung und Dimensionalität unterfüttert werden.

Sprachhintergrund

Auch der Sprachhintergrund der Heranwachsenden bzw. deren Familien wird häufig zur Kennzeichnung ihres Migrationshintergrunds herangezogen. Dabei kommen verschiedene Indikatoren zur Anwendung, die sich auf unterschiedliche Aspekte der Sprachentwicklung oder des Sprachgebrauchs beziehen, wie etwa die zuerst gelernte Sprache („Muttersprache“, „Erstsprache“), die in der Familie überwiegend gesprochene Sprache („Familiensprache“, „Umgangssprache in der Familie“) oder die Beherrschung bzw. Verwendung von mehr als einer Sprache („Bilingualität“, „Mehrsprachigkeit“). Die Bezeichnungen werden wiederum oft uneinheitlich verwendet bzw. uneindeutig definiert. So wird unter der Herkunftssprache teilweise die zuerst gelernte

Sprache, teilweise die in der Familie überwiegend gesprochene Sprache verstanden (vgl. z. B. Stanat 2006; Weber/Marx/Schneider 2007). Zudem besteht bei der Bestimmung des Sprachhintergrunds die Schwierigkeit, dass sich in der Regel nicht bestimmen lässt, zu welchem Zeitpunkt welche Sprachen auf welchem Niveau erworben wurden bzw. in welchem Umfang die verschiedenen Sprachen in der Familie gesprochen werden. Vielfach wird in zugewanderten Familien eine Sprachmischung verwendet, etwa wenn ein Kind mit den Eltern überwiegend in der Sprache des Herkunftslandes, mit den Geschwistern aber vor allem in der Sprache des Aufnahmelandes kommuniziert (z. B. Weidacher 2000).

Die Erhebung des Sprachhintergrunds kann aus unterschiedlichen Perspektiven erfolgen, etwa um das Potential von Heranwachsenden mit Migrationshintergrund im Hinblick auf Mehrsprachigkeit zu beschreiben. Unter dem Aspekt der Chancengleichheit, bei dem es primär darum geht, Disparitäten und deren Entwicklung zu beobachten sowie Ansatzpunkte für ihre Verringerung zu identifizieren, wird die Erst- oder Familiensprache letztlich vor allem als Indikator für eine eingeschränkte Beherrschung der Verkehrssprache des Aufnahmelandes verwendet. Dabei handelt es sich jedoch um eine sehr grobe Proxy, da ein Heranwachsender, dessen Erst- oder Familiensprache eine andere Sprache als Deutsch ist, nicht zwangsläufig geringere Kenntnisse der deutschen Sprache aufweist. Insofern wäre es wünschenswert, über einen genaueren Indikator für dieses Merkmal zu verfügen, der auf validierten Sprachstandserhebungen basiert. In einigen Bundesländern wird derzeit der Versuch unternommen, solche Verfahren zu entwickeln, um bereits im Vorschulalter besonderen Sprachförderbedarf zu identifizieren und mit Fördermaßnahmen auszugleichen. Die Verwendung der Ergebnisse solcher *Screening*-Tests als Indikatoren für eingeschränkte Deutschkenntnisse hätte den Vorteil, dass sich damit direkter bestimmen ließe, inwieweit es dem Bildungssystem gelingt, Heranwachsende mit Migrationshintergrund darin zu unterstützen, sprachliche Hürden zu überwinden. Dies würde an die gängige Praxis in den USA anknüpfen, wo zur Beschreibung des Sprachhintergrunds von Kindern aus zugewanderten Familien Konstrukte wie „Limited English Proficiency“ (LEP) oder „English Language Learner“ (ELL) verwendet werden.

2.2 Wirkungs-, Input-, Prozess- und Kontextindikatoren

Zur Klärung der Frage, inwieweit es gelingt, Heranwachsende mit Migrationshintergrund im Bildungssystem strukturell zu integrieren, sind prinzipiell alle Indikatoren relevant, die in einer Gesellschaft als Marker für Bildungserfolg gelten und in der Bildungsberichterstattung als Wirkungsindikatoren behandelt werden. Hierzu gehören primär die Muster der Bildungsbeteiligung und der Bildungsabschlüsse sowie die erworbenen Kompetenzen. Darüber hinaus lassen sich auch motivationale und affektive Faktoren, die wichtige Voraussetzungen für individuelle Regulationsfähigkeit darstellen, als Wirkungen von Bildungsprozessen auffassen. Diese Wirkungsfaktoren sollten, wie im vorhergehenden Abschnitt ausgeführt, in einer Bildungsberichterstattung soweit wie möglich differenziert nach Herkunftsgruppen und Zuwanderergenerationen analysiert werden.

Während zur Beurteilung des Bildungserfolgs von Heranwachsenden mit Migrationshintergrund die allgemein verwendeten Wirkungsindikatoren herangezogen werden können, lassen sich Input-, Prozess- und Kontextindikatoren identifizieren, die für diese Gruppe in besonderer Weise relevant sind. Ohne Anspruch auf Vollständigkeit zu erheben, werden im Folgenden ausgewählte Faktoren beschrieben, die besonders bedeutsam sein dürften. Das Hauptaugenmerk liegt dabei auf dem schulischen Bereich, wobei Indikatoren auf den Ebenen des Systems, der Einzelschule sowie der Lehrkräfte in den Blick genommen werden. Da sich die Rolle von vielen dieser Faktoren je nach Perspektive verschieben kann und die Unterscheidung zwischen Input-, Prozess- und Kontextmerkmalen nicht immer trennscharf ist, wird darauf verzichtet, sie nach diesen Kategorien zu systematisieren.

Ebene des Systems

Zu den migrationsspezifischen Indikatoren auf der Systemebene gehören zunächst Zugangsmöglichkeiten zu Bildungsangeboten. So besteht in Deutschland zwar im Allgemeinen auch für Angehörige fremder Staaten Schulpflicht, in einigen Bundesländern ist diese jedoch auf Kinder mit gesichertem Aufenthaltsstatus beschränkt. Obwohl aus humanitären Gründen allen Kindern der Schulbesuch auf Wunsch ermöglicht wird (Herwartz-Emden 2003), können Heranwachsende ohne aufenthaltsrechtlichen Status von diesem Bildungsrecht häufig keinen Gebrauch machen, weil ihre Eltern befürchten, dass der illegale Aufenthalt der Familie dadurch bekannt wird. Da keine genauen Zahlen über Kinder und Jugendliche zur Verfügung stehen, die vom Zugang zum allgemeinbildenden System ausgeschlossen sind, wäre es wünschenswert, sich anhand von Schätzungen Aufschluss über das Ausmaß des Problems und seiner Entwicklung zu verschaffen.

Relevant ist die Frage des Zugangs zu Bildungsangeboten vor allem auch im Bereich der Berufsbildung. Insbesondere junge Menschen mit nachrangigem Arbeitsmarktzugang haben oft kaum eine Chance, einen Ausbildungsplatz zu finden. Bei diesen Bewerbern wird von der Bundesagentur für Arbeit geprüft, ob bevorrechtigte Personen (Deutsche, Bürger eines EU-Mitgliedsstaates oder eines gleichgestellten Drittstaates) für die jeweilige Stelle vorhanden sind, die bei der Stellenvergabe bevorzugt werden müssen. Auch dies sollte anhand von geeigneten Zahlen und Schätzungen beschrieben und über die Zeit beobachtet werden.

Neben solchen Indikatoren für den allgemeinen Bildungszugang von Personen mit Migrationshintergrund wäre es wünschenswert, Indikatoren zur Beschreibung von Bildungsangeboten zu entwickeln, die sich speziell an Heranwachsende mit Migrationshintergrund richten. So wäre zu beschreiben, welche Angebote zur Förderung von Deutsch als Zweitsprache zur Verfügung stehen, inwieweit diese genutzt werden und was unternommen wird, um ihre Qualität zu sichern. Weiterhin spricht einiges dafür, zusätzlich auch Angebote der Erstsprachförderung in diese Bestandsaufnahme einzubeziehen. Derzeit liegen zwar kaum belastbare empirische Hinweise darauf vor, dass die gezielte Förderung der Erstsprachen den Bildungs- oder Arbeitsmarkterfolg von Heranwachsenden mit Migrationshintergrund positiv beeinflusst (Esser 2006). Für die Bereitstellung herkunftssprachlicher und/oder bilingualer Angebote spricht jedoch unter anderem der Bildungsauftrag, den Schulen in Deutschland zu erfüllen haben. Die schriftsprachliche Beherrschung der Herkunftssprache eröffnet den Heranwachsenden einen intellektuellen Zugang zur Kultur des Herkunftslandes ihrer Familien und ist somit für die Persönlichkeitsbildung bedeutsam. Weiterhin würde eine Förderung der Familiensprachen von Zuwanderern dem Aktionsplan der Europäischen Kommission zur Förderung des Sprachenlernens und der Sprachenvielfalt entsprechen, der als Zielperspektive „Muttersprache plus zwei weitere Sprachen" definiert. Bei der berechtigten Forderung nach herkunftssprachlichem Unterricht müssen angesichts der Vielzahl der Sprachen jedoch auch die Grenzen der Umsetzbarkeit berücksichtigt werden. So kann als Maßstab für die Bewertung des Angebots sicherlich nicht der Anspruch herangezogen werden, allen in Deutschland lebenden Migranten herkunftssprachlichen Unterricht zur Verfügung zu stellen. Dennoch erscheint es wichtig, diesen Bestandteil des Bildungsangebots in den Blick zu nehmen und seine Entwicklung zu beobachten

Ebene der Einzelschule

Angebote der Zweit- und Erstsprachförderung lassen sich auch auf der Ebene einzelner Bildungseinrichtungen betrachten. Dabei ist unter anderem zu fragen, inwieweit die zur Verfügung stehenden Stunden tatsächlich für Sprachförderung eingesetzt werden und inwieweit die Heranwachsenden freiwillige Angebote nutzen. Zudem wäre es wichtig, Indikatoren für die Qualität dieser Angebote zu entwickeln. Noch schwieriger als für den Bereich der Sprachförderung ist es, andere Bemühungen um schulische Integrationsförderung im Sinne einer interkulturellen Pädagogik zu erfassen, da diese vielfältige Maßnahmen umfassen können, die sich kaum systematisch erheben lassen.

Dies gilt auch für die Umsetzung der verbreiteten Forderung nach einer Sprachförderung als Aufgabe aller Fächer.

Als Indikatoren für gelingende Akkulturationsprozesse können solche Variablen wie das wahrgenommene Schul- und Unterrichtsklima, die wahrgenommene Unterstützung durch die Lehrkräfte oder die Identifikation der Schülerinnen und Schüler mit ihrer Schule herangezogen werden. Vergleiche mit Gleichaltrigen ohne Migrationshintergrund im Hinblick auf diese Einschätzungen können Hinweise darauf geben, inwieweit es in Schulen gelingt, Kinder und Jugendliche in psychosozialer Hinsicht zu integrieren. Relevant ist in diesem Zusammenhang auch das Ausmaß der Beteiligung der Eltern an den Aktivitäten der vorschulischen Einrichtungen und Schulen, die in der Gruppe der Zuwanderer in bestimmten Bereichen geringer zu sein scheint (Sacher 2007). Hier wäre zu fragen, inwieweit es gelingt, die Eltern von Kindern und Jugendlichen stärker in diese Aktivitäten einzubeziehen und sie über die Funktionsweise des deutschen Bildungssystems zu informieren. Auch für diesen Aspekt stehen bislang keine geeigneten Indikatoren zur Verfügung.

Aus Analysen der Bildungsforschung ist bekannt, dass von Kompositions- und Kontexteffekten bedeutsame Einflüsse auf die individuellen Leistungen von Schülerinnen und Schülern ausgehen (Baumert/Stanat/Watermann 2006; Stanat 2006). Deshalb wäre es wünschenswert, in die Bildungsberichterstattung entsprechende Merkmale auf der Klassen-, Schul- und Kontextebene einzubeziehen, die mit differenziellen Effekten auf den schulischen Erfolg von Heranwachsenden mit und ohne Migrationshintergrund verbunden sind. So wäre z.B. zu dokumentieren, inwieweit die Bildungseinrichtungen, die Heranwachsende mit und ohne Migrationshintergrund besuchen, ethnisch und sozial segregiert sind.

Ebene der Lehrkräfte

Im Hinblick auf die Lehrkräfte lässt sich fragen, inwieweit diese über Qualifikationen im Bereich der (Zweit-)Sprachförderung verfügen. Weiterhin erscheint es sinnvoll, zu erheben, wie hoch die Anteile von Lehrkräften und angehenden Lehrkräften sind, die selbst aus zugewanderten Familien stammen. Über die Effekte des Migrationshintergrunds von Lehrkräften auf den Lernerfolg von Schülerinnen und Schülern ist zwar wenig bekannt, der Forschungsstand zum Einfluss von *role models* lässt jedoch vermuten, dass erfolgreiche Vorbilder aus der eigenen Herkunftsgruppe zumindest in einzelnen Fällen erhebliche Wirkungen haben können (Karunanayake/Nauta 2004).

Relevant ist auf der Ebene der Lehrkräfte weiterhin die Frage, inwieweit diese die Leistungen von Heranwachsenden mit und ohne Migrationshintergrund in vergleichbarer Weise bewerten, etwa wenn es darum geht, Empfehlungen für die weiterführende Schule zu geben. Im ersten Zyklus von IGLU (2001) hat sich gezeigt, dass sich die bestehenden Gruppenunterschiede in den Grundschulempfehlungen zum größten Teil auf entsprechende Leistungsunterschiede zurückführen lassen. Auch bei gleichen Leistungen hatten die Schülerinnen und Schüler ohne Migrationshintergrund jedoch eine 1,7-fach höhere Chance, eine Gymnasialempfehlung zu erhalten als Schülerinnen und Schüler mit Migrationshintergrund (Bos et al. 2004). Im zweiten Zyklus (2006) hatte sich der entsprechende Koeffizient zwar auf 1,2 reduziert, es ist allerdings unklar, inwieweit diese Reduktion stabil ist und ob sich das Ergebnis auf alle Migrantengruppen generalisieren lässt. Auch wenn die Prozesse, die dem Befund aus der ersten IGLU Erhebung zugrunde lagen, noch unbekannt sind, widerspricht das Muster den Grundsätzen der Verteilungsgerechtigkeit. Ähnliches könnte auch für die teilweise sehr hohe Überweisungsquote von Schülerinnen und Schülern auf Förderschulen gelten, von der angenommen wird, dass sie zu einem Teil auf eine unzureichende Differenzierung von sprachlichen Problemen und Lernbehinderungen zurückzuführen ist (Kornmann 2006). Eine systematische Prüfung dieser Annahme steht allerdings noch aus.

3. Bewertung von Ergebnissen für migrationsbezogene Indikatoren

Die Darstellung von Indikatoren für Disparitäten im Rahmen von Bildungsforschung und Bildungsberichterstattung sagt noch nichts darüber aus, wie die entsprechenden Ergebnisse zu interpretieren und zu bewerten sind. Als Zielperspektive kann die Gleichheit von Erträgen im Sinne von „equity“ zugrunde gelegt werden, wie sie etwa mit dem Konzept der kategorialen Sozialintegration nach Esser (2006) definiert wird. Dabei stellt sich jedoch die Frage, ob das Ziel, vollständig deckungsgleiche Verteilungen zu erreichen, realistisch ist. Angesichts der sehr ungünstigen Bildungsvoraussetzungen, über die einige Gruppen von Migranten in Deutschland verfügen, mag diese Forderung zumindest für die erste, aber auch für die zweite Generation unrealistisch erscheinen. Es ist offen, in welcher Generation die vollständige Deckungsgleichheit von Verteilungen erreicht werden muss, damit der Integrationsverlauf als zufriedenstellend bewertet werden kann. Eine Möglichkeit wäre, sich zumindest im Falle der zweiten Zuwanderergeneration zunächst noch darauf zu beschränken, gleiche Ergebnisse nur bei Kontrolle des Bildungshintergrunds und des sozioökonomischen Status zu erwarten. Damit blieben jedoch die sozialen Disparitäten verborgen, die mit der migrationsbezogenen Ungleichheit verbunden sind. Zudem würde eine solche Vorgehensweise mögliche Prozesse der Unterschichtung bzw. der „downward assimilation“

von Zuwanderern und ihren Nachkommen an eine benachteiligte Unterschicht zementieren.

Angesichts der zentralen Rolle, die Bildung für gesellschaftliche Teilhabe und gesellschaftlichen Zusammenhalt spielt, gibt es letztlich keine zu rechtfertigende Alternative dazu, vollständige Gleichheit der Verteilungen von Heranwachsenden mit und ohne Migrationshintergrund anzustreben. Dies wirft jedoch wiederum die Frage auf, auf welcher Ebene „equity" erfasst und bewertet werden soll. Das Konzept der kategorialen Sozialintegration bezieht sich auf die gesamtgesellschaftliche Ebene. Im Rahmen eines umfassenderen Konzepts von *accountability* erscheint es jedoch sinnvoll, Disparitäten auch auf der Ebene der einzelnen Schulen zu untersuchen. In den USA wird ein solches Vorgehen durch die *No Child Left Behind*-Gesetzgebung vorgeschrieben, wonach Schulen nachweisen müssen, dass definierte Mindeststandards nicht nur von den Schülerinnen und Schülern insgesamt, sondern auch innerhalb von bestimmten Teilgruppen erreicht werden. Insbesondere die Verbindung dieses Anspruchs mit Sanktionen ist jedoch mit erheblichen Problemen verbunden (z. B. Linn 2002). Dennoch könnte es hilfreich sein, Benachteiligungen von Heranwachsenden mit Migrationshintergrund sowohl auf der Ebene des Gesamtsystems als auch auf der Ebene einzelner Schulen zu thematisieren, um die Reduktion der in Deutschland besonders ausgeprägten Disparitäten voranzutreiben.

Literatur

Baumert, J./Stanat, P./Watermann, R. (2006): Schulstruktur und die Entstehung differenzieller Lern- und Entwicklungsmilieus. In: Baumert, J./Stanat, P./Watermann, R. (Hrsg.): Herkunftsbedingte Disparitäten im Bildungswesen: Differenzielle Bildungsprozesse und Probleme der Verteilungsgerechtigkeit. Wiesbaden: VS Verlag für Sozialwissenschaften, S. 95-188.

Boos-Nünning, U./Karakaşoğlu, Y. (2005): Viele Welten leben: Zur Lebenssituation von Mädchen und jungen Frauen mit Migrationshintergrund. Münster: Waxmann.

Bos, W./Voss, A./Lankes, E.-M./Schwippert, K./Thiel, O./Valtin, R. (2004): Schullaufbahnempfehlungen von Lehrkräften für Kinder am Ende der vierten Jahrgangsstufe. In: Bos, W./Lankes, E.-M./Prenzel, M./Schwippert, K./Valtin, R./ Walther, G. (Hrsg.): IGLU: Einige Länder der Bundesrepublik Deutschland im nationalen und internationalen Vergleich. Münster: Waxmann, S. 191-228.

Esser, H. (2006): Sprache und Integration: Die sozialen Bedingungen und Folgen des Spracherwerbs von Migranten. Frankfurt/M.: Campus.

Glick, J. E./Hohmann-Marriott, B. (2007): Academic performance of young children in immigrant families: The significance of race, ethnicity, and national origins. In: International Migration Review, 41. Jg., S. 371-402.

Herwartz-Emden, L. (2003): Einwandererkinder im deutschen Bildungswesen. In: Cortina, K. S./Baumert, J./Leschinsky, A./Mayer, K. U./Trommer, L. (Hrsg.): Das Bildungswesen in der Bundesrepublik Deutschland: Strukturen und Entwicklungen im Überblick. Reinbek: Rowohlt, S. 661-709.

Karunanayake, D./Nauta, M. M. (2004): The relationship between race and students' identified career role models and perceived role model influence. In: Career Development Quarterly, 52. Jg., S. 225-234.

Konsortium Bildungsberichterstattung (Hrsg.) (2005): Gesamtkonzeption der Bildungsberichterstattung (Publication. Retrieved 20. Juni 2008: http://www.bildungsbericht.de/daten/gesamtkonzeption.pdf)

Konsortium Bildungsberichterstattung (Hrsg.) (2006): Bildung in Deutschland. Ein indikatorengestützter Bericht mit einer Analyse zu Bildung und Migration. Bielefeld: Bertelsmann.

Kornmann, R. (2006): Die Überrepräsentation ausländischer Kinder und Jugendlicher in Sonderschulen mit dem Schwerpunkt Lernen (2. Aufl.). In: Auernheimer, G. (Hrsg.): Schieflagen im Bildungssystem. Wiesbaden: VS Verlag für Sozialwissenschaften, S. 71-85.

Linn, R. L. (2002): Accountability systems: Implications of requirements of the No Child Left Behind Act of 2001. In: Educational Researcher, 31. Jg., S. 3-16.

Müller, A. G./Stanat, P. (2006): Schulischer Erfolg von Schülerinnen und Schülern mit Migrationshintergrund: Analysen zur Situation von Jugendlichen aus der ehemaligen Sowjetunion und der Türkei. In: Baumert, J./Stanat, P./Watermann, R. (Hrsg.): Herkunftsbedingte Disparitäten im Bildungswesen: Differenzielle Bildungsprozesse und Probleme der Verteilungsgerechtigkeit. Wiesbaden: VS Verlag für Sozialwissenschaften, S. 221-256.

Oropesa, R. S./Landale, N. S. (1997): In search of the new second generation: Alternative strategies for identifying second generation children and understanding their acquisition of English. In: Sociological Perspectives, 40. Jg., S. 429-455.

Phinney, J. S. (1996): When we talk about American ethnic groups, what do we mean? In: American Psychologist, 51. Jg., S. 918-927.

Portes, A./Rumbaut, R. G. (2001): Legacies: The story of the immigrant second generation. Berkeley: University of California Press.

Rumbaut, R. G. (1997): Paradoxes (and orthodoxies) of assimilation. In: Sociological Perspectives, 40. Jg., S. 483-511.

Sacher, W. (2007): Zum Stand der Elternarbeit mit Migranten. Elternarbeit: Herausforderung und Chance für den Bildungserfolg junger Migranten. [http://talentimland.bosch-stiftung.de//content/language1/downloads/Vortrag_Bad_Boll_Prof.Sacher_Uni_Erlangen.pdf].

Segeritz, M./Walter, O./Stanat, P. (in Vorb.): Strukturelle Assimilation von Schülerinnen und Schülern mit Migrationshintergrund: Differenzierte Analysen der PISA-2003-Daten.

Stanat, P. (2006): Schulleistungen von Jugendlichen mit Migrationshintergrund: Die Rolle der Zusammensetzung der Schülerschaft. In: Baumert, J./Stanat, P./Watermann, R. (Hrsg.): Herkunftsbedingte Disparitäten im Bildungswesen: Differenzielle Bildungsprozesse und Probleme der Verteilungsgerechtigkeit. Wiesbaden: VS Verlag für Sozialwissenschaften, S. 189-220.

Stanat, P. (2008): Kultureller Hintergrund und Schulleistungen: Ein nicht zu bestimmender Zusammenhang? Paper presented at the 21. Kongress der Deutschen Gesellschaft für Erziehungswissenschaft, Dresden: TU.

Stanat, P./Christensen, G. S. (Hrsg.) (2006): Where immigrant students succeed: A comparative review of performances and engagement in PISA 2003. Paris: OECD.

Walter, O./Stanat, P./Segeritz, M. (im Druck): Schulbezogene Kompetenzen, motivationale Orientierungen und Bildungsaspirationen von Jugendlichen mit Migrationshintergrund in Deutschland: Differenzierte Analysen zu PISA 2003. In: Lauterbach, W./Becker, R. (Hrsg.): Integration durch Bildung? Bildungserwerb von jungen Migranten in Deutschland. Wiesbaden: VS Verlag für Sozialwissenschaften.

Weber, J./Marx, P./Schneider, W. (2007): Die Prävention von Lese-Rechtschreibschwierigkeiten bei Kindern mit nichtdeutscher Herkunftssprache durch ein Training der phonologischen Bewusstheit. In: Zeitschrift für pädagogische Psychologie, 21. Jg., S. 65-75.

Weidacher, A. (Hrsg.) (2000): In Deutschland zu Hause: Politische Orientierungen griechischer, italienischer, türkischer und deutscher junger Erwachsener im Vergleich. Opladen: Leske + Budrich.

Zhou, M. (1997): Segmented assimilation: Issues, controversies, and recent research on the new second generation. In: International Migration Review, 31. Jg., S. 975-1008.

Zsembik, B. A./Llanes, D. (1996): Generational differences in educational attainment among Mexican Americans. In: Social Science Quarterly (University of Texas Press), 77. Jg., S. 363-374.

Evidenzbasierte Steuerung

Der Aufmarsch der Manager im Erziehungssystem

Frank-Olaf Radtke

„Sicher sind es zu großen Teilen überzogene Hoffnungen, die, weil nicht realisiert, in jeder Generation wiederbelebt werden können ...".
(Niklas Luhmann 1981, 126)

1.

Die Analogie zwischen dem Aufsehen, das die Veröffentlichung der ersten PISA-Studie[1] im Deutschland des Jahres 2001 erregte, und dem Sputnik-Schock, der 1957 die USA traf, ist mehrfach gezogen worden. Damals schien in einem Wettbewerb der politischen Systeme, der zum Kalten Krieg aufgeheizt war, ein sowjetischer Forschungssatellit aller Welt eine naturwissenschaftlich-technische Lücke im Schulsystem der USA vor Augen zu führen. Sein Erscheinen am Himmel führte – unter der Regie der gerade gegründeten OECD[2] – zu einer medial gesteigerten Erregung der Öffentlichkeiten des gesamten Westens. In den USA und später auch in Kanada und Westeuropa wurde – neben Bildungsinvestitionen in erheblichem Umfang – ein Schub der Verwissenschaftlichung der Erziehung ausgelöst, der damals, gerichtet auf die Inhalte des Unterrichts, als „Curriculumrevision" angekündigt wurde.

Zusätzliche Aufnahmebereitschaft für wissenschaftliche Erkenntnisse wollte auch die betont erschrockene Reaktion erzeugen, mit der deutsche Bildungspolitiker, Industriemanager und Journalisten die Ergebnisse der international verabredeten OECD-Initiative PISA 2000 kommentierten. Der sorgsam inszenierte PR-*Event* wollte schockieren und bei den Zuschauern den unmittelbar einleuchtenden, keines weiteren Beweises bedürfenden Eindruck erwecken, dass wieder einmal eine radikale Umsteuerung im Schulsystem unabweisbar geworden sei (vgl. Fahrholz u. a. 2002)[3]. Die in den siebziger

1 PISA: Program for International Student Assessment.

2 OECD: Organization for Economic Cooperation and Development.

3 Mit dem Begriff „Neue Staatsräson" beschreibt man in der Politikwissenschaft die Neigung nationaler Regierungen, mit Hilfe internationaler Organisationen zusätzlichen innenpolitischen Druck aufzubauen, um Widerstände gegen „Reformvorhaben" überwinden zu können (vgl. Wolf 2000; zum „Ausland" als Argument in der Bildungspolitik Schriewer 2000).

Jahren nicht erfüllten Reformversprechen werden dieses Mal in die Formel „evidenzbasierte Steuerung" gegossen.

Mit dem eingängigen Akronym PISA, das eine nüchtern vergleichende Vermessung der Bildungslandschaft großer Industrie- und Schwellenländer unter Anleitung wiederum der OECD bezeichnet, ging ein neuer Komet am Firmament der deutschen Bildungspolitik auf: die „empirische Bildungsforschung"[4]. Nicht wenige begleiteten seinen zielstrebig geplanten Aufstieg mit weit reichenden Erlösungshoffnungen (Lange 1999). Seither kann sein leuchtender Schweif aus großen und kleinen Folgeuntersuchungen einem durch die „Globalisierung" beunruhigtem Publikum als Orientierungszeichen gesicherter Rationalität in unsicherer Zeit empfohlen werden. Mehr denn je scheint es – für den Einzelnen ebenso wie für das Gemeinwesen – auf ein Erziehungssystem anzukommen, das auf der Basis wissenschaftlich erzeugter Evidenz wirkungsvoll gesteuert wird.

Es wird niemanden verwundern, dass wenige Jahre nach dem *Event* und zwei PISA-Studien weiter, in welcher Dimension auch immer, eine messbare Verbesserung der Bildungssituation in Deutschland nicht eingetreten ist. Das zusätzliche Wissen über die (vergleichsweise unbefriedigenden) Leistungen der deutschen Schulen hat neue Ungewissheit erzeugt und zugleich ganze Kontinente von Nicht-Wissen auftauchen lassen[5], die zu weiteren Entdeckungsreisen herausfordern.

Die Entscheidung, deutsche Schulen an den internationalen Vergleichsstudien teilnehmen zu lassen, war in der Kultusministerkonferenz (KMK) indes weniger in der Erwartung kurzfristiger Effekte, als vielmehr aus der Überzeugung getroffen worden, mittelfristig ein neues Regime[6] der Steuerung und Kontrolle zu institutionalisieren, mit dem eine wirkungsvolle Anpassung auch des deutschen Erziehungssystems und seiner Organisationen an die Erfordernisse der neuen Zeit erreicht werden könnte. Immerhin gilt öffentliche Erziehung, feierlich bekräftigt in der Lissabonner Erklärung des EU-Ministerrates von 2002, als ein wesentlicher Faktor im globalisierten Standortwettbewerb.

Der kometenhafte Aufstieg der „empirischen Bildungsforschung" in Deutschland, der mit Macht und viel Geld gefördert wird, vollzieht sich im Kontext der international sich durchsetzenden Umstellung überkommener Reformstrategien auf neue *Governance*-Konzepte aus dem Formenkreis der *output*- oder Kontextsteuerung. Eine Bewegung zur Senkung der Staatsquote

4 Gemeint sind die Ansätze angelsächsischer Provenienz, die am Modell der Naturwissenschaften orientiert, nicht sinn-rekonstruktiv, sondern hypothesen-prüfend arbeiten; vgl. die Unterscheidung bei Bauersfeld (2006).

5 Zum Verhältnis von Wissen und Nicht-Wissen in der Pädagogik vgl. Helsper u. a. 2003.

6 vgl. die ersten Vorschläge bei Maritzen (1996), zur Diskussion um die Verwendbarkeit des aus der politischen Wissenschaft stammenden „Regime"-Konzepts Parreira (2007).

hat alle entwickelten Wohlfahrtsstaaten und ihre Vorsorgesysteme erfasst. Mit der Krise des Steuerstaates stehen alle staatlichen Leistungen auf dem Prüfstand der Finanzierbarkeit – auch die öffentliche Erziehung. Es ist die Stunde der Manager, denen man zutraut, Rationalitätsstandards durchzusetzen und Rationalisierungstechniken zu implementieren.

Die neuen Steuerungskonzepte sind der Betriebswirtschaft entnommen. Sie folgen einer Produktionslogik, die von der Möglichkeit einer *wissensbasierten* Rationalisierung und Kontrolle komplexer Prozesse ausgeht. Eine in Industrie und Wirtschaft erprobte Technik des Managements solcher Abläufe wird Zug um Zug auf immer weitere Bereiche der öffentlichen Verwaltung übertragen. Dazu mussten in der Wirtschaft bewährte Instrumente an die jeweiligen Erfordernisse etwa in Krankenhäusern oder Pflegeheimen, zuletzt auch an die Gegebenheiten des Bildungsbereichs angepasst werden. Als spezifische Vorkehrung im Bereich der Erziehung gilt die Institutionalisierung einer leistungsfähigen Bildungsberichterstattung, welche Politik und Management mit entscheidungsrelevanten Daten zu versorgen hätte. Das zu leisten, ist der eindeutige Auftrag an die neue Bildungsforschung.

Ob die Übertragung gelingen, ob Forschung die erwartete Unterstützung der Politik liefern kann, mit welchen beabsichtigten und unbeabsichtigten Effekten bei der Implementation der neuen Steuerung zu rechnen ist, soll im folgenden mit Mitteln der Organisationssoziologie, Einsichten aus der Verwaltungswissenschaft und differenzierungstheoretischen Überlegungen untersucht werden.

Autoren wie Cohen, March und Olsen, Weick und später prominent Meyer, Rowan und Scott haben sich seit den siebziger Jahren des vergangenen Jahrhunderts vermehrt mit Problemen der Steuerung von Organisationen im Bereich der Erziehung beschäftigt. Die empirische Entdeckung, dass Schulen sich weder hierarchisch-bürokratischer Kontrolle fügen, noch zuverlässig über einen Markt koordiniert werden, hat die Autoren, die später als Neo-Institutionalisten bezeichnet werden (vgl. Meyer/Rowan 2006), dazu geführt, Einrichtungen des Erziehungssystems als Organisationen eines besonderen Typs zu identifizieren, die stärker einer Logik der institutionellen Konformität als der technischen Effizienz verpflichtet seien.

John Meyer und Brian Rowan haben 1977 und 1978 in zwei bahnbrechenden Artikeln die Strukturmerkmale derartiger Erziehungsorganisationen herausgearbeitet. *People processing organizations* versuchten, so war ihre Einsicht am Fall US-amerikanischer Schulen, auf ganz eigene Weise, die sie von Organisationen in Industrie und Vertrieb deutlich unterscheide, den Rationalitätserwartungen ihrer Umwelt zwischen Legitimität und Effektivität gerecht zu werden.

Seither hat sich die Welt- und die Theorielage geändert. Inmitten der aktuellen (Um-)Steuerungseuphorie ist es dennoch gut, an grundlegende Einsichten der älteren Bildungsforschung zu erinnern und diese mit Blick auf die deutsche Situation mit neuen Theoriemitteln zu reflektieren. In diesem Sinne könnten die folgenden Überlegungen, einer altmodischen akademischen Tradition folgend, auch unter dem Titel „Meyer and Rowan revisited"[7] stehen.

2.

Der Versuch, Steuerungsmechanismen aus der Betriebswirtschaft auf das Feld der Erziehung zu übertragen, wird auf allen Ebenen möglicher Intervention gemacht, vom System über die Organisationen bis zur Interaktion im Unterricht. Immer beginnt es mit einem Kontrollanspruch. Es ist eine Frage der Macht, wer wen evaluieren, also über Daten verfügen kann, die geeignet sind, Organisationen und ihr Handeln auf den Prüfstand zu stellen.

Transnationale Akteure wie die EU oder die OECD können – als Teil ihrer Selbsterfindung[8] – auf diesem Weg versuchen, mit geeigneten Leistungsindikatoren ganze Staaten in ihrer Bildungspolitik zu beeinflussen; nationale oder regionale Regierungen können sich vornehmen, mit den Befunden auf das ihrer Zuständigkeit unterliegende Erziehungssystem re-formierend einzuwirken; das Management der einzelnen Schulen kann Messwerte als Erwartungen an die dort tätigen Professionellen und ihre Klienten weitergeben. Dann sehen sich am Ende auch Eltern und Schüler, die auf Förderung hoffen, ganz neuen Forderungen gegenüber.

Wo die ältere Logik der *in-put*-orientierten Detailsteuerung die Frage in den Vordergrund rückte, welche *zusätzlichen* Ressourcen wo gebraucht werden, um gewünschte Ergebnisse erzielen zu können, werden nun die Erwartungen, welche weitergehenden Ziele mit den *verfügbaren* Mitteln erreicht werden sollen, im Wege von Zielvereinbarungen (*contracting*) festgelegt. Dabei handelt es sich um eine Form asymmetrischer Selbstverpflichtung, die vor dem Hintergrund allgemein gültiger Rationalitätsstandards kaum abgelehnt werden kann.

---

7 Ewald Terhart hatte bereits in den achtziger Jahren die neo-institutionalistische Debatte über anarchistische Erziehungsorganisationen in die deutsche Diskussion eingeführt, damals gemeint als Kritik an der Gleichsetzung von Organisation und staatlicher Bürokratie und dem daraus entstandenen pädagogischen Affekt gegen Organisation überhaupt (vgl. Terhart 1986). Brian Rowan (2006) selbst hat jüngst gezeigt, wie die neo-institutionalistischen Annahmen auf die veränderte Situation in den USA angewendet werden können.

8 In der Politikwissenschaft analysiert man die „Zuständigkeitsentwicklung" internationaler Organisationen (Schink 1993), die einen u. U. nicht-intendierten Trend zur Transnationalisierung politischer Steuerung und daraus resultierender Legitimationsprobleme zur Folge habe (vgl. Zürn u. a. 2006).

Die neuen Regierungs- und Steuerungstechniken kommen mit einer einfachen Produktionsmetapher aus. Indem sie Methoden, die sich in der Prozessoptimierung in Wirtschaftsbetrieben bewährt haben, auch auf Organisationen übertragen, in denen, zumindest auf den ersten Blick, keine Produkte gefertigt werden, erzeugen sie überraschende Verfremdungseffekte (*re-descriptions*). Ihre Übertragbarkeit wird in dem Umstand gesehen, dass es sich doch allzumal um Geld verbrauchende Einrichtungen handelt. Unausgesprochen werden in kybernetischer Perspektive Gemeinsamkeiten zwischen Maschinen, Organisationen und Menschen unterstellt. Erst dann kann man behaupten, es gäbe übergreifend allgemeine Regelungs- und Steuerungsmechanismen, die in technischen, sozialen und biologisch-psychischen Prozessen gleichermaßen wirksam wären.[9]

Bei dem Versuch, Managementmethoden auf Erziehungseinrichtungen zu übertragen, stößt man jedoch auf eine entscheidende Differenz: die zwischen *Produktionsbetrieben* einerseits, wie sie für die Wirtschaft charakteristisch sind, wo *private* Güter und Dienstleistungen warenförmig auf Märkten an anonyme Kunden verkauft werden, und andererseits *organisierten Institutionen*, wie sie in allen Funktionssystemen dominieren, in denen *öffentliche* Güter im Sinne von staatlich garantierten Dienstleistungen für die Bevölkerung von Professionellen in direkter Interaktion mit den Klienten bereitgestellt werden (vgl. Meyer/Rowan 1977, 354).

Der Kern dieser Differenz lässt sich mit einer einfachen Unterscheidung erfassen. *Produktionsbetriebe* (etwa ein Stahlwerk) fügen sich dem Modell einer (wie immer komplexen) *trivialen Maschine* (vgl. v. Foerster 1981; Luhmann 1985), die nach gespeicherten Transformationsregeln, d. h. kausal wirksamen Technologien einen *input* (Erz, Kohle) zuverlässig in einen gewünschten *output* (Stahl) verwandelt – und an einen Markt abgibt. Die Abläufe in solchen Betrieben werden von *Managern* koordiniert, die bekannte Probleme mit bewährten Lösungen kombinieren. Die Organisationstheorie benutzt hier die Unterscheidung von *long-linked technologies* (z. B. Fließbänder) und *mediating technologies* (etwa Marketing Strategien), die durchaus störanfällig sein können (Thompson 1967, 15ff.).

Hingegen werden *organisierte Institutionen* (z. B. Schulen) auf der operativen Ebene von lizensierten *Professionellen* dominiert, die *intensiv technologies* (ebd.) benutzen und ihr Handeln wertrational selbst kontrollieren. Der Erfolg ihrer Interventionen hängt davon ab, dass sie im kommunikativen Umgang mit den Klienten für deren Probleme eine situativ angemessene

9 Auftraggeber in Politik und Wirtschaft können sich auf Karl Popper berufen, der im Entwurf einer „Stückwerk-Sozialtechnik" von der Existenz soziologischer Gesetze oder Hypothesen ausging, „die den Gesetzen oder Hypothesen der Naturwissenschaften analog" seien (1944, 296). Solche Vorstellungen führten in den vierziger Jahren des vergangenen Jahrhunderts zur kurzzeitigen Blüte der neuen Disziplin der *Kybernetik*, die nach enttäuschenden Erfahrungen wieder aufgelöst werden musste (vgl. Hagner/Hörl 2008).

Lösung durch Verständigung entwickeln. Solche Einrichtungen sind als *nicht-triviale Maschinen* zu betrachten, die ihre Umwelt und sich selbst beobachten, auf Gegebenheiten reagieren und von Operation zu Operation ihren Zustand ändern, etwa Wissen speichern, Erfahrungen machen, mit einem Wort: reflexiv auf sich selbst einwirken können. Dabei orientieren sie sich an dem, was sie aus sich selbst gemacht haben. Gerade weil sie nicht über kausal wirkende Technologien verfügen, sondern ihre Operationen mit eigenen Semantiken interpretieren, ihre Transformationsregeln selbst ändern können und dies andauernd tun, sind sie von außen in ihrer Operationsweise beeinflussbar. Ihre Stärke liegt genau darin, situativ auf Veränderungen in ihrer Umwelt, z. B. Erwartungen der Geldgeber oder Eigenschaften der Klienten, fallbezogen nach pragmatischen Gesichtspunkten reagieren zu können.

Die vor allem im anglo-amerikanischen Raum etablierte Schuleffektivitätsforschung (vgl. Scheerens/Bosker 1997; Scheerens 2000) hat bei der Suche nach Möglichkeiten der Qualitätskontrolle des Unterrichts in den 1920er Jahren mit einem – im obigen Sinne eher trivialen – Prozess-Produkt-Modell begonnen, das die Berechnung von Zusammenhängen zwischen Formen der pädagogischen Interventionen und definierten Zielen, etwa dem Leistungszuwachs in einem bestimmten Zeitraum, in Form von Korrelationen erlauben sollte (vgl. Helmke 2003, 30).[10]

Das Prozess-Produkt-Modell wurde im Laufe der Jahrzehnte um immer mehr Variablen erweitert, die von (Herkunfts-)Merkmalen der Schüler, der Größe und Zusammensetzung der Klassen über die Komposition des Lehrerwissens, die Quantität des Unterrichts oder die Qualität des *classroom managements* bis zum Schulklima usf. führten. Variablen-*Cluster* wurden immer ausgefeilteren Rechenoperationen unterworfen – bis man schließlich auf nicht-lineare Effekte und kontingente Wechselwirkungen verschiedener Variablen stieß (vgl. Helmke 2003, 30; Proske 2006, 149ff.).

Das war der Punkt, an dem in der (psychologischen) Lehr-Lern-Forschung unter dem Titel „Angebots-Nutzungs-Modell" auf ein nicht triviales Modell von Unterricht umgestellt werden musste, das vor allem der – allerdings trivialen – Einsicht Rechnung trägt, dass ein Angebot einer Lehrperson „nicht notwendigerweise direkt zu den Wirkungen führt", sondern maßgeblich von dessen motivierter Wahrnehmung und Interpretation durch die Schüler abhänge (Helmke 2003, 41). Diese Erkenntnis situativ-eigensinniger Aneignung war der pädagogischen Tradition keineswegs unbekannt (vgl. zusammenfassend Oelkers 1982, 1992), sie leitete schon das Denken älterer

10 Die mit dem Modell verbundenen politischen Erwartungen drücken sich aktuell in dem Wort „Produkthaftung" aus, in welche die Schulen genommen werden sollten, eine Einlassung, die dem OECD-PISA-Koordinator Andreas Schleicher zugeschrieben wird (vgl. Schleicher 2003).

Psychologen wie Wygotski (1986) und wird auch durch soziologische und erziehungswissenschaftliche Überlegungen (vgl. Luhmann 1986) gestützt, die eine unüberbrückbare Kluft zwischen (Wissens-)Vermittlung und -Aneignung konstatieren (Kade 1997).

Dass eine Differenz „zwischen Lerngelegenheit und Lernen“ besteht, und dass „unterrichtliche Lerngelegenheiten [...] immer das Ergebnis sozialer Ko-Konstruktionen [sind], an denen Schüler und Lehrer beteiligt sind“, bringt nun auch den deutschen Koordinator der ersten PISA-Studie, Jürgen Baumert, dazu, das Prozess-Produkt-Modell des Unterrichts ausdrücklich aufzugeben. Es gelte der Tatsache Rechnung zu tragen, dass sich das professionelle Handeln von Lehrern „unter doppelter Unsicherheit“ vollziehe, woraus zu schließen sei: „Das angemessene Modell der Unterrichtsforschung ist demnach ein Opportunitäts-Nutzungsmodell mit doppelter Kontingenz“ (Baumert/ Kunter 2006, 477). Soweit, so gut. Was aber bedeutet die völlig zutreffende Einsicht, dass in Erziehungseinrichtungen der Zusammenhang zwischen Mitteleinsatz und Zielerreichung unsicher sei, dass der Unterrichtsverlauf eine komplexe, nicht planbare Koproduktion von Lehrperson und Schülern sei, für den Versuch der wissensbasierten Steuerung von Schulen und Unterricht?

3.

Wenn man Schulen, Schulklassen und Unterricht als *nicht*-triviale Maschinen behandelt, sieht man, vor welchen operativen Problemen sie stehen. Weil sie ihre Leistungen (Erziehung) nur im Medium der Kommunikation mit ihren Schülern erbringen können, lassen sich ihre Absichten erst durch das Verhalten der Adressaten hindurch, d. h. durch deren Kooperation realisieren. In der Tat: die Schüler müssen schon selbst lernen! Weil Schulen sich bei ihren Interventionen nicht auf Kausalität verlassen können, müssen sie Wege finden, mit der Nicht-Vorhersehbarkeit der Resultate ihrer Operationen intelligent umzugehen. Dabei stehen sie vor einer paradoxen Situation. Als geldverbrauchende Organisationen sehen sie sich genau den Rationalitätserwartungen gegenüber, die an alle Organisationen in der modernen Gesellschaft gerichtet werden. Formale, wissenschaftsbasierte Planung und Kontrolle von Prozessen, die auf die effektive und effiziente Lösung von unterschiedlichen Problemen eingerichtet sind, gelten in der modernen Gesellschaft (vgl. Weber 1964) als spezifische Form der Rationalität, die Erziehungseinrichtungen aber strukturell nicht erfüllen können. Schulen können zwar Unterricht organisieren und dafür sorgen, dass Wissen, Werte und Normen *vermittelt* werden, sie können aber eben nicht garantieren, dass auch gelernt, dass ihre Angebote auch intentionsgerecht *angeeignet* werden. Weil sie aber auf die materielle Unterstützung (Ressourcen) und symbolische Anerkennung ihrer

Umwelt (Legitimation) angewiesen sind, müssen sie versuchen, deren Erwartungen dennoch sichtbar gerecht zu werden. Unter diesem Anpassungsdruck haben Erziehungseinrichtungen genau jenen spezifischen Typ Organisation hervorgebracht, den die Organisationssoziologie schon in den 1970er Jahren empirisch an ihnen abgelesen hatte (March/Olsen 1976; Weick 1976).[11]

Um der antinomischen Situation zu entgehen, haben Organisationen dieses Typs eine Reihe von Entparadoxierungsstrategien entwickelt, die ihr Auftreten gegenüber relevanten, dabei pluralistisch organisierten Umwelten bestimmen. Bei dem Versuch, auch „ohne nachweisbare Rationalität überleben und anscheinend gut überleben und sogar wachsen [zu] können" (Luhmann 2002, 156), verfolgen sie vornehmlich zwei Techniken, die Meyer und Rowan mit den Begriffen „Entkoppelung" und „Logik des Vertrauens" belegt haben. Charakteristisch für Organisationen des Erziehungssystems sei die schon bei March und Olsen (1976) und Weick (1976) beschriebene, nur lose Koppelung (*loose coupling*) der administrativen und der operativen Ebene, die sich als scharfe Differenz von Verwaltung/Management einerseits und professioneller Autonomie andererseits präsentiere. Die Kernaktivitäten, d. h. die direkten pädagogischen Interaktionen mit den Schülern im Unterricht, werden dem Gesichtsfeld der Manager entzogen und an speziell ausgebildete und lizenzierte, autonom agierende Professionelle überantwortet; Ziele werden ambig und nur vage formuliert, und man lässt weitgehend unbeobachtet, ob und wieweit sie tatsächlich erreicht werden.[12] Inspektionen der Lehrer und Evaluationen des Unterrichts werden vermieden oder zeremonialisiert. Auf diese Weise können allfällige Konflikte oder gar der Verlust von Legitimität zuverlässig vermieden werden. „Die Vorteile der Entkoppelung", schreiben Meyer und Rowan (1977, 357; meine Übersetzung, FOR), „sind klar. Der Eindruck, dass die formalen Strukturen wirklich funktionieren, wird gegen die Unwägbarkeiten und Anomalien der technischen Aktivitäten abgefedert".

Ein gewieftes Management der Umweltbeziehungen muss in derartigen Organisationen dafür sorgen, dass die äußeren Erwartungen effizienten und effektiven Operierens zumindest *zeremoniell* erfüllt werden. Dazu werden Rationalitäts*mythen*, welche die moderne Gesellschaft durchziehen, demonst-

---

11 Meyer/Rowan setzten ein Caveat, wenn sie nicht ausschließen wollen, dass ihre Befunde mit Eigenheiten der US-amerikanischen Gesellschaft und ihres Schulsystems – weitgehender Staatsferne und starke Dezentralisierung – zusammenhängen könnten (1978, 96ff.). Aus differenzierungstheoretischer Perspektive kann man sehen, dass die paradoxe, auch antinomische Struktur der Aufgabenstellung, der Schulen in der Moderne gerecht werden müssen (vgl. Helsper 2004), als Selbstbeschreibung auch in zentral-bürokratisch organisierten Schulsystemen fortgeschrieben wird und zu spezifischen Mustern der Organisation nötigte, die auch mit der neuen Marktsteuerung nicht verschwinden werden (s. Abschnitt 5).

12 Freilich, Schüler werden regelmäßig examiniert, (schlechte) Leistungen können aus Sicht der Schule dann aber externalisiert, also der Herkunft der Schüler, ihrer Motivation oder Begabung zugerechnet und mit Selektion beantwortet werden.

rativ bedient. Mit dem Begriff „Mythos" meinen Meyer und Rowan machtvoll institutionalisierte Regeln, die wie Vorschriften wirken und insbesondere zwei Eigenschaften haben: sie identifizieren *erstens* (in einer kybernetischen Logik) unterschiedlichste soziale Zwecke als technisch erreichbare Ziele und spezifizieren Mittel, die angemessen erscheinen, um die Ziele auf rationale Weise zu erreichen; *zweitens* sind sie derart hochgradig institutionalisiert, dass sie – jenseits der Evaluation ihres Anteils am Zustandekommen der Ergebnisse – unbesehen als legitime Mittel akzeptiert werden (vgl. ebd., 343f.).

Viele Elemente formaler Organisationen, wie Professionen, Programme, Curricula und Technologien, Didaktiken, Methodiken erfüllen – zumindest zeitweise – das Kriterium unbefragter Gültigkeit. Beeindruckend ist beispielsweise der sachliche, zeitliche und soziale Aufwand, der getrieben wird, bis jemand als Lehrerin für ein bestimmtes Fach, eine bestimmte Stufe oder Schulform zugelassen wird; beeindruckend ist die Prozedur, die notwendig ist, bis ein Lehrplan verabschiedet wird, der stundengenau regelt, welches Thema in welchem Fach wann zu unterrichten sei; beeindruckend das komplizierte Verfahren, das zu durchlaufen ist, bis ein Schulbuch für den Unterricht zugelassen wird usw. Weil Aufwand und Verfahren, aus denen Professionalität, Programme und Technologien hervorgehen, als angemessen, rational und notwendig gelten, lassen sie – ganz unabhängig von ihrer Effizienz – „eine Organisation als angemessen, rational und modern erscheinen […]. Ihr Vorhandensein zeigt Verantwortung und vermeidet Klagen über Versäumnisse" (ebd., 344). Insofern sind Organisationen gezwungen, die erwarteten Elemente formaler Rationalität vorzuweisen, wollen sie nicht als illegitim gelten und den Zufluss von Ressourcen sichern. Ihre Selbstdarstellung ist Teil einer Strategie, mit der sie das Vertrauen und den guten Glauben ihrer internen Mitglieder und ihrer externen Abnehmer in die Rationalität ihrer Praxis zu erwerben suchen. Auf diese Weise können Erziehungseinrichtungen, die nützlich erscheinen wollen, den Mangel an technischer Zuverlässigkeit kompensieren.

Die Pointe dieser Beschreibung ist nun, dass davon auszugehen sei, dass in Erziehungseinrichtungen nicht nur Rückständigkeit bezogen auf Rationalitätsmaßstäbe herrsche, möglicherweise auch Selbstüberschätzung bezogen auf die Leistungsfähigkeit der Programme, Technologien und der Professionalität der Mitglieder, oder dass gar eine pragmatische Verschiebung der Organisationszwecke stattgefunden hätte. „Vielmehr macht es Sinn", schreiben Meyer und Rowan (1978, 91f.), „einen anderen Blick auf die Erziehungsorganisationen zu richten: Dann sieht man kluge Leute, die ein absolut erfolgreiches Unternehmen betreiben." Dass es den Erziehungseinrichtungen gelingt, Glaubwürdigkeit zu erlangen, lässt sich schon an den enormen Summen finanzieller Mittel ablesen, die alljährlich zu ihrem Unterhalt bereitgestellt werden, oder auch an den übersteigerten Erwartungen, die an die Organisationen der Erziehung als einem Instrument der Lösung von Problemen aller Art bei jeder Gelegenheit herangetragen werden. Mit der Übernahme all der institutionalisierten Rationalitätsmythen sei es den Schulen gelungen, „eine außergewöhnliche Bandbreite externer und interner Erwartungen zu befriedigen" (ebd., 104).

Moderne Schulen arbeiteten, so Meyer und Rowan, nämlich für die Gesellschaft, nicht für Individuen oder Familien. Sie kommunizieren mit den Funktionssystemen der Gesellschaft im Medium von Zertifikaten (vgl. zuletzt Kade 2005). In dem Maße, in dem die Beglaubigung von Leistungen in einem meritokratisch konzipierten Gemeinwesen bedeutsam wird für die Statuszuweisung und den Eintritt in Funktions- bzw. Mitgliedschaftsrollen, ist die öffentliche Erwartung auf Standardisierung der Erziehungsziele und ihre Kontrolle gerichtet. Anerkennung erfahren ihre Zertifikate, wenn sie auf der administrativen Ebene die Verfahren ihrer Produktion als rational ausweisen, also „standardisierte Absolventen aus standardisierten Schülern auf der Basis standardisierter Lehrer und Lehrpläne" produzieren (Meyer/Rowan 1978, 94). Schulen bleiben erfolgreich, wenn es ihnen gelingt, „eine Kongruenz zwischen ihrer Struktur und jenem sozial geteilten Verständnis von Erziehung aufrecht zu erhalten" (ebd., 95), das in der Gesellschaft herrscht. Das bedeutet, dass sie sich auch derselben Semantik bedienen, in derselben Sprache sprechen müssen, in der in relevanten Öffentlichkeiten der Gesellschaft über Erziehung gesprochen wird. Neu auftauchende Erwartungen können bei loser Koppelung durch Anpassung in bestimmten Teilbereichen der Organisation bei minimaler Auswirkung auf andere Teile bedient werden. Auf die Differenz von Strukturbildungen auf der operativen Ebene und Semantiken der Selbstbeschreibung verweisend, schreiben Meyer und Rowan: „Ein großer Teil der Anpassung kann vorgenommen werden, ohne die aktuelle Praxis zu unterbrechen, wie umgekehrt die Interaktionen von Lehrern und Schülern sich weitgehend ändern können, obwohl die abstrakten Kategorien konstant geblieben sind" (ebd., 104). Genau dieses Verhältnis von Struktur und Semantik steht mit der wissensbasierten Steuerung zur Debatte.

4.

Large-scale-assessments wie PISA machen einen Anspruch auf öffentliche Kontrolle der *operativen* Ebene geltend und durchkreuzen so das eingespielte Umweltmanagement der Erziehungseinrichtungen. Trifft die Beschreibung zu, dass Organisationen mit unklarer Technologie „ihr Gesicht" rationalen Handelns nur wahren können, wenn sie wichtige Bereiche ihrer Aktivitäten unbeobachtet lassen, sind die Evaluationsmaßnahmen eine Misstrauenserklärung *par excellence*, „welche die Annahme verletzt, dass alle Beteiligten mit Kompetenz und in gutem Glauben handeln. Diese Überzeugung zu verletzen, vermindert die Moral und das Vertrauen. Evaluation und Inspektion unterminieren die zeremoniellen Elemente der Organisation" (ebd., 359). Und: „Evaluation produziert Illegitimität" (ebd.) und setzt die so in Misskredit gebrachten Funktionssysteme, Organisationen oder Abteilungen unter Handlungsdruck.

Das ist gewollt. So gesehen ist PISA Ausdruck eines neuen, periodisch auftretenden Rufes nach einer Wendung zu mehr „Verantwortlichkeit", technisch gesprochen zu einer genaueren „Zurechenbarkeit (*accountability*)" von möglichen Ursachen und gewollten und ungewollten Wirkungen.[13] In dieser Perspektive werden Schulen normativ als Einrichtungen beschrieben, die einen Rationalisierungsrückstand hätten, sofern sie „noch nicht durch saubere *output*-Maße, Evaluationssysteme und Kontrollstrukturen rationalisiert sind" (Meyer/Rowan 1978, 88ff.). Um den Widerstand des „Bildungsestablishments" (Luhmann/Schorr 1982) gegen die Übernahme von Verantwortung für die operative Ebene zu überwinden, wird die Strategie der Dezentralisierung, der Autonomisierung und des Wettbewerbs empfohlen. „Märkte" werden als weitere Institution eingeführt, ihre Mechanismen mit administrativen Erwartungen geschickt kombiniert. Auf diese Weise werden die Schulen und ihre Verwaltungen dem Legitimationsdruck durch das Laienpublikum der Eltern – und der von ihnen gelesenen Zeitschriften – ausgesetzt. Nun sollen die Schulen im Wettbewerb um Schüler die (Wahl-)Entscheidungen der Eltern direkt zu spüren bekommen.

Dynamik gewinnt die Wendung zu mehr „Produkthaftung" im Zusammenspiel von Eltern, Publikumsmedien, privaten Beratungs-/*Assessment*firmen und der Politik (vgl. Lohmann 2007; Flitner 2007). Die Ängste der Eltern, die bei wachsender ökonomischer Unsicherheit um den Bildungserfolg ihrer Kinder bangen, werden von Publikumsmedien aufgenommen, die auf Leser und Zuschauer spekulieren, dann als Forderungen Politikern präsentiert, die auf die Zustimmung ihrer Wähler angewiesen sind; angeleitet von Rationalisierungsexperten aus großen Beratungsfirmen, die Kunden suchen, fordern vor allen Stimmen aus der Wirtschaft die technische Verfügbarkeit der Erziehung und erwarten von der Politik, dass sie für entsprechend effektive Lösungen sorgen möge. In dieser Situation avancieren PISA und die empirische Bildungsforschung selbst zu einem Rationalitätsmythos, mit dem immerhin neue Zuversicht zu verbreiten ist, auch wenn die großflächigen

13 Bis ins 19. Jahrhundert lassen sich die Versuche zurückverfolgen, Erziehungseinrichtungen zunächst einer Wirkungs- und später einer Leistungskontrolle zu unterziehen. Periodische Schübe, wirksame Evaluationstechniken zu etablieren, gab es, interpunktiert von wiederkehrenden Enttäuschungserfahrungen, in den vierziger, den sechziger und nun wieder seit den neunziger Jahren des vergangenen Jahrhunderts; vgl. den Periodisierungsversuch bei Höhne 2005.

Vergleichsstudien und die kleinformatigen Evaluationsmaßnahmen den Nachweis ihrer Nützlichkeit noch schuldig sind (vgl. Reimann/Kahlert 2008).

Erinnern wir uns: Das große Versprechen der Systemevaluation lautet, Evidenz erzeugen und darauf basierend Steuerungswissen bereitstellen zu können, das geeignet wäre, überfällige schulpolitische Entscheidungen zu ermöglichen, um angestrebte Ziele operativ zuverlässig erreichen zu können. Aber TIMSS, PISA, PIRLS/IGLU und all die anderen erzeugen nur – zugegeben starke – Turbulenz (Illegitimitätsvorwürfe) im System. Soviel Aufregung und Unruhe war nie!

Was tun plötzlich verantwortlich gemachte Bildungspolitiker, Administratoren, Schulleiter und Lehrerinnen in dieser Situation? Kann es gelingen, die Erziehungseinrichtungen und die darin tätigen Professionellen dazu zu bewegen, sich auf Ziele politischer Konformität *und* technischer Effizienz gleichermaßen auszurichten? Wenn die von Meyer und Rowan in den siebziger Jahren gegebene Beschreibung noch zutreffend wäre, ließe sich ihr Verhalten gleichsam hypothesenprüfend voraussagen: sie werden „entkoppeln", ihre Semantiken anpassen, angebotenes Wissen selektiv rezipieren und „neue Mythen" bilden. Oder zwingt das neue Regime der *accoutability* sie zu nicht nur zeremoniellen Anpassungen auf der operativ-technischen Ebene im Sinne einer „*engeren* Koppelung" an die Erwartungen, die nun konzertiert von der Regierung und den Märkten gleichermaßen ausgehen? Kümmern sie sich mehr um die Effektivität ihrer Operationen und weniger um ihre Selbstdarstellung gegenüber relevanten Öffentlichkeiten?

Nach mehr als zehn Jahren tritt der „PISA-Prozess", um einen Begriff aus dem neuen Governance-Jargon zu benutzen, in eine neue Phase: es beginnt die Anwendung der Evaluation auf sich selbst. So liegen bereits empirische Studien vor, die zumindest erste Anhaltspunkte für die Modi der Bewältigung der Turbulenzen auf den verschiedenen Systemebenen liefern. Zwei Bereiche seien exemplarisch aufgegriffen.

In einer Fallstudie haben Tillmann u. a. (2008) (und in diesem Band) die Reaktionen zweier deutscher Bundesländer, Bremen und Brandenburg, auf die erste PISA-Studie 2000 und die deutsche Ergänzungsstudie PISA-E beobachtet. Sie kommen zu dem erwartbaren Ergebnis, dass in beiden Ländern versucht wurde, die Legitimationskrise, in die vergleichsweise schlechte PISA-Resultate die Landesregierungen stürzten, durch bildungspolitische Entscheidungen zu begrenzen, die von der Öffentlichkeit als Beleg für bildungspolitische Handlungsfähigkeit und Rationalität des Vorgehens genommen werden sollten: Im einen Fall (Bremen) wurden ganz rasch – lange umstrittene – *zentrale Leistungsüberprüfungen* eingeführt, im anderen Fall (Brandenburg) suchte die Landesregierung ihre Handlungsfähigkeit mit der Einführung von *Ganztagsschulen* unter Beweis zu stellen. Wiewohl weder empirische Belege vorliegen, dass zentrale Prüfungen zu besseren Schülerleistungen führen, noch dass Ganztagsschulen etwa bessere Leseleistungen der Schüler oder eine geringere Selektivität der Schulen bewirken, kommen Tillmann u. a. auf der Basis umfassender Presseanalysen zu dem Ergebnis: beide Maßnahmen träfen auf eine Art „öffentlichen Glaubens", den die unter Druck geratenen Regierungen zur Beschaffung neuer Legitimation nutzen konnten. Wie sich zentrale Prüfungen und ein Ganztagsbetrieb einzelner Schulen auf die Leistungen der Schüler der beiden Bundesländer auswirken werden, kann dann einstweilen dahingestellt bleiben.

Auf der Ebene der einzelnen Schule gilt das Gleiche für das Instrument der „Schulprogramm-Arbeit" (SPA). Sie wird von den Reformern derzeit als Platzhalter für die ungelöste Frage eingesetzt, *wie* die Daten, die aus *assessments,* Evaluationen oder Inspektionen stammen oder bei zentralen Leistungsüberprüfungen anfallen, produktiv gemacht werden können für pädagogische Entscheidungen, die bis auf die Qualität des Unterrichts und die dort erzielten Effekte durchschlagen sollen.[14] Ersichtlich ist, dass die PISA-Studien und alle Folgeuntersuchungen kein Wissen bereitstellen können, welches die evaluierten Funktionssysteme oder gar ihre Organisationen in die Lage versetzte, ihre Praxis auf der operativen Ebene der Interaktion zu verbessern (vgl. Radtke 2006a). Das sieht man schon daran, dass nach PISA in der bildungspolitischen Diskussion zwar niemand mehr ohne Verweis auf PISA auskommt, jeder aber die organisatorischen oder pädagogischen Konsequenzen empfiehlt, die er schon immer favorisiert hat.

Gruschka u. a. (2003) charakterisieren die Kombination der Evaluation mit der (gesetzlichen) Verpflichtung der Schulen auf „Schulprogramm-Arbeit" treffend als eine „Kriseninduktion", deren Mechanismen und Wirkungen sie in einer qualitativ angelegten Analyse von Dokumenten rekonstruieren. Sie beobachten die Schulen gleichsam dabei, wie sie die paradox angeordneten Erwartungen der Verbesserung ihres *outputs* zu bewältigen, also mit der „Krise" fertig zu werden suchen, die entstanden ist, weil ihre bisherigen Praktiken der Entkopplung und der Mythenbildung durchkreuzt wurden. Erwartungsgemäß reagieren sie wiederum mit Entkopplung und dem Versuch, Vertrauen durch neue Mythenbildung wiederzugewinnen. So können Gruschka u. a. zeigen, dass in den Schulprogrammen schon die obligate Problemdiagnose bzw. die Ist-Analyse strategisch, von den Mitteln her gedacht wird, die emphatisch deklarierten Ziele weiterhin vage bleiben und an die angekündigten Maßnahmen erwartbar nur „lose gekoppelt" sind: nur selten, schreiben die Autoren, lässt sich in den Programmen etwas finden, „was zur Verbesserung der Praxis direkt betragen" könnte (ebd., 312) oder

14 *Benchmarks* oder *best practice*-Vorbilder liefern zwar Rezepte/Lösungen, müssen aber beim Versuch der Übertragung die Frage beantworten, auf welche Probleme sie antworten.

das „Nicht-Lernen zu einem pädagogischen Problem für die Schule und ihr Angebot“ machte (ebd., 313). Wie die Ministerien in Brandenburg und Bremen modellieren auch die Schulen Hessens ihre Probleme so, dass sie diese dann auch bearbeiten können.

Die Steuerungswirkung der zurückgemeldeten Messwerte (*feed back*) bleibt solange gering, wie die Schulen nicht *Ideen* entwickeln, *wie* sie ihre je besondere pädagogische Praxis optimieren wollen. Auch hier gilt: Die Lehrerin muss schon selbst unterrichten! Erneut stellt sich das Problem der Nicht-Verfügbarkeit der Aneignung von Wissen, nun für die Evaluatoren. Auch die Schul- und Unterrichtsentwicklung unterliegt der Logik des Angebot-Nutzungs-Modells (vgl. Helmke u. a. 2007, 537). An dieser entscheidenden Scharnierstelle evidenzbasierter Steuerung[15] sehen sich die Manager des Umbaus dann auch gezwungen, das Steuerungsmedium zu wechseln und ihrerseits von technischer Kontrolle semantisch auf *Gemeinschaft*, *Enthusiasmus* und vor allem: auf Vertrauen in die *Professionalität* umzustellen[16], wenn sie nach der Rückmeldung neuer Forschungsergebnisse zu deren zielgerichteter Umsetzung in der Praxis motivieren wollen.

Da es aber nicht um eine Revolutionierung des Schulsystems[17], sondern nur um eine Reformierung der Steuerungstechniken gehen soll, muss sich die Kreativität der Lehrerinnen, die sich in den Schulprogrammen manifestiert, im Rahmen des Bestehenden halten. Deshalb „kann es mit den (geplanten) Maßnahmen nur um die symbolische Auflockerung des Betriebs gehen“ (ebd., 316), nicht aber um Strukturfragen etwa der Selektion und Allokation. Das zur Außendarstellung auf Verlangen angefertigte Schulprogramm muss sich rhetorisch an den Bildungs-, aber auch Rationalitätsstandards ausrichten, die mit den Evaluations- und Kontrollinstrumenten als Erwartung an die Schule herangetragen werden. Offensichtlich genügt den Behörden einstwei-

15 Es zeugt von Ratlosigkeit, wenn einer der Protagonisten der neuen Schulqualitätsforschung bezogen auf deren zentrales Problem schreibt: „Von der Unterrichtsforschung und dem Wissen über guten Unterricht zur erfolgreichen Verbesserung des Unterrichts: Dies ist ein weiter Weg und zugleich ein weites Feld“ (Helmke u. a. 2007, 536), und dabei übersieht, dass zur Verwendung wissenschaftlichen Wissens in Organisationen (auch der Erziehung) umfangreiche Forschungsarbeiten aus den achtziger Jahren des vergangenen Jahrhunderts vorliegen: vgl. den Überblick bei Radtke 2004, 109ff.).

16 „Die Hoffnung auf Innovation stützt sich auf den Zwang zur kollektiven Übernahme der Verantwortung“ (Gruschka u. a. 2003, 78). Deshalb sind die Begleittexte, welche die (hessischen) Schulen auf die Formulierung eines Schulprogramms verpflichten, durchzogen von Beschwörungen eines „Gemeinschaftsgeistes“, der die ganze „Schulgemeinde“ erfassen und sich schließlich modern als „corporate identity“ präsentieren soll (vgl. ebd., 79). Die Schulen antworten pflichtgemäß mit Berichten über intensivierte Kooperation und „Aufbruchstimmung“ im Kollegium.

17 Der Reformeifer der siebziger Jahre war getragen von Protestbewegungen, die sich selbst motiviert hatten und die Schule „auf eigene Rechnung“ verändern wollten; zur Bedeutung von Protest vgl. Luhmann 1996.

len als Rationalitätsnachweis, wenn überhaupt ein semantisch elaboriertes Schulprogramm vorgelegt wird, wie es den Schulen reicht, wenn sie ihren Unterricht pragmatisch an evaluierbaren Schülerleistungen ausrichten.

Die Enttäuschung der Steuerungshoffnungen ist bereits messbar. Holtappels (2006, 11) berichtet über die Befunde einer eigenen, quantitativ angelegten Längsschnittstudie zu den Wirkungen von Schulprogrammen in Niedersachsen: „Über zwei Messzeitpunkte mit einem Abstand von 27 Monaten werden fast keine Wirkungen der Schulprogramm-Arbeit hinsichtlich der Veränderungen im Lernklima und den Lernbedingungen und der Qualität der Unterrichtsgestaltung sichtbar; ebenso zeigen sich in den Lernleistungen, den psychosozialen Dispositionen und Verhaltensweisen der Schüler/innen keine Verbesserungen, die auf die Arbeit am Schulprogramm zurückführbar wären." Wenn man von derart unerfüllbaren Kausalitätserwartungen nicht lassen will, bleibt nur, die Innovationshoffnungen in die Zukunft zu verschieben und auf „mehr Zeit", noch mehr Forschung und noch mehr Enthusiasmus zu setzen.

5.

Auch wenn die „Kriseninduktion" durch evidenzbasierte Steuerung empirisch (noch) nicht die gewünschten Effekte zeitigt, so hat die in den Systemen erzeugte Turbulenz doch eine ganze Reihe – teilweise nur befürchteter, teilweise bereits erkennbarer, teilweise beabsichtigter, teilweise vermutlich unbeabsichtigter – Wirkungen und Nebenwirkungen. Mit der Implementation der neuen Steuerungstechniken im Bildungsbereich entstehen auf mehreren Ebenen Folgeprobleme unterschiedlicher Art, deren empirische Beobachtung und Bewertung noch aussteht. Die neue Steuerung wirkt, doch nicht in allen Dimensionen unbedingt so, wie beabsichtigt. Ein erster Effekt (A) betrifft bezeichnenderweise die Steuerungstechnik selbst. Zweitens stellt sich mit der neuen Steuerung das Legitimationsproblem öffentlicher Erziehung auf doppelte Weise neu (B+C); und drittens scheint es zu einer Verschiebung des Verhältnisses von Profession und Organisation zu kommen, die das pädagogische Verhältnis grundlegend verändern könnte (D).

(A) Im Selbstverständnis des neuen Steuerungskonzepts dienen Indikatoren bzw. Kennziffern dazu, politische Entscheidungen zu „entideologisieren" und der Öffentlichkeit als alternativlosen Sachzwang zu präsentieren. Koch (2004) spricht in diesem Zusammenhang von „normativer Empirie", die ihre funktionale Leitvorstellung allein zweckrational an den gewählten Techniken der Erfolgssicherung orientiere.[18] Worin aber besteht dann die Evidenz?

Dass es maßgeblich auf die Definition der (Leistungs-)Indikatoren ankommt, an denen gemessen wird, ob vereinbarte Ziele erreicht wurden, liegt auf der Hand. Mit ihrer Hilfe wird etwas Bestimmtes beobachtet und etwas anderes nicht. Hypothesen über Verantwortlichkeiten und Zurechnungsmöglichkeiten liefern die bereits etablierten, öffentlich geteilten Deutungen. Im Medium bewährter Theorien, die sich zu einer Erklärungs- und Rechtfertigungsordnung fügen, schreibt die Konstruktion von Indikatoren eine bestimmte Realität der beobachteten Systeme fort. Dass „bewährt" das Gegenteil von „innovativ" ist, kann erklären, warum die jeweiligen Problemmodellierungen, die auf Indikatoren beruhen, zumeist ganz nah am *common sense* gebaut sind.[19]

Die komplexen Verhandlungen um die Definition der Indikatoren, die zwischen den (staatlichen) Auftrag- und Geldgebern (Politik, Wirtschaft, Medien) und den wissenschaftlichen Experten (Bildungsforschung) auf mehreren Ebenen unter asymmetrischem Einigungszwang geführt werden, sind öffentlich nicht zugänglich. In ihnen suchen die „Steuerleute" der transnationalen Organisationen, Nationalstaaten oder regionalen Gebietskörperschaften festzulegen, mit welchen Evidenzen sie sich und die Öffentlichkeit in Zukunft beschäftigen wollen. *Evidentia* war in der klassischen Rhetorik der Name für eine Technik der Plausibilisierung von Argumenten, derer sich heute Propaganda- und PR-Agenturen bedienen. Mit ihr sollen die Zuhörer in die Position von Augenzeugen gebracht und mit Schlussfolgerungen konfrontiert werden, die keines weiteren Beweises bedürfen, um zustimmungsfähig zu werden. Es kommt also ganz darauf an, was vor Augen geführt wird.

Eine massive politische Einflussnahme auf die Auswahl und Definition der Indikatoren dient dazu, die Probleme der Erziehung in den Dimensionen Kosten, Qualität und Egalität auf eine vorhersehbare Weise so zu modellieren, dass unerwünschte Überraschungen für die Auftraggeber auszuschließen sind.[20] Welche Konsequenzen die Politik aus der Erfahrung ziehen wird, dass

---

18 Dass zudem nur in den Blick kommt, was von den verfügbaren Messmethoden quantitativ erfasst werden kann, ist ein altes Dilemma, das die Virtuosität der Konstrukteure aussagefähiger Kennziffern herausfordern mag.

19 Wie im Zusammenspiel von Politik, Wissenschaft, Organisationen der Praxis und den Publikumsmedien ein soziales Problem modelliert wird, also eine Zuordnung von Wirkungen auf Ursachen und von Ursachen auf Wirkungen vorgenommen wird, lässt sich am Exempel „Migrantenkinder" eindrücklich rekonstruieren (Radtke 2006b); vgl. auch Stanat in diesem Band.

20 Es bedürfte eines hohen Maßes institutionell gesicherter Unabhängigkeit der beteiligten Service-Institute, wollen sie ihre wissenschaftliche Seriosität wahren und nicht schon im Vorfeld das theoretische Angebot ihrer Kausalitätskonstruktionen der politischen Kontrolle ausliefern.

sie selbst durch geschickt gewählte Evidenz von unerwarteter Seite unter Druck gesetzt werden kann, ist abzusehen.[21] Schon jetzt zeichnet sich aus dem Verlauf der PISA-Debatten ein rekursiver Effekt deutlich ab, der die neue Steuerung selbst betrifft: Die Bildungsverwaltung wird in Zukunft tunlichst nur noch solche „Evidenz“ in Auftrag geben und der Öffentlichkeit zugänglich machen, die sie auch politisch handhaben kann. Man wird also allenfalls von *gelenkter Evidenz* ausgehen können – und ansonsten auf demokratisch motivierte Kritik an der Bildungspolitik vertrauen müssen.

(B) Gleichsam nebenbei kommt es durch die riskante Behauptung, dass die in den Vergleichsstudien gemessenen Schülerleistungen den verglichenen Schulsystemen, letztlich den einzelnen Schulen und den dort gegebenen Bedingungen zuzurechnen seien („Produkthaftung“), zu einer *De-Legitimation* des meritokratischen Prinzips, dessen Gültigkeit für das Funktionieren des Schulsystems in der modernen Gesellschaft von überragender Bedeutung ist. Wenn im Publikum realisiert würde, dass Schulerfolge oder -misserfolge nicht (allein) der Leistungsbereitschaft der Schüler zugerechnet werden können, sondern maßgeblich von der Struktur und der räumlichen Anordnung des Angebotes, also von kontingenten Umständen abhängen, die sich auf die Frage zuspitzen, auf welche Schule einer geht und wie seine Leistung dort *zeit-* und *kontextabhängig* valorisiert wird,[22] dann gerieten das Schulsystem und am Ende die soziale Ordnung in eine veritable Glaubwürdigkeitskrise.

Die Akzeptanz folgenreicher Selektionsentscheidungen der Schule beruht auf genau dem Vertrauen in die *leistungsgerechte* Beurteilung des Schülers, der in der Schule mit anderen Schülern verglichen wird und lernen muss, Misserfolge sich selbst zuzurechnen. Am Mythos der Leistungsgerechtigkeit haben die Schulen bisher mit aufwendigen Verfahren gearbeitet. Nach der gezielten Entzauberung der Gerechtigkeitsprätention läge es nun in der Verantwortung des Staates, Konsequenzen zu ziehen und die Verteilungsrealität von Schulerfolgen an die normative Erwartung der Chancengleichheit anzunähern – sofern der Staat diese Verantwortung nicht aufgeben und die Verteilung von Bildungsgütern allein dem Markt überlassen will.

Man kann die Entscheidung, die Ergebnisse von standardisierten Vergleichsarbeiten usw. in Deutschland *nicht*, schon gar nicht „schulscharf“ zu

21 Vor diesem Hintergrund sind die wiederkehrenden Gereiztheiten zwischen beispielsweise der KMK und der Bildungsdirektion der OECD zu verstehen, aber auch die Versuche, mit einer eigenen, *nationalen* Bildungsberichterstattung das regelmäßige *monitoring* wieder unter nationale administrative Kontrolle zu bekommen.

22 Die in den *Assessment*-Studien benutzten Vergleichsmaße bezogen auf Merkmale der Zugehörigkeit zu sozialen Gruppen bzw. Schichten (Herkunft) lassen sich nicht nur auf Bundesländer, sondern auch auf Städte, Stadtteile und einzelne Schulen anwenden (vgl. Hauf 2007) und tragen dann zu Zweifeln an der Gültigkeit des Leistungsprinzips bei (vgl. Radtke 2004).

veröffentlichen,[23] nur als ein allseits „beredtes Beschweigen" der abgedunkelten Evidenz lokal ungleicher Bildungs*angebote* werten. Die neo-liberal angetriebene Politik der Neuen Steuerung, welche die Leistungsbereitschaft des Einzelnen anreizen will, verwickelt sich mit dem internationalen Vergleich, der ein Systemvergleich ist, und der Evaluation einzelner Schulen, die auf regionale und lokale Disparitäten aufmerksam machen, in Widersprüche, mit denen sie sich öffentlich *nicht* beschäftigen will.

(C) Wie in anderen Politikfeldern stellt sich mit der Einführung der neuen Regierungstechniken in den Bildungsbereich die Frage der Legitimation bildungspolitischer Entscheidungen zudem unter demokratietheoretischen Gesichtspunkten. Entscheidungen des Staates, Interventionen seiner Verwaltungen oder der Träger professioneller Leistungsrollen, die jeweils auf Macht beruhen und folgenreiche Eingriffe in das Leben von Gruppen oder Einzelnen erlauben, bedürfen in modernen Rechtsstaaten einer Kombination aus *demokratischen*, *expertokratischen* und *berufsethischen* Legitimationen. Funktionsspezifische Legitimationsmuster für Entscheidungen im Bereich staatlich verantworteter Erziehung müssen in Übereinstimmung mit allgemein anerkannten Prinzipien einer gerechten politischen Ordnung zu rechtfertigen sein (vgl. Forst 2007).

Wenn, wie die Politikwissenschaft beobachtet, die Steuerungssouveränität des Staates durch eine Tendenz zur *Internationalisierung und De-Parlamentarisierung* erodiert (vgl. Schneider u. a. 2006), kann es im Effekt zu einer *Entpolitisierung* und *Entdemokratisierung* auch der Bildungspolitik kommen. Die Verlagerung von Entscheidungskompetenzen auf transnationale Organisationen und Regime, wie sie die OECD und die EU aufbauen, oder auf Beratungsfirmen und operative Stiftungen, wie sie von McKinsey oder Bertelsmann repräsentiert werden, könnten den Raum einschränken, in dem in einem Gemeinwesen grundlegende Überzeugungen ausgetauscht und eine Verständigung des Publikums über normative Zielsetzungen herbeigeführt werden können (vgl. Amos/Radtke 2007).

Der Vergleich von statistischen Konstrukten, deren Aussagewert für das Publikum schwer nachvollziehbar ist, die aber, in eine Rangfolge gebracht, dem (nationalen) Stolz schmeicheln oder das Publikum erschrecken, kann als Evidenztechnik beschrieben werden, die als Teil der neuen Regierungstechnik das expertokratische Moment der Legitimation von Entscheidungen verstärkt. Zusammen mit den Marktmechanismen und dem Verweis auf „Erwartungen" inter-, trans- oder supranationaler Organisationen tendiert diese Form der *Governance* dazu, die üblichen demokratischen Verfahren bildungspoliti-

23 Vgl. die Debatte zwischen H.-E. Tenorth und H.-G. Rolff in Pädagogik 2007/1, 48-49.

scher Entscheidungsfindung im nationalen bzw. regionalen Kontext zu schwächen oder außer Kraft zu setzen (vgl. Offe 2003).[24]

Mechanismen wie Externalisierung von Entscheidungskompetenzen, internationales *benchmarking* oder *peer pressure* in transnationalen Organisationen substituieren die Notwendigkeit politischer Begründungen für Entscheidungen, die der öffentlichen Prüfung *argumentativ* standhalten müssten, durch wissensbasierte Expertise und technische Verfahren. Im Ergebnis wird der bislang gültige Referenzrahmen politischer Entscheidungen durch die Neue Steuerung verschoben: es muss nicht mehr im Parlament um normative Prinzipien der Gerechtigkeit und eines (national bestimmten) Bildungsideals gestritten werden, weil sich die Entscheidungskriterien für zu ergreifende Maßnahmen aus den Erfolgsaussichten der Produkte (Absolventen) der Bildungsbetriebe (Schulen) am (Welt-)Markt alternativlos gleichsam von selbst ergeben.

Wo Erziehung seit dem 19. Jahrhundert Legitimation mit einer Bildungssemantik sich zu verschaffen suchte, welche, eine höhere Sittlichkeit auf ihrer Seite wissend, Emanzipation, Autonomie und Mündigkeit des Bürgers versprach, ist sie heute gehalten, die Leistungsbereiten auf die Freiheit des Marktes vorzubereiten. Zumindest darüber, ob hinzunehmen ist, dass immer mehr Bereiche der Politik, auch Erziehungsfragen, der normativen Erörterung entzogen und direkt vom Markt reguliert werden, müsste das Publikum sich öffentlich verständigen. Ob Erziehung mit dem Verweis auf Markterfordernisse und dem Versprechen, das bereits Bestehende noch zu steigern, auf Dauer Einschränkung der Freiheit des Einzelnen bzw. „die Opferung der Gegenwart für die Zukunft" (Schleiermacher) wird legitimieren können, steht dahin.

(D) Eine weitere Folge der neuen Steuerung und ihrer Implikationen ist, von den einen gewollt, von anderen befürchtet, eine Tendenz zur *De-Professionalisierung* pädagogischer Organisationen und der damit einhergehende *Vormarsch der Manager*. Tacke (2005) hat bemerkt, dass die Semantik der „lernenden Organisation" zwar nur auf bloßer „Analogiebildung" beruhe, für Pädagogen aber offenbar besonders attraktiv sei. Freilich entfalte das Konzept aus dem Formenkreis des „*total quality management*" in einem Kontext, der bislang durch „professionelle Erziehung" geprägt gewesen sei, Wirkungen, die in ihrer Konsequenz bislang übersehen würden. Mit der neuen Leitvorstellung seien „spezifische Potentiale der Deprofessionalisierung" verbunden (167), die sogar zur „Auflösung der Profession" beitragen könnten (168).

24 Einschränkungen der nationalen „Bildungssouveränität" (Mitter 2006), die aus einer „linken" Perspektive als Demokratiedefizit wahrgenommen werden, erscheinen in nationalkonservativer Sichtweise als „Kolonisierung" Deutschlands durch die OECD, die entschieden zurückzuweisen sei (vgl. Deutscher Lehrerverband 2008).

Weil das, was in der pädagogischen Interaktion etwa zwischen einer Lehrerin und zwanzig oder dreißig Schülern geschieht, zwar planbar ist, sich aber nicht *plangemäß* vollzieht, werden Schulen in ihrer Selbstbeschreibung bislang von „Professionellen" betrieben, die am Ende in der direkten Interaktion mit dem einzelnen Kind situativ entscheiden müssen, was im konkreten Fall etwa eines Lernproblems *angemessen*, d. h. was situativ zu tun oder zu unterlassen ist. Pädagogische Professionalität, deren Kern die reflexive Formung des pädagogischen Verhältnisses ist, tritt funktional genau in die Lücke, die fehlende Kausaltechnologien in der Schule offen lassen müssen. Sie gehört, wie Meyer und Rowan gezeigt haben, zu den Mythen, mit denen die Schule ihr Technologiedefizit handhabt, gegenüber der Öffentlichkeit den Nachweis ihrer Zweckmäßigkeit zu führen und Vertrauen zu gewinnen sucht.

Die „lernende Organisation" aber realisiert sich, so Tacke, in der (kollektiv) lernenden Lehrerin, die in der Schule „neuartige ‚Gestaltungsaufgaben'" übernehmen soll: Mit solchen Tätigkeiten wie „Kooperieren, Planen, Innovieren, Evaluieren/Forschen, Lernen, Leiten" (Rahm 2003, zit. bei Tacke 2005, 185) sind Managementtechniken bezeichnet, die zu einem „Lern-" bzw. „*classroom management*" gebündelt werden. Die daran geknüpften Hoffnungen speisten sich aus einer „Konfusion von erziehungsspezifischem Professionswissen und manageriellem Organisationswissen", die den Eindruck entstehen lasse, es genüge, wenn nicht nur die Schule, sondern auch der Unterricht sozial-technisch gesteuert werden könne. Dann werde auch der Unterricht als „lernende Organisation" aufgefasst, auf die der Lehrer mit entsprechenden *managementtools* einwirken soll. Gefragt seien auf dem Weg zur Verbesserung der Qualität des Unterrichts nicht mehr professionelle, in der direkten Interaktion mit den Kindern verausgabte, sondern organisatorische Kompetenzen, wie sie eben Managern zukommen. Die verbreitet euphemistische Rede von einer „neuen Professionalität", die letztlich nur noch soviel wie Beruflichkeit meine, komme einer „Entspezifizierung des Professionsverständnisses *im Selbstverständnis* einer Profession" gleich (Tacke 2005, 186; Herv. i. O.).

Man wird die Programme der Organisationsentwickler nicht zum Nennwert nehmen dürfen. Eine bislang sicher registrierbare Wirkung der evidenzbasierten Steuerung besteht allerdings darin, dass nun auch in die Selbstbeschreibungen der Organisation Schule die kybernetische Semantik eingeschleust wird, wonach unterschiedlichste soziale Zwecke als technisch erreichbare Ziele definiert und mit spezifizierten Mitteln auf rationale Weise auch erreicht werden können. Es ist ein weiterer Schritt zur verallgemeinernden Institutionalisierung technisch-utilitaristischer Denkformen, mit dem die Prämissen, welche die neuen Steuerungstechniken tragen – jenseits der Evaluation ihrer Wirksamkeit – auch in der Schule in den Bereich des fraglos Gültigen gehoben werden.

Solche kognitiven Schemata können sich etablieren und reale Wirkungen bis auf die operative Ebene entfalten, weil sie nicht nur dem Steuerungswillen der Bildungspolitik und der Schuladministration entgegen kommen, sondern weil mechanische Trainingsprogramme auch den Lehrerinnen Entlastung von der strukturellen Ungewissheit und Unsicherheit versprechen, mit denen ihre Arbeit mit den Kindern belastet ist. Indem sie die Schule mit einer Semantik versorgen, welche die Unterscheidung von Erziehung und Organisation verschwimmen lässt, könne es, so fürchtet Tacke (ebd., 194) begründet, tatsächlich zu einer Auflösung der bislang gesellschaftlich institutionalisierten Strukturdifferenz zwischen pädagogischer Profession und organisatorischem Management kommen, am Ende zur Durchsetzung der Leitfigur des Managers auch im Erziehungsbetrieb – mit noch nicht absehbaren Folgen für die Erziehung.

Literatur

Amos, K./Radtke, F.-O. (Hrsg.) (2007): Die Formation neuer Bildungsregime. Zur Durchsetzung von Regierungstechniken in der post-nationalen Konstellation. In: Tertium Comparationis (TC), 13, 2.

Bauersfeld, H. (2006): Welche Art von Wissenschaft hilft der Bildungspraxis? In: Frost, U. (Hrsg.): Unternehmen Bildung. Frankfurter Einsprüche und kontroverse Positionen zur aktuellen Bildungsreform, Vierteljahresschrift für wissenschaftliche Pädagogik (VJP) (Sonderheft), S. 69-79.

Baumert, J./Kunter, M. (2006): Stichwort: Professionelle Kompetenz von Lehrkräften. In: Zeitschrift für Erziehungswissenschaft (ZfE), 9, 4, S. 469-520.

Deutscher Lehrerverband (2008): Lehrerverband kritisiert „Arroganz und Ignoranz der OECD“. Pressemeldung. Bonn: 10. 4. 2008.

Fahrholz, B./Gabriel, S./Müller, P. (Hrsg.) (2002): Nach dem Pisa-Schock. Plädoyers für eine Bildungsreform. Hamburg: Hoffmann und Campe.

Flitner. E. (2007): Pädagogische Wertschöpfung. Zur Rationalisierung von Schulsystemen durch *public-private-partnership* am Beispiel von PISA. In: Oelkers, J. u. a. (Hrsg.): Rationalisierung und Bildung bei Max Weber. Bad Heilbrunn: Klinkhardt, S. 245-266.

Foerster, H. v. (1981): Observing Systems. Seaside, Kalifornien/USA: Intersystems Publishings.

Forst, R. (2007): Das Recht auf Rechtfertigung. Elemente einer konstruktivistischen Theorie der Gerechtigkeit. Frankfurt/M.: Suhrkamp.

Gruschka, A./Heinrich, M./Köck, N./Martin, E./Pollmanns, M./Tiedtke, M. (2003): Innere Schulreform durch Kriseninduktion? Fallrekonstruktionen und Strukturanalysen zu den Wirkungen administeriell verordneter Schulprogrammarbeit, Frankfurter Beiträge zur Erziehungswissenschaft, Reihe Forschungsberichte. Frankfurt/M.: Johann-Wolfgang-Goethe-Universität.

Hagner, M./Hörl, E. (2008): Die Transformation des Humanen: Beiträge zur Kulturgeschichte der Kybernetik. Frankfurt/M.: Suhrkamp.

Hauf, Th. (2007): Innerstädtische Bildungsdisparitäten an der Übergangsschwelle von den Grundschulen zum Sekundarschulsystem. In: Zeitschrift für Pädagogik (ZfPäd) 53, 3, S. 299-313.

Helmke, A. (2003): Unterrichtsqualität erfassen, bewerten, verbessern. Seelze: Kallmeyer.

Helmke, A./Helmke, T./Schrader, F.-W. (2007): Qualität von Unterricht: Aktuelle Tendenzen und Herausforderungen im Hinblick auf die Evaluation und Entwicklung von Schule und Unterricht. In: Pädagogische Rundschau (PR), 61, 5, S. 527-543.

Helsper, W. (2004): Antinomien, Widersprüche, Paradoxien: Lehrerarbeit – ein unmögliches Geschäft? Eine strukturanalytisch-rekonstruktive Perspektive auf Lehrerhandeln. In: Koch-Priewe, B./Kolbe, F.-U./Wildt, J. (Hrsg.): Grundlagenforschung und mikrodidaktische Reformansätze zur Lehrerbildung. Bad Heilbrunn: Klinkhardt, S. 49-98.

Helsper, W./Hoerster, R./Kade, J. (Hrsg.) (2003): Ungewißheit. Pädagogische Felder im Modernisierungsprozeß. Weilerswist: Velbrück Wissenschaft.

Höhne, Th. (2005): Evaluation als Wissens- und Machtform. JLU-Gießen. [http://geb.uni-giessen.de/geb/portal/eb_giessen/]

Holtappels, H. G. (2006): Gelingensbedingungen von Schulprogrammarbeit. In: Lernende Schule, 9, 34, S. 11-13.

Kade, J. (1997): Vermittelbar/nicht-vermittelbar: Vermitteln: Aneignen. Im Prozeß der Systembildung des Pädagogischen. In: Lenzen, D./Luhmann, N. (Hrsg.): Bildung und Weiterbildung im Erziehungssystem. Lebenslauf und Humanontogenese als Medium und Form. Frankfurt/M.: Suhrkamp, S. 30-70.

Kade, J. (2005): Wissen und Zertifikate. Erwachsenenbildung/Weiterbildung als Wissenskommunikation. In: Zeitschrift für Pädagogik (ZfPäd) 51, 4, S. 498-512.

Koch, L. (2004): Normative Empirie. In: Kritik der Evaluation von Schulen und Universitäten (Reihe Erziehung, Schule, Gesellschaft, Bd. 31, hrsgg. v. W. Böhm u. a.). Würzburg: Ergon, S. 39-55.

Lange, H. (1999): Qualitätssicherung in Schulen. In: Die Deutsche Schule (DDS), 91, 2, S. 144-159.

Lohmann, I. (2007): Die ‚gute Regierung' des Bildungswesens: Bertelsmann Stiftung. In: Amos, K./Radtke, F.-O. (Hrsg.): Die Formation neuer Bildungsregime. Zur Durchsetzung von Regierungstechniken in der post-nationalen Konstellation, Tertium Comparationis (TC), 13, 2, S. 234-248.

Luhmann, N. (1981): Gesellschaftsstruktur und Semantik. Studien zur Wissenssoziologie der modernen Gesellschaft, Bd. 2. Frankfurt/M.: Suhrkamp.

Luhmann, N. (1985): Erziehender Unterricht als Interaktionssystem. In: Ders.: Schriften zur Pädagogik (hrsgg. v. D. Lenzen) 2004. Frankfurt/M.: Suhrkamp, S. 11-22.

Luhmann, N. (1986): Systeme verstehen Systeme. In: Ders./Schorr, K. E. (Hrsg.): Zwischen Intransparenz und Verstehen. Fragen an die Pädagogik. Frankfurt/M.: Suhrkamp, S. 72-117.

Luhmann, N. (1996): Protest. Systemtheorie und soziale Bewegungen. Frankfurt/M.: Suhrkamp.

Luhmann, N. (2002): Das Erziehungssystem der Gesellschaft. Frankfurt/M.: Suhrkamp.

Luhmann, N./Schorr, E. (Hrsg.) (1982): Zwischen Technologie und Selbstreferenz. Fragen an die Pädagogik. Frankfurt/M.: Suhrkamp.

March, J. G./Olsen, J. P. (1976): Ambiguity and Choice in Organisations. Bergen: Universitetsforlaget.

Maritzen, N. (1996): Im Spagat zwischen Hierarchie und Autonomie. Steuerungsprobleme in der Bildungsplanung. In: Die Deutsche Schule, 88, 1, S. 22-36.

Meyer, H.-D./Rowan, B. (Hrsg.) (2006): The New Institutionalism in Education. New York: State University of New York Press.

Meyer, J. W./Rowan, B. (1977): Institutionalized Organizations: Formal Structure as Myth and Ceremony. In: Am. Journal of Sociology (AJS), 83, 2, S. 340-363.

Meyer, J. W./Rowan, B. (1978): The Structure of Educational Organizations. In: Meyer, M. W. (Ed.).: Environments and Organizations. San Francisco u. a.: Jossey-Bass, S. 78-109.

Mitter, W. (2006): Bildungssouveränität und Schulträgerschaft in Europa in historisch-vergleichender Sicht. In: Bildung und Erziehung, 59, 1, S. 5-20.

Oelkers, J. (1982): Intention und Wirkung: Vorüberlegungen zu einer Theorie pädagogischen Handelns. In: Luhmann, N./Schorr, K. E. (Hrsg.): Zwischen Technologie und Selbstreferenz. Fragen an die Pädagogik. Frankfurt/M.: Suhrkamp, S. 139-194.

Oelkers, J. (1992): Seele und Demiurg: Zur historischen Genesis pädagogischer Wirkungsannahmen. In: Luhmann, N./Schorr, K. E. (Hrsg.): Zwischen Absicht und Person. Fragen an die Pädagogik. Frankfurt/M.: Suhrkamp, S. 11-57.

Offe, C. (2003): The European Model of „Social" Capitalism: Can it Survive European Integration? In: The Journal of Political Philosophy (JPP), 11, 4, S. 437-469.

Popper, K. (1944): Die Stückwerk-Sozialtechnik. In: Karl Popper Lesebuch. Ausgewählte Texte zu Erkenntnistheorie, Philosophie der Naturwissenschaften, Metaphysik, Sozialphilosophie, hrsg. von D. Miller (1997). Tübingen: Mohr Siebeck.

Proske, M. (2006): Über den Umgang mit Kontingenz. Unterrichtsforschung im erziehungswissenschaftlichen Vergleich, Habilitationsschrift, Ms. Frankfurt/M.: Johann-Wolfgang-Goethe-Universität.

Radtke, F.-O. (2004): Die Illusion der meritokratischen Schule. Lokale Mechanismen der Produktion ethnischer Ungleichheiten. In: IMIS-Beiträge, 23. Osnabrück: Institut für Migrationsforschung und Interkulturelle Studien, S. 143-178.

Radtke, F.-O. (2006a): Die Integration der Migrantenkinder durch internationalen Vergleich: Aporien des Qualitätsmanagements in der Erziehung. In: Bommes, M./Schiffauer, W. (Hrsg.): Migrationsreport 2006. Fakten. Analysen. Perspektiven. Frankfurt/M., New York: Campus, S. 165–201.

Radtke, F.-O. (2006b): Politiknah und praxisverträglich. Der Beitrag der westdeutschen Erziehungswissenschaftler zur Modellierung des Migrationsproblems. In: Otto, H.-U./Schrödter, M. (Hrsg.): Soziale Arbeit in der Migrationsgesellschaft. Multikulturalismus. Neo-Assimilation. Transnationalität. Lahnstein: Verlag Neue Praxis, S. 201-213.

Reimann, G./Kahlert, J. (Hrsg.) (2008): Der Nutzen wird vertagt – Bildungswissenschaften im Spannungsfeld zwischen wissenschaftlicher Profilbildung und praktischem Mehrwert. Lengerich (u.a.): Pabst Science Publishers.

Scheerens, J. (2000): Improving School Effectiveness. Paris: Unesco.

Scheerens, J./Bosker, R. J. (1997): The Foundations of Educational Effectiveness. Oxford: Pergamon.

Schink, G. (1993): Kompetenzerweiterung im Handlungssystem der Europäischen Gemeinschaft. Eigendynamik und „policy entrepreneurs". Eine Analyse am Beispiel von Bildung und Ausbildung. Baden-Baden: Nomos.

Schneider, S./Nullmeier, F./Lhotta, R./Krell-Laluhová, Z./Hurrelmann, A. (2006): Legitimationskrise nationalstaatlicher Demokratien? In: Leibfried, S./Zürn, M. (Hrsg.): Transformationen des Staates? Frankfurt/M.: Suhrkamp, S. 197-229.

Schleicher, A. (2003): „Das System ist gescheitert", Interview in: Der Spiegel, 3/2004, S. 11-13.

Schriewer, J. (2000): Stichwort: Internationaler Vergleich in der Erziehungswissenschaft. In: Zeitschrift für Erziehungswissenschaft (ZfE), 3, 4, S. 495-515.

Tacke, V. (2005): Schulreform als aktive Deprofessionalisierung? Zur Semantik der Lernenden Organisation im Kontext der Erziehung. In: Klatetzki, Th./Tacke, V. (Hrsg.): Organisation und Profession. Wiesbaden: VS-Verlag für Sozialwissenschaften.

Terhart, E. (1986): Organisation und Erziehung. Neue Zugangsweisen zu einem alten Dilemma. In: Zeitschrift für Pädagogik (ZfPäd), 32, 2, S. 205-223.

Tenorth, H.-E./Rolff, G. (2007): Rankings für Schulen? Pro und Contra. In: Pädagogik, 59, 1, 48-49.

Tillmann, K.-J./Dedering, K./Kneuper, D./Kuhlmann, Chr./Nesel, I. (2008): PISA als bildungspolitisches Ereignis oder: Wie weit trägt das Konzept der „evaluationsbasierten Steuerung"? In: Brüsemeister, T./Eubel, K.-D. (Hrsg.): Evaluation, Wissen und Nichtwissen. Wiesbaden: VS Verlag für Sozialwissenschaften.

Thompson, J. P. (1967): Organizations in Action. Social Science Bases of Administrative Theory. New York: Mac Graw-Hill.

Weber, M. (1964): Die legale Herrschaft mit bürokratischem Verwaltungsstab. In: Ders.: Wirtschaft und Gesellschaft (Studienausgabe). Köln/Berlin: Kiepenheuer & Witsch, S. 160-166.

Weick, K. E. (1976): Educational Organizations as Loosly Coupled Systems. In: Administrative Science Quarterly, Vol. 21, S. 1-19.

Wolf, K. D. (2000): Die neue Staatsräson. Zwischenstaatliche Kooperation als Demokratieproblem in der Weltgesellschaft, Baden-Baden: Nomos.

Wygotski, L. (1986): Denken und Sprechen. Frankfurt/M.: Fischer.

Zürn, M./Binder, M./Ecker-Ehrhardt, M./Radtke, K. (2006): Politische Ordnungsbilder wider Willen – Ein Forschungsprogramm zu transnationalen Konflikten und Institutionen. Diskussionspapier SP IV 2006-301. Berlin: Wissenschaftszentrum Berlin für Sozialforschung (WZB).

Grenzen und Probleme der Steuerung des Bildungssystems

Peter Drewek

1. Komplexität der Funktionen des Bildungssystems

Als Claus Offe 1975 – noch während der Hochkonjunktur gesamtstaatlicher Planungsversuche des Bildungswesens – die evidenten prognostischen und operativen Defizite der Bildungsplanung beschrieb, resümierte er ironisch, das Gewicht dieser Defizite ließe „die Behauptung nicht als übertrieben erscheinen", dass Bildungsplanung „nur unter Bedingungen funktionsfähig wäre, die so wenig komplex sind, dass ein Bedarf an Bildungsplanung nicht ernstlich aufkommen würde" (Offe 1975, 231). Im Kontrast dazu wurden die Grenzen von Bildungsplanung aus der Komplexität der Funktionen des Bildungswesens heraus bestimmt, beispielsweise aus der Mehrdimensionalität der Qualifikationsfunktion, die eine Reduktion des Qualifikationsbegriffs auf seine rein fachlichen, ‚funktionalen' bzw. ‚prozessgebundenen' Komponenten verbietet, aus der angebotsinduzierten Varianz der (mithin auch politisch determinierten und nicht nur schichtspezifisch restringierten) Bildungsnachfrage oder aus den Zusammenhängen zwischen ökonomischem Wachstum und der Verbreitung formaler Bildung, die nicht zwingend nur als aktive Wachstumsvoraussetzung, sondern umgekehrt auch als Ausdruck wirtschaftlicher Prosperität verstanden werden kann. Angesichts dieser Verwicklungen schienen planungsaffine Wirkungen auf der „instrumentellen" (Edelman 1964) Seite der Bildungspolitik, die „die objektiven Gegebenheiten in der jeweiligen Umwelt" durch Bildungsplanung „zu *verändern*" sucht (ebd., 243), kaum zu erwarten.

Nachdem die Komplexität der Funktionen des Bildungssystems bereits durch die bloße Expansion der Bildungsbeteiligung seit den 1970er Jahren, durch die einhergehende Ausdifferenzierung des Sekundar- und Tertiärbereichs und deren veränderte Beziehungen zueinander, durch den Bologna-Prozess, die Dynamik der Weiterbildung etc. kaum abgenommen haben dürfte, bleibt die Frage nach der *Steuerbarkeit* des Bildungswesens, weit über instrumentell-technische Themen wie die indikatorbasierte Steuerung hinaus, virulent. Die Freiheitsgrade von Steuerungsinterventionen sind dabei – so das im Folgenden skizzierte Argument – erheblich eingeschränkt: strukturell durch die Trägheit historischer Traditionen des Bildungssystems, prozessual durch die Möglichkeit der Akteure, sich Anforderungen des Bildungssystems einschließlich auch seiner Steuerungen strategisch zu entziehen.

2. Historische Trägheit von Bildungsstrukturen

„Planung" und – in ihrer strategisch-operativen Übersetzung – „Steuerung" des Bildungswesens vollziehen sich nicht im luftleeren Raum. Wenngleich politische und finanzielle Restriktionen von Planung und Steuerung allgemein bewusst sind, gilt dies nicht in gleicher Weise für die Historizität von Steuerungsgegenständen: Steuerung bedeutet stets Steuerung von bereits Gesteuertem.

Kaum ein Merkmal unseres Bildungssystems lässt sich aus dem langen geschichtlichen Strom politisch getroffener und sozial vermittelter Steuerungsentscheidungen herauslösen. Die besonders in der deutschen Tradition noch immer scharfe Opposition von ‚zweckfreier' Allgemeinbildung gegenüber ‚utilitaristischer' Berufsbildung, die Regionalität der Bildungsstrukturen, die Halbtagsschule (und damit die spannungsreiche Arbeitsteilung zwischen Schule und Familie), das Fachlichkeitsprinzip des Unterrichts, dessen Wissenschaftsorientierung (nach 1960 bis in die Pflichtschulen hinein) bestimmen als Beispiele noch immer die aktuellen Strukturen des deutschen Bildungswesens auf seinen Makro- und Mikroebenen und tradieren doch zugleich bis in das 19., in das 18. oder sogar in das 17. Jahrhundert zurückreichende Steuerungen. Historische Persistenz kommt auch der seit dem ausgehenden 19. Jahrhundert systemisch generierten und seitdem kontrovers diskutierten Differenzierung der Schularten im Sinne einer institutionellen Spreizung zu, die dem demokratischen Integrationsauftrag des modernen Bildungssystems doch scheinbar offen zuwiderläuft – und von dessen Klientelen zugleich akzeptiert, mindestens hingenommen zu werden scheint.

So wenig die lange historische Wirkungsdauer allein von sich aus die Berechtigung der genannten Strukturmerkmale begründet, so wenig sollte in aktuellen Steuerungsdiskursen deren Verankerung in sozialen, rechtlichen, vor allem mentalen Tiefenstrukturen unterschätzt werden. Wie die Opposition von Bildung und Ausbildung bis heute die strukturelle Anhebung der Berufsbildung erschwert, wie die bundesweite Koordination von Ferienordnungen noch außerhalb jedes die Landesgrenzen überschreitenden Schulwechsels das historische Regionalitätsprinzip Jahr für Jahr neu manifestiert, wie Eltern ihre Kinder gegenüber auch nur vermeintlichen Härten schulischer Ansprüche familiär glauben schützen zu sollen oder wie dem Schulunterricht fehlende Lebensnähe vorgehalten wird – aktuelle Reform- und Steuerungsversuche treffen fast überall auf historisch außerordentlich träge Effekte früherer Steuerungen. Vergegenwärtigt man sich, dass das Bildungswesen plural von Eltern, Schülern, Lehrern, Verwaltung und Politik getragen und ‚gesteuert' wird, dürften im übrigen die Freiheitsgrade von Steuerung aus jeder dieser jeweils verschieden manifesten Perspektiven unterschiedlich groß ausfallen: So orientieren sich die meisten Eltern bei der Schulwahl unabhängig von der unterschiedlichen Qualität verfügbarer Einzelschulen traditionell an der Länge des Schulweges ihrer Kinder. Liberalisierend argumentierende Ansätze eines lokalen Schulmarktes treffen dadurch schnell auf konzeptfremde Wahlkriterien und auf – aus Sicht der Reformer – innovationsferne, konservative Mentalitäten (vgl. Clausen 2007).

Hinter dem, was in Organigrammen unseres Bildungssystems grafisch abstrahiert etwa als „Schulart" und „Schulstufe" oder in Gesetzen und Erlassen juristisch normiert beispielsweise als „Übergangs- und Aufnahmeregelung" erscheint, stehen also im zeitlich vorausgelegenen, ‚historischen Raum' des Bildungssystems Strukturen und Prozessgestalten von aktuell ganz unterschiedlicher Plastizität. Korreliert diese sachlich mit den auf den verschiedenen Ebenen der Eltern, Lehrer etc. unterschiedlich offenen Veränderungsbereitschaften, so ist schließlich in zeitlicher Hinsicht nicht leicht zu entscheiden, wann genau ‚neue' Steuerungen beginnen und wann ‚alte' Steuerungsentscheidungen ihre Geltungskraft einbüßen (vgl. beispielsweise die Dauer der Durchsetzung der gemeinsamen Grundschule in der Weimarer Republik; Herrlitz/Hopf/Titze 2005, 121-124). Historische wie aktuelle Steuerungsmaßnahmen sind nicht zuletzt aufgrund der darin zum Ausdruck kommenden Fluidität der Bildungsentwicklung schwer abgrenzbar und somit kaum exakt zu periodisieren und in ihren Effekten zu messen.

3. Strategische Anpassungen auf Akteursebene

Der Historizität von Steuerungsobjekten und -maßnahmen, deren Grad der Verwebung mit den aktuellen Formen des Bildungssystems zugleich die (aus den skizzierten Gründen eher gering anzusetzenden) Steuerungspotenziale auf der Makroebene von Bildungsstrukturen anzeigt, dürfte eine je geringere Bedeutung zukommen, je weniger Steuerung auf tradierte Strukturen als auf aktuelle Prozesse zielt. Gerade dies ist in modernen Bildungsmodellen, die im Vergleich zur preußisch-deutschen Tradition weniger strukturfixiert sind, im Allgemeinen und in der aktuellen Steuerungsdiskussion im Besonderen der Fall. Selbst wenn in gegliederten Bildungssystemen historische Prozesse (nach)wirken, berechtigen auch hier die größere Akteurs- und Interaktionsnähe von Prozesssteuerung zu der Hypothese einer grundsätzlich größeren Steuerungseffizienz auf der sog. Mikroebene. Dies setzt allerdings voraus, dass die institutionell normierten Rollen der Akteure und die Formen ihrer Interaktion nicht nur eindeutig fassbar, sondern auch de facto für sich selbst eindeutig sind und ihre Verhaltenslogik entsprechenden institutionellen Semantiken folgt. Gezielte Steuerung muss grundsätzlich von authentischen Prozessen mit mehr oder weniger rollenidentischen Akteuren ausgehen können, um von einem aktuell gegebenen Zustand zu einem perspektivisch entwickelteren, qualifizierteren Status zu gelangen.

Wieweit Schüler und Lehrer ihre jeweils überkommene, konventionelle Rollenidentität tatsächlich wahrnehmen, ist jedoch im Kontext einer Schulentwicklung zu bezweifeln, deren Anforderungen über die Rollen von Lernern und Lehrenden hinaus zunehmend ein rollenüberschreitendes, überfachliches Betriebswissen für individuell erfolgreiche Karrieren voraussetzt.

Ganz im Sinne der eingangs tangierten Unterscheidung zwischen ‚funktionalen', ‚prozessgebundenen' Qualifikationen auf der einen, ‚extrafunktionalen' Qualifikationen auf der anderen Seite benötigen Schüler für Schulerfolg weit mehr als rein fachspezifische Kompetenzen (vgl. zu weiterführenden pädagogischen Dimensionen Ziehe 1991/1996). Unter „Betriebswissen" sind dabei ebenso wenig die von allen Schülergenerationen anekdotenartig überlieferten Kenntnisse der oft willkürlichen professionellen Präferenzen und Praktiken individueller Lehrer zu verstehen wie mit ‚extrafunktionalen' Qualifikationen allein Fähigkeiten wie die zu multimedialen Präsentationen angesprochen sind.

Die Binnenstrukturen lokaler Schulmärkte oder – in Einzelschulen – der fachlichen und außerfachlichen Wahloptionen, die kommunikativen Netze zwischen Schülern, Lehrern, Eltern, der Schulleitung etc. repräsentieren heute über die reine Schulartzugehörigkeit einer Schule oder deren bloßes Fächerangebot hinausgehende Komplexitäten, die einen strategischen Umgang im Alltag geradezu herausfordern. Symptomatisch sind Publikationen bereits aus den 1990er Jahren, die beispielsweise „Strategien für Eltern und clevere Schüler" unter dem Titel „Der Gymnasiastenretter" anbieten und – aus der Feder einer anonymen Lehrerin – erstaunlich detaillierte Ratschläge verbreiten, wie sich den Standards und Anforderungen der Schule unter kritischen Bedingungen ebenso wirkungsvoll wie illegitim oder gar illegal entzogen werden kann (Block 1993; vgl. neuerdings analytisch zu Schülerstrategien Maschke/Stecher 2006). Bezogen auf Steuerungsmöglichkeiten im Bildungssystem erscheinen vor diesem Hintergrund solche Ansätze naiv, die ihre Ziele und Kriterien weitgehend friktionsfrei aus sterilen amtlichen Normierungen ableiten, ohne deren Transformationen in der Schule in Rechnung zu stellen. Zählt dazu auf Seiten der Schüler ein (im Vergleich zu den noch überschaubaren Anforderungen in den 1950er Jahren leicht demonstrierbarer) strukturinduzierter Zuwachs an sozialer Intelligenz, so legt sich über die Ebene der Ausgangserfahrung ‚einfacher' Unterrichts- und Schulanforderungen faktisch eine zusätzliche, zweite Ebene betrieblichen Wissens, das Strategien des erfolgreichen Umgangs mit der Schule im Sinne der Ausgangsebene verfügbar macht.

Wenn vor diesem Hintergrund Steuerungen im Bildungssystem nicht in gleicher Weise Schüler als Schüler adressieren können, wie Steuerungsmaßnahmen in Krankenhäusern Patienten als Patienten, in Supermärkten Kunden als Kunden etc. erreichen, kompliziert dies die operativen Prozesse bereits zu einem Grad, der möglicherweise durch eine entsprechende Sensibilität der Instrumente und des Steuerungspersonals, vor allem der Lehrer, kontrollierbar bliebe. Wo jedoch längere Erfahrungen mit der Erhöhung der „Produktionseffizienz" von Schule und Unterricht durch das sog. *High-Stakes-Testing* vorliegen, scheinen derartige Erwartungen verfehlt. Analog zu den strategischen Anpassungen von Schülern an komplexere Binnenstrukturen der Schule scheinen im Kontext der im anglo-amerikanischen Bereich schon länger etablierten output-Steuerung auch Lehrer sich den Herausforderungen der Steuerung durch Tests anzupassen. Die hinter dem Begriff des „Teaching to the test" verborgene „Grauzone" umfasst z. B. „die Umverteilung von Unterrichtszeit innerhalb und zwischen den Leistungsdomänen (*reallocation*), die inhaltliche Ausrichtung des Unterrichts auf den Test (*alignement*) sowie die Ausrichtung des Unterrichts am Format von Testaufgaben (*coaching*). Alle drei Varianten können im Ergebnis zu ‚score inflation' führen" (Weiß/Bellmann 2007, 30). So kann die Ausschöpfung von *High Stakes* mit dem Risiko einhergehen, letztlich „bloß *scheinbare* Effizienzgewinne zu erzielen" (ebd., 31; vgl. weiterführend die dort referierten Untersuchungen von Nichols/ Berliner 2005 und 2007; Nichols/Glass/Berliner 2006).

4. „Expressive" Funktionen von Steuerung?

Begründen historische Trägheiten auf der institutionellen Makroebene und strategische Verhaltensflexibilität auf der Akteurs- und Interaktionsebene Zweifel an den Erfolgschancen der „instrumentellen" Seite bildungspolitischer Steuerungen, könnten sich deren soziale Bedeutung und tatsächlichen Effekte zu der „expressiven" Funktion (bildungs)politischen Handelns hin verschieben. Dieser expressiven Funktion obliegt es, „das gesellschaftliche Problemverständnis von dieser Umwelt zu organisieren und Zuversicht in die Lösbarkeit der so definierten Probleme zu erzeugen" (Offe 1975, 243). Die „... ‚ideologiebildenden', d. h. das *Bewusstsein* der Gesellschaft *von sich selbst* organisierenden Funktionen" von Steuerung suggerieren bestimmte, so nicht gegebene scheinbare Eingriffsmöglichkeiten in oder sogar allgemeine Plastizitäten von Bildungssystemen, die dessen auf ganz anderen Ebenen gelegene faktische Funktionalität verdecken: so kaschiert beispielsweise die politisch gewollte Öffnung, „Expansion“ der Gymnasien und Universitäten seit den 1970er Jahren ökonomisch die parallel einhergehende Entlastung des Arbeitsmarktes (Plümper/Schneider 2007), legitimatorisch die Stabilität sozialer Ungleichheit im Bildungswesen – ist es doch „ein bekanntes Phänomen, dass eine Vergrößerung des ‚Kuchens‘ zu einer Verminderung des Konflikts um die relative Größe der einzelnen ‚Kuchenstücke‘ führt“ (Blossfeld/Shavit 1993, 49).

Ohne einen komplexen Begriff ihres Gegenstandes laufen Steuerungen des Bildungssystems Gefahr, naiv historisch und soziologisch dekontextualisierte Funktionen seines Programms zu prüfen, Artefakte zu testen und mit Forschungsaktivitäten Modellierungsmöglichkeiten des Bildungssystems zu implizieren, die ihrerseits integrales Element seiner Reformideologie sind.

Literatur

Block, K. (1993): Der Gymnasiasten-Retter. Strategien für Eltern und clevere Schüler. Frankfurt/M.: Eichborn Verlag.

Blossfeld, H.-P./Shavit, Y. (1993): Dauerhafte Ungleichheiten. Zur Veränderung des Einflusses der sozialen Herkunft auf die Bildungschancen in dreizehn industrialisierten Ländern. In: Zeitschrift für Pädagogik, 39. Jg., S. 25-52.

Clausen, M. (2007): Einzelschulwahl. Zur Wahl der konkreten weiterführenden Einzelschule aus der Sicht von Bildungsnachfragenden und Bildungsanbietenden. Unveröffentlichte Habilitationsschrift an der Universität Mannheim, Fakultät für Sozialwissenschaften. Mannheim: Universität.

Edelman, M. (1964): The Symbolic Uses of Politics. Urbana, IL: University of Illinois Press.

Herrlitz, H.-G./Hopf, W./Titze, H./Cloer, E. (2005): Deutsche Schulgeschichte von 1800 bis zur Gegenwart. Weinheim und München: Juventa Verlag.

Maschke, S./Stecher, L. (2006): Strategie und Struktur, oder: Wie kommen SchülerInnen gut durch die Schule? In: Diskurs Kindheits- und Jugendforschung, 1. Jg., S. 497-516.

Nichols, S. L./Berliner, D. C. (2005): The inevitable Corruption of Indicators und Educators Through High-Stakes Testing.The great Lakes Center for Education Research & Practice, S. 1-187.
Verfügbar unter http://greatlakecenter.org/g_1_new_doc/EPSL-0503-101-EPRU.pdf.

Nichols, S. L./Berliner, D. C. (2007): Collateral Damage. How High-Stakes Testing Corrupts America's Schools. Cambridge, Mass.: Harvard Education Press.

Nichols, S. L./Glass, G. V./Berliner, D. C. (2006): High-stakes testing and student achievment: Does accountability pressure increase student learning? In: Education Policy Analysis Archives, 14 (1), S. 1-172.

Offe, C. (1975): Bildungssystem, Beschäftigungssystem und Bildungspolitik – Ansätze zu einer gesamtgesellschaftlichen Funktionsbestimmung des Bildungswesens. In: Roth, H./Friedrich, D. (Hrsg.): Bildungsforschung. Probleme – Perspektiven – Prioritäten. Stuttgart: Ernst Klett Verlag, S. 217-252.

Plümper, Th./Schneider, Ch. J. (2007):Too much to die, too little to live: unemployment, higher education policies and university budgets in Germany. In: Journal of European Public Policy, Vol. 14, S. 631-653.

Weiß, M./Bellmann, J. (2007): Bildungsfinanzierung in Deutschland und Schulqualität – eine gefährdete Balance? In: Recht der Jugend und des Bildungswesens, H. 1, S. 20-36.

Ziehe, Th. (1991, 2. Aufl. 1996): Zeitvergleiche. Jugend in kulturellen Modernisierungen. Weinheim und München: Juventa Verlag.

Indikatoren für die regionale Bildungsberichterstattung

Horst Weishaupt

Ansätze zur Entwicklung von Indikatoren einer regionalen Bildungsberichterstattung sollten sich an bereits vorliegenden Forschungserfahrungen orientieren. Solche liegen einerseits bereits seit mehreren Jahrzehnten vor. Andererseits sind sie in den letzten Jahren im Zusammenhang von Ansätzen der Qualitätssicherung und neuen Steuerung im Bildungswesen entstanden. Über drei Zugänge soll versucht werden, diese Ausgangssituation darzustellen. Zunächst werden Indikatoren für eine regionale Bildungsberichterstattung in der Tradition einer Geografie des Bildungswesens behandelt (1). Dann werde ich mich auseinandersetzen mit der Verwendung sozialräumlicher Indikatoren für die Schulentwicklung, insbesondere den Ansätzen zu einem „Sozialindex" für Schulen (2). Schließlich gibt es Bemühungen zur Berichterstattung für und über einzelne Bildungseinrichtungen (3). Bevor ich Schlussfolgerungen andeute und Perspektiven anspreche (5), gehe ich zunächst noch kurz auf Probleme der Datenlage ein (4).

1. Indikatoren in der Tradition einer Geografie des Bildungswesens

Absicht der regionalen Bildungsforschung der sechziger und siebziger Jahre des letzten Jahrhunderts war es vor allem, Begabungsreserven zu erschließen (Geipel 1965). Die regionale Benachteiligung im Bildungswesen wurde mit dem Bildungsangebot in Zusammenhang gebracht und der Ausbau von Bildungseinrichtungen als Schlüssel zum Abbau der Benachteiligung angesehen:

- In den sogenannten ländlichen „Regionen geringer Bildungsdichte" (Peisert 1967) war vornehmlich das Angebot an Realschulen und Gymnasien sehr niedrig. Dieses gelang es, im Zuge der Bildungsexpansion auszubauen. Doch konnte dadurch zwar die Bildungsbeteiligung im ländlichen Raum gesteigert werden, Stadt-Land-Unterschiede blieben aber bestehen (Fickermann/Schulzeck/Weishaupt 2002) und auch die sozialen Unterschiede des Schulbesuchs wurden nicht beseitigt (Schimpl-Neimanns 2000). In den Städten konnte ein enger Zusammenhang zwischen Schulbesuchsquoten, sozialer Lage des Stadtteils und dem Angebot an Gymnasien nachgewiesen werden (Peisert 1967; s. auch: Göschel 1983).

- Im Hochschulbereich bestand ein regional sehr unausgewogenes Netz von Einrichtungen, und die Verbesserung der regionalen Standortverteilung wurde zum Ausgangspunkt der Gründung neuer Universitäten und von Fachhochschulen (Geißler 1965). Bis vor wenigen Jahren – als der Wettbewerb unter den Hochschulen zur neuen Richtschnur der Hochschulpolitik wurde – war ein regional ausgeglichenes Hochschulangebot eine zentrale Leitlinie der Hochschulpolitik (Block 1984; Monheim 1984; Peisert/Framhein/Kuthe 1984). Das mit der Föderalismusreform aufgegebene Hochschulbauförderungsgesetz sah für Bund und Länder seit 1969 vor, „dass die Hochschulen nach Aufgabenstellung, Fachrichtung, Zahl, Größe und Standort ein zusammenhängendes System bilden, durch das ein ausreichendes und ausgeglichenes Angebot an Ausbildungs- und Forschungsplätzen gewährleistet wird“ (Gesetz über die Gemeinschaftsaufgabe Ausbau und Neubau von Hochschulen vom 01.09.1969, § 2).
- Auch im Weiterbildungsbereich wurden große regionale Unterschiede in Studien über Baden-Württemberg und Bayern (Meister 1971; Schwerdtfeger/Andräs 1970) beobachtet. Diese Studien hatten zum Ziel, auf die Benachteiligung ländlicher Regionen in der Weiterbildung hinzuweisen und die dort bestehenden besonderen Ausbauerfordernisse hervorzuheben. Da „Vorschriften über die inhaltliche Mindestausgestaltung eines flächendeckend anzubietenden Grundangebots“ (Deutscher Bildungsrat 1975, 373) fehlten, forderte der Deutsche Bildungsrat in seiner letzten Empfehlung die Sicherstellung eines flächendeckend verfügbaren Mindestprogramms der Weiterbildung, dessen inhaltliche Ausgestaltung mit Elementen der allgemeinen, politischen und beruflichen Weiterbildung den regionalen Erfordernissen angepasst – gleichwertig variierbar – gedacht wurde (Deutscher Bildungsrat 1975, 375f.). Diese Forderung ist bis heute nicht eingelöst, und durch die neuen Länder haben sich die regionalen Probleme der Weiterbildung nach 1990 eher noch verstärkt (Böhm-Kasper/Weishaupt 2002).

Diese traditionellen Ansätze zur Beschreibung und Bewertung regionaler Disparitäten anhand von Beteiligungsquoten, der Standortdichte und anderer Merkmale der Bildungsstatistik finden auch aktuell ihre Fortsetzung. Zu nennen sind hier die inzwischen jährlich erscheinenden „Internationalen Bildungsindikatoren im Ländervergleich“, die von den Statistischen Ämtern des Bundes und der Länder (2007) veröffentlicht werden und zentrale Indikatoren der OECD-Indikatorenberichte (zuletzt: OECD 2007) enthalten. Die Bildungsberichte der Länder Baden-Württemberg (Landesinstitut für Schulentwicklung 2007) und Bayern (Staatsinstitut für Schulqualität und Bildungsforschung, Qualitätsagentur 2006) enthalten ausführliche Darstellungen zu regionalen Disparitäten des Schulbesuchs. In dem Bericht über Bayern werden auch Zeitvergleiche berücksichtigt, die im Hinblick auf die Entwicklung der Bildungsbeteiligung kritische Aspekte zum Vorschein bringen. Beispielsweise zeigt sich, dass in einigen Landkreisen Bayerns die Entwicklung der Übertrittsquote zu Gymnasien zwischen 1989/90 und 2002/03 rückläufig war (ebd., 86). Insgesamt erweisen sich die regionalen Disparitäten der Bildungsbeteiligung im Zeitvergleich als sehr stabil.

Inzwischen gibt es auch Beispiele für regionale Bildungsberichte auf kommunaler Ebene. Zu erwähnen sind insbesondere die Berichte der Städte München (Schul- und Kultusreferat 2006) und Dortmund (Stadt Dortmund 2008). Der Münchner Bericht orientiert sich an den Indikatoren des Bildungsberichts 2006 (Konsortium Bildungsberichterstattung 2006) und versucht, diese kleinräumlich innerhalb des Stadtgebiets umzusetzen, was allerdings nur in Grenzen gelingen kann. Der Dortmunder Bericht hat mehr den Charakter einer Grundlagenstudie zur Schulentwicklungsplanung, in der regionalisierte Indikatoren nur eine untergeordnete Rolle spielen.

Zu beachten ist in diesem Zusammenhang auch der Bildungsmonitor des Instituts der deutschen Wirtschaft. Dessen Ziel ist ein Vergleich – eine Rangreihe – der Bildungssysteme der Bundesländer. Das Konzept befindet sich noch in einem Entwicklungsprozess. Während sich die Bewertung 2006 noch auf vier Zieldimensionen bezog (Sicherung der Ausbildungsqualität, hohe Anzahl von Abschlüssen, Steigerung der Effizienz und Verbesserung der technologischen Leistungsfähigkeit) und dem Vergleich insgesamt 116 Indikatoren zugrunde lagen (Plünnecke/Stettes 2006), bezieht sich der Bericht 2007 auf 13 bildungsökonomisch relevante Handlungsfelder mit nur noch 104 Indikatoren (Plünnecke/Riesen/Stettes 2007). Problematisch ist die alleinige Ausrichtung am verfügbaren Datenangebot und die zusammenfassende Auswertung in einem Länderranking.

Insgesamt bleibt festzuhalten, dass die früher unter planerischer Perspektive durchgeführten Studien zu regionalen Aspekten des Bildungswesens (Angebots- und Nachfragedisparitäten) angesichts weiterhin bestehender Disparitäten evaluativ auch von aktueller Bedeutung sind. Die Versorgungsfunktion von Bildungseinrichtungen und regional unterschiedliche „Gelegenheitsstrukturen“ für die Teilnahme an Bildung sind weiterhin insbesondere unter dem Aspekt der Chancengleichheit zu beachten. Durch die rückläufige demografische Entwicklung erhält die Beobachtung regionaler Unterschiede eher sogar noch wachsende Bedeutung.

Benchmarks werden für den interregionalen Vergleich an Bedeutung gewinnen und Rankings werden bei diesem Typ regionaler Bildungsberichterstattung voraussichtlich ebenfalls zunehmen. Zu berücksichtigen ist jedoch, dass die Länder und Kommunen für die Gestaltung des Bildungswesens auch politisch verantwortlich sind. Dadurch ergibt sich für regionale Bildungsberichte das Problem einer kritischen Darstellung von Effekten der Bildungspolitik, die auf Landes- und Schulträgerebene schnell den Vorwurf des Politikversagens provozieren.

2. Der Sozialraumansatz am Beispiel eines „Sozialindex" für Schulen

Die Diskussion um einen „Sozialindex" für Schulen entstand, um standortspezifisch unterschiedliche Ressourcenzuweisungen (für Grund- und Hauptschulen) zu begründen, damit durch die soziale und ethnische Zusammensetzung der Schüler bedingte Standortnachteile von Schulen ausgeglichen werden können. Im Zusammenhang der landesweiten Lernstandserhebungen entstand ein weiteres Interesse daran, über einen Sozialindex für einzelne Schulen Standortunterschiede zu erfassen und dadurch faire Vergleiche zwischen den Schulen zu ermöglichen.

Zürich berechnet diesen Index auf der Grundlage der Daten für Gemeinden und Gemeindeteile (Erziehungsdirektion des Kantons Zürich 2004), Nordrhein-Westfalen bezieht sich mit seinem Index auf Schulaufsichtsbezirke (Kreise und kreisfreie Städte).

> „Mit dem Sozialindes für Nordrhein-Westfalen können die Schülerzahlen gewichtet werden, um Ressourcen der sozialen Belastung entsprechend disproportional zu den Schülerzahlen zu verteilen. [...] Der Konstruktion des Sozialindexes liegt die Annahme zu Grunde, dass Kreise mit vielen Arbeitslosen, Sozialhilfeempfängern und Migranten sowie einem geringen Anteil von Wohnungen in Einfamilienhäusern sozial stärker belastet sind, als Kreise mit einer einheimischen, erwerbstätigen, den Lebensunterhalt selbständig bestreitenden und Einfamilienhäuser bewohnenden Bevölkerung" (Frein/Möller/ Petermann/Wilpricht 2006).

Wie die Zuweisungen nach dem Sozialindex an die Kreise und Städte den einzelnen Schulen zugewiesen werden, ist in Nordrhein-Westfalen der Schulaufsicht überlassen. Für ein einheitliches Vorgehen fehlt bisher ein geeigneter standortbezogener Index.

Die Intentionen stehen in engem Zusammenhang mit Ansätzen neuer Steuerung der Schulen über autonome Mittelverwaltung, zentrale Leistungsüberprüfungen, Bildungsstandards und Maßnahmen der Qualitätssicherung. Notwendig wurde dieser Sozialindex, weil die Schulstatistik keine Daten zur sozialen Herkunft der Schüler erfasst und auch nur die Nationalität – bisher nicht aber auch der Migrationsstatus – erhoben wird. Die für den Sozialindex in Nordrhein-Westfalen herangezogene Kombination von einem hohen Anteil von Arbeitslosen, Sozialhilfeempfängern, Ausländern und einem niedrigen Anteil von Personen in Einfamilienhäusern[1] erscheint vor dem Hintergrund der stadtsoziologischen Forschung (Shevky/Bell 1974) plausibel. Relativ aktuelle Daten für die Stadtbezirke der Stadt Hannover zeigen auch Korrelationen mit der Gymnasialbesuchsquote (als einem guten Sozialstrukturindikator, der in Hannover durch eine Sondererhebung wohnortbezogen vorlag), die den erwarteten Zusammenhängen entsprechen (an Stelle des Anteils der Personen in Einfamilienhäusern wurde als äquivalenter Indikator die Wohnfläche je Person verwendet) (vgl. Tab. 1).

Tab. 1: Korrelationen sozialstatistischer Merkmale mit der Gymnasialbesuchsquote in den Stadtbezirken von Hannover

Arbeitslosenquote	*-0,90*
Anteil Sozialhilfeempfänger	*-0,89*
Anteil Ausländer an 6- bis 14-Jährigen	-0,81
Anteil Türken an Ausländern	-0,73
Erwerbstätigkeit Frauen	0,41
Wohnfläche je Einwohner	*0,44*
Wanderungssaldo	0,55
Erwerbstätigkeit	0,59
Wahlbeteiligung	0,81

Dennoch ist die Wahl der Indikatoren für den Sozialindex in Nordrhein-Westfalen nicht unproblematisch. Denn die Betrachtung der Korrelationen von sozialstatistischen Merkmalen der Kreise und kreisfreien Städte in Deutschland mit der gymnasialen Bildungsbeteiligung führt zu abweichenden Befunden (vgl. Tab. 2).

Besonders auffällig ist, dass nun der Anteil der Ausländer positiv mit dem Gymnasialbesuch korreliert.[2] Mit diesem Beispiel möchte ich darauf hinweisen, dass statistische Merkmale im innerstädtischen Vergleich etwas anderes indizieren können als im interregionalen.

---

1 Der Kanton Zürich verwendet für den Sozialindex den Anteil der Arbeitslosen, der Ausländer, der Wohnungen in Einfamilienhäusern und der Personen, die in den letzten fünf Jahren nicht umgezogen sind (Sesshaftigkeitsquote) (Erziehungsdirektion des Kantons Zürich 2004).

2 Bezogen auf die 54 Kreise in Nordrhein-Westfalen korreliert nur der Anteil der Arbeitslosen schwach (-.30) mit der Gymnasialbesuchsquote. Der Ausländeranteil (.08) und der Anteil der Ein- und Zweifamilienhäuser (-.01) sind unkorreliert. Auch wenn die Einkünfte der Steuerpflichtigen als Sozialstrukturindikator gewählt werden, ändert sich nichts an diesem Ergebnis.

Tab 2: Korrelationen sozialstatistischer Merkmale mit dem Gymnasialbesuch für Kreise und kreisfreie Städte in Deutschland

INKAR-Daten 2003	alte Länder	neue Länder
Anteil 6- bis 18-Jähr.	-0,67	-0,51
Personen je Haushalt	-0,62	-0,53
Zusammengefasste Geburtenziffer	-0,52	-0,26
Anteil Wohngebäude mit 1 und 2 Wohnungen	*-0,51*	*-0,54*
Anteil Arbeiter an SV-Beschäftigten	-0,51	-0,43
Familienwanderungssaldo (unter 18, 30- bis 50-Jähr.)	-0,15	-0,52
PKW je 1000 Einwohner	-0,08	-0,54
Arbeitslosenquote	*0,15*	*-0,05*
Ausländeranteil	*0,46*	*0,40*
Umsatzsteuer je Einwohner	0,52	0,47

Im Vergleich zwischen Regionen überlagern Stadt-Land-Unterschiede die sozialen Disparitäten. Auch zeigen sich gelegentlich noch Unterschiede zwischen Ost- und Westdeutschland (z. B. bei der Frauenerwerbsquote), die auf Bedeutungsunterschiede hinweisen (eine hohe Frauenerwerbsquote ist in Westdeutschland vermutlich ein Hinweis auf eine gut qualifizierte Bevölkerung in einer Dienstleistungsregion, in Ostdeutschland zeigt sie eine gute Beschäftigungssituation an). Die für den Sozialindex in Nordrhein-Westfalen ausgewählte Datenbasis ist folglich theoretisch kaum begründbar, denn es ist fraglich, ob es sich um sinnvolle Sozialstrukturindikatoren für einen regionalen Vergleich handelt. Die Datenbasis bezieht sich im Übrigen nicht auf Schüler, sondern die Wohnbevölkerung. Insofern stellt sich die Frage, weshalb nicht die Schulstatistik herangezogen wurde, um z. B. anhand des Ausländeranteils, der Übergangsquote zum Gymnasium (zur Hauptschule), der Überweisungsquote auf die Förderschule mit dem Förderschwerpunkt Lernen die soziale Belastung von Schulen zu erfassen. Insofern sind die Ansätze zu einem Sozialraumindex für Schulen, die sich auf Daten der Bevölkerungs- und Arbeitsmarktstatistik stützen, kritisch einzuschätzen.

Dennoch sind sozialraumanalytische Ansätze, die sich auf das sozioökonomische Umfeld von Bildungseinrichtungen beziehen, für die Interpretation von Bildungsdisparitäten unverzichtbar. Dies wird von der Studie von Baumert, Carstensen und Siegle (2005) unterstrichen, die erstmals belegen konnte, dass etwa 3% der Leistungsvariation in Mathematik zwischen Schulen auf wirtschaftliche und soziale Kontextbedingungen zurückgeführt werden können, die deshalb praktisch und politisch nicht unbedeutend sind (ebd., 360). In spezifischer Weise als leistungsvariant erwiesen sich in ihrem Untersuchungsansatz: die regionale Arbeitslosenquote, die Quote der Sozialhilfeempfänger und der Anteil an Schulabgängern mit Hochschulreife. Die Autoren müssen aber einräumen:

> „Über welche Vermittlungsprozesse sich diese Regionalstrukturmerkmale auf den individuellen Kompetenzerwerb in Schulen auswirken ist offen und ungeklärt“ (ebd., 380).

Auch in dieser Studie ist allerdings die verwendete Datenbasis nicht unproblematisch, nicht wegen der gewählten Indikatoren, sondern weil keine Informationen über die Einzugsbereiche der einzelnen Schulen verwendet wurden, sondern die sozioökonomischen Daten sich auf die Kreise und kreisfreien Städte beziehen, in denen die Schulen gelegen sind.

3. Indikatoren einzelner Bildungseinrichtungen

Die Schulstatistiken, Hochschulstatistiken etc. werden für einzelne Einrichtungen erhoben, aber nur selten für vergleichende Analysen zwischen Bildungseinrichtungen verwendet. Die Ergebnisse der Lernstandserhebungen und Sprachstandsüberprüfungen, die Daten über die Erstattung des Elternbeitrags für das Mittagessen an GTS usw. sind weitere informative einzelschulisch vorliegende Informationen. Auch die Internetpräsentationen von Bildungseinrichtungen enthalten Angaben, die für eine vergleichende Bewertung herangezogen werden könnten. Von Bedeutung für die Qualitätssicherung im Bildungswesen sind diese Informationen, wenn die Angaben für einzelne Einrichtungen im Vergleich zu einem Mittel- oder Normwert betrachtet werden können, sowohl für die Selbstevaluation von Einrichtungen als auch für eine Berichterstattung einzelner Bildungseinrichtungen, für peer-reviews und Inspektionen (vgl. Spangenberg 2002).

Wenn es gelingen würde, die in der Schulverwaltung und über die Schul- und Bevölkerungsstatistik verfügbaren Daten für einzelne Schulen zusammenzuführen, dann wären mit diesen Daten ähnliche Analysen möglich, wie sie beispielhaft über die Verbindung von Leistungsinformationen einzelner Schulen und die im Rahmen der PISA-Studie erhobenen Merkmale der Zusammensetzung der Schülerschaft von Baumert, Stanat und Watermann (2006) durchführt wurden. Sie unterschieden drei Hauptschultypen: Modalform (45,3%), schwieriges Milieu (16,4%) und günstiges Milieu (38,2%), die charakteristische Unterschiede in der Zusammensetzung der Schülerschaft aufwiesen (ebd., 160). In Schulen mit schwierigem Milieu herrschen soziale Zusammensetzungen – so formuliert die Pressemitteilung des MPI – „die außerordentlich schädliche Auswirkungen auf die Leistungsentwicklung von Jugendlichen haben“. Diese Schulen konzentrieren sich in den Stadtstaaten, Hessen und Nordrhein-Westfalen. Ein schwieriges Milieu zeichnet sich auf der Ebene von Landkreisen und kreisfreien Städten durch einen niedrigen Hauptschüleranteil und einen hohen Anteil ausländischer Schüler aus. Damit deuten die Ergebnisse an, dass die Situation der Hauptschulen in schwierigem Milieu auch in einem Zusammenhang mit einer Konkurrenzsituation zur Gesamtschule stehen könnte. Einzelschulische Vergleiche gestatten folglich nicht nur Aussagen über einzelne Schulen, sondern sie können durchaus auch strukturelle Probleme im Bildungswesen plastisch verdeutlichen. Der über die flächendeckende Befragung von Schülern und Eltern für Hamburg (Bos/Pietsch/Gröhlich/Janke 2006) und Dortmund (Stadt Dortmund 2008) ermittelte „Sozialindex“ von Schulen ist ebenfalls in diesem Zusammenhang zu sehen. Gerade die Möglichkeiten des Vergleichs einzelner Einrichtungen werden bisher für eine Systembeobachtung kaum genutzt.

4. Mögliche Datenbasis für eine regionale Bildungsberichterstattung

Die im Rahmen der Bildungsforschung verwendeten Umfragedaten eignen sich in der Regel nicht für regionale Analysen. Die bereits angesprochenen Datenquellen für eine regionale Berichterstattung sollen deshalb noch einmal kurz nach ihren Vor- und Nachteilen vorgestellt werden:

- *Schüler-/Studierenden- bzw. Teilnehmerangaben* sind künftig häufiger flächendeckend verfügbar, wenn für den Jugendhilfe-, Schul- und Hochschulbereich Individualstatistiken vorliegen. Allerdings werden nur wenige Merkmale individualstatistisch erfasst. Bisher waren Individualdaten nur sehr aufwändig zu erheben (z. B. KESS 4: Bos/Pietsch/Gröhlich/Janke 2006) und immer von der Mitwirkungsbereitschaft der Befragten abhängig. Flächendeckende kleinräumliche Informationen über Bildungsstand und Schulbesuch der Bevölkerung sind nur über eine Volkszählung zu erhalten (zuletzt 1987).
- *Daten zum Einzugsgebiet der Bildungseinrichtung* sind über die Bevölkerungs-, Sozial-, Arbeitsmarkt- und Beschäftigtenstatistik inzwischen kleinräumlich differenziert verfügbar, die aber nur bedingt den Schülern, Studierenden etc. zuzurechnen sind. Selbst wenn für den Schulbesuch Schulbezirke festgelegt sind, haben Eltern die Möglichkeit, ihr Kind in eine andere als die zuständige Schule zu schicken. Die Schulwahl weiterführender Schulen und die Wahl unterschiedlicher Hochschulen etc. sind freigestellt und die Wohnbezirke der Schüler werden statistisch nicht erfasst. Außerdem sind die statistischen Bezirke, für die die Daten vorliegen, nicht mit den Einzugsbereichen deckungsgleich. Gewichtete Anpassungen der für statistische Bezirke vorliegenden Daten an die Einzugs-

bereiche der Bildungseinrichtungen wären mit den heutigen Möglichkeiten der Datenaufbereitung aber möglich. Deshalb wäre die Erhebung des Wohnorts der Schüler etc. eine wichtige Voraussetzung, um die Möglichkeiten sozialräumlicher Analysen zu verbessern.

- *Bildungsstandortdaten* beziehen sich auf die einen Schul-/Hochschulstandort kennzeichnenden Indikatoren. Diesem Typ von Indikator könnte der Kreis-Sozialindex in Nordrhein-Westfalen zugeordnet werden, denn man ordnet die auf Gemeinde- bzw. Kreisebene vorliegenden Daten den in der jeweiligen Region gelegenen Bildungseinrichtungen zu. Allerdings ist die Passung zwischen statistischer Raumeinheit und Einzugsbereich der Bildungseinrichtung selten gegeben, der Einzugsbereich beispielsweise einer Schule kann sowohl über den Standortbezirk hinausgehen (Pendler aus dem Umland) als auch ihn nicht ausschöpfen (Schule in einer Großstadt).
- *Daten der Schul-, Jugendhilfe- und Hochschulstatistik* erhalten nur wenige Merkmale und wenige Merkmalsverknüpfungen. Mit dieser Einschränkung sind sie gut für regionale Betrachtungen geeignet, weil die Bildungsstatistik Informationen über die Zusammensetzung der Nutzer einer Einrichtung liefert. Die begrenzte Aussagekraft der Bildungsstatistik für die Analyse sozialer Einflussfaktoren auf die Bildungsbeteiligung bildet den Hintergrund der Bemühungen, diese mit sozioökonomischen Daten der Einzugsgebiete der Einrichtungen zu verbinden.

5. Schlussfolgerungen – Perspektiven

Die Frage der Wahl einer sinnvollen räumlichen Einheit stellt sich auch für die regionale Bildungsberichterstattung. In Abhängigkeit von dem Auftraggeber, den Adressaten und der Zielsetzung gibt es situativ unterschiedlich sinnvolle Regionsabgrenzungen. Viele Analysen auf der Bundesebene berücksichtigen nur das Bundesland als zentrale politische Einheit. Sinnvoll sind aber auch die Stadt/der Landkreis – vor allem wenn die Schulträger berücksichtigt werden – und der Arbeitsamtsbezirk (im Bereich der beruflichen Bildung). Eine regionale Bildungsberichterstattung kann sich aber auch auf den Vergleich von Bildungseinrichtungen beziehen oder die Aktionsräume der Bildungsteilnehmer, örtliche soziale Milieus und Nachbarschaften in ihrem Einfluss auf Bildungsprozesse.

Auf nationaler Ebene weniger bedeutsam aber für regionale Betrachtungen unverzichtbar ist die Sichtweise auf Bildungseinrichtungen als Teil der sozialen Infrastruktur, die ein Versorgungsnetz bilden. Regionale Bildungsberichterstattung hat unter dieser Perspektive die Aufgabe der Beobachtung des Verhältnisses der regionalen Verteilung von Bildungseinrichtungen und des Bedarfs. Neben bildungspolitischen Zielen sind dabei auch regionale Entwicklungsvorstellungen zu beachten. Insofern kommen ihr spezifische Aufgaben zu, die über eine nationale und internationale Berichterstattung hinausgehen.

Dies wird noch deutlicher, wenn die möglichen Aufgaben regionaler Bildungsberichterstattung zusammenfassend aufgelistet werden:

Sie kann Grundlagen sowohl für eine regional differenzierende als auch eine kommunale Bildungspolitik liefern und eine prioritätengeleitete Mittelzuweisung an Bildungseinrichtungen ermöglichen. Sie kann Daten liefern, die für faire Vergleiche zwischen Bildungseinrichtungen im Rahmen von Sprach- und Lernstandserhebungen etc. Verwendung finden können.

Neben der kommunalen ist auch an eine einrichtungsbezogene Berichterstattung zu denken, die im Zusammenhang steht mit der Selbstevaluation von Bildungseinrichtungen und zugleich zur Verbesserung der Informationsgrundlage für Inspektionen und andere Formen externer Evaluation dienen kann. Zu erwarten ist, dass sie zunehmend auch zur Überprüfung der Erfüllung von Benchmarks dient.

Um diese Aufgaben erfüllen zu können bedarf es

- der Weiterentwicklung der Bildungsstatistik,
- einer intensiveren Zusammenarbeit zwischen Bildungsstatistik und anderen Bereichen der amtlichen Statistik (auf Ebene der Länder und Kommunen),
- einer Intensivierung der regionalanalytischen Forschung und insbesondere der Forschung zu den Institution/Region-Beziehungen.

Literatur

Baumert, J./Carstensen, C. H./Siegle, T. (2005): Wirtschaftliche, soziale und kulturelle Lebensverhältnisse und regionale Disparitäten des Kompetenzerwerbs. In: Prenzel, M. u. a. (Hrsg.): PISA 2003. Der zweite Vergleich der Länder in Deutschland – Was wissen und können Jugendliche? Münster: Waxmann, S. 323-365.

Baumert, J./Stanat, P./Watermann, R. (2006): Schulstruktur und die Entstehung differenzieller Lern- und Entwicklungsmilieus. In: Baumert, J./Stanat, P./Watermann, R. (Hrsg.): Herkunftsbedingte Disparitäten im Bildungswesen: Differenzielle Bildungsprozesse und Probleme der Verteilungsgerechtigkeit. Vertiefende Analysen im Rahmen von PISA 2000. Wiesbaden: VS Verlag für Sozialwissenschaften, S. 95-188.

Block, H.-J. (1984): Planung von Ausbau und Regionalisierung der Hochschulen in der Bundesrepublik Deutschland. In: Akademie für Raumforschung und Landesplanung (Hrsg.): Regionale Hochschulplanung unter veränderten Verhältnissen. Forschungs- und Sitzungsberichte. Bd. 151. Hannover: Vincentz, S. 11-26.

Böhm-Kasper, O./Weishaupt, H. (2002): Regionale Strukturen der Weiterbildung. In: Institut für Länderkunde/Mayr, A./Nutz, M. (Hrsg.): Nationalatlas Bundesrepublik Deutschland, Band 6, Bildung und Kultur. Heidelberg: Spektrum Akademischer Verlag, S. 52-55.

Bos, W./Pietsch, M./Gröhlich, C./Janke N. (2006): Ein Belastungsindex für Schulen als Grundlage der Ressourcenzuweisung am Beispiel von KESS 4. In: Bos, W./ Holtappels, H.-G./Pfeiffer, H./Rolff, H.-G./Schulz-Zander, R. (Hrsg.): ISF-Jahrbuch der Schulentwicklung, Bd. 14. Daten, Beispiele und Perspektiven. Weinheim: Juventa.

Deutscher Bildungsrat/Die Bildungskommission (1975): Bericht '75. Entwicklungen im Bildungswesen. Stuttgart: Klett.

Erziehungsdirektion des Kantons Zürich (2004): Sozialindex: Theoretischer Hintergrund und Beschreibung der Berechnung. Zürich: Erziehungsdirektion.

Fickermann, D./Schulzeck, U./Weishaupt, H. (2002): Unterschiede im Schulbesuch. In: Institut für Länderkunde/Mayr, A./Nutz,M. (Hrsg.): Nationalatlas Bundesrepublik Deutschland, Band 6, Bildung und Kultur. Heidelberg: Spektrum Akademischer Verlag, S. 40-43.

Frein, T./Möller, G./Petermann, A./Wilpricht, M. (2006): Bedarfsgerechte Stellenzuweisung: Das neue Instrument Sozialindex. In: Schulverwaltung, Ausgabe Nordrhein-Westfalen, H. 6.

Geipel, R. (1965): Sozialräumliche Strukturen des Bildungswesens. Frankfurt/M.: Diesterweg.

Geissler, C. (1965): Hochschulstandorte, Hochschulbesuch. 2 Bde. Hannover: Vincentz.

Göschel, A. (1983): Standortverteilungen weiterführender Schulen in Großstädten der Bundesrepublik. Eine Analyse von Verteilungsgefällen nach historischen Bestimmungsgründen. In: Weishaupt, H. (Hrsg.): Sozialraumanalyse und regionale Bildungsplanung. Baden-Baden: Nomos, S. 1-32.

Konsortium Bildungsberichterstattung (2006): Bildung in Deutschland. Ein indikatorengestützter Bericht mit einer Analyse zu Bildung und Migration. – Bielefeld. Online über: http://www.bildungsbericht.de

Landesinstitut für Schulentwicklung (Hrsg.) (2007): Bildungsberichterstattung 2007. Stuttgart: Landesinstitut für Schulentwicklung/Statistisches Landesamt Baden-Württemberg.

Meister, J.-J. (1971): Erwachsenenbildung in Bayern. Empirisch-statistische Analyse einer kritischen Bestandsaufnahme in Bayern. Stuttgart: Klett.

Monheim, H. (1984): Entwicklungschancen der neuen Universitäten im ländlichen Raum. In: Akademie für Raumforschung und Landesplanung (Hrsg.): Regionale Hochschulplanung unter veränderten Verhältnissen. Forschungs- und Sitzungsberichte. Bd. 151. Hannover: Vincentz, S. 93-119.

OECD (2007): Bildung auf einen Blick – OECD Indikatoren, Ausgabe 2007. Paris: OECD.

Peisert, H. (1967): Soziale Lage und Bildungschancen in Deutschland. Studien zur Soziologie. Bd. 7. München: Piper.

Peisert, H./Framhein, G./Kuthe, M. (1984): Veränderung des Standortnetzes des Hochschulsystems durch die Gründung neuer Universitäten. In: Akademie für Raumforschung und Landesplanung (Hrsg.): Regionale Hochschulplanung unter veränderten Verhältnissen. Forschungs- und Sitzungsberichte. Bd. 151. Hannover: Vincentz, S. 27-57.

Plünnecke, A./Stettes, O. (2006): Der Bildungsmonitor 2006. Das Benchmarking der Bildungssysteme in den Bundesländern aus bildungsökonomischer Perspektive. Köln: Institut der deutschen Wirtschaft.

Plünnecke, A./Riesen, I./Stettes, O. (2007): Bildungsmonitor 2007. Forschungsbericht. Köln: Institut der deutschen Wirtschaft.

Schimpl-Neimanns, B. (2000): Soziale Herkunft und Bildungsbeteiligung. Empirische Analysen zu herkunftsspezifischen Bildungsungleichheiten zwischen 1950 und 1989. In: Kölner Zeitschrift für Soziologie und Sozialpsychologie, 52, S. 636-669.

Schul- und Kultusreferat (2006): Erster Münchner Bildungsbericht (in der Systematik des Konsortiums Bildungsberichterstattung vom Juni 2006) – Bildung zu einer Angelegenheit vor Ort machen. (im Internet verfügbar)

Schwerdtfeger, J./Andräs, H.-J. u. a. (1970): Bestandsaufnahme zur Erwachsenenbildung. Eine empirisch-statistische Untersuchung. (Bildung in neuer Sicht, Reihe A, Nr. 22). Villingen: Neckar-Verlag.

Shevky, E./Bell, W. (1974): Sozialraumanalyse. In: Atteslander, P./Hamm, B. (Hrsg.): Materialien zur Siedlungssoziologie. Köln: Kiepenheuer & Witsch, S. 125-139.

Spangenberg, H. (2002): Schulstatistik als Instrument zur Qualitätssicherung von Schulen am Beispiel Mecklenburg-Vorpommerns. (Erfurter Materialien und Berichte zur Entwicklung des Bildungswesens, Bd. 4). Erfurt: Universität.

Staatsinstitut für Schulqualität und Bildungsforschung/Qualitätsagentur (Hrsg.) (2006): Bildungsberichterstattung 2006. München: Qualitätsagentur am ISB.

Stadt Dortmund/Der Oberbürgermeister (Hrsg.) (2008): Erster kommunaler Bildungsbericht für die Schulstadt Dortmund 2007. Münster: Waxmann.

Statistische Ämter des Bundes und der Länder (2007): Internationale Bildungsindikatoren im Ländervergleich. Ausgabe 2007. Wiesbaden: Statistisches Bundesamt.

Kommentar zur Bedeutung der Kategorie *Region* im Rahmen der Bildungsberichtserstattung

Harm Kuper

In dem Beitrag *Indikatoren für die regionale Bildungsberichtserstattung* stellt Horst Weishaupt (in diesem Band) die Bedeutung der Kategorie *Region* für die Bildungsberichterstattung heraus: Wählt man die Region als Aggregationsebene für die Auswertung von Bildungs- und Sozialindikatoren, so lassen sich Disparitäten im Angebot und in der Nachfrage von Bildung ebenso darstellen wie Zusammenhänge zwischen Bildungsbeteiligung resp. Bildungserfolg und regionalen Charakteristika der Sozialstruktur.

Da Region über die räumliche Erstreckung definiert wird, lassen sich auch unmittelbar Verbindungen zu Fragen der Steuerung herstellen – im Vordergrund stehen dabei die Versorgungsdichte der Bildungsangebote, die Erreichbarkeit von Bildungseinrichtungen und die von der Sozialstruktur in Einzugsbereichen abhängige Zusammensetzung der Klientel von Bildungseinrichtungen. Eine auf Regionalebene aggregierte Bildungsberichtserstattung bietet der Bildungspolitik Anknüpfungspunkte für kompensatorische Maßnahmen, mit denen Chancenungleichheiten ausgeglichen werden können. Der Reiz der Kategorie *Region* liegt in diesem Zugang darin, Analyseeinheit und Gestaltungseinheit gleichermaßen bezeichnen zu können. Dabei besteht das Risiko, mit der Abgrenzung von Analyseeinheiten über räumliche Grenzziehungen relevante soziale Abgrenzungs- und Differenzierungskriterien zu vernachlässigen. Weishaupt macht darauf mit dem Hinweis auf „situativ unterschiedlich sinnvolle(n) Regionsabgrenzungen" (a.a.O., 197) aufmerksam. So muss der Kategorie *Region* einerseits zugestanden werden, mit der Fokussierung auf den Raum eine Ebene der Analyse und Gestaltung zu eröffnen, die mit anderen Betrachtungsweisen nicht sichtbar werden. Bildungsversorgung und Bildungsbeteiligung werden unter infrastrukturellen Aspekten beobachtbar, die etwa in funktionalistischen und institutionalistischen Betrachtungsweisen weitgehend ausgeschlossen bleiben. Über die Kategorie *Region* wird der in der Sozial- und Bildungswissenschaft vernachlässigten Dimension des Raumes Aufmerksamkeit zuteil. Andererseits birgt das Regionskonzept Risiken, wenn es ausschließlich im Sinne von Räumlichkeit gefasst wird. Ein so reduziertes Verständnis wird unversehens mit der Tatsache konfrontiert, dass Räume/Regionen allenfalls als Plattformen für soziale Grenzziehungen und Prozesse der sozialen Differenzierung für Fragen der Bildungsforschung von Bedeutung sein können. Diese Perspektivenerweiterung lässt schnell die hohe Komplexität einer Geographie der Bildung erkennen, angesichts derer das Verständnis der Region als rein räumlicher Kategorie alsbald recht willkürlich erscheinen kann.

Aufschlussreiche Anregungen über die soziologische und steuerungstheoretische Bedeutung von Regionen können den Regionalwissenschaften entnommen werden. Sie haben insbesondere in der Auseinandersetzung mit strukturschwachen Regionen und den Folgen der deutsch-deutschen Wiedervereinigung auf die begrifflich-konzeptionellen Problemstellungen der Verkopplung sozialer und räumlicher Grenzdefinitionen hingewiesen (vgl. Bierwiaczonek/Geisler 2003; Thomas/Wodrich 2006). Ihr sind einige Anregungen zu entnehmen, die im Folgenden zu drei Nachfragen an eine regionale Bildungsforschung verdichtet werden. Sie betreffen die definitorische Bestimmung von Region (1), den Zusammenhang von Region und sozialer Entwicklungsdynamik (2) und die Identifikation regionaler Steuerungsakteure (3):

1.

Region ist ein unspezifischer Raumbegriff, der nicht durch geografische, politische Grenzlinien oder solche der Verwaltung oder Kulturgeschichte definiert ist. Diese Unbestimmtheit macht den Begriff sehr fruchtbar, etwa in der Regionalforschung über Entwicklung kulturhistorisch zusammengehöriger Gebiete, die politisch oder durch Grenzen der Verwaltungszuständigkeit getrennt wurden.

In der Bildungsforschung – so wie sie hier vorgestellt worden ist – wird der Begriff Region durch die Gebietskörperschaften – Länder, Kreise, Gemeinden – spezifiziert. Die Vorteile liegen auf der Hand: Es gibt klar abgrenzbare Einheiten, die auch für die Erhebung amtlicher Statistiken von Bedeutung sind, und in Hinblick auf Steuerung verfügen die Gebietskörperschaften über relevante beschlussfassende Organe, die etwa im Rahmen kommunaler Verwaltung zur Sicherung von Bildungsangeboten verpflichtet und damit Adressaten der Ergebnisse regionaler Bildungsforschung sind.

Die für regionale Bildungsforschung relevanten Faktoren wie etwa der Sozialstatus oder der Migrationshintergrund variieren zwar auf regionalen Aggregatebenen, zielen aber weniger auf räumlich klar definierte Einheiten als auf Milieus, im Sinne soziokultureller Dispositionen, Einstellungen und Mentalitäten. Es muss davon ausgegangen werden, dass diese Milieus nicht eindeutig räumlich identifiziert werden können, sondern dass es innerhalb von Gebietskörperschaften sowohl in ländlichen als auch in städtischen Gebieten erhebliche Disparitäten gibt. Vor diesem Hintergrund stellen sich zwei Fragen: Erstens die nach einem milieuspezifischen Verhalten der Nutzung von Bildungsangeboten, das die Grenzen der Gebietskörperschaften überwindet; zweitens die nach Bildungsangeboten, die nicht in der Trägerschaft von Gebietskörperschaften verantwortet werden und die attraktiv für spezifische Milieus sind.

Eine differenzierte regionale Analyse des Angebots und der Nutzung von Bildungseinrichtungen steht daher vor den Fragen, welche Daten erforderlich sind, um maßgebliche Milieus zu identifizieren (bspw. konfessionelle Zugehörigkeit) und welche Feinauflösung Daten zulassen müssen bzw. welche Aggregationen sinnvoll sind, um Mobilität als Variable des individuellen Nutzungsverhaltens und räumlich unscharf begrenzte Versorgungsleistungen als Variable des Angebots von Einrichtungen berücksichtigen zu können.

2.

Der Begriff Region suggeriert als räumliche Kategorie Statik, während doch Bedarfsentwicklungen und Strukturveränderungen im Bildungssystem sehr dynamische Prozesse sind. Zu überprüfen wäre, inwiefern es sich bei der regional spezifischen Entwicklung von Bildungsverhalten und -angebot um ein Epiphänomen tiefer liegender Strukturbrüche in den Regionen handelt. Indikatoren für diese Strukturbrüche sind etwa wirtschaftliche, demografische und soziokulturelle Veränderungen.

Besonders prägnante regionale Strukturbrüche können in den neuen Bundesländern beobachtet werden (vgl. Thomas/Wodrich 2003). So gibt es Regionen, deren Bevölkerung seit 1990 um 20% abgenommen hat; da diese Abwanderung selektiv erfolgt, entstehen Verzerrungen in der Alters- und Geschlechterstruktur und damit qualitative Umstrukturierungen – beispielhaft für die Oberlausitz zwischen 1991 und 2001 eine Reduktion der Bevölkerungsgruppe im Kindesalter um 47% bei gleichzeitiger Erhöhung der Bevölkerungsgruppe im Rentenalter um 22%. Von den im Jahr 2000 ausgewanderten jungen Erwachsenen im Alter zwischen 18 und 25 Jahren waren ca. 2500 Männer und 4000 Frauen. Dieser Fall ist hier nicht um seiner Dramatik willen erwähnt – es ließe sich sicher ebenso ein Beispiel einer Region mit positiver Bevölkerungsentwicklung wählen – sondern weil an ihm sehr gut beobachtbar ist, welchen Veränderungen das Sozialkapital einer Region ausgesetzt sein kann.

Als ausschlaggebender Faktor für Sesshaftigkeit, Ab- und Zuwanderung muss die Verfügbarkeit von Arbeit angenommen werden. Die soziologische Regionalforschung untersucht diese Prozesse – nicht erst seit der Deutschen Wiedervereinigung – auch unter dem Aspekt ihrer Eigendynamiken. So entwickeln stabile oder prosperierende Regionen auf der Grundlage bürgerschaftlichen Engagements selbstverstärkende Eigenschaften, während sich in labilen Regionen negative Selbstverstärkungen einstellen. In diesen nicht planbaren Trends scheint Bildung – so sehr man sich auch eine mobilisierende

Wirkung von ihr erhoffen mag – oftmals eine abhängige Variable zu sein. In der Regionalforschung werden die Wirtschaftsentwicklung und die Bevölkerungsentwicklung als die limitierenden Faktoren für die Regionalentwicklung angesehen, denen sich Bildungsplanung weitgehend anschließt.

Eine regionale Bildungsberichterstattung – so ist aus diesen groben Beobachtungen der Regionalwissenschaft zu schlussfolgern – wäre sinnvoll nur interdisziplinär unter der Mitarbeit von Regionalgeografen, Regionalökonomen und Regionalsoziologen zu erstellen.

3.

Regionen sind keine Steuerungsakteure und auch nicht durch einzelne Steuerungsakteure repräsentiert, besser können sie als Arenen für Verbünde von Steuerungsakteuren beschrieben werden.

Die Bedeutung der Region für die Gestaltung sozialer Prozesse wird oft unter dem Einfluss krisenhafter Entwicklung betont. Diese Einsicht mag aus einer eingeengten Berliner Perspektive auf die im weiteren Umfeld erfolgenden Strukturumbrüche resultieren, trifft aber auch auf andere Regionen (etwa Ostfriesland oder das Ruhrgebiet) zu. Die Zielsetzung besteht dabei zumeist darin, die Entwicklung einer Region von externen Gewährleistungen einer Grundversorgung und passiver Sanierung unabhängiger zu machen und stattdessen endogene Entwicklungspotentiale zu mobilisieren. Dabei sind die betreffenden Regionen selbstverständlich von ihren lokalen Bedingungen abhängig, und im negativen Falle der Paradoxie ausgesetzt, dass mit der Erosion des sozialen Kapitals auch die Voraussetzungen für endogene Entwicklung schwinden. Dabei stellen sich Unterschiede zwischen Zentren und Peripherien ebenso ein, wie Unterschiede zwischen Regionen, die die Selbstreproduktion des sozialen Kapitals bewältigen bzw. ausbauen und solchen, die allenfalls noch als Nachschubreservoir für prosperierende Regionen dienen. Gleichwohl halten sich im Kontext der Diskussion um strukturschwache Regionen Konzepte, nach denen diese sich am eigenen Schopf aus dem Sumpf ziehen könnten, sofern es ihnen gelingt, regionale Identität als Ressource zu mobilisieren. Mit mehr Realitätssinn und Pragmatismus ausgestattet sind Entwicklungsprojekte, in denen sich lokale Akteure aus den Bereichen Bildung, Wissenschaft, Politik, Kultur zu Verbünden resp. Netzwerken zusammenschließen, um ihre Aktivitäten zu konzertieren. Beide Strategien – die auf normativer Integration beruhende und die Netzwerkvariante – versuchen unter Bezugnahme auf die Einheit der Region funktionale Differenzierung und deren Eigenlogiken zurückzuschrauben. Die Regionalforschung wird vor diesem Hintergrund nicht müde, die lokale Einbettung (embeddedness), aber auch die externen Abhängigkeiten kollektiver Akteure in den Regionen zu betonen.

Ein für Steuerungszwecke nutzbarer regionaler Bildungsbericht kann vor diesem Hintergrund kaum von einheitlichen Steuerungszielen und genau so wenig von einheitlichen Ressortzuständigkeiten und Informationsbedürfnissen der Akteure ausgehen.

Der Charme der Kategorie *Region* liegt darin, Verkürzungen und blinde Flecken soziologischer Analysen des Bildungssystems zu überwinden, indem die theoretisch vernachlässigte Dimension des Raumes in den Mittelpunkt gestellt wird. Gleichzeitig muss allerdings mit Blick auf die Regionalforschung konstatiert werden, dass die Bestimmung über den Raum allenfalls als Metapher, nicht aber als trennscharfes Abgrenzungskriterium bildungswissenschaftlicher Untersuchungsgegenstände taugt. Räume sind „Kreuzungspunkte" von Mentalitätsgeschichten, sozialer Strukturdifferenzierung und Akteurskonstellationen, die für Themen der Bildungsforschung nur interdisziplinär sinnvoll zu bearbeiten sind.

Literatur

Bierwiaczonek, K./Geisler, R. (2003): Institution und Interaktion in regionalen Entwicklungsprojekten. In: Berliner Debatte Initial 14, H. 6, S. 48-57.

Thomas, M./Wodrich, R. (2003): Regionalentwicklung ohne „kritische Masse"? Zum Sozial- und Humanpotenzial der Region. Manuskript. (http://www.biss-online.de/download/Thomas_Forum_Ost.pdf ; download am 13.8.08)

Thomas, M./Wodrich, R. (2006): Regionale Disparitäten und endogene Bildung neuen Sozialkapitals. In: Berliner Debatte Initial 17, H. 5, S. 77-89.

Weishaupt, H. (2008): Indikatoren für die regionale Bildungsberichterstattung. In diesem Band, S. 189-200.

Das Indikatorenkonzept der nationalen Bildungsberichterstattung in Deutschland

Hans Döbert / Martin Baethge / Heinz-Werner Hetmeier
Susan Seeber / Hans-Peter Füssel / Eckhard Klieme
Thomas Rauschenbach / Ulrike Rockmann / Andrä Wolter

Vorbemerkung

Fragen nach der Rolle eines Indikatorenkonzepts im Rahmen der Bildungsberichterstattung, nach seiner theoretisch-konzeptionellen Basis und nach seiner Konstruktion sind für die Bildungsberichterstattung grundlegend. Vom Konsortium[1], das den ersten nationalen Bildungsbericht 2006 erstellt hat, war im März 2005 ein erstes „Indikatorenmodell" im Umfang von 282 Seiten mit insgesamt 179 „Indikatorenbeschreibungen" vorgelegt worden. Bei der Auswahl und Darstellung der Indikatoren für den Bildungsbericht 2006 wurde eher indirekt auf dieses „Indikatorenmodell" Bezug genommen. Die im Modell beschriebenen „Indikatoren" gingen überwiegend als Kennziffern in den Bericht 2006 ein, der jedoch insgesamt einer anderen Systematik folgte. Bereits hieran wird deutlich, dass das Verhältnis zwischen „Indikatorenmodell" und Bericht notwendigerweise mit dem jeweils aktuellen Erkenntnisstand und den jeweiligen Umständen der Erarbeitung eines solchen „Indikatorenmodells" zusammenhängen, es aber auch darüber hinausgehende systemische Gründe (etwa in der verfügbaren Datenbasis) gibt, die den Inhalt des Berichts prägen. Im Folgenden wird versucht, auf der Grundlage von vier analytischen „Strängen" über die damaligen Überlegungen hinausführende Antworten zu geben:

In einem ersten Schritt werden das „Indikatorenmodell" von 2005 und seine damalige Struktur einer weiterführenden Analyse unterzogen. Dann

---

1 Für die Erstellung des Bildungsberichts 2006 zeichnete sich ein Konsortium bestehend aus DIPF, DJI, HIS, SOFI und den Statistischen Ämtern des Bundes und der Länder verantwortlich. Die Auftragsvergabe zur Erstellung der Bildungsberichte 2008 und 2010 erfolgte hingegen an das DIPF, das wiederum mit den vorgenannten Instituten und Ämtern kooperiert. Die inhaltliche Fertigstellung der Bildungsberichte 2008 und 2010 liegt nunmehr in der Verantwortung einer Autorengruppe, die sich aus den jeweils Verantwortlichen der genannten Einrichtungen unter Federführung des DIPF zusammensetzt.

werden Erfahrungen zum Verhältnis von Bildungsbericht und Indikatorensystem in internationaler Perspektive betrachtet. Sodann wird der Versuch gemacht, wesentliche Erkenntnisse zum genannten Problemkreis aus den Erfahrungen der seit über 30 Jahren existierenden Sozialberichterstattung in Deutschland zu generieren. Schließlich wird die der Bildungsberichterstattung zur Verfügung stehende Datenbasis einer aktuellen Analyse unterzogen.

Auf der Grundlage der Teilanalysen werden das „geschärfte" Verständnis von Indikatoren der Bildungsberichterstattung, die Möglichkeiten der Darstellung von Indikatoren zum informellen Lernen, das der Bildungsberichterstattung mittelfristig zur Verfügung stehende Tableau an Indikatoren (differenziert nach Kern- und Ergänzungsindikatoren) sowie eine begründete zeitliche Abfolge der Darstellung von Indikatoren entwickelt.

1. Indikatorensysteme in nationaler und internationaler Perspektive

1.1 Das „Indikatorenmodell 2005": Anlage, Ergebnisse, Entwicklungsprobleme

Zur Anlage des Indikatorenmodells 2005

Bei dem im Frühjahr 2005 vorgelegten Indikatorenmodell[2] wurde von folgenden Prämissen ausgegangen:

Bei der Entwicklung des der Berichterstattung zu Grunde zu legenden Indikatorenmodells hatte sich das Konsortium auf einen Referenzrahmen verständigt, der allgemeine Kriterien für die Auswahl der in einem Bericht zu behandelnden Themen und Indikatoren enthielt. Diese Leitgedanken der Bildungsberichterstattung (vgl. Teil 2) gingen von drei zentralen Zielen aus (individuelle Regulationsfähigkeit, Humanressourcen, gesellschaftliche Teilhabe und Chancengleichheit). Sie verwiesen zugleich auf Herausforderungen durch langfristig und tief greifend wirkende Prozesse des gesellschaftlichen Wandels, denen sich das Bildungswesen bei der Zielerreichung stellen muss. Als solche „Megatrends" wurden der Strukturwandel zur Dienstleistungsgesellschaft (Tertiarisierung), die Alterung der Gesellschaft (Demografie), die Internationalisierung/Globalisierung sowie der Wertewandel und die zunehmende Individualisierung identifiziert. Der Referenzrahmen gab Anhaltspunkte für die Themenauswahl und diente gewissermaßen als Filter. Jedoch

---

2 Vgl. Bildungsberichterstattung: Entwurf eines Indikatorenmodells, www.bildungsbericht.de

lassen sich die zu untersuchenden Probleme, so wurde argumentiert, nicht allein und vollständig aus den zuvor beschriebenen Zielen und Megatrends herleiten. Als zusätzliche Orientierungshilfe diente die Perspektive der „Bildung im Lebenslauf“, die es insbesondere ermöglichen sollte, die Übergänge und Schnittstellen im Bildungswesen in das Blickfeld zu rücken. Im Übrigen stand das Konsortium vor der Aufgabe, die verbleibende Vielzahl der zu bearbeitenden Themen unter dem Gesichtspunkt ihrer bildungspolitischen Relevanz weiter einzugrenzen. Da die Unterscheidung zwischen wichtigen und weniger wichtigen Themen sehr stark von Wertungen abhängt, hatte das Konsortium in dem Bemühen um Objektivierung ein Diskursverfahren mit in- und ausländischen Expertinnen und Experten eröffnet, an dessen Ende sich elf Themen als für die künftige Entwicklung des deutschen Bildungswesens von zentraler Bedeutung herauskristallisiert hatten (dazu Teil 3).

Der Auftrag an die Bildungsberichterstattung lautete, die zu erörternden Probleme jeweils unter Rückgriff auf wenige zentrale Indikatoren darzustellen. Das Konsortium hatte daher die Auswahl der zu berichtenden Indikatoren vor allem nach Maßgabe der bildungspolitischen Bedeutung getroffen (dazu Teil 4 und Teil 5). Bei der Bestimmung der Indikatoren waren noch weitere Aspekte zu berücksichtigen. Es sollten Indikatoren benannt werden, die sich auch künftig prinzipiell darstellen lassen, also fortschreibbar sind. In diesem Zusammenhang galt es, zwischen verfügbaren, machbaren und wünschbaren Indikatoren zu unterscheiden. Als „verfügbar“ wurden solche Indikatoren charakterisiert, die schon im ersten Bericht genutzt werden können. Sofern und soweit die für einen Indikator erforderlichen Daten gegenwärtig nicht verfügbar waren, aber für die bildungspolitische Steuerung dringend benötigt werden und in absehbarer Zukunft gewonnen werden können, wurde der Indikator als „machbar“ eingestuft. Zugleich sah das Konsortium seine Aufgabe darin, den Entscheidungsbedarf hinsichtlich zusätzlicher oder modifizierter Datenerhebungen auszuweisen. Indikatoren, die zwar als wichtig angesehen wurden, bei denen jedoch die erforderlichen Daten erst mit größerem Aufwand und nur mittel- oder langfristig beschaffbar schienen, wurden daher als „wünschbar“ bezeichnet. Bei der Auswahl und Beschreibung der Indikatoren wurde im Rahmen des Möglichen auf die internationale Anschlussfähigkeit geachtet.

Die Darstellung der Indikatoren wurde in zwei Gruppen gegliedert. Die erste Gruppe (vgl. Teil 4) erfasste die sogenannten bereichsübergreifenden Indikatoren, also diejenigen Indikatoren, die sich auf einen Sachverhalt beziehen, der in sämtlichen oder doch in den meisten Bildungsbereichen anzutreffen ist. Die zweite Gruppe enthielt alle infrage kommenden Indikatoren, die in spezifischer Weise einzelne Bildungsbereiche betreffen (vgl. Teil 5). Dabei wurden die Indikatoren jeweils zu Indikatorensets gebündelt, die den in Teil 3 benannten bildungspolitisch relevanten Themen entsprachen. Die Strukturierung der Indikatorensets folgte im Prinzip dem international üblichen Kontext/Input-Prozess-Output/Outcome-Schema, wich aber insoweit davon ab, als zur Vermeidung von Problemen bei einer Trennung nach Output und Outcome generell von Wirkungen (als Kombination von Output und Outcome) gesprochen wurde. Abschließend (vgl. Teil 6) wurden die gegenwärtig vorhandenen Datenlücken beschrieben und erste Hinweise zur Verbesserung der Datenlage gegeben.

Das Konsortium legte Wert auf die Feststellung, dass das vorgelegte Indikatorenmodell vorläufigen Charakter hat. Bis zum Abschluss der Projektlaufzeit sollten noch Modifikationen und Präzisierungen möglich sein und angestrebt werden. In einem iterativen Prozess erhoffte sich das Konsortium durch die Zusammenarbeit mit den externen Expertinnen und Experten, mit der Steuerungsgruppe und dem wissenschaftlichen Beirat entsprechende Anregungen. Angesichts eines erheblichen Zeitdrucks bei der Erarbeitung des Berichts 2006 konnte das nicht umgesetzt werden.

Ergebnis: Die Beschreibung von 179 Indikatoren

Dem Indikatorenmodell von 2005 war ein Teil „Übergreifende Indikatoren“ vorangestellt. Danach wurden die Indikatorenbeschreibungen in den einzelnen Bildungsbereichen vorgenommen:

- im Teil „Übergreifende Indikatoren“ wurden insgesamt 36 Indikatoren ausgewiesen, darunter ein Kontext-Indikator, 15 Input-Indikatoren, neun Prozess-Indikatoren und elf Wirkungs-Indikatoren;
- im Bereich der „Frühkindlichen Bildung, Betreuung und Erziehung“ wurden insgesamt 18 Indikatoren beschrieben, davon waren nur zwei Indikatoren im engeren Sinn Indikatoren zur frühkindlichen Bildung, Betreuung und Erziehung und 16 Indikatoren waren Spezifizierungen der zuvor dargestellten „übergreifenden“ Indikatoren;
- der Bereich der „Allgemeinbildenden Schule“ wies insgesamt 39 Indikatoren aus, darunter zehn „Schulindikatoren“, der Rest waren Spezifizierungen übergreifender Indikatoren;
- explizit wurden 27 Indikatoren zum „non-formalen und informellen Lernen im Schulalter“ ausgewiesen, darunter sieben Indikatoren zum „non-formalen Lernen“ und drei Indikatoren zum „informellen Lernen“, die anderen 17 Indikatoren waren Spezifizierungen übergreifender Indikatoren;
- für den Bereich der „Beruflichen Ausbildung“ wurden insgesamt 17 Indikatoren benannt, davon waren sieben Indikatoren im engeren Sinne Indikatoren der beruflichen Ausbildung;

- im Bereich „Hochschule“ wurden insgesamt 23 Indikatoren erfasst, darunter 14 „Hochschul“-Indikatoren;
- der Bereich der „Weiterbildung und des non-formalen/informellen Lernens im Erwachsenenalter“ erfasste 19 Indikatoren, davon explizit zehn Indikatoren zur „Erwachsenenbildung“ und vier Indikatoren zum „informellen Lernen im Erwachsenenalter“.

Auch die bereichsspezifischen Teile enthielten mindestens je einen Indikator je Dimension nach dem Modell „Input-Prozess-Wirkungen“.

Ohne die genannten Spezifizierungen der übergreifenden Indikatoren in den einzelnen Bildungsbereichen umfasste das Indikatorenmodell („netto“) insgesamt 93 „eigenständige“ Indikatoren.

Jeder der aufgeführten Indikatoren wurde nach folgendem Schema beschrieben:

- Kurze Beschreibung des Indikandums und Zweck des Indikators
- Zuordnung zum Indikatorenset
- Differenzierungsbereiche
  a) Bildungsbereiche
  b) Regionale Bereiche
  c) Sozialstrukturelle Differenzierung des Indikators
  d) Indikatoren bzw. Kennziffern, durch die der Indikator untersetzt werden soll
- Verfügbarkeit und Realisierbarkeit
  a) Gliederung nach verfügbar, machbar und wünschbar
  b) Definition bzw. Berechnungsformel
  c) Datenquellen der Bezugsgrößen
  d) Veröffentlichung des Indikators
- Internationale Anschlussfähigkeit
- Zeitraum
  a) Rhythmus der Darstellung im Bildungsbericht
  b) Messzeitpunkte
- Ergänzende Bemerkungen

Die Indikatoren, die im Bildungsbericht 2006 dargestellt wurden, entsprachen jedoch nur zu einem eher geringen Teil diesen 93 „eigenständigen“ Indikatoren. Mit wenigen Ausnahmen (z.B. B1, B2, B3, C4, F1) wurde für den Bericht 2006 ein großer Teil der Indikatoren „neu konstruiert“, in die dann „Indikatoren“ aus dem Modell von 2005 als Kennziffern eingingen (z.B. „IÜ 30 Schulformwechsel im Rahmen der Sekundarstufe I“ als Kennziffer in D1).

Entwicklungsprobleme des Indikatorenmodells von 2005

Das Indikatorenmodell 2005 spiegelt den damaligen Erkenntnisstand im Konsortium und im Beirat wider. Zu seiner Erarbeitung wurden internationale Erfahrungen (besonders aus den Arbeiten an den Bildungsberichten in den USA, in Kanada und der OECD) ebenso ausgewertet wie entsprechende „Vorarbeiten" zur Bildungsberichterstattung in Deutschland (Avenarius et al. 2003a; Baethge/Buss/Lanfer 2003; Rauschenbach et al. 2004). Für die Erarbeitung des ersten nationalen Bildungsberichts hatte es eine wichtige heuristische Funktion, gleichwohl wurde bei der Erarbeitung des Bildungsberichts 2006 und bei der Konzipierung des Berichts 2008 stärker auf andere Quellen zurückgegriffen, in denen die Überlegungen zum Indikatorenkonzept der Bildungsberichterstattung weiterentwickelt wurden (z.B. Gesamtkonzeption der BBE, Datengewinnungsstrategie). Bei dem damaligen Indikatorenmodell wurden vor allem folgende Entwicklungsprobleme sichtbar, auf die das Konsortium hingewiesen hatte:

(1) Die Autoren des Modells haben in der Einleitung zum Indikatorenmodell auf eine Reihe nicht hinreichend bewältigter Sachverhalte hingewiesen. Vor allem die Klärung folgender Punkte wurde im Rahmen der weiteren Arbeit am Indikatorenkonzept als dringend erforderlich angesehen: Verhältnis von übergreifenden und bereichsspezifischen Indikatoren, Verständnis von non-formaler Bildung und informellem Lernen und ihrer angemessenen Berücksichtigung im Indikatorenmodell und im Bildungsbericht, Verhältnis von internationaler Kompatibilität vs. Darstellung der deutschen Bildungsrealität sowie die Berücksichtigung von Kontextindikatoren und nicht-kognitiven Kompetenzen. Diese Themen spielten bei der hier vorgelegten Weiterentwicklung des Indikatorenkonzepts eine wichtige Rolle.

(2) Das Indikatorenmodell vom März 2005 stammte aus der Anfangsphase der Arbeit an der Bildungsberichterstattung und konnte damals wegen anderer Prioritätensetzung (z.B. vorrangige Arbeit am Bericht selbst und an der Gesamtkonzeption, an der Datenentwicklungsstrategie, am Schwerpunktkapitel zu Bildung und Migration) nicht weiterentwickelt werden. Für die Konzipierung des Berichts 2008 wurde die Weiterentwicklung des Indikatorenkonzepts der BBE jedoch als dringlich angesehen und der Analyserahmen entsprechend erweitert (Analyse internationaler und anderer nationaler Berichte sowie der Erfahrungen der Sozialberichterstattung).

(3) Die Diskussionen um das Modell von 2005 und das Modell selbst haben noch nicht hinreichend zur Klärung theoretisch-konzeptioneller Fragen der Bildungsberichterstattung beitragen können. Diese wurden mit der Gesamtkonzeption der BBE weiterentwickelt und fanden ihren Niederschlag im Bericht 2006. Gleichwohl wurde die Auswahl der Indikatoren für den Bericht 2006 auch mit Blick auf die Anforderungen an Daten sowie an notwendiger

Systemorientierung und internationaler Vergleichbarkeit vorgenommen. Folgende Kriterien wurden der Auswahl von Indikatoren zugrunde gelegt:

- Aufnahme von Indikatoren zu aktuellen bildungspolitisch relevanten Sachverhalten, wenn sie von mittel- und langfristigem Interesse sind;
- Aufnahme von Indikatoren, die der Systembeobachtung dienen;
- Fortschreibbarkeit und Möglichkeiten der regionalen Differenzierung der Indikatoren und
- Anschlussfähigkeit mit international verwendeten Indikatoren.

Die Arbeit an der Bildungsberichterstattung erfordert neben den jeweils aktuellen Schritten zur Datenauswertung und Formulierung von Indikatoren auch die Klärung von Grundsatzfragen und die Entwicklung innovativer Konzepte für eine indikatorengestützte Bildungsberichterstattung. Die im Indikatorenmodell 2005 angeführten Überlegungen zur Strategie künftiger Datenerhebungen im Bildungswesen enthielten auch wesentliche Impulse für die Weiterentwicklung von Indikatoren, diese wurden im Konzept „Weiterentwicklung von Indikatoren" von 2006 aber deutlich systematischer und vertiefender dargestellt. Das betrifft insbesondere Aussagen zu Themenfeldern, zu den vorrangig Indikatoren zu entwickeln sind, sowie zum Verhältnis von bestehenden Indikatoren und zu entwickelnden Indikatoren.

(4) Ein besonderes Problem stellt die begriffliche Unschärfe im Indikatorenmodell 2005 zwischen „Themen", „Indikatoren" und „Kennziffern" dar, die sich auch noch im Bericht 2006 widerspiegelt. So werden etwa in der Berichtsstruktur für den Bericht 2006 bildungspolitisch relevante Themen und Indikatoren faktisch gleichgewichtig nebeneinander dargestellt, d. h. das Verhältnis von Themen und Indikatoren konnte zum damaligen Zeitpunkt nicht hinreichend geklärt werden. Geht man vom Indikatorenverständnis aus, das dem Bericht 2008 zugrunde gelegt wird (vgl. Abschnitt 2. dieser Darstellung), dann sind im Modell 2005 auch überwiegend Kennziffern und nicht Indikatoren beschrieben. Wie schon die genannten verschiedenen Konzepte zur Bildungsberichterstattung verdeutlichten, musste das Konsortium Bildungsberichterstattung angesichts eines weitgehend fehlenden Forschungsvorlaufs oft pragmatisch entscheiden. Nicht hinreichend gelöst blieb bislang auch die Frage des Verhältnisses von in jedem Bericht darzustellenden Indikatoren und solchen, die in bestimmten Abständen berichtet werden. Der Frage einer begründeten Rhythmisierung im Sinne einer mittelfristigen Planung der Indikatoren wurde daher bei der Weiterentwicklung des Indikatorenkonzepts besondere Aufmerksamkeit geschenkt.

(5) Das Indikatorenmodell von 2005 hatte zudem „Konstruktionsprobleme". So wurden faktisch alle bildungspolitisch relevanten Themen als Basis für die bereichsübergreifenden Indikatoren ausgewiesen; im Bericht 2006

selbst sind jedoch nur die Indikatoren „Bildungsausgaben", „Bildungsbeteiligung" und „Bildungsstand" (sowie neu im Bericht 2008 „Bildungspersonal") „bereichsübergreifend" dargestellt. Fast alle „bereichsübergreifenden" Indikatoren wurden im Indikatorenmodell in den einzelnen Bildungsbereichen aufgegriffen und in unterschiedlichen Variationen beschrieben. Objektiv konnten damals innere Bezüge im Sinne einer abgestimmten „durchlaufenden" Indikatorendarstellung kaum Berücksichtigung finden. Auch dieser Problematik stellte sich die Autorengruppe, indem ein abgestimmtes Konzept der Bildungspersonalgesamtrechnung erarbeitet wurde.

1.2 „Indikatorenmodelle" in anderen nationalen Bildungsberichten und in internationalen Bildungsberichten

Für die Weiterentwicklung eines „Indikatorenmodells" und die internationale Anschlussfähigkeit der Bildungsberichterstattung ist eine systematischere Berücksichtigung internationaler Entwicklungen im Bereich des Bildungsmonitoring erforderlich. Internationale Anschlussfähigkeit meint hierbei zum einen vertiefende Analysen zu inter- und supranationalen Berichtssystemen, zum anderen geht es auf der Ebene der Einzelindikatoren um die Folge der Zugrundelegung der ISCED-Klassifikation für die Abbildung nationaler Besonderheiten des deutschen Bildungswesens. Als notwendig werden im Einzelnen angesehen:

- die Aufarbeitung der Berichtspraxis der OECD, der Europäischen Kommission sowie von nationalen Bildungsberichten in anderen Staaten (hinsichtlich Indikatorenkonzept, Indikatorendarstellung und Rhythmisierung der Indikatoren);
- Untersuchungen zu internationaler Kompatibilität vs. deutscher Bildungsrealität (steuerungsbezogene Konsequenzen der ISCED-basierten internationalen Vergleiche für die nationalen Besonderheiten);
- internationale Vergleichbarkeit von Erhebungskonzepten (z.B. Migrationshintergrund oder sozio-ökonomischem Status) durch forschungsbasierte Vereinheitlichung zugrunde gelegter Systematiken.

Für die Analyse internationaler und anderer nationaler Bildungsberichte wurde ein Kriterienraster entwickelt. Im Wesentlichen wurden folgende Aspekte geprüft und verglichen:

1. Aufbau und Struktur des Berichts (Gliederung)
2. Relevante Problembereiche
3. Verständnis, Aufbau und Struktur von Indikatoren
4. Kriterien für die Auswahl von Indikatoren

5. Wiederholung/mittelfristige Planung der Indikatoren
6. Berichtstiefe
7. Kriterien für die Datenqualität.

Bildungsberichte werden als fester Bestandteil eines Bildungsmonitorings inzwischen in fast allen wichtigen Industriestaaten der Welt erstellt. In den wenigen Staaten, die bisher keinen Bildungsbericht vorgelegt haben, gibt es – wie eine aktuelle Umfrage des DIPF bei allen OECD- und IEA-Mitgliedsstaaten zeigt – zumindest entsprechende Überlegungen bzw. konzeptionelle Vorbereitungen. *Bildungsberichte* sind nach unterschiedlichen Kriterien erarbeitete systematische Zusammenstellungen von Informationen über die Erfüllung der jeweiligen gesellschaftlichen Anforderungen an das Bildungswesen. Trotz aller Unterschiede der nationalen Bildungsberichte weisen sie folgende wesentlichen Charakteristika auf:

- sie erscheinen als Publikationen bzw. Internetpräsentationen in periodischen Abständen (im jährlichen bis fünfjährlichen Abstand),
- sie richten sich im staatlichem Auftrag an eine breite Öffentlichkeit,
- sie berichten im Sinne einer evaluativen Gesamtschau über alle bzw. wesentliche Aspekte des jeweiligen Bildungswesens,
- sie stellen in der Regel eine vor allem bildungspolitisch begründete Auswahl von steuerungsrelevanten Informationen über Input, Prozesse und Wirkungen in einem Bildungswesen auf der Basis von statistischen Daten und Befunden der empirischen Forschung dar.

Internationale Berichte, vor allem der OECD, der Europäischen Kommission und der UNESCO, sind als Orientierungspunkte, Basispool und systematischer internationaler Vergleichsrahmen ein wichtiger Maßstab für die jeweilige nationale Bildungsberichterstattung. Vor allem die jährlichen Publikationen der OECD „Education at a Glance“ und „Education Policy Analysis“ sowie die von der EU-Kommission veröffentlichten „Key Data on Education in Europe“ stellen in ihrer Kombination von Indikatoren in Zeitreihe und wechselnden thematisch vertiefenden Analysen einen „benchmark“ für nationale Bildungsberichterstattung dar.

Die Analyse der verfügbaren nationalen und internationalen Bildungsberichte zeigt[3]:

3 Bildungsberichte folgender Staaten wurden arbeitsteilig von den Mitarbeiterinnen und Mitarbeitern der an der Bildungsberichterstattung beteiligten Einrichtungen und Ämter nach dem vorgegebenen Raster analysiert: Dänemark, England, Frankreich, Japan, Kanada, Niederlande, Russland, Schweden, Schweiz, Spanien, Tschechische Republik, USA. Die ausführlichen Ergebnisse der Länderanalysen sowie eine auf dieser Grundlage vorgenommene vergleichende Betrachtung werden demnächst in einer gesonderten Studie vorgestellt.

- Es besteht international offenbar eine weitgehende Einigkeit über die Notwendigkeit eines daten- bzw. indikatorengestützten Bildungsberichts.
- Die Ausgestaltung und die Institutionalisierung des jeweiligen nationalen Bildungsberichts sind hingegen recht unterschiedlich. Grundsätzlich gibt es drei Typen von Bildungsberichten: a) eher bildungsstatistisch fundierte und entsprechend verfasste Berichte (Kanada, Frankreich, Japan), b) eher inspektionsbasierte Berichte (Niederlande, England, Schweden) und c) überwiegend von Wissenschaftlern verfasste Bildungsberichte auf der Grundlage kommentierter Daten und Forschungsbefunde (Schweiz, Deutschland, z. T. USA).
- In den Berichten werden einzelne Bildungsbereiche unterschiedlich stark berücksichtigt, wobei der Schwerpunkt überwiegend auf dem Schulwesen liegt; auch das Ausmaß der regionalen Differenzierungen ist verschieden.
- Durchgängig zeigt sich eine Orientierung am Kontext-Input-Prozess-Wirkungs-Schema, wenngleich nicht immer direkt ablesbar.
- Nicht alle Länder präsentieren, wie der nationale Bildungsbericht in Deutschland, eine „Gesamtschau" von Steuerungsinformationen zum Bildungswesen, sondern haben zum Teil sehr differenzierte Berichte zu einzelnen Bereichen oder Aspekten des Bildungswesens.
- Außerschulische Bildung ist in unterschiedlichem Maße einbezogen. Dies liegt überwiegend an den weniger umfangreich vorhandenen Daten. Der politische Wille, eine gesamtsystemische bzw. lebenszeitliche Perspektive einzunehmen, ist erklärtermaßen in der Mehrheit der Staaten vorhanden und wird als zukünftig zu realisieren dargestellt.
- Als Ergänzung der herangezogenen Datenbasis ist die Einbeziehung aktueller Forschungsergebnisse und internationaler Vergleichsstudien relativ weit verbreitet, wobei der Trend offenbar in Richtung einer zielgerichteten Kooperation von Statistik und Wissenschaft geht.
- Die Darstellung der Indikatoren erfolgt zumeist in getrennten Berichtsabschnitten, die sich oft an den Bildungsbereichen ausrichten. Verknüpfungen der Abschnitte oder von Indikatoren im Sinne von Wirkungszusammenhängen, gleich welcher Art, sind nicht auszumachen.

Es fällt auf, dass vor allem die Staaten, in denen bereits mehrere Bildungsberichte erarbeitet wurden, über einen Kern an regelmäßig berichteten bildungsstatistischen Daten verfügen, um die sich hinsichtlich bestimmter thematischer Schwerpunkte weitere Indikatoren gruppieren. An zwei Beispielen, dem Bericht *„The Condition of Education"* in den USA und dem OECD-Bericht *„Education at a Glance",* sei das exemplarisch veranschaulicht (Avenarius et al. 2003b):

„The Condition of Education" enthält kontinuierlich Daten aus Bildungsstatistik und Bildungsforschung in einem System aus sechs Themenfeldern mit insgesamt 44 Indikatoren, die mit teilweise variablen Unterindikatoren besetzt sind. Im Überblick wird deutlich, dass den Indikatoren keine systematisch begründete Rhythmisierung zugrunde liegt. Die Bandbreite der dargestellten Indikatoren reicht von jährlich oder alle zwei Jahre berichteten Indikatoren über sehr unregelmäßig dargestellte Indikatoren bis zu solchen, die nur einmalig präsentiert wurden. Zusätzlich zum jeweils aktualisierten Indikatorenset werden im Bericht wechselnde Themen und Aspekte als *„Special Analysis"* vertiefend untersucht. Die Differenzierung der Daten nach einzelnen Bundesstaaten spielt nur eine untergeordnete Rolle. Sie wird lediglich bei der Darstellung von Schülerleistungen verwendet, ansonsten werden hin und wieder amerikanische Großregionen (Nordost, Mittelwest, Süd, West) unterschieden. Der Bildungsbericht legt deutlich mehr Wert auf den Einfluss von lokalen, schulischen und sozialen Faktoren und damit auf bestimmte Indikatorenausprägungen. Nahezu durchgängig werden die Datenangaben nach regionalen Typen (innerstädtisch, städtisch und ländlich), der Größe der Schule, der ethnischen und sozialen Zusammensetzung der Schülerschaft sowie der Trägerschaft der Schule (öffentlich, privat) differenziert. Der Report „The Condition of Education" ist damit beides zugleich: Datendokumentation und analytische Einordnung. Schon der begrenzte Seitenumfang des Berichts (max. 160 Seiten Indikatoren und Analysen) zwingt zu hoher Selektivität. Vorrangiges Ziel ist es, über wesentliche Entwicklungen und Trends im amerikanischen Bildungswesen Auskunft zu geben und auf Aspekte, die besondere politische Aufmerksamkeit verdienen, zusätzlich hinzuweisen. Das einleitende Statement des verantwortlichen Herausgebers, des Commissioner des „National Center for Education Statistics" (NCES) hat die Funktion, kurz die „mainfindings" des Berichts wiederzugeben und damit die Kernbereiche des Berichts und die Zuordnung entsprechender Indikatoren zu verdeutlichen. Einen sehr guten Überblick über die bisher in „The Condition of Education" verwendeten Indikatoren gibt die sogenannte „list of indicators" (vgl. Anhang 1).

Auch in internationalen Bildungsberichten wird auf einen Kern an regelmäßig berichteten Indikatoren zurückgegriffen. Das zweite Beispiel, der internationale Bildungsbericht *„Education at a Glance"* der OECD, zeigt ebenfalls einen solchen „Kern" an Indikatoren, macht aber zugleich auch das jahrelange „Suchen" der OECD nach der effektivsten Berichtsstruktur und der Struktur des Indikatorensystems deutlich: Sowohl der Umfang des Berichts als auch der Umfang und die Struktur seines Indikatorensystems haben sich seit der ersten Ausgabe 1992 immer wieder verändert. 1992 hatte „Education at a Glance" noch einen Umfang von 150 Seiten, im Jahr 2002 waren es mehr als 400; 1992 beinhaltete der Bericht drei Kapitel mit 36 Indikatoren, 1995 drei Kapitel mit insgesamt 13 weiteren Untergliederungen und 47 Indikatoren, 2002 waren es vier Kapitel mit 34 Indikatoren. Es gab kaum ein Jahr, in dem nicht Teile der Struktur verändert und Indikatoren ausgewechselt wurden. Kontinuierlich berichtet wird in der Regel:

- über den demografischen, ökonomischen und sozialen Kontext der jeweiligen nationalen Bildungssysteme,
- über die privaten und öffentlichen Ausgaben für das Bildungswesen, die Bildungsbeteiligung insgesamt und nach einzelnen Bildungsbereichen von der Vorschule bis zur tertiären Bildung,
- über die Schüler-Lehrer-Relation, Charakteristiken der Lehrerschaft (Gehälter, Alter, Geschlecht, Arbeitszeit), über die vorgesehene Unterrichtszeit, das Unterrichtsklima und vor allem in den letzten Jahren zur schulischen Computerausstattung und deren Nutzung,
- über die Anzahl der vergebenen Schul- und Hochschulabschlüsse,
- über Schülerleistungen in ausgewählten Bereichen und
- über Zusammenhänge zwischen Bildungsabschluss und späterer Berufstätigkeit.

Im Mittelpunkt von „Education at a Glance“ steht der Vergleich der Bildungssysteme der OECD-Länder. Dabei wurde zunehmend versucht, Unterschiede zwischen städtischen und ländlichen Regionen, großen und kleinen Schulen u. ä. mit einzubeziehen; zugleich wird immer wieder auf länderübergreifende Trends hingewiesen.

In allen untersuchten nationalen und internationalen Bildungsberichten wird das Ziel verfolgt, einen evaluativen Überblick über die Entwicklung des Bildungswesens zu geben. Dabei liegt den Berichten jeweils nur eine begrenzte Auswahl von jeweils ca. 30 datenmäßig gesicherten und durch Kennziffern untersetzbaren Indikatoren zugrunde, die zusammengenommen als zureichende Informationsquelle für die Steuerung und Entwicklung des gesamten Bildungswesens oder wichtiger Bereiche angesehen werden. In allen Bildungsberichten findet sich eine gewisse Variabilität und Flexibilität bei der Indikatorenauswahl und -präsentation, die sich auf fortgesetzte konzeptionelle Arbeiten und auf Veränderungen bei den aktuell verfügbaren Daten gründet. Ein expliziter Bezug auf ein vorhandenes „Indikatorenmodell“, aus dem die zu berichtenden Indikatoren nach einer bestimmten Systematik gewissermaßen entnommen werden, ist in keinem der untersuchten Bildungsberichte zu finden.

Damit liegt die Vermutung nahe, dass die jeweils verwendeten Indikatorensysteme offenbar vor allem sukzessive, also „induktiv“ entwickelt werden. Die Gründe dafür dürften angesichts der Spezifik des Bildungswesens vor allem in dem Bemühen um eine hohe Flexibilität in der Indikatorenauswahl und -darstellung und in einer nicht dauerhaft gesicherten Datenbasis liegen.

1.3 „Indikatorenmodelle" in der Sozialberichterstattung

Zur weiteren Überprüfung der Vermutung, dass die Entwicklung eines „Indikatorenmodells für die Bildungsberichterstattung" offenbar in besonderer Weise von der Verfügbarkeit und Stabilität der Datenbasis abhängt, sollen im Folgenden entsprechende Erfahrungen bei der Etablierung der Soziaberichterstattung in Deutschland betrachtet werden.

Allgemeine Verfahren zur Indikatorenentwicklung

Das Vorgehen bei der Entwicklung von Indikatorensystemen und entsprechenden Ansätzen in anderen Berichtssystemen zeigt, dass die Entwicklung von Indikatoren und Indikatorensystemen grundsätzlich auf zwei alternativen Verfahrensansätzen beruhen kann:

In einem deduktiven „Top-down-Verfahren" können Indikatoren ausgehend von wissenschaftlichen Modellvorstellungen oder gesellschaftlichen Zielsystemen abgeleitet werden. Demgegenüber steht das induktive „Bottom-up-Verfahren", das ausgehend von vorhandenen Datenbeständen eine Selektion und Aggregation relevanter Faktoren vornimmt und damit das Indikatorensystem sukzessive entwickelt.

Beim *Top-down-Ansatz* bilden zuvor entwickelte theoretisch-konzeptionelle Grundlagen zur Funktionsweise des zu beschreibenden Systems den inhaltlichen Rahmen des Indikatorensystems. Den einzelnen Modellkomponenten werden dann jeweils aussagekräftige Indikatoren zugeordnet. Ein solches Vorgehen setzt eine relativ gut strukturierte Datenbasis voraus, birgt jedoch auch die Gefahr, Indikatoren zu definieren, für die keine Datenbasis vorhanden ist und somit das zugrunde liegende Modell nur partiell abgebildet werden kann. Während es aus wissenschaftstheoretischer Sicht sinnvoll erscheint, zunächst die Gesamtheit relevanter Bedingungen zur Beurteilung eines Systems oder Teilsystems heranzuziehen, erweist es sich bei der praktischen Umsetzung als schwierig, komplexe, theoriegeleitete Modelle im Rahmen einer Berichterstattung abzubilden, nicht nur aufgrund häufig fehlender oder unzureichend verknüpfter Daten, sondern auch aufgrund anderer Beschränkungen, denen eine Berichterstattung unterliegt (z.B. Unkenntnis von Wirkungszusammenhängen, Begrenzungen im Umfang der Berichte; aktuelle Schwerpunktsetzungen etc.).

Der *Bottom-up-Ansatz* bedeutet, dass für die Auswahl der Indikatoren zunächst eine Sichtung des vorliegenden umfangreichen statistischen Materials des Berichtsbereichs und angrenzender Gebiete erfolgt und auf diese Weise die Datenverfügbarkeit und der Aufwand der Datenbeschaffung geprüft werden. Der Referenzrahmen für die Auswahl der Indikatoren kann sich bei einem solchen Ansatz auf die Ziele der Berichterstattung und/oder auf politische Intentionen und Aufgaben beziehen, wobei diese jedoch in der Regel in den Kontext allgemeiner Konzepte der Berichterstattung gestellt werden. Dies trifft vor allem für die Berichterstattung in jenen Bereichen zu, die über eine ungünstige Datensituation verfügen (vgl. zur problematischen Datenlage im Bildungsbereich das Papier zur Datengewinnungsstrategie des Konsortiums für Bildungsberichterstattung 2005), die sich durch eine hohe Entwicklungsdynamik auszeichnen oder für deren Beobachtungsgegenstände in den einschlägigen Bezugswissenschaften (noch) keine schlüssigen und stabilen theoretischen Konzepte vorhanden sind. In diesem Sinn handelt es sich bei so entwickelten Indikatorensystemen zumeist um eine auf bestimmte Ziele (z.B. Qualität, Leistung, Chancengerechtigkeit, Effizienz) und konzeptionelle Leitideen hin gerichtete Auswahl, Verarbeitung und Kombination von Daten, was immer auch selektionierende, normative und definitorische Vorgaben mit einschließt.

Zu den Indikatorenmodellen in der Sozialberichterstattung

In der Praxis der Berichterstattung über verschiedene gesellschaftliche Bereiche (z.B. soziale Entwicklung, Gesundheit) werden die beiden oben kurz skizzierten Verfahren der Entwicklung von Indikatorensystemen meist nicht strikt voneinander getrennt. So folgten beispielsweise die ersten Arbeiten zur Sozialberichterstattung in den 1970er Jahren einem Berichtsansatz, dem primär eine problemorientierte Auswahl von Gegenständen zugrunde lag (vgl. Soziologischer Almanach in Ballerstedt/Glatzer 1975). Sozialberichterstattung als „wissenschaftliche Praxis, die über amtliche Statistiken hinausgeht, wurde für die Bundesrepublik Deutschland in den 1970er Jahren auf Initiative von Wolfgang Zapf im Rahmen des Projekts SPES (Sozialpolitisches Entscheidungs- und Indikatorensystem) begründet und später im Sonderforschungsbereich 3 (‚Mikroanalytische Grundlagen der Gesellschaftspolitik') der Deutschen Forschungsgemeinschaft an den Universitäten Mannheim und Frankfurt am Main weiter konzipiert" (Bartelheimer 2006a, 70). In diesem Zusammenhang entstanden eine Reihe eigener Datenerhebungen mit Quer- und Längsschnittcharakter, die über die DFG wie auch andere Institutionen gefördert wurden. Zu nennen sind hier die Wohlfahrtssurveys, die als unverbundene Querschnittsbefragungen im Abstand von zwei bis vier Jahren im Zeitraum 1978 bis 1988 in den alten Bundesländern, im Jahre 1990 in den neuen Bundesländern und 1993 in der gesamten Bundesrepublik durchgeführt wurden, sowie die am MPI Berlin im Rahmen des Sonderforschungsbereichs 3 durchgeführte Längsschnittstudie „Lebensverläufe und Wohlfahrtsentwicklung". Schließlich erfolgte 1982 die Bewilligung der Mittel für das sogenannte Haushaltspanel (SOEP), dessen erste Erhebungswelle im Jahre 1984 stattfand und dessen erhobene Mikrodaten über politische und gesellschaftliche Veränderungen seither für die Sozialberichterstattung als auch Politikberatung zur Verfügung stehen.

Auch heute noch – in einem relativ etablierten Zustand – wird das Indikatorensystem der Sozialberichterstattung kontinuierlich fortgeschrieben und weiterentwickelt. Die Messdimensionen und Indikatoren folgen dem Konzept der Wohlfahrtsmessung (Lebensqualität), der Output- und Outcome-Orientierung auf der individuellen Ebene und auf der Ebene der privaten Haushalte; das Gesellschaftssystem als Ganzes sowie Institutionen und Organisationen spielen als Analyseeinheit eine eher untergeordnete Rolle (Noll 1998, 29; auch Noll 2002, 5). Mit den Arbeiten an einem Europäischen System Sozialer Indikatoren (EUSI) wurde dieses enge individuenzentrierte Lebensqualitätsverständnis zugunsten eines Konzepts, das kollektive Werte und Systemmerkmale integriert, aufgegeben. Nunmehr wird in einer Vielzahl aktueller Ansätze der Sozialberichterstattung zwischen einer individuellen und gesellschaftlichen Perspektive unterschieden, wobei der individuelle Blickwinkel Indikatoren der objektiven Lebensbedingungen und des subjektiven Wohlbefindens umfasst (in Verknüpfung der skandinavischen und amerikanischen Forschungstradition). Qualitäten der Gesellschaft hingegen werden über die Zieldimensionen des sozialen Zusammenhalts (Reduktion von Disparitäten, Ungleichheit und soziale Exklusion) und der Nachhaltigkeit (definiert als Erhaltung von Humankapital und natürlichem Kapital) sowie weiteren gesamtgesellschaftlichen Indikatoren, die den sozialen Wandel abbilden, erfasst (vgl. Berger-Schmitt 2001, 3ff.; Bartelheimer 2006b, 72). Insgesamt lässt sich gegenwärtig ein Paradigmenwechsel in der Sozialberichterstattung erkennen, der nicht nur auf das Erfordernis einer stärker integrierten und bereichsübergreifenden Berichterstattung zurückzuführen ist. Auch das bisherige Konzept der Wohlfahrtsmessung, das primär den Ressourcenmangel in der Beobachtung aufgriff, hat sich geändert und wird in der neueren Berichterstattung konzeptionell an Teilhabedefiziten (z.B. Lebenslagenansatz, Konzept der Verwirklichungschancen) ausgerichtet. D. h. auch in der langjährigen Tradition der Sozialberichterstattung und auf dem engeren Feld der Wohlfahrtsmessung werden deren konzeptioneller Bezugsrahmen und theoretische Begründungsansätze für das Indikatorensystem infrage gestellt, modifiziert, anders gewichtet oder gar weitgehend neu bestimmt (Noll 2003). Dies hängt sicherlich mit Entwicklungen in den Bezugswissenschaften selbst, aber auch mit veränderten Informationsbedürfnissen in der Gesellschaft zusammen und macht deutlich, dass eine theoriegeleitete Auswahl der Indikatoren offen bleiben muss für aktuelle Entwicklungen in den Bezugswissenschaften selbst, aber auch im zu betrachtenden (Teil)System.

Die gleichzeitige Beobachtung von individueller und gesamtgesellschaftlicher Perspektive, von institutionellen Kontexten, Inputs und Outcomes, wie sie den in den letzten Jahren entstandenen Berichten (z.B. Armuts- und Reichtumsbericht, WSI-FrauenDatenReport, siebter Familienbericht, erster Bildungsbericht) zugrunde liegt, stellt eine neue konzeptionelle Herausforderung an die bisherige Berichterstattung dar, die nicht immer bruchlos umgesetzt werden konnte. Konzeptionell zeichnet sich eine Reihe dieser Berichtssysteme eher durch heuristische Raster als durch theoretisch fundierte Modelle aus (vgl. z.B. zur Kritik an den Konzepten zur Beobachtung von Ungleichheit und Lebenslagen, Voges 2002). So wurde beispielsweise die im Rahmen der sozioökonomischen Berichterstattung entwickelte konzeptionelle Basis in den einschlägigen Forschungsbereichen kontrovers diskutiert. Noll (vgl. in Bartelheimer 2006a, 68ff.) kritisierte in diesem Zusammenhang die konzeptionellen Schwächen des ersten sozioökonomischen Berichts, indem er die Plausibilität des Konzepts der sozioökonomischen Entwicklung und der Umbruchhypothese ebenso in Frage stellte wie die Auswahl der fünf Themenfelder des Berichts, die unterschiedlichen Logiken folgten und jeweils eigene Theorieangebote machten. In seiner Erwiderung auf Nolls Kritik argumentiert Bartelheimer (2006, 84), dass ein Bericht nicht „wie eine einzelwissenschaftliche Studie allein darauf ausgerichtet sein darf, eine bestimmte Theorie oder Hypothese zu prüfen“. Vielmehr plädiert er dafür, Daten so darzustellen, dass die angebotenen Situationsdeutungen überprüfbar sind, dass das Datenangebot jedoch zugleich unabhängig von diesen Deutungen Bestand haben muss und möglichst an viele Konzepte und Deutungsmuster anschlussfähig sein sollte, und folgt hiermit implizit der Forderung von Ludger Pries, dass eine Sozialberichterstattung eklektizistisch sein muss (vgl. das zweite soeb-Werkstattgespräch, Bartelheimer u. a. 2006b, 95). Darüber hinaus verweist Bartelheimer in der Auseinandersetzung mit dieser Kritik darauf, dass ein theoretisch begründetes Modell sozioökonomischer Entwicklung nur in Umrissen vorläge und es demzufolge nicht Ziel der Berichterstattung sein kann, rasch ein vollständiges Indikatorenmodell aufzubauen, sondern dieses über begleitende theoretische Arbeiten und Indikatorenforschung sukzessive zu entwickeln und auszubauen.

Auch die Erfahrungen mit der Sozialberichterstattung zeigen, dass nicht „von vornherein“ von einem elaborierten, theoretisch begründeten und empirisch belegbaren Indikatorenmodell ausgegangen werden kann, sondern dieses eine ständige Entwicklungsaufgabe darstellt.

2. Die Datenbasis der Bildungsberichterstattung: Bestandsaufnahme, Entwicklungen, Probleme

Das Konsortium Bildungsberichterstattung hatte Ende 2005 im Auftrag der Kultusministerkonferenz und des Bundesministeriums für Bildung und Forschung einen Bericht „Zur langfristigen Sicherstellung der Datenbasis für die Bildungsberichterstattung" erstellt. Dieser Bericht enthielt eine Vielzahl von Handlungsempfehlungen/Einzelvorschlägen zur Einführung bzw. Weiterentwicklung amtlicher und nichtamtlicher Statistiken bzw. von auf Dauer angelegten Surveys mit bildungsrelevanten Merkmalen.[4] Die Autoren waren sich darüber im Klaren, dass deren Einführung bzw. Revision in der Regel einen langen zeitlichen Vorlauf benötigt und sich die Datenbasis der Bildungsberichterstattung grundsätzlich nur mittelfristig verbessern lässt. Zur Prüfung der Vorschläge des Konsortiums Bildungsberichterstattung hatte die Kultusministerkonferenz eine Arbeitsgruppe eingerichtet, welche die Vorschläge geprüft und prioritäre Projekte hervorgehoben hat. Für die KMK waren die beschleunigte Einführung von Individualdaten in allen Bildungsbereichen, die Einrichtung einer gemeinsamen Datenverwaltung in der Schulstatistik sowie die Einführung einer Bildungsnummer von höchster Priorität. Bereits zuvor hatte die Kultusministerkonferenz Empfehlungen zur Verbesserung der Datengrundlage für die internationale Bildungsberichterstattung erarbeitet. Die Empfehlungen der sogenannten „Zöllner"-Arbeitsgruppe, die zu einem großen Teil auch in den Empfehlungen zur Datengewinnung für die Bildungsberichterstattung enthalten sind, konnten bisher erst in Teilbereichen umgesetzt werden.[5]

Außerdem wurden in den vergangenen Jahren Maßnahmen realisiert, die schon vor der Verabschiedung der Datengewinnungsstrategie durch das Konsortium Bildungsberichterstattung eingeleitet worden waren. Zu nennen sind hier insbesondere die Aktivitäten auf dem Gebiet der amtlichen Statistik. Die revidierte Rechtsgrundlage für die Berufsbildungsstatistik, die EU-Verordnung zum Lebenslangen Lernen und die Aktivitäten der statistischen Ämter zur Anpassung des Erhebungskatalogs der Statistiken mit bildungsrelevanten Merkmalen im Rahmen der bestehenden gesetzlichen Regelungen an die Erfordernisse der Bildungsberichterstattung haben zur Verbesserung der Da-

4 Konsortium Bildungsberichterstattung: Zur langfristigen Sicherstellung der Datenbasis für die Bildungsberichterstattung, www.bildungsbericht.de

5 Analyse der nationalen Datenlieferung für die internationale Bildungsberichterstattung, Bericht der Ad-hoc-Arbeitsgruppe von Bund, Ländern, BLK-Geschäftsstelle und Sekretariat der Kultusministerkonferenz zur internationalen Bildungsstatistik, 2005.

tenbasis für die Bildungsberichterstattung beigetragen bzw. werden dazu beitragen.

Im Folgendem wird davon ausgegangen, dass die in der Tabelle „Datenverfügbarkeit 2008“ (vgl. Anhang 2) aufgeführten amtlichen Statistiken weiterhin zur Verfügung stehen, die amtliche Statistik die für die internationale Berichterstattung erforderlichen Aufbereitungen (einschließlich der Arbeiten am sogenannten Länder-EAG) fortsetzt sowie die für die nationale und internationale Berichterstattung eingeleiteten bzw. vorgesehenen Maßnahmen (z.B. Umstellung der Schulstatistik auf Individualdaten) realisiert werden.

Da die Betrachtung von Bildung im Lebenslauf ein grundlegendes Element der Bildungsberichterstattung ist, hatte das Konsortium Bildungsberichterstattung nachdrücklich angeregt, dass die Voraussetzungen für eine echte Verlaufsstatistik geschaffen werden (Individualdaten mit Bildungsnummer, Bildungspanel).

2.1 Individualdaten in der amtlichen und nichtamtlichen Statistik

Durch die Umstellung der Bildungsstatistiken auf Individualdaten sollen einerseits die Auswertungsmöglichkeiten flexibler gestaltet werden, andererseits die Darstellung und Analyse von Bildungsverläufen ermöglicht werden. Das Konsortium hatte deshalb die Umstellung der Bildungsstatistiken auf Individualdaten, die Einführung einer Bildungsnummer sowie die Einrichtung eines zentralen Datenpools vorgeschlagen.

Schulbereich

Schon vor Beginn der Bildungsberichterstattung hatte die KMK beschlossen, die Schulstatistik bis zum Jahr 2008 auf Individualdaten umzustellen. Die Realisierung dieses Beschlusses ist in den Ländern unterschiedlich weit fortgeschritten. Während für einige Länder bereits Individualdaten mit Schülernummer vorliegen, hat Sachsen beispielsweise die Umstellung noch nicht eingeleitet. Zahlreiche Länder konzentrieren sich darüber hinaus auf die öffentlichen Schulen. Wann und ob die Erfassung von Individualdaten auf die Schulen in privater Trägerschaft ausgedehnt wird, ist zurzeit unklar.

Auf den Widerstand der Datenschutzbeauftragten sind die Einführung einer Schüleridentifikationsnummer sowie die Einrichtung eines zentralen Datenpools auf Bundesebene gestoßen. Auch die Durchführung eines Workshops durch die Kultusministerkonferenz im Februar 2007 hat hieran wenig geändert. Die Folge ist, dass die Kultusministerien auf die Schaffung eines zentralen Datenpools verzichten wollen und eine Lösung anstreben, die einvernehmlich mit den Datenschutzbeauftragten erzielt werden kann. Es wird auch keine bundeseinheitliche Bildungsnummer geben. Vielmehr soll nach dem derzeitigen Beratungsstand aus für die Einzelperson im Lebenslauf konstanten Merkmalen (z.B. Geburtsdatum, Geschlecht, Name) ein über die Schuljahre identischer Hashcode errechnet werden, der die Zusammenführung der Individualdaten im Bildungsverlauf ermöglicht. Das Codierungsverfahren soll in allen Bundesländern gleich sein. Somit wären Schulverlaufsanalysen möglich.

Für die Umstellung der Schulstatistik müssen landesgesetzliche Regelungen für die Einführung, Übermittlung, Speicherung und Nutzung dieser Individualdaten getroffen werden. Strittig ist insbesondere, ob die hashcodierten Individualdaten aller Schüler in den Landesdatenpool für Bildungsverlaufsanalysen einbezogen werden oder ob hierfür eine Stichprobe ausreicht. Unklar ist auch, welche Merkmale des vereinbarten Schülerkerndatensatzes in den Datensatz für Bildungsverlaufsuntersuchungen einbezogen werden sollen bzw. ob und wie ein Datenaustausch bei Schulwechsel in ein anderes Bundesland erfolgen soll.

Zurzeit ist nicht absehbar, wann Individualdaten für den gesamten Schulbereich (allgemeinbildende Schulen, berufliche Schulen, Schulen in öffentlicher und privater Trägerschaft, Schulen des Gesundheitswesens) für alle Länder verfügbar sein werden. Selbst bei zügigem Fortgang der Beratungen dürften Individualdaten flächendeckend *frühestens für den Bildungsbericht 2012* zur Verfügung stehen.

Formales Bildungssystem (ohne Schulbereich)

Mit Ausnahme des Schulbereichs liegen ab dem Berichtsjahr 2007 bei den statistischen Landesämtern Individualdaten für die Bildungsteilnehmer des Kinder- und Jugendhilfebereichs, des Hochschulsektors sowie des Berufsbildungsbereichs (duale Ausbildung) vor.

Die Individualdaten sind nicht mit einer teilnehmerspezifischen Kennnummer versehen, die eine Zusammenführung der Daten im Zeitverlauf auf Individualdatenbasis ermöglichen würde. Für die Einführung wäre eine Änderung der Rechtsgrundlage erforderlich. Auf Grund der Diskussion in der Schulstatistik ist die Einführung einer Bildungsnummer wenig wahrscheinlich. Wenn ein Konsens über eine Regelung für den Schulbereich erzielt worden ist, sollte geprüft werden, ob sich das Hash-Codierungsverfahren auch für die anderen Bildungsbereiche eignet.

Individualdaten der o. a. Statistiken können grundsätzlich von den Forschungsdatenzentren der Länder bereitgestellt werden (für die Hochschulstatistik bereits verfügbar). Die Ergebnisse der auf Individualdaten umgestellten Kinder- und Jugendhilfestatistik können *für den Bildungsbericht 2008* und die der Berufsbildungsstatistik *für den Bildungsbericht 2010* genutzt werden.

2.2 Bildungspanel

Das Konsortium Bildungsberichterstattung hatte die Einführung eines Bildungspanels unterstützt, um die Voraussetzungen für eine echte Bildungsverlaufsstatistik zu schaffen. Derzeit befindet sich ein Nationales Bildungspanel in einem fortgeschrittenen Stadium der Planung, das – sofern die Finanzierung sichergestellt wird und es keine Verzögerungen im Zeitplan gibt – frühestens ab Ende 2010 erste Querschnittsdaten liefern wird. Das Bildungspanel ist als Multikohorten-Sequenz-Studie angelegt, in der verschiedene Kohorten (Kindergartenkinder, Fünftklässler, Neuntklässler, Studienanfänger/innen) sowie ein Querschnitt der 18- bis 67-jährigen Bevölkerung über einen längeren Zeitraum untersucht werden. Die genauen Stichprobengrößen stehen derzeit noch nicht fest, die Ausgangsstichproben werden aber jeweils mehrere Tausend Menschen umfassen, die Studienanfängerkohorte z.B. mehr als 15.000 Erstsemester. Das Bildungspanel wird eine Vielzahl von Daten zu folgenden Themenkomplexen erheben: Kompetenzentwicklung, Bildungsprozesse im sozialen und institutionellen Kontext, Übergangsentscheidungen, die Bedeutung eines Migrationshintergrunds sowie individuelle Bildungserträge. Die erste Erhebungswelle ist für den Herbst 2009 geplant.

Die Daten des Bildungspanels sollen als „Scientific Use File“ jeweils zeitnah auch für wissenschaftliche Auswertungen über den Kreis der an der Konzeption und Erhebung des Bildungspanels beteiligten Institute und Personen hinaus zugänglich gemacht werden; sie stehen damit auch für Zwecke der Bildungsberichterstattung zur Verfügung. Es ist damit zu rechnen, dass Ergebnisse aus dem Bildungspanel erst für den *Bildungsbericht 2012* genutzt werden können.

2.3 Kompetenzmessungen

Schülerleistungsstudien

Ergebnisse aus regelmäßigen Erhebungsprogrammen zu den von Bildungsteilnehmerinnen und -teilnehmern erworbenen Kompetenzen sind mittelfristig für den Schulbereich zu erwarten. Für die Indikatoren der nationalen Bildungsberichterstattung 2008 und 2010 kommen dabei in erster Linie die internationalen Schülerleistungsvergleiche PISA 2006 und 2009, PIRLS/IGLU 2006 und TIMSS 2007 in Frage, die von Forschungskonsortien in Zusammenarbeit mit der OECD bzw. der IEA verantwortet werden, sowie die daran angebundenen Ländervergleiche, die wiederum ab 2009 unter der Ägide des IQB durchgeführt werden. Eine dritte Datenquelle für schulische Lernergebnisse stellen die länderübergreifenden Vergleichsarbeiten dar, die von den jeweiligen Landesinstituten in Zusammenarbeit mit dem IQB oder weiteren Wissenschaftlern verantwortet werden. Hierzu erfolgt derzeit im Rahmen des begleitenden Indikatorenentwicklungsprogramms der Bildungsberichterstattung eine Systematisierung der verschiedenen Maßnahmen[6] zur Qualitätssicherung und Evaluierung in den Ländern. In diesem Zusammenhang erfolgt eine Gegenüberstellung der Erhebungs- und Darstellungskonzepte, um geeignete Ansätze der Indikatorisierung dafür zu finden, zentrale Merkmale in standardisierter Form zu operationalisieren und länderübergreifend in die jeweiligen Maßnahmen der Qualitätssicherung und Evaluation zu integrieren (ggf. bis 2010). Auf diese Weise könnten vergleichbare Datengrundlagen auf nationaler Ebene geschaffen werden.

Was das mittelfristige Datenangebot aus den groß angelegten, internationalen Schülerleistungsvergleichen anbelangt, lassen sich momentan folgende Angaben zu Weiterführungen und Ergänzungen im Untersuchungsdesign machen:

PIRLS/IGLU 2006

- IGLU 2006 erfasst mittels authentischer Texte verschiedener Textgattungen unterschiedliche Aspekte der Kompetenz im Rahmen verschiedener Leseabsichten, darüber hinaus werden die Fähigkeit zum Schreiben und die kognitiven Lernvoraussetzungen ermittelt sowie in einer Ergänzungsstudie die Rechtschreibfähigkeiten durch drei unterschiedliche Orthografietests.
- Im Gegensatz zu PIRLS/IGLU 2001 beteiligten sich in der 2006er Erhebung die Schülerinnen und Schüler aller sechzehn Bundesländer.
- Mit Blick auf Hinweise für die Gestaltung des Unterrichts, auf wichtige Erkenntnisse über den Unterstützungsbedarf von Lehrkräften und allgemein relevante Anhaltspunkte für die Weiterentwicklung der Lehrerausund Lehrerfortbildung wird die Erhebung zum Leistungsstand ergänzt durch Befragungen der Schulleitungen, der Lehrkräfte und der Eltern (z.B. Fragebögen zur Erfassung des Leseinteresses der Schülerinnen und Schüler, zu fachlichen und fachdidaktischen Ansätzen im Deutschunterricht oder zu professionellen Standards).
- Die Schülerinnen und Schüler werden darüber hinaus z.B. nach ihren Lesegewohnheiten, Leseanlässen und Lesevorlieben und ihren Freizeitaktivitäten befragt.

---

6 Das Projekt untersucht übergreifend die verschiedenen Evaluationsansätze im Rahmen von Leistungstests (Internationale Schülerleistungsstudien, Vergleichsarbeiten, Orientierungsarbeiten, Jahrgangsstufentests, Parallelarbeiten), zentralen Prüfungen beim Mittleren Schulabschluss, zentralen Abiturprüfungen, Schulinspektionen.

- Inhaltliche Schwerpunkte setzt IGLU 2006 in Bezug auf das Leseselbstkonzept, spezifische Förderangebote für Jungen, digitale Medien, die neue Schuleingangsphase, Ganztagsangebote sowie den soziokulturellen Hintergrund der Familien und die Beziehung der genannten Aspekte zur Lesekompetenz der Viertklässlerinnen und Viertklässler.

TIMSS 2007 Grundschule

- Mit der deutschen Teilnahme an der Studie „Trends in Mathematics and Science Study“ werden mathematische und naturwissenschaftliche Kompetenzen von Grundschülerinnen und Grundschülern aus allen 16 Bundesländern erhoben.
- Im Unterschied zu den Studien PISA E oder IGLU E zielt diese Studie einzig auf den internationalen Vergleich, d. h. es wird zwar eine für Deutschland repräsentative Stichprobe untersucht, die jedoch keine Vergleiche zwischen den deutschen Bundesländern ermöglicht.
- Die Leistungserhebung begleitend werden Kontextfragebögen für Schüler, Eltern, Lehrkräfte und Schulleitungen eingesetzt. Schwerpunkte der nationalen Zusatzerhebung bilden die Themen: nichtfachliche Kompetenzen im Bereich des Sozialverhaltens und der schulische Umgang mit Herausforderungen im sozialpädagogischen Bereich.
- Von besonderer Bedeutung für die Indikatoren der Bildungsberichterstattung sind differenzierte Informationen aus TIMSS zu Ganztagsangeboten (Dauer, Form, Inanspruchnahme), zu zusätzlichem pädagogischen Personal an den Schulen (Unterstützungsbedarfe, realisierte Unterstützung u. a.), zur vorschulischen Bildung der Grundschüler (KiTa-Besuch, Alter, Dauer, Sprachstandserhebung u. a.) und zum Übergang in die Schule (Einschulungsalter, vorzeitige Einschulung oder Zurückstellung).
- An TIMSS angegliedert ist eine Übergangsstudie des MPI für Bildungsforschung, die länderübergreifend den Übergang von der Grundschule auf die weiterführenden Schulen des Sekundarschulsystems untersucht. Im Zentrum steht zum einen der elterliche Entscheidungsprozess für eine weiterführende Schule und zum anderen die Bewältigung des Übergangs in die neue Schule durch die Kinder.

PISA 2009

- PISA 2009 deckt die Kompetenzbereiche Lesen, Naturwissenschaften und Mathematik ab.
- Im Schwerpunktgebiet *Lesekompetenz* ist auch für diesen PISA-Zyklus vorgesehen, mehrere differenzierte Kompetenzskalen zu berichten, die

Kompetenzniveaus anhand spezifischer Fähigkeiten bzw. Aufgabenanforderungen unterscheiden.
- Eine neue Subdimension von Lesekompetenz stellt bei PISA 2009 das *Lesen elektronischer Texte* dar. Dieser Bereich ergänzt die Lesekompetenzaufgaben im klassischen Papier-Bleistift-Format um Testinhalte und Testformate, die im Informationszeitalter zunehmend wichtige Bereiche der Lesekompetenz darstellen.
- Bei den Erhebungsinstrumenten für Naturwissenschaften und Mathematik wird 2009 eine kleine Auswahl von Aufgaben aus dem umfangreichen Material der ersten Erhebungsrunden verwendet.
- Im Fragebogen werden außerdem Schülermerkmale erhoben, die für die Auseinandersetzung mit Lesekompetenz bedeutsam sind (Einstellungen, schulische und außerschulische Erfahrungen der Schüler mit lesekompetenzrelevanten Situationen).
- Eine Fragebogenerhebung bei den Lehrkräften und Eltern soll als internationale Option, andernfalls als nationaler Zusatz durchgeführt werden, um Kontext- und Bedingungsfaktoren der Schülerleistungen analysieren zu können.
- Das internationale Design sieht ferner als Pflichtkomponente die Befragung der Schulleitungen vor.

Large-Scale-Assessment im Bereich der beruflichen Aus- und Weiterbildung

Nach aktuellem Planungsstand soll im Frühjahr 2008 ein „Berufsbildungs-PISA" (eine large-scale-assessment-Studie) in der beruflichen Bildung unter Beteiligung von 8 bis 10 europäischen Ländern durchgeführt werden. Die Struktur dieser Studie sieht im Kern eine Kompetenzmessung in drei Bereichen vor:

- generelle Kompetenzen (literacy, numeracy, Problemlösungsverhalten),
- berufsbezogene, aber fachübergreifende Kompetenzen der Arbeitsmarkt- und Beschäftigungsfähigkeit („employability"),
- domänenspezifische Kompetenzen der beruflichen Handlungsfähigkeit.

Die Studie wird sich wegen der Spezifik berufsfachlicher Kompetenzen auf vier große Berufssegmente konzentrieren:

- industrielle Metall- und Elektroberufe,
- KFZ-Mechatroniker (Handwerk),
- Bank- oder Industriekaufmann,
- Krankenschwester/Krankenpfleger (Gesundheitsdienstberufe).

Angestrebt ist eine kohortendifferenzierte Querschnittsstudie mit drei Messzeitpunkten (zu Beginn, gegen Ende und 3 Jahre nach Ende der Ausbildung).

Neben den Kompetenzen werden die institutionellen und individuellen Kontextbedingungen der Ausbildungsprozesse erhoben. Mit ersten Ergebnissen ist Ende 2010 zu rechnen, die dann für den *Bildungsbericht 2012* analysiert werden können.

PIAAC (Programme for the International Assessment of Adult Competencies)

Bei PIAAC handelt es sich um ein Programm der OECD zur Messung der Kompetenzen von Erwachsenen, populär auch als „PISA für Erwachsene" bezeichnet. Dieses Programm soll im Abstand von mindestens 5 Jahren wiederholt werden. PIAAC wird voraussichtlich 2011 das erste Mal durchgeführt. PIAAC soll sich an Personen im Alter von 16 bis 64 Jahren richten. Die Stichprobe soll nach den gegenwärtigen Plänen in jedem Staat etwa 5 000 Personen umfassen. Evtl. wird es eine Option zum Oversampling von 16- bis 30-Jährigen oder auch von Älteren geben. PIAAC wird nach den gegenwärtigen Planungen aus drei Komponenten bestehen:

- *Direct Assessment* (literacy, numeracy, problem solving): Literacy wird in weitem Sinne definiert als „skills requirements in the information age". Die Kompetenzmessung soll einen sog. „Locator test", Tests mit Papier und Stift sowie Tests am PC umfassen.
- *Job Requirements Approach:* Hier sollen generische Fähigkeiten wie Kommunikations-, Präsentations- und Teamfähigkeit gemessen werden.
- *Hintergrundfragebogen:* auf individueller Ebene und auf Systemebene.

Der Hintergrundfragebogen wird sich voraussichtlich mit Themen wie Lernen im Erwachsenenalter (Adult Learning), Übergang von Bildung auf den Arbeitsmarkt (Youth Transition), bürgerschaftlichem und sozialem Engagement, Gesundheit, Arbeitsmarktergebnissen von Bildung (labour market outcomes) befassen. Es ist nicht bekannt, wann erste Ergebnisse vorliegen könnten. Auch ist nach hiesigem Kenntnisstand noch nicht über eine Beteiligung Deutschlands an PIAAC entschieden. Falls sich Deutschland an PIAAC beteiligt, werden die Ergebnisse voraussichtlich erst für den *Bildungsbericht 2014* zur Verfügung stehen.

Kompetenzmessungen im Rahmen des Bildungspanels

Im Rahmen des Bildungspanels sollen Kohorten für Kindergartenkinder, Fünftklässler, Neuntklässler, Studienanfänger/innen sowie für einen Querschnitt der 18- bis 67-jährigen Bevölkerung gebildet werden. Hauptziel des Bildungspanels ist es, die Kompetenzentwicklung im Lebensverlauf zu untersuchen. Für die jeweiligen Kohorten sollen in noch festzulegenden Abständen Kompetenztests durchgeführt werden, für die zum Teil noch die geeigneten Testverfahren entwickelt werden müssen. Ergebnisse des Bildungspanels werden voraussichtlich erst für den *Bildungsbericht 2012* ausgewertet werden können (vgl. auch 2.2).

2.4 Differenzierungen nach sozioökonomischem Hintergrund und Migrationsstatus

Aus der Bildungsforschung ist bekannt, dass der soziale Status und der Migrationshintergrund der Herkunftsfamilie die Bildungsergebnisse sehr stark beeinflussen. Auch zur Beurteilung der Chancengleichheit im Bildungssystem ist es wünschenswert, den sozioökonomischen Status der im Bildungssektor befindlichen Personen zu ermitteln und deren Bildungsverläufe zu verfolgen. Deshalb hatte sich das Konsortium Bildungsberichterstattung für die Ergänzung der Individualdatensätze der Bildungsstatistiken um sozioökonomische Merkmale sowie für eine Differenzierung der Bildungsmerkmale im Mikrozensus ausgesprochen.

Erfassung des sozioökonomischen Hintergrunds und des Migrationshintergrunds über die Individualdaten der Bildungsstatistiken

Die Individualdaten der Bildungsstatistiken werden grundsätzlich den Verwaltungsdaten der Bildungseinrichtung entnommen. Diese enthalten aber in der Regel keine Angaben zum *sozioökonomischen Hintergrund*, weil diese Informationen grundsätzlich nicht für Verwaltungszwecke bzw. für die Gestaltung des Bildungsprozesses benötigt werden. Auch aus Gründen des Datenschutzes scheint eine Aufnahme dieses Merkmals in die Individualdatensätze für Schulen und Kindergärten nicht durchsetzbar zu sein. Aus Sicht der Bildungsberichterstattung ist es vertretbar, wenn diese Informationen im Rahmen der Schülerleistungsvergleiche und im Rahmen von Haushaltsbefragungen gewonnen werden.

Anders sieht es mit dem *Migrationshintergrund* aus. Dieses Merkmal ist sowohl im Merkmalskatalog der Kinder- und Jugendhilfe als auch im Kerndatensatz der Schulstatistik enthalten, da Personen mit Migrationshintergrund vielfach einen speziellen Förderbedarf in Deutsch aufweisen bzw. häufig am muttersprachlichen Unterricht teilnehmen. Insofern sind diese Informationen unmittelbar für die Gestaltung der Bildungsprozesse in den Einrichtungen von Bedeutung. Eine Harmonisierung dieser Merkmale in den verschiedenen Statistiken ist noch nicht erfolgt.

Erfassung des sozioökonomischen Hintergrunds und des Migrationshintergrunds über Haushaltsbefragungen

Eine andere Möglichkeit, Informationen zum sozioökonomischen Hintergrund der Bildungsteilnehmer zu gewinnen, bieten *Haushaltsbefragungen*, in denen beispielsweise die Art der besuchten Bildungseinrichtung in Zusammenhang mit sozioökonomischen Merkmalen des Haushalts ermittelt wird. Aussagekräftig für die Bildungsberichterstattung sind die Ergebnisse dieser Erhebungen nur dann, wenn der Bildungsstand, die Bildungsbeteiligung und der sozioökonomische Hintergrund in ausreichender Gliederungstiefe erhoben werden.

Die Bildungsforschung hat sich bisher auf keine allgemein anerkannte Definition des sozioökonomischen Hintergrunds verständigt. Außerdem wird die Operationalisierung bei der Datenanalyse stark von den in den einzelnen Datensätzen enthaltenen Merkmalen geprägt.

Folgende Kernmerkmale sind für die Beschreibung des sozioökonomischen Hintergrunds relevant:

- der derzeit ausgeübte Beruf bzw. der „zuletzt ausgeübte Beruf" der Eltern,
- der höchste allgemeinbildende Schulabschluss beider Eltern bzw. der Bezugsperson,
- der höchste berufliche Bildungsabschluss der Eltern,
- Erwerbsstatus der Eltern (sowie Vollzeit- oder Teilzeitbeschäftigung bei Erwerbstätigen),
- anhaltende Arbeitslosigkeit der Eltern (länger als 6 Monate),
- verfügbares Haushaltsnettoeinkommen in Einkommensklassen,
- Partnerschaftsverhältnis im Haushalt (z.B. alleinerziehend).

Eine Definition für den Migrationshintergrund wurde im Rahmen der Erstellung des Bildungsberichts 2006 in Zusammenarbeit mit der Bevölkerungsstatistik erarbeitet. „Personen mit Migrationshintergrund sind jene, die selbst oder deren Eltern oder Großeltern nach Deutschland zugewandert sind, ungeachtet ihrer gegenwärtigen Staatsangehörigkeit." Diese auf der Basis des Mikrozensus 2005 ermittelte Definition ist auch für künftige Analysen geeignet.

Der Mikrozensus 2005 erlaubt keine Aussagen zur sozialen Herkunft der Gymnasiasten oder der Hauptschüler. Um Informationen über den sozioökonomischen Hintergrund sowie über den Migrationshintergrund der Schülerinnen und Schüler nach Schularten bereitstellen zu können, wurde der Merkmalskatalog des Mikrozensus verfeinert. Ab dem *Mikrozensus 2008 werden die besuchten Schularten der allgemeinbildenden und beruflichen Schulen* einzeln erfragt. Damit werden in Zukunft Auswertungen ermöglicht, in denen sozioökonomische Merkmale der Eltern (sofern im gleichen Haushalt lebend) und besuchte Schulart kombiniert werden. Zusätzlich wird wie bisher für Schüler an allgemeinbildenden Schulen der Bildungsbereich (Klassenstufe 1-4, Klassenstufe 5-10 und Klassenstufe 11-13) erfragt. Ab dem Berichtsjahr 2008 werden damit beispielsweise Informationen zum sozioökonomischen Hintergrund und zum Migrationshintergrund der Hauptschüler bzw. der Gymnasiasten, der Berufsschüler und der Teilnehmer an Einrichtungen des Übergangssystems vorliegen. Die Ergebnisse werden erstmals für den *Bildungsbericht 2010* zur Verfügung stehen.

Im Mikrozensus wurde die Frage nach dem Besuch einer Tageseinrichtung im Rahmen eines Gesetzgebungsverfahrens gestrichen. Informationen über den sozioökonomischen Hintergrund der Teilnehmerinnen und Teilnehmer an Maßnahmen der frühkindlichen Erziehung können daher nicht mehr dem Mikrozensus entnommen werden. Allerdings bietet die Gemeinschaftsstatistik über Einkommen und Lebensbedingungen (EU-SILC) Informationen zum sozioökonomischen Hintergrund der Besucher von Tageseinrichtungen. Diese Informationen werden ab dem Berichtsjahr 2005 erhoben und werden künftig jährlich zur Verfügung stehen. Für 2005 wurde auch der Bildungsstand der Eltern erhoben, auch wenn die Kinder nicht mehr im Haushalt leben. Die Ergebnisse können in Deutschland auf Grund des Stichprobenumfangs nur ohne regionale Gliederung analysiert werden. Sie stehen erstmals für den *Bildungsbericht 2008* zur Verfügung.

Weitere Informationen zu Veränderungen im Bildungsverhalten der gesellschaftlichen Gruppen wird der „EU Labour Force Survey" bereitstellen. Für 2009 ist ein Ad-hoc-Modul zum Eintritt junger Leute in den Arbeitsmarkt geplant. Eine Eurostat Task Force unter Beteiligung des Statistischen Bundesamtes hat einen Vorschlag für eine Variablenliste erarbeitet. Die Variablenliste enthält als Hintergrundvariablen auch den Bildungsstand der Eltern, und zwar auch für Kinder, die nicht mehr mit ihren Eltern in einem gemeinsamen Haushalt leben. Als weitere Hintergrundvariable wird ab 2009 das Geburtsland der Eltern erfasst. Dies wäre in Deutschland wie im Ad-hoc-Modul 2008 über das Merkmal Staatsbürgerschaft bzw. frühere Staatsbürgerschaft bei eingebürgerten Personen zu operationalisieren. Die Ergebnisse werden voraussichtlich für den *Bildungsbericht 2012* zur Verfügung stehen.

Die oben angeführten eingeleiteten Maßnahmen werden die Möglichkeiten zur Analyse der Bildungsbeteiligung unter dem Aspekt des sozioökonomischen sowie des Migrationshintergrunds der Bildungsteilnehmer wesentlich verbessern. Es ist aber weiter daran zu arbeiten, die Merkmale in den einzelnen Erhebungen kompatibel zu gestalten.

2.5 Stand der Realisierung einzelner Handlungsempfehlungen

Auf Grund der Vielzahl der Empfehlungen wird an dieser Stelle nur auf die Empfehlungen der Datengewinnungsstrategie eingegangen, welche realisiert bzw. in absehbarer Zeit realisiert werden dürften bzw. welche für die einzelnen Bildungsbereiche von besonderer Bedeutung sind.

Elementar-, Schul- und Hochschulbereich

Für diese Bereiche des formalen Bildungssystems wurden zusätzlich zu den bereits in den vorherigen Abschnitten angesprochenen Punkten insbesondere Empfehlungen zur Schließung von Datenlücken unterbreitet. Die Handlungsempfehlungen betreffen beispielsweise die Erfassung der Ausgaben der privaten Bildungseinrichtungen und der Kosten der dualen Ausbildung im fünfjährigen Abstand, die flächendeckende Einbeziehung der Schulen des Gesundheitswesens und der Berufsakademien in die Bildungsstatistiken. Die Schließung dieser Datenlücken ist nicht nur für die nationale Berichterstattung, sondern auch für die internationale Berichterstattung wichtig. Durch die EU-Verordnung zum Lebenslangen Lernen wird die Bildungsstatistik der internationalen Organisationen (sogenannte UOE-Meldung) auf EU-Ebene verbindlich. Das Konsortium Bildungsberichterstattung geht davon aus, dass die entsprechenden Empfehlungen umgesetzt werden, um die Lieferverpflichtungen gegenüber der EU erfüllen zu können.

Berufliche Bildung

Das System der beruflichen Bildung (ohne Hochschulen) wird durch drei Säulen geprägt: die duale Ausbildung, die vollzeitschulische Berufsbildung sowie das Übergangssystem. Die Abbildung dieser drei Bereiche ist aufgrund der länderspezifischen Regelungen und Zuordnungen zurzeit nur ungenau möglich. Die Überprüfung der Zuordnung der beruflichen Bildungsprogramme im Rahmen eines Indikatorenforschungsprojekts und die Pflege der Zuordnungsmatrix durch die Statistischen Landesämter werden zur Verbesserung der Datenlage beitragen. Es ist damit zu rechnen, dass erste Ergebnisse schon für den *Bildungsbericht 2008* vorliegen werden.

Eine wesentliche Verbesserung der Datenlage bietet die revidierte Berufsbildungsstatistik, die ab 2007 auf Individualdaten umgestellt wird. Die Ergebnisse werden für den *Bildungsbericht 2010* ausgewertet werden können.

Dennoch ist absehbar, dass auch künftig wichtige für die Bildungsberichterstattung benötigte Daten nicht vorliegen werden. So ist weiterhin eine Verknüpfung der Daten der Bundesagentur für Arbeit mit den Daten der

Statistik der beruflichen Schulen sowie der Berufsbildungsstatistik auf Individualdatenbasis erforderlich, um Warteschleifen erkennen und den Erfolg von Bildungsmaßnahmen beurteilen zu können. Auf die Einbeziehung der Schulen des Gesundheitswesens in die Schulstatistik wurde bereits an anderer Stelle hingewiesen. Es liegen ferner keine Informationen über die Anteile schulischer und betrieblicher Unterweisung in den einzelnen Berufen vor. Außerdem fehlen Informationen über vollzeitschulische Angebote.

Weiterbildung

Im Bereich der Weiterbildung wurde in den letzten Jahren die Datengrundlage verbessert. Die europäische Erhebung zur betrieblichen Weiterbildung und der Adult Education Survey werden künftig alle fünf Jahre durchgeführt.

Europäische Erhebung über die betriebliche Weiterbildung (CVTS3)

Die Europäische Erhebung über die betriebliche Weiterbildung (CVTS) wurde im Jahr 2006 das dritte Mal durchgeführt, das erste Mal auf eigener europäischer Rechtsgrundlage.

Die Daten der CVTS3 beziehen sich auf das Berichtsjahr 2005. Die Erhebung wurde bei 10 000 Unternehmen mit mindestens 10 Beschäftigten der NACE[7] C bis K und O durchgeführt. Erhoben wurden beispielsweise Merkmale wie das Angebot an Lehrveranstaltungen, Teilnehmer an Lehrveranstaltungen, Teilnahmestunden, Kosten der Lehrveranstaltungen sowie qualitative Merkmale zur betrieblichen Weiterbildung. Erste Ergebnisse von CVTS3 wurden bereits veröffentlicht, weitere Ergebnisse werden sukzessive bis Ende des Jahres folgen. Die Daten stehen somit für den *Bildungsbericht 2008* zur Verfügung. CVTS4 wird im Jahr 2011 mit dem Berichtsjahr 2010 durchgeführt werden. Erste Ergebnisse dürften voraussichtlich wiederum im Sommer 2012 vorliegen und damit wohl erst für den *Bildungsbericht 2014* auswertbar sein.

Die Autorengruppe Bildungsberichterstattung hält nach wie vor die Einbeziehung aller Wirtschaftszweige in die CVTS für erforderlich. Dieser Vorschlag sollte im Rahmen der CVTS4 realisiert werden.

Adult Education Survey (AES)

Die Piloterhebung zum AES wurde in den meisten EU-Mitgliedsstaaten in den Jahren 2005 bis 2007 durchgeführt. In Deutschland fand die Erhebung 2007 statt. Sie wurde von „TNS Infratest“ im Rahmen eines vom BMBF

7 NACE: Systematik der Wirtschaftszweige in der Europäischen Gemeinschaft.

finanzierten Forschungsprojekts realisiert. In diesem Kontext wurde das bestehende Berichtssystem Weiterbildung an die europäischen Konzepte des AES angepasst. Die Kernstichprobe (Personen im Alter von 25 bis 64 Jahren) umfasste ca. 6 000 Personen, hinzu kamen in Deutschland etwa 3 000 Personen im Alter von 19 bis 64 Jahren (um die Kontinuität zum BSW zu wahren) sowie im Alter von 65 bis 80 Jahren (für ein spezielles Projekt zu Bildungsverhalten und -interessen Älterer).

Erhoben wurden u. a. Merkmale wie die Beteiligung an verschiedenen Lernaktivitäten, Detailinformationen zu drei ausgewählten Lernaktivitäten, Hindernisse der Bildungsbeteiligung, Nutzung von IKT, Sprachkenntnisse, kulturelle und gesellschaftliche Teilhabe sowie Einstellungen zum Lernen.

Die Veröffentlichung erster Ergebnisse ist im Februar 2008 erfolgt. Die Ergebnisse werden bei der Erstellung des *Bildungsberichts 2008* berücksichtigt. Der AES soll ebenfalls auf eine europäische Rechtsgrundlage gestellt werden. Wann das nächste Berichtsjahr sein wird, steht noch nicht fest, keinesfalls wird es vor 2010 sein.

Trägerstatistik im Weiterbildungsbereich

Der Bereich Weiterbildung ist der einzige Bildungsbereich, für den es keine amtliche Statistik gibt, in der Informationen zu Personal, Teilnehmern, Absolventen und Finanzen erfasst werden. Deshalb kann der Weiterbildungsbereich zurzeit in Gesamtdarstellungen des Bildungswesens nur unvollständig oder überhaupt nicht einbezogen werden.

Der Bereich der Weiterbildung ist sehr marktorientiert, in dem private Anbieter eine große Bedeutung haben. Neben der erwerbswirtschaftlichen Prägung ist zunehmend auch eine internationale Ausrichtung zu beobachten. Auf Grund der demografischen Entwicklung, der durch Strukturwandel und der Internationalisierung der Gesellschaften hervorgerufenen Änderungen der Qualifikationsanforderungen an die Erwerbstätigen und der Verlängerung der Lebens(arbeits)zeit wird nach allgemeiner Einschätzung der Weiterbildungsbereich weiter wachsen. Für die Individuen ist es darüber hinaus von großer Bedeutung, wohnortnah Weiterbildungsangebote nutzen zu können. Nur über eine Trägerstatistik können Informationen zum (regionalen) Weiterbildungsangebot, zu den Human- und Finanzressourcen der Einrichtungen, zur Entwicklung dieser Einrichtungen und zur Beurteilung der ökonomischen Bedeutung dieses Bereiches gewonnen werden. Die Autorengruppe Bildungsberichterstattung spricht sich deshalb nachdrücklich für die Einführung einer einheitlichen Trägerstatistik aus.

Forschungsbedarf

Das Konsortium hatte in seinen damaligen Empfehlungen deutlich gemacht, dass es einen erheblichen Forschungsbedarf sieht, weil für mehrere Themenbereiche noch keine verlässlichen Indikatoren definiert werden konnten. Die Etablierung des Indikatorenforschungsprogramms durch das Bundesministerium für Bildung und Forschung wird daher sehr begrüßt. Hiervon werden wichtige Impulse für die Entwicklung neuer Indikatoren und damit für die weitere Bildungsberichterstattung ausgehen. Dieses Programm sollte daher begleitend zur Erarbeitung der jeweiligen Bildungsberichte fortgeführt werden.

2.6 Zusammenfassung: Die wichtigsten Handlungsfelder

Die Vorschläge des damaligen Konsortiums Bildungsberichterstattung zur Datengewinnungsstrategie waren sehr umfangreich. In den letzten beiden Jahren konnten wichtige Projekte gestartet werden. Ein anderer Teil der Empfehlungen wurde von den Verantwortlichen der Landes- und Bundesministerien bisher nicht aufgegriffen.

Ein Teil der Handlungsempfehlungen des Konsortiums ist auch für die Erfüllung der Datenanforderungen internationaler Organisationen erforderlich. Durch die EU-Verordnung zum Lebenslangen Lernen wird die Bildungsstatistik der internationalen Organisationen (sogenannte UOE-Meldung) auf EU-Ebene verbindlich. Die Autorengruppe Bildungsberichterstattung geht von der Umsetzung der entsprechenden Empfehlungen aus, um die Lieferverpflichtungen erfüllen zu können.

Aus Sicht der Bildungsberichterstattung sollte in den nächsten Jahren folgenden Punkten eine besondere Aufmerksamkeit zukommen.

a. Umstellung der Schulstatistik auf Individualdaten und Schaffung von Datenpools, die eine Verfolgung der Bildungsverläufe der Individuen erlauben

Die Umstellung der Schulstatistik auf Individualdaten ist von großer Bedeutung für die Analyse der Bildungsverläufe, insbesondere für die Beobachtung von relevanten kleineren Populationen (z.B. der Wiederholer) sowie für Analysen in regionaler Gliederung. Aus Sicht der Bildungsberichterstattung ist es zur Beurteilung der Chancengleichheit und zur Beurteilung der Leistungsfähigkeit des Bildungssystems unverzichtbar, dass auch für die Schülerinnen und Schüler der Schulen in privater Trägerschaft Individualdaten erhoben und für die Analyse zur Verfügung gestellt werden. Da nach Auffassung der KMK für die Umstellung der Schulstatistik auf Individualdaten auch für den

Bereich der öffentlichen Schulen noch die rechtlichen Grundlagen auf Länderebene geschaffen werden müssen, sollten diese Rechtsgrundlagen auch Regelungen für die Schulen in privater Trägerschaft enthalten. Sollten Datenpools nur auf Landesebene eingerichtet werden, so ist sicherzustellen, dass bei Wechsel eines Schülers an eine Schule eines anderen Bundeslandes die Individualdaten weitergeleitet werden können.

b. Weiterentwicklung der Kompetenzmessungen

Das Konsortium hatte Kompetenzmessungen bei Schuleintritt, in der Grundschule, im Bereich der Sekundarstufe I, bei Absolventen der Sekundarstufe II und bei Erwachsenen für wünschenswert gehalten. Wie im Abschnitt 2 dargelegt, wurden hierfür wichtige Weichen gestellt. Die geplanten Projekte sollten auf jeden Fall realisiert werden.

c. Einführung einer einheitlichen Trägerstatistik im Weiterbildungsbereich

Die Datenlage im Weiterbildungsbereich ist besonders prekär. Zurzeit zeichnet sich ab, dass durch eine Befragung der Haushalte Informationen zur Beteiligung an Weiterbildung künftig im Rahmen des Adult Education Surveys erhoben werden. Die Beratung der EU-Rechtsgrundlage, welche die Durchführung dieses Surveys im fünfjährigen Zyklus vorsieht, ist weit fortgeschritten.

Es fehlt aber eine umfassende Erhebung bei den Trägern der Weiterbildung. Der Bereich der Weiterbildung ist sehr marktorientiert, in dem private Anbieter eine große Bedeutung haben. Neben der erwerbswirtschaftlichen Prägung ist zunehmend auch eine internationale Ausrichtung zu beobachten. Auf Grund der demografischen Entwicklung, der durch Strukturwandel und der Internationalisierung der Gesellschaften hervorgerufenen Änderungen der Qualifikationsanforderungen an die Erwerbstätigen und der Verlängerung der Lebens(arbeits)zeit wird nach allgemeiner Einschätzung der Weiterbildungsbereich weiter wachsen. Für die Individuen ist es darüber hinaus von großer Bedeutung, wohnortnah Weiterbildungsangebote nutzen zu können. Nur über eine Trägerstatistik können Informationen zum (regionalen) Weiterbildungsangebot, zu den Human- und Finanzressourcen der Einrichtungen, zur Entwicklung dieser Einrichtungen und zur Beurteilung der ökonomischen Bedeutung dieses Bereiches gewonnen werden.

3. Verständnis und Einordnung von Indikatoren

3.1 Orientierungsrahmen der Bildungsberichterstattung

Ziel einer regelmäßigen und umfassenden Bildungsberichterstattung ist eine Dauerbeobachtung des Bildungssystems auf der Grundlage zuverlässiger Daten, die es gestatten, aktuelle Zustände aus der Systemperspektive zu beurteilen sowie Entwicklungen im Zeitverlauf aufzuzeigen und empirisch zu beschreiben. Die Bildungsberichterstattung ist durch drei grundlegende Merkmale charakterisiert:

- Die Bildungsberichterstattung orientiert sich an einem Bildungsverständnis, nach dem sich die *Ziele von Bildung in den drei Dimensionen* „individuelle Regulationsfähigkeit", „gesellschaftliche Teilhabe und Chancengleichheit" sowie „Humanressourcen" niederschlagen. Die genannten Zieldimensionen beinhalten mehr als nur ein Verständnis von Bildung. Bildung zielt in erster Linie auf individuelle Entfaltung, Persönlichkeitsentwicklung, Aneignung und Mitgestaltung von Kultur. Bildung wird daher in der Regel aus der Perspektive des Individuums betrachtet. Die drei Zieldimensionen hingegen sind vom Bildungssystem her gedacht. Das entspricht dem Auftrag der Bildungsberichterstattung, die vor allem Aussagen über gesellschaftliche, insbesondere institutionalisierte Rahmenbedingungen für Bildung machen soll. Die drei Zieldimensionen differenzieren diesen Auftrag aus der Systemperspektive aus.
- Über das Spektrum der Bildungsstufen hinweg werden unter der Leitidee der *Bildung im Lebenslauf* Umfang und Qualität der institutionellen Angebote, aber auch deren Nutzung durch die Individuen erfasst. Gegenwärtig kann die Perspektive von Bildung im Lebenslauf nur näherungsweise aufgegriffen werden, da die aktuelle Datenbasis eine Rekonstruktion individueller Bildungsverläufe nicht oder nur sehr eingeschränkt ermöglicht.
- Die Bildungsberichterstattung erfolgt *indikatorengestützt* über alle Bildungsbereiche hinweg.

Diese grundlegenden Merkmale sind zugleich wesentliche Kriterien für die Entwicklung, Auswahl und Darstellung von Indikatoren. Vor allem für die Umsetzung des Merkmals der indikatorengestützten Darstellung über alle Bildungsbereiche hinweg spielen darüber hinaus weitere Kriterien eine wichtige Rolle. Zu ihnen gehören aktuelle sowie langfristig bedeutsame Probleme des Bildungswesens, die Relevanz der Themen für bildungspolitische Steuerungsfragen sowie Forschungsbefunde über Problembereiche im Bildungssystem und kritische Phasen in Bildungsverläufen. Auch der Verfügbarkeit und Aussagefähigkeit von Daten ist Rechnung zu tragen.

Wie bei jeder Darstellung von komplexen Systemen, durch Abstraktion auf eine geringe Anzahl von Beschreibungsgrößen zu kommen, tritt auch hier das Problem auf, dass durch die gewählte Vorgehensweise die Komplexität zwar handhabbarer wird, die Beschreibung des Systems jedoch an Differenziertheit verliert. Eine Bildungsberichterstattung auf der Basis von quantitativen Indikatoren ist, aufgrund des Hauptanliegens der Berichterstattung, handlungs- und steuerungsrelevante Informationen für Politik und Verwaltung bereitzustellen sowie dem Informationsbedürfnis von Wissenschaft und interessierter Öffentlichkeit in konzentrierter Form gerecht zu werden, trotz der damit verbundenen Einschränkungen der optimale Weg zur Präsentation systematischer, wiederholbarer und gesicherter Informationen. Damit wird keineswegs in Abrede gestellt, dass auch Aspekte, die nicht unmittelbar erfassbar und/oder quantifizierbar sind, für das Bildungssystem wichtig sind.

Steuerungsrelevante Informationen beinhalten Aussagen über Ausgangsbedingungen im Sinne von Kontext- und Inputmerkmalen, über die Bildungsprozesse selbst und deren zentrale Wirkungen. Der Auswahl von Themen und entsprechender Daten liegt eine in weiten Bereichen für das Bildungsmonitoring international eingeführte Systematik zugrunde, das Kontext-Input-Prozess-Wirkungs-Schema, das als Heuristik derzeit am ehesten geeignet erscheint, Informationen im Rahmen der Bildungsberichterstattung zu ordnen (vgl. Scheerens 1994). Im Unterschied zu „Kontextfaktoren“, die (bildungs)politisch nicht oder kaum beeinflussbare gesellschaftliche und ökonomische Entwicklungen beschreiben, werden unter „Inputfaktoren“ die politisch gesetzten Rahmenbedingungen im Bildungswesen charakterisiert. Der „Prozess“ schließt vor allem diejenigen Merkmale ein, die auf der Ebene der Institutionen und des Unterrichts angesiedelt sind und als intervenierende Faktoren eine „Vermittlerrolle“ zwischen Voraussetzungen und Bedingungen einerseits und Ergebnissen von Bildungsprozessen andererseits einnehmen. Unter dem Begriff „Wirkungen“ werden die unmittelbaren Ergebnisse des Bildungsprozesses („output“) sowie seine mittelbaren und langfristigen Folgen („outcome“) gebündelt. Aufgrund der Komplexität des Gegenstandsbereichs können im Rahmen einer politikbezogenen Bildungsberichterstattung lediglich ausgewählte Merkmale des Input-Prozess-Wirkungs-Modells analysiert, aufbereitet und dargestellt werden.

Unter Berücksichtigung des Auftrags der Bildungsberichterstattung, der genannten Kriterien sowie der angedeuteten Heuristik wurden 2005 folgende für die Bildungsberichterstattung zentralen, steuerungsrelevanten *Themenbereiche*[8] festgelegt:

- Kontextebene:
  (1) Demografie,
- Inputebene:
  (2) Bildungsausgaben,
  (3) Personalressourcen,
  (4) Bildungsangebote/Bildungseinrichtungen,
  (5) Bildungsbeteiligung/Bildungsteilnehmer,
- Prozessebene:
  (6) Umgang mit Bildungszeit,
  (7) Übergänge,
  (8) Qualitätssicherung/Evaluierung
- Wirkungsebene:
  (9) Kompetenzen,
  (10) Abschlüsse,
  (11) Bildungserträge.

Die Liste dieser elf Themen soll für die ersten Jahre der Bildungsberichterstattung Bestand haben, kann und muss jedoch langfristig veränderbar sein. Beispielsweise werden Ergänzungen auf der Kontextebene (z.B. Entwicklung eines Indikators zum sozioökonomischen Hintergrund, Übertragung von Wohlstands- und Sozialindikatoren) und der Prozessebene (z.B. Prozessgestaltung von Lehren und Lernen in den verschiedenen Bildungsbereichen) angestrebt.

3.2 Begriffliche Abgrenzungen: Themenbereich, Indikandum, Indikatorenset, Indikator, Kennziffer

Jeder der oben genannten Themenbereiche lässt sich über ein *Set von Indikatoren* operationalisieren, ausdifferenzieren und darstellen. Die genannten elf steuerungsrelevanten Themenbereiche bilden somit den Bezugsrahmen der zu berichtenden Indikatoren; sie sind das *Indikandum.*

Es gibt verschiedene Ansätze, Indikatoren begrifflich zu fassen. Verbreitet ist ein engeres Indikatorenverständnis, wonach Konstrukte mit einem klar definierten Messmodell als Indikatoren bezeichnet werden. Ein solches Indi-

8 Vgl. auch das im März 2005 vom Konsortium vorgelegte Indikatorenmodell, S. 14-20, in dem die Themen dargestellt und begründet wurden. Die Steuerungsgruppe und der Wissenschaftliche Beirat haben dieser Auswahl zugestimmt.

katorenverständnis liegt weitgehend etwa der bekannten OECD-Publikation „Education at a Glance" oder der entsprechenden Publikation der Statistischen Ämter des Bundes und der Länder „Internationale Bildungsindikatoren im Ländervergleich" zugrunde, die seit zwei Jahren jeweils im Nachgang zu „Education at a Glance" erscheint. Andererseits findet sich in der nationalen und internationalen Bildungsberichterstattung (Deutschland, Kanada, USA) ein weiter Indikatorenbegriff (vgl. etwa Fitz-Gibbon 1996; Fitz-Gibbon/Tymms 2002; Bottani/Tuijnman 1994), der Indikatoren als komplexere Konstrukte auffasst, die sich aus verschiedenen statistischen Kennziffern zusammensetzen. Jeder dieser Ansätze hat Vor- und Nachteile. Ihre konkrete Abwägung hängt vom Ziel der Nutzung der Indikatoren, von den Steuerungsintentionen, von den jeweiligen Kontextbedingungen, von den Präferenzen der jeweiligen Auftraggeber usw. ab.

Das nachfolgend dargestellte Indikatorenverständnis und die Ansatzpunkte der Indikatorenforschung stützen sich auf diesen weiten Indikatorenbegriff. Aus der Sicht der Autoren des nationalen Bildungsberichts hat er viele Vorteile. So lässt sich etwa eine Anhäufung einer Vielzahl von „Indikatoren", die ansonsten für eine hinreichende Beschreibung von Bildungsprozessen und -ergebnissen erforderlich wären, vermeiden und wenige „zentrale" Indikatoren mit hoher Aussagekraft darstellen. Auf der Grundlage dieses weiten Indikatorenverständnisses ist es eher möglich, zu analytischen, also stärker erklärungsmächtigen, Indikatoren zu kommen und wechselnde Perspektiven einzunehmen. Zudem zieht ein solches Indikatorenverständnis ein weites Verständnis von Steuerung im Sinne von „educational governance" nach sich. Ein solches weites Verständnis von Steuerung wiederum erlaubt und erfordert es, das Gemeinwesen, die Öffentlichkeit als Akteur von Steuerung mit zu fassen. Eine Bildungsberichterstattung ist ohne die Einbeziehung aller derjenigen, die für Bildung Verantwortung tragen oder ihre „Ergebnisse" nutzen, vor allem jedoch ohne die Einbeziehung einer breiten Öffentlichkeit nicht hinreichend nutzbringend für die Bildungsentwicklung.

Unter *Indikatoren* werden nach gängigen Begriffsbestimmungen (vgl. u. a. Fitz-Gibbon 1996; Oakes 1989; Ogawa/Collom 1998) quantitativ erfassbare Größen (wörtl.: „Anzeiger" für einen bestimmten Zustand) verstanden, die als Stellvertretergrößen für komplexe, in der Regel mehrdimensionale Gefüge einen möglichst einfachen und verständlichen Statusbericht über die Qualität eines Zustandes liefern, etwa wichtige Aspekte des Zustandes eines zu betrachtenden Gesamt- oder auch Teilsystems.

Indikatoren sind grundsätzlich konzeptionell begründet, ausdifferenziert und auf empirisch gesicherter Basis – in der Regel als eine bestimmte Kombination statistischer Kennziffern – darzustellen. Über die konzeptionelle Basis hinaus sollen Indikatoren in der Regel Handlungsrelevanz und Anwendungsbezug haben, indem sie ein Bild aktueller oder möglicher Probleme aufzeigen. Dafür müssen sie bestimmte Qualitätskriterien erfüllen:

- Indikatoren basieren auf regelmäßiger (periodischer) Erhebung und sollen damit Änderungen im Zeitverlauf aufzeigen;
- darüber hinaus müssen sie objektive, reliable und valide Informationen enthalten;
- sie stellen eine auf ein bestimmtes Ziel hin gerichtete Auswahl, Transformation und Kombination von Daten dar, die normative und definitorische Bezüge (theoretischer Hintergrund) benötigen;
- Indikatoren sollten Querverbindungen untereinander zulassen, da sich vertiefende Einblicke in den Zustand eines zu beschreibenden Systems erst aus der Verflechtung und Gruppierung von Indikatoren ergeben. Diesem Aspekt wird mit dem Indikatorenentwicklungsprogramm im Rahmen der nationalen Bildungsberichterstattung besonders Rechnung getragen.

Es sind verschiedene Aggregationsstufen der Indikatorisierung möglich: übergreifende Aussagen zum Gesamtsystem sowie Aussagen zu einzelnen Bildungsbereichen, zu Bildungsinstitutionen, zur Instruktionsebene bis hin zum Individuum (je mit Blick auf die internationale Ebene, auf die Länderebene und auf Regionen). Für die Bildungsberichterstattung stehen die Entwicklung des Systems und der einzelnen Bildungsbereiche sowie deren Zusammenwirken im Vordergrund. Innerhalb der einzelnen Bereiche sind gleichwohl auch Aussagen zu institutionellen Gegebenheiten und zu individuellen Bildungsverläufen zu treffen.

Indikatoren setzen sich aus einer oder mehreren *statistischen Kennziffern* zusammen. Die exakte Definition solcher Kennziffern beinhaltet jedoch eine Vielfalt technischer Festlegungen: die Angabe der Datensätze und der „Messgrößen“/Variablen, aus denen sie ermittelt werden, die mathematische Berechnungsformel, die Eingrenzung der einzubeziehenden Population bzw. die Auswahl der Stichprobe und die Regelung statistischer Detailfragen wie etwa der Umgang mit fehlenden Werten. Diese Operationalisierung der Indikatoren wird in ihrer differenzierten Beschreibung sichtbar.

Zwischen der allgemeinen Bezeichnung eines Indikators (z.B. „Schulabgänger mit und ohne Abschluss“) und den konkreten Kennziffern (z.B. „Schulabgänger aus allgemeinbildenden Schulen nach Abschlussarten“, „Anteil allgemeinbildender Schulabschlüsse in der beruflichen Bildung“) sind einige Vermittlungsschritte erforderlich. Von zentraler Bedeutung sind dabei die formale Verknüpfung von Basisdaten (z.B. Zahl der Hauptschulabschlüsse) mit Hintergrundvariablen (z.B. Bildungsabschluss nach Geschlecht) und

Referenzdaten der Bevölkerungs-, Wirtschafts- und Finanzstatistik (z.B. gleichaltrige Wohnbevölkerung).

Ein entscheidender Unterschied zwischen Indikatoren und Kennziffern besteht also darin, dass Kennziffern begrenzte quantitative Informationen liefern (z.B. „Anteil der Schulabbrecher an der alterstypischen Bevölkerung nach ...“), während Indikatoren zentrale Sachverhalte von Bildungsprozessen bzw. zentrale Aspekte von Bildungsqualität beschreiben (siehe obiges Beispiel). Letztere weisen eine konzeptionelle Ausdifferenzierung (theoretische Fundierung) auf und sind in einen Gesamtzusammenhang eingeordnet, wodurch auch die Betrachtung von Strukturen und Beziehungen zwischen den verschiedenen Zusammenhangskomponenten möglich ist.

Die bisherigen begrifflichen Klärungen und die damit beschriebenen Zusammenhänge sollen zunächst in Form eines allgemeinen Schaubildes und in einem zweiten Schritt anhand eines konkreten Sachverhalts aus dem Bildungsbericht verdeutlicht werden:

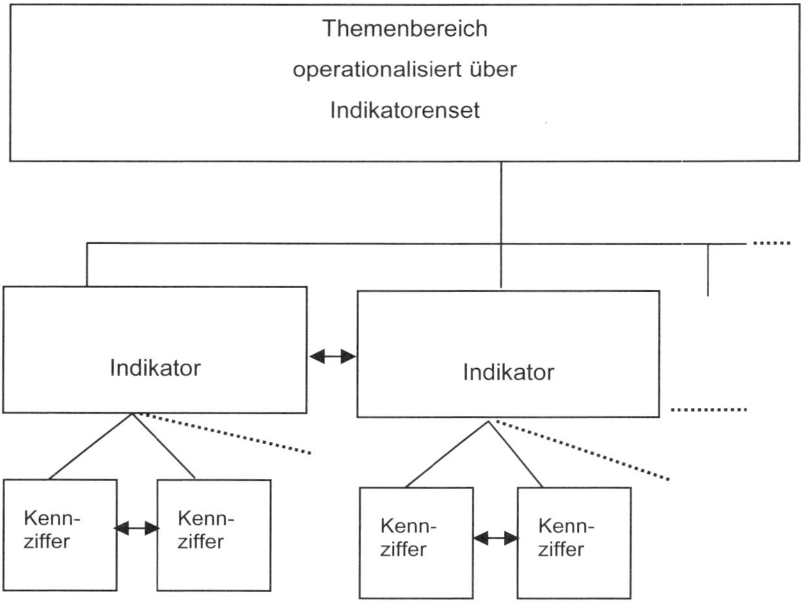

Abb. 1: Allgemeine Darstellung des Verhältnisses von Themenbereich, Indikatorenset, Indikator und Kennziffer

Diese allgemeine Darstellung wird nun anhand des Themenbereichs „Abschlüsse“ veranschaulicht.

Themenbereich	z.B. Abschlüsse			
Bildungsbereich	z.B. Allgemeinbildende Schule und non-formale Lernwelten im Schulalter			
Indikator	Schulabschlüsse			
Kennziffer	z.B. - Absolventen nach Abschlussarten (in % d. gleichaltrigen Wohnbevölkerung) - Abgänger/Absolventen nach Abschlussarten und Bildungsgängen - Anteile der erreichten Schulabschlüsse (in % einer Altersgruppe)			
Ausdifferenzierung/ Merkmale	Länder	Zeitreihe	Geschlecht	...

Abb. 2: Exemplarische Darstellung zum Verhältnis zwischen „Themenbereich“ – „Indikator“ – „Kennziffer“ am Beispiel „Abschlüsse“

3.3 Zur Modellierung von Indikatorensystemen

Mit den bisherigen Arbeiten zu Indikatorenmodellen in internationalen oder nationalen Berichtssystemen (z.B. „Education at a Glance“, „Key data“, „16 Qualitätsindikatoren“, „Kohärenter Rahmen von Indikatoren und Benchmarks zur Beobachtung der Fortschritte im Hinblick auf die Lissabonner Ziele im Bereich der allgemeinen und beruflichen Bildung“, nationale Berichterstattungen im Ausland) haben sich verschiedene Ansätze herausgebildet, Indikatoren zu kategorisieren und in einem ordnenden Raster darzustellen. Im Wesentlichen lassen sich drei Ansätze der Modellierung unterscheiden (vgl. van Ackeren/Hovestadt 2003):

- der „system-modelling“-Ansatz,
- der „problem-finding“-Ansatz,
- der „target-setting“-Ansatz.

Die Autorengruppe vertritt die Ansicht, dass Bildungsberichterstattung sich nicht allein auf einen Ansatz stützen kann, obwohl das etwa hinsichtlich des „system-modelling“-Ansatzes durchaus nahe liegen könnte, sondern alle drei Ansätze für eine systemische Bildungsberichterstattung – allerdings im Sinne wechselseitiger Ergänzung – zu integrieren sind. Die Konzepte der Bildungsberichte 2006 und 2008 werden der angesprochenen Verknüpfung aller drei Ansätze in folgender Weise gerecht:

a) Nach dem *„system-modelling"-Ansatz* werden die Indikatoren so definiert und zusammengestellt, dass sie durch die Darstellung von Zusammenhängen die Leistungen des Gesamtsystems näher beschreiben. In der Bildungsberichterstattung findet dies zunächst näherungsweise seine Entsprechung in der Berücksichtung aller Bildungsbereiche und der jeweiligen „Anschlussstellen" (etwa die „Übergänge") sowie übergreifender Indikatoren, die aus Systemperspektive jeweils durch Kontext-, Input-, Prozess- und Wirkungssaussagen beschrieben werden. Die aus der Perspektive der Systemsteuerung besonders informative Verflechtung von Indikatoren ist auch im Bildungsbericht 2008 noch nicht einlösbar. Ihr soll jedoch auf der Grundlage von Ergebnissen aus der begleitenden Indikatorenentwicklung mit dem Bericht 2010 zunehmend stärker Rechnung getragen werden.

b) Wählt man die Indikatoren als Frühwarnsystem für Probleme aus, ist vom *„problem-finding"-Ansatz* die Rede. Solche aktuellen Probleme wie Wiederholer, Ganztagsangebote oder auch das Übergangssystem in der beruflichen Ausbildung sind typische Beispiele für einen problemorientierten Ansatz, der überwiegend in Form von Ergänzungsindikatoren in die Berichterstattung eingeht.

c) Beim *„target-setting"-Ansatz* orientieren sich die Indikatoren vorwiegend an politischen Zielsetzungen. Hierzu wurden für die Bildungsberichterstattung die genannten elf steuerungsrelevanten Themenbereiche im Einvernehmen mit der Bildungspolitik bestimmt, deren langfristige Beobachtung dazu beitragen soll, Stärken und Schwächen zu identifizieren, die Leistungsfähigkeit des Systems inter- wie intranational zu vergleichen und vor dem Hintergrund eines normativen Bezugsrahmens zu interpretieren. Beispielsweise stellen die EU-Benchmarks zur Quote der Schulabbrecher oder zum Anteil der Jugendlichen mit Abschluss der Sekundarstufe II auch für Deutschland nicht unwichtige politische Zielvorgaben dar, deren Erfüllung anhand von Indikatoren beurteilt werden kann.

Die Bildungsberichterstattung folgt somit nicht einem Ansatz, sondern verknüpft die drei hier skizzierten Ansätze, indem

– ein Input-Prozess-Wirkungsmodell zugrunde gelegt wird, in welchem den jeweiligen Zusammenhängen zwischen Input, Prozess und Wirkung stärker nachgegangen werden soll,
– die elf bildungspolitisch relevanten Themenbereiche diesem Wirkungsmodell zugeordnet werden und sich dadurch besser aufeinander beziehen lassen,

- weitere aktuelle Problemlagen des Bildungssystems in Form von Ergänzungsindikatoren aufgegriffen werden und sich so Gewichtungen und die Veränderungsdynamik besser berücksichtigen lassen.

Damit die ausgewählten und kategorisierten Indikatoren ihre Funktionen erfüllen können, müssen die Nutzer der Informationen diese einordnen und interpretieren können. Das wirft die Frage nach dem Bewertungsmaßstab für die Indikatoren auf. Indikatoren sind zumeist keine absoluten, sondern relative Größen, die über verschiedene Zeitpunkte und unterschiedliche Teilbereiche bzw. Teilpopulationen des Bildungswesens direkte Vergleiche ermöglichen. Auch für die Interpretation relativer Größen ist ein Maßstab erforderlich, der den Zahlenwerten Bedeutung beimisst (Indikandum). Prinzipiell werden drei unterschiedliche Arten von Bewertungsmaßstäben unterschieden:

- *Kriterialer Bewertungsrahmen:* Hier werden Kennwerte auf Zielmarken bezogen, die politisch gesetzt oder analytisch begründet werden (vgl. „target-setting"-Ansatz).
- *Ipsativer Bewertungsrahmen:* Hierbei werden Kennzahlen, die wiederholt gemessen worden sind, im Zeitverlauf dargestellt und Richtung bzw. Ausmaß der Veränderungen interpretiert und bewertet.
- *Sozialer Bezugsrahmen:* Der vermutlich häufigste Fall ist ein Vergleich der Kennzahlen, die an einer Beobachtungseinheit (z.B. einem Land, einer Region oder einer Institution) gemessen worden sind, mit anderen Beobachtungseinheiten. Für die nationale Bildungsberichterstattung besonders wichtig ist der Vergleich von Kennzahlen mit anderen Staaten (*Benchmarking*) oder der Deutschland-interne Vergleich zwischen den Ländern.

Die Bildungsberichterstattung wird je nach Datenlage und Fragestellung unterschiedliche Bezugsrahmen verwenden. Zu beachten ist, dass ein und dieselbe Kennziffer je nach verwendetem Bezugsrahmen Unterschiedliches indizieren kann.

3.4 Zum Verhältnis von Kern- und Ergänzungsindikatoren

Indikatoren lassen sich, bezogen auf die zu erwartenden Steuerungsinformationen, in zwei Gruppen darstellen: Eine Gruppe von Indikatoren bezieht sich auf zentrale Themen der Entwicklung des Bildungswesens und entfaltet ihre Steuerungsfunktion vor allem über eine Darstellung in Zeitreihen. Solche Indikatoren sollen im Rahmen der Bildungsberichterstattung als *Kernindikatoren (K)* bezeichnet werden. Sie werden regelmäßig in jedem Bericht bzw. in definierten periodischen Abständen wiederkehrend präsentiert. Eine zweite

Gruppe von Indikatoren greift aktuelle Themen, die für Bildungspolitik und Öffentlichkeit zeitweilig von Interesse sind, auf und „ergänzt" damit die Steuerungsinformationen eines Bildungsberichts. Solche Indikatoren sollen als *Ergänzungsindikatoren (E)* bezeichnet werden.

Kernindikatoren sind also jene mit nachhaltiger bildungspolitischer Wertigkeit, die zentrale steuerungsrelevante Informationen beinhalten und nach Möglichkeit eine Verortung im internationalen Vergleich erlauben (z.B. Bildungsausgaben, Kompetenzen). Auch mit einer kontinuierlichen Darstellung von Kernindikatoren können zugleich wechselnde Perspektiven und Differenzierungsaspekte ergänzend verbunden werden, wodurch die Bildungsberichterstattung unterschiedlichen Zielkriterien gerecht werden kann. Damit können einzelne, inhaltlich zentrale Indikatoren, wie z.B. Kompetenzen im Schulalter regelmäßig berichtet werden, auch wenn nicht zu jedem Bildungsbericht neue Basisdaten vorliegen. Die Kernindikatoren werden in jedem Bildungsbereich so ausgewählt, dass möglichst je Bereich ein wichtiger spezifischer Indikator für Inputmerkmale, für Prozessaspekte und für Ergebnisse und Wirkungen von Bildungsprozessen enthalten ist. Außerdem gehören zu den Kernindikatoren jene bereichsübergreifenden Indikatoren, die Angaben zu Bildungsausgaben (nach Bildungsbereichen, pro Teilnehmer und als Anteil am BIP), zur Bildungsbeteiligung sowie zum Bildungspersonal und Bildungsstand umfassen.

Ergänzungsindikatoren sollen vor allem dazu beitragen, die Aktualität des Bildungsberichts zu erhöhen, indem dort Entwicklungen aufgegriffen werden, die zeitweilig von bildungspolitischem und öffentlichem Interesse sind oder die es gestatten, auf spezielle Probleme in einem bestimmten Bereich differenzierter einzugehen.

3.5 Datenanforderungen an Kern- und Ergänzungsindikatoren

Es wurde bereits darauf verwiesen, dass der Begriff des „Indikators" nicht nur an Merkmale eines übergreifenden Bezugssystems gebunden ist, sondern auch an bestimmte Anforderungen an die Datenbasis.

Für die Indikatoren im Rahmen der Bildungsberichterstattung wurden folgende Anforderungen an die Datenbasis definiert:

- empirische Belastbarkeit der Informationen über relevante Ausschnitte des Bildungswesens,
- Fortschreibbarkeit der Daten,
- Repräsentativität der Daten und
- nationaler und regionaler sowie möglichst auch internationaler Vergleich.

Kernindikatoren müssen in jedem Fall die oben genannten Anforderungen an die Datenbasis und Datenqualität erfüllen. Diesen Ansprüchen werden überwiegend amtliche Statistiken und in bestimmten Zeitabständen wiederkehrende, repräsentative empirische Erhebungsprogramme gerecht. Gleichwohl schränken diese Kriterien die Möglichkeiten einer an aktuellen bildungspolitischen Problemlagen orientierten Berichterstattung ein.

Die den *Ergänzungsindikatoren* beigemessene Funktion, aktuelle Themen und Entwicklungen im Bildungswesen aufzugreifen, kann nur erfüllt werden, wenn auch entsprechende Daten zeitnah verfügbar sind. Daher sollte für die Ergänzungsindikatoren auf das Kriterium der Wiederholbarkeit verzichtet und ggfs. auch abweichende Anforderungen an Länderdifferenzierungen gestellt werden (z.B. könnte in bestimmten Fällen auch auf Länderdarstellungen verzichtet werden, wenn Daten auf nationaler Ebene gegeben sind und einen internationalen Vergleich ermöglichen). Auf diese Weise können Erhebungen, die einen wesentlichen Beitrag zum Informationsangebot über die Leistungsfähigkeit des Bildungswesens liefern, wie beispielsweise das in Vorbereitung befindliche Bildungspanel oder auch die Untersuchung zu Ganztagsschulen (StEG), in die Bildungsberichterstattung aufgenommen und so deren Aktualität erhöht werden.

Alle übrigen Daten, die die genannten Mindestanforderungen nicht erfüllen, können für die Darstellung von Kern- und Ergänzungsindikatoren nicht hinzugezogen werden und kommen fast ausschließlich für datengestützte Darstellungen (Kapitel A, H und I) infrage.

Die Autorengruppe Bildungsberichterstattung weicht an einer Stelle von dieser relativ klaren Unterscheidung ab: Angesichts der zunehmenden Bedeutung von Lernorten und Lerngelegenheiten außerhalb institutionellen Lernens ist die Autorengruppe bestrebt, Aspekte der non-formalen Bildung und vor allem des informellen Lernens stärker zu operationalisieren und damit für eine indikatorengestützte Darstellung nutzbar zu machen.

4. Zur Operationalisierung informellen Lernens

4.1 Der aktuelle Hintergrund der Diskussion zum informellen Lernen

Die steigende Aufmerksamkeit, die Formen nicht institutionalisierten Lernens im letzten Jahrzehnt in der internationalen Bildungsdiskussion finden, hat vielfältige Ursachen – politische ebenso wie bildungstheoretische. Auch wenn informelles Lernen in allen Lebensphasen und auf allen Bildungsstufen stattfindet (vgl. Rauschenbach/Leu u. a. 2004), hat sich die politisch internationale Diskussion bislang im Wesentlichen, im Zuge der Debatte um das

Lebenslange Lernen, auf Formen informellen Lernens im Erwachsenenalter konzentriert. Dies soll nachfolgend im Mittelpunkt stehen.

Wichtige politische Anstöße zur Diskussion kamen von der Europäischen Kommission. Für diese gewinnen nicht-formalisierte und informelle Lernprozesse vor dem Hintergrund der Bemühungen um die Gleichbewertung und Gleichstellung von beruflichen Qualifikationen an Bedeutung, weil in vielen Ländern der EU kein reguliertes Berufsbildungssystem wie in Deutschland existiert und ein Großteil der beruflichen Kompetenzen entweder in der Weiterbildung oder „on the job" erworben, aber kaum zertifiziert werden. Für einen offenen europäischen Arbeitsmarkt gewinnt die Zertifizierungsmöglichkeit von in nicht systematisch geregelten Ausbildungsprozessen erworbenen Kompetenzen hohe Priorität. Den ersten Schritt für ein neues Konzept der Lernbewertung stellt die im Memorandum über Lebenslanges Lernen der Europäischen Kommission von 2000 vorgenommene Begriffsdifferenzierung dar. Es wird zwischen drei grundlegenden Strukturtypen des Lernens unterschieden:

- *formales Lernen*, das in Bildungs- und Ausbildungseinrichtungen stattfindet und zu anerkannten (zertifizierten) Abschlüssen führt;
- *non-formales Lernen*, das außerhalb der Hauptsysteme der allgemeinen und beruflichen Bildung stattfindet und nicht unbedingt zum Erwerb eines formalen Abschlusses führt. Bezogen auf die Lernstrukturen in Deutschland zählt zu diesem Typ von Lernen der Großteil institutionalisierter Weiterbildung in öffentlichen und privaten Einrichtungen;
- *informelles Lernen*, das als Begleiterscheinung des alltäglichen Lebens begriffen wird und keinem Curriculum folgt, das von den Lernenden selbst unter Umständen auch gar nicht als Erweiterung ihres Wissens und ihrer Kompetenzen wahrgenommen wird (vgl. Kommission der Europäischen Gemeinschaft 2000, 9f.; auch Straka 2003).

In ihrem Dokument zu einem europäischen Qualifikationsrahmen für Lebenslanges Lernen, der aktuell in den Mitgliedstaaten erörtert wird, greift die Kommission die Begriffsdefinition auf und konstatiert, informelles Lernen sei ein „Lernen, das im Alltag, am Arbeitsplatz, im Familienkreis oder in der Freizeit stattfindet" (Europäische Kommission 2005, 56), in Bezug auf Lernziele und Lernzeit nicht organisiert oder strukturiert sei, aus Sicht der Lernenden nicht intentional sein müsse und in der Regel nicht zur Zertifizierung führe. Da sie gegenwärtig die am weitesten verbreitete Definition für informelles Lernen ist, kann man sich zunächst an ihr orientieren, auch wenn nicht zu übersehen ist, dass sie in der vorgelegten Version eine catch-all-Kategorie für alle Alltagsereignisse darstellt, die man als Lernerfahrungen interpretieren kann.

Neben dem politischen EU-Diskurs ist auf die jüngere deutsche weiterbildungspolitische Diskussion hinzuweisen. In ihr wird informelles Lernen in einer eher strukturtheoretischen Betrachtungsweise aus der Kritik an der mangelnden Effizienz formaler beruflicher Weiterbildung im Sinne unzureichender Arbeitsmarkteffekte ins Spiel gebracht (vgl. u. a. Staudt/Kriegesmann 1999). Die vor allem in der Arbeitsgemeinschaft Qualifikations-Entwicklungs-Management (QUEM) geführte Debatte hat die Ursachen für die abnehmende Passgenauigkeit und Arbeitsmarkteffizienz der institutionalisierten beruflichen Weiterbildung in vielen Beiträgen herausgearbeitet und mit einem Konzept von Kompetenzentwicklung über Lernkulturen in ökonomischen und sozialen Kontexten zu beantworten versucht (vgl. QUEM-Jahrbücher 2000 bis 2005). Das Grundmuster der Argumentation lässt sich etwa wie folgt zusammenfassen: Das steigende Tempo von Wissensentwicklung, technischen und organisatorischen Innovationen in der Arbeitswelt in den letzten Jahrzehnten, verbunden mit zunehmenden Unsicherheiten über die Entwicklung auf den Güter- und Arbeitsmärkten (Stichwort: Globalisierung), macht die Antizipierbarkeit von Qualifikationsanforderungen und -bedarf jenseits beruflicher Basiskompetenzen immer schwieriger. Antizipierbarkeit von Qualifikationen ist aber eine entscheidende Bedingung für die Erarbeitung von Lehrkonzepten und Curricula in den Weiterbildungsinstitutionen. Auf Grund der Geschwindigkeit des Wandels und der steigenden Unsicherheiten geraten institutionelle Angebote unter Druck und in Verzug. Da aber die Arbeitsanforderungen sich tatsächlich wandeln, muss man die Lernprozesse enger mit den alltäglichen Arbeitsprozessen verknüpfen und die Individuen in die Lage versetzen, die Anpassung an neue Anforderungen selbst zu organisieren.

Aus dem Widerspruch zwischen Innovationsdynamik und institutioneller Trägheit der formalisierten Weiterbildung lässt sich das neue Gewicht erklären, das dem informellen Lernen in der Arbeitswelt im Zuge stärkerer Flexibilisierung und „Prozessorientierung betrieblicher Weiterbildung“ zukommt (Baethge 2001). Es ist hier nicht der Raum, gründlich die Stichhaltigkeit des sehr komplexen Argumentationsmusters und seine Bedeutung für das Verhältnis von formalisierten, non-formalen und informellen Lernprozessen zu behandeln. Hier ging es nur um die Erklärung, warum das informelle Lernen eine anhaltende Konjunktur in weiterbildungspolitischen und -wissenschaftlichen Debatten hat. Wir haben an anderer Stelle gezeigt, dass formale, nonformale und informelle Lernprozesse in vielfältigen Komplementaritäten stehen (vgl. Bildungsbericht 2006; Baethge/Baethge-Kinsky 2004).

Es spricht vieles dafür, dass ähnliche Phänomene von Beschleunigung und steigender Unsicherheit, wie sie für das Arbeitsleben skizziert wurden, auch für die individuelle Entfaltung im sozialen und politischen Umfeld eine

Rolle spielen und sich infolgedessen die Frage des informellen Lernens auch dort verstärkt stellt.

4.2 Konzept und theoretische Bezugspunkte

Der Gedanke, dass wesentliche Kompetenzen, Orientierungen und Verhaltensweisen von Menschen nicht in Schulen oder anderen institutionalisierten Lernprozessen erworben werden, ist nicht neu. Als prominenten Vertreter dieses Gedankens in der zeitgenössischen Sozialwissenschaft kann man P. Bourdieu heranziehen. Seine Theorie des kulturellen Kapitals lässt sich als eine Spielart informellen Lernens lesen. Hier wie dort geht es um Ressourcen, die einem die Welt besser begreifen helfen und die Bewegungs- und Handlungsfähigkeit in ihr erhöhen. Bei Bourdieu erfolgt die Herausbildung der (bürgerlichen) Wahrnehmungs-, Denk- und Handlungsschemata nach einem System von Regeln, dem Habitus, der in der Herkunftsfamilie vermittelt wird. Die verfügbaren kulturellen Ressourcen eines Individuums sind davon abhängig, wie viel kulturelles Kapital sich das Individuum in der Herkunftsfamilie aneignen konnte und tatsächlich angeeignet hat – was im Laufe der Sozialisation vor allem in informellen Lernprozessen geschieht. Dies geschieht nach Zugehörigkeit zu sozialen Klassen in höchst unterschiedlicher Weise, so dass die Vererbung kulturellen Kapitals in der Familie für die einen zu Vorsprüngen, für andere zu Nachteilen führen kann – nach Maßgabe der Nähe oder Ferne der Familien zur herrschenden Kultur (vgl. Bourdieu 1997, 56f.).

Baumert und Schümer haben den Gedanken Bourdieus aufgegriffen und sehen die Aneignung von Bildung auch in der schulisch institutionalisierten Allgemeinbildung mit davon abhängig, wie weit Kinder und Jugendliche kulturelle Ressourcen in Form von verinnerlichten geeigneten Wahrnehmungs-, Denk- und Handlungsschemata besitzen (vgl. Baumert/Schümer 2001, 329). Man kann dieses Argument aus dem Zusammenhang des Kanons der (höheren) Allgemeinbildung und ihrer schulischen Institutionalisierung, die eine beträchtliche Affinität zur traditionellen Kultur aufweisen, auf die Ebene der Alltagskultur außerhalb von Schulen im sozialen Umfeld und in der Arbeitswelt übertragen und danach fragen, welche bildungs- und/oder lernrelevanten Ressourcen in ihnen informell angeeignet werden (können).

Dohmen hat in dieser Weise auf das informelle Lernen als eine bisher „vernachlässigte Grundform menschlichen Lernens" hingewiesen (vgl. Dohmen 2001a) und die Erschließung der in ihm liegenden Ressourcen der Selbsterfahrung und Selbststeuerung von Lernen für die Förderung Lebenslangen Lernens als eine wichtige Aufgabe nicht nur der Weiterbildungsgestaltung und -politik herausgearbeitet.

Eine vergleichbare bildungstheoretische Begründung für das informelle Lernen legen Rauschenbach, Leu u. a. vor. Allerdings bevorzugen sie den Begriff der „non-formalen und informellen Bildung“ und geben so der Kategorie eine stärker normative inhaltliche Richtung, nämlich auf „Autonomie und Solidarität“, auf Teilhabe und Verantwortung, Wirksamkeit des eigenen Handelns und Veränderbarkeit der Verhältnisse sowie Lebensbewältigung (vgl. Rauschenbach/Leu u. a. 2004, 21ff.). Die Vermittlung der Kompetenzen zur Erreichung dieser Bildungsziele sehen sie zwar nicht auf die nicht-institutionalisierten Lernwelten außerhalb von Schulen beschränkt, die Schulen behalten einen wichtigen Stellenwert. Aber die Orte und Prozesse der non-formalen und informellen Bildung in Vereinen und Verbänden, in Cliquen und Freundschaften, in den vielfältigen Angeboten der Kinder- und Jugendhilfe und nicht zuletzt auch in der virtuellen Welt der Medien haben hier in der traditionellen Schulpädagogik vernachlässigtes Gewicht, auf das eine Bildungsberichterstattung in systemischer Perspektive einzugehen hat, auch wenn der differentielle Beitrag der außerschulischen Lernwelten im Kindes- und Jugendalter zur Erreichung der angeführten Bildungsziele nicht präzise bestimmt werden kann.

Es liegt in der Natur der Sache, dass die Effekte informellen Lernens schwer messbar sind. Das beginnt schon mit der Definition dessen, was alles in den Begriff eingehen soll. Eine auf Indikatoren gestützte Bildungsberichterstattung steht vor dem Problem, den Begriff des informellen Lernens aus dem Dunstschleier einer catch-all-Kategorie herauszulösen und unterschiedliche Lernformen und -gelegenheiten der Beschreibung und Gewichtung zugänglich zu machen. Der Weg zur Operationalisierung des Konzepts „informelles Lernen“ hat wenigstens drei zentrale Dimensionen zu berücksichtigen:

- Abgrenzung der Lernorte, an denen bevorzugt Gelegenheiten zu informellem Lernen bestehen und wahrgenommen werden können; bereits in der EU-Definition werden als Lernorte die Arbeit, die Familie, die Freizeit angesprochen, Rauschenbach u. a. ergänzen und präzisieren sie mit den Verweisen auf Verbände/Vereine, Cliquen und Medien. Welche Art von Lernprozessen an welchen Orten besonders erfahren werden, ist genauer zu untersuchen.
- Abgrenzung der Lerninhalte und -ziele: In der Literatur wird weniger explizites als vielmehr implizites Wissen – um die Unterscheidung von Nonaka und Takeuchi (1995) aufzugreifen – als zentraler Inhalt informellen Wissens aufgegriffen. Es sind bevorzugt die Softskills wie Kommunikationsfähigkeit, Kooperation, Reflexivität, Selbstorganisation und -steuerung, aber auch Verantwortungsübernahme und Einübung demokratischer Verhaltensweisen, die in der Literatur genannt werden und die heu-

te in vielen beruflichen und sozialen Kontexten an Bedeutung gewonnen haben (vgl. Düx 2006; Overwien 2000; Dohmen 2001b).[9]

– Abgrenzung von Lernformen: Lernformen lassen sich auch im Bereich des informellen Lernens nach Graden der Intentionalität und Planung sowie nach der Prozessorganisation unterscheiden, ob es sich beispielsweise mehr um Einzelarbeit oder um Gruppenkontexte handelt, welche Rolle Medien spielen u. a.

4.3 Zur Operationalisierung des Konzepts „informelles Lernen" (ein Beispiel)

Zur weiteren Ausdifferenzierung von Schritten zur Operationalisierung und zur Klärung von Zusammenhängen zwischen Lernorten/-gelegenheiten und Lerninhalten/-zielen wird in dem die Bildungsberichterstattung begleitenden Indikatorenforschungsprogramm ein eigener Schwerpunkt bearbeitet. Auch wenn dessen Ergebnisse nicht schon voll in die Arbeit an den für den Bericht 2008 vorgesehenen Indikatoren zum informellen Lernen eingehen (D5 und G3), lassen sich bereits erste Kennziffern aus internationalen Studien präsentieren, die als Beispiele für die Möglichkeit der Operationalisierung dienen können.

Die in CVTS 3 und AES zur Erfassung von Möglichkeiten und Teilhabe an informellen Lernprozessen verwendeten Items umfassen organisierte und nicht-organisierte Alltagserfahrungen.

Man kann sie entsprechend der Unterscheidung von Lernorten und Lerninhalten in zwei Komplexe untergliedern:

a) Gelegenheitsstrukturen/Betriebliche Angebote (Lernorte)

Die betrieblichen Chancen zu nicht-institutionalisiertem Lernen lassen sich durch die großen Betriebssurveys erfassen. In ihnen sind von besonderem Interesse die Verbindungen von Lerngelegenheiten mit ökonomischen Merkmalskombinationen von Betriebsgröße, Branchenzugehörigkeit, Erfolgs- oder Misserfolgskennziffern (Umsatz-, Produktivitätsentwicklung) und Kennziffern zur qualifikatorischen Zusammensetzung von Belegschaften. Die betrieblichen Gelegenheitsstrukturen lassen sich über die in CVTS 3 erhobenen Kennziffern abbilden, wobei zu beachten ist, dass hier non-formale und informelle Lernchancen zusammengefasst sind:

9 Ein Beispiel für unterschiedliche Kompetenzen, die durch Freiwilligen-Engagement gewonnen werden, gibt W. Düx (siehe Schema S. 48).

- Weiterbildung am Arbeitsplatz wie Unterweisung/Anlernen/Einarbeitung,
- Job-Rotation, Austauschprogramme, Abordnungen, Studienbesuche,
- Lern- und Qualitätszirkel,
- Selbstgesteuertes Lernen (medien- und internetgestützt),
- Fachvorträge, Erfahrungsaustauschkreise, sonstige Info-Veranstaltungen.

Analog zu arbeitsbezogenen Lernaktivitäten in CVTS 3 lassen sich Gelegenheitsstrukturen im sozialen Umfeld über Selbsteinschätzung bzw. subjektive Wahrnehmung von Vereins- und anderen Freizeitaktivitäten erfassen.

b) Formen und Felder informellen Lernens (Lerninhalte, Lernformen)

Das AES erlaubt, das Ausmaß der je individuellen Teilhabe an unterschiedlichen informellen bzw. nicht institutionalisierten Lernerfahrungen darzustellen. Kennziffern zur Beschreibung von informellen/nicht-institutionalisierten Lernaktivitäten bietet der AES mit der Frage, ob Personen „sich selbst etwas beigebracht" haben durch

- Lesen von Büchern, Fachzeitschriften;
- Nutzung von Computer oder Internet;
- Nutzung von Fernsehen, Radio oder Audio-/Videokassette;
- Führungen in Museen oder zu historischen Orten, Naturdenkmälern oder Industrieanlagen;
- Besuche von Büchereien oder offenen Lernzentren;
- Lernen von Familienmitgliedern, Freunden oder Kollegen.

Der Grad der Intensität informeller Lernaktivitäten lässt sich über Mehrfachnennungen ansatzweise ermessen. Was die Befragten über die Tatsache hinaus, dass sie meinen „sich etwas beigebracht" zu haben, tatsächlich gelernt haben, lässt sich mit den einfachen AES-Fragen nicht feststellen. (Dies gilt aber auch für viele institutionalisierte Bildungs- und Weiterbildungsformen, soweit es keine Kompetenzmessungen gibt). Der AES bietet aber genügend Daten, um die Bedeutung des informellen Lernens mit Bezug auf formalisierte Weiterbildungsaktivitäten sowie auf Bildungs- und Berufsbiografie herausarbeiten zu können. Mit Hilfe von multivariaten Verfahren ist in einer repräsentativen Weiterbildungsstudie für die Bundesrepublik gezeigt worden, dass informelle Lernaktivitäten einen eigenständigen Faktor darstellen (vgl. Baethge/Baethge-Kinsky 2004).

Tab. 1: Im Engagement erworbene Kompetenzen Jugendlicher

Personenbezogene Kompetenzen				Sachbezogene Kompetenzen			
Personale Kompetenzen	Sozialkompetenzen			Kognitive Komp.	Organisatorische Komp.	Handwerklich techn. Komp.	Kreativ-musisch-sportl. Komp.
Selbstbewusstsein	Verantwortungsbereitschaft	Politisch-demokr. Kompetenz	Toleranz	Reflexionsfähigkeit	Mitbestimmung/ Mitgestaltung	Technische Kompetenzen	Musikalische Kompetenzen
Selbständigkeit/ Selbstbestimmung	Kommunikationsfähigkeit	Leitungskompetenz	Empathie	Allgemeinwissen	Organisationsvermögen	Versorgung/ Bergung Verletzter	Sportliche Kompetenzen
Durchhaltevermögen	Zuverlässigkeit	Überzeugungsfähigkeit	Helfen, Beraten, Unterstützen	Technisches/naturwiss. Wissen	Lernfähigkeit	Katastrophenschutz	Verfassen von Texten
Belastbarkeit	Kooperationsfähigkeit	Durchsetzungsvermögen	Beziehungskompetenz	Politisches Wissen	Informationsbeschaffung	Handwerkliche Kompetenzen	Kreatives Gestalten
Offenheit	Konfliktfähigkeit	Komp. zu sozialer Integration	Interkulturelle Kompetenz	Umweltwissen	Medienkompetenz		Ideen entwickeln
Flexibilität	Kritikfähigkeit	Einordn. i. hierarchische Strukturen	Pädagogische Kompetenz	Pädagogisches Wissen	Gremienkompetenz		Theater spielen
Selbstreflexivität/ Selbsterkenntnis	Problemlösungskompetenz		Gender-Kompetenz	Religiöses Wissen	Methodenkompetenz		
Biografische Orientierung				Rechtliches Wissen	Öffentlichkeitsarbeit		
Entwicklung von Werten				Organisationswissen	Nutzung der Orga-Strukturen		
				Rhetorische Kompetenz	Verwaltung/ Geschäftsführung		
				Grenzen erkennen			

Quelle: Düx 2006

Weiteren Aufschluss über die Bedeutung des informellen Lernens können Vergleiche zwischen Personen mit und ohne Teilhabe bringen. Man kann davon ausgehen, dass sich ähnliche Analysen auch mit Surveys zum Lernverhalten von Kindern und Jugendlichen durchführen lassen, wenn die Stichprobe entsprechender Surveys groß genug ist.

5. Das „Indikatorentableau" der nationalen Bildungsberichterstattung

Bildungsberichterstattung hat zur Aufgabe, Politik, Verwaltung, Wissenschaft und Öffentlichkeit regelmäßig auf der Grundlage von Daten über Stand und Entwicklungen im Bildungswesen zu informieren. Dabei wird zwar das Bildungswesen als Ganzes betrachtet, gleichwohl müssen Schwerpunkte auf bestimmte Bereiche und Aspekte gesetzt werden. Die Begründungsmuster für die Auswahl von bestimmten Indikatoren können dabei aus drei Perspektiven hergeleitet werden:

- normative Begründungszusammenhänge,
- bildungspolitische Begründungsmuster,
- wissenschaftssystematische Begründungslinien und Forschungsheuristiken.

Die damit mögliche Auswahl und Präsentation von Indikatoren in einem Bildungsbericht wird durch eine Reihe von zu berücksichtigenden Bedingungen und Vorgaben eingeschränkt: Für jeden Bildungsbericht stehen nur maximal 180 Seiten Text und 120 Seiten Tabellenanhang zur Verfügung. Berücksichtigt man, dass davon jeweils 30-35 Seiten für das Schwerpunktthema sowie insgesamt ca. 20 Seiten für die datengestützten Kapitel A und I abgehen, dann verbleibt bei einem durchschnittlichen Umfang von ca. sechs Seiten je Indikator Raum für die Darstellung von insgesamt 25 bis 30 Kernindikatoren. Hinzu kommt, dass stets auch Platz für neue Indikatoren aus dem jeweiligen Indikatorenentwicklungsprogramm und für Ergänzungsindikatoren (entsprechend aktueller bildungspolitischer Entwicklungen und Erfordernisse) zur Verfügung stehen muss.

Für den Bildungsbericht 2008 werden aus dem begleitenden Indikatorenentwicklungsprogramm folgende Indikatoren bzw. Ergebnisse für die Darstellung von Indikatoren genutzt werden können:

- C1 „Inanspruchnahme von Tageseinrichtungen vor der Schule",
- C4 „Übergang zwischen Kindergarten und Schule",
- D3 „Ganztägige Bildung, Betreuung und Erziehung",
- F4 „Studienverlauf".

Für den Bericht 2010 können Indikatoren zu folgenden Aspekten erwartet werden:

- Maßnahmen zur Qualitätssicherung und Evaluierung im Schulwesen,
- informelles Lernen im Rahmen der beruflichen Ausbildung und Weiterbildung,
- Übergänge von der beruflichen Ausbildung in Beschäftigung,
- Ausbildung des wissenschaftlichen Nachwuchses.

Ergänzungsindikatoren sollen die Aktualität eines Bildungsberichts erhöhen und Entwicklungen aufgreifen, die zeitweilig von bildungspolitischem und öffentlichem Interesse sind. Insofern sollten Ergänzungsindikatoren nicht längerfristig geplant, sondern eher kurzfristig in einem iterativen Prozess zwischen Auftraggeber und Auftragnehmern bestimmt werden. Dargestellte Ergänzungsindikatoren sollten in mittelfristigen Abständen erneut berichtet werden, um Veränderungen aufzuzeigen. Beispiele für Ergänzungsindikatoren aus den Berichten 2006 und 2008 sind: Klassenwiederholungen, Computernutzung in und außerhalb der Schule, ganztägige Bildung und Betreuung im Schulalter, vollzeitschulisches Ausbildungsangebot, Studienfinanzierung usw.

Bereits mit den Indikatoren der Berichte 2006 und 2008 steht der Bildungsberichterstattung ein Tableau von ca. 50 ausgearbeiteten bzw. hinreichend genau beschriebenen Indikatoren zur Verfügung. Hinzu kommen noch aus dem Indikatorenentwicklungsprogramm ca. fünf neue Indikatoren je Bericht sowie aktuelle Ergänzungsindikatoren, so dass die Bildungsberichterstattung insgesamt über ein stabiles Tableau von mindestens 55 bis 60 Indikatoren verfügt. Bedenkt man, dass insgesamt in einem Bildungsbericht maximal 30 bis 35 Indikatoren präsentiert werden können, dann steht der Bildungsberichterstattung bereits jetzt ein überschaubares, praktikables, fortschreibbares und begrenzt erweiterbares Indikatorensystem zur Verfügung. Aus diesem Indikatorensystem sollen mittelfristig die (25-30) Kernindikatoren für jeden Bericht abgeleitet werden (vgl. Tab. 2).

Tab.2: Tableau der verfügbaren Indikatoren:

	Indikatoren	**Code/ Bericht**	**Di-men-sion***
A Bildung im Spannungsfeld veränderter Rahmenbedingungen (datengestützter Teil)			
1.	Demographische Entwicklung	A1/06; A2/08	K
2.	Wirtschaftliche Entwicklung	A2/06	K
3.	Finanzsituation der öffentlichen Haushalte	A3/06	K
4.	Internationalisierungs- und Globalisierungstrends	A4/06	K
5.	Strukturwandel zur Dienstleistungs- und Wissensgesellschaft	A5/06	K
6.	Veränderte Familien- und andere Lebensformen	A6/06	K
7.	Wirtschaftliche Entwicklung und Strukturwandel	A1/08	K
8.	Wandel der Familien- und Lebensformen	A3/08	K
B Grundinformationen zu Bildung in Deutschland			
9.	Bildungsausgaben	B1/06; B1/08	I
10.	Bildungsbeteiligung	B2/06; B3/08	P
11.	Bildungsstand der Bevölkerung	B3/06; B4/08	W
12.	Bildungspersonal	B2/08	I
C Frühkindliche Bildung, Betreuung und Erziehung			
13.	Platzangebot in Kindertageseinrichtungen	C1/06	I
14.	Angebote frühkindlicher Bildung, Betreuung und Erziehung	C1/08	I
15.	Inanspruchnahme der frühkindl. Bildung, Betreuung und Erz.	C2/06; C2/08	I/P
16.	Pädagogisches Personal im frühkindlichen Bereich	C3/06; C3/08	I/P
17.	Übergang in die Schule	C4/06; C4/08	W
D Allgemeinbildende Schule und non-formale Lernwelten im Schulalter			
18.	Übergänge und Wechsel innerhalb des Schulwesens	D1/06; D1/08	P
19.	Klassenwiederholungen	D2/06; D2/08	P/W
20.	Ganztägige Bildung und Betreuung im Schulalter	D3/06; D3/08	I/P
21.	Computernutzung in und außerhalb der Schule	D4/06	P
22.	Pädagogisches Personal im Schulwesen	D4/08	I/P
23.	Informelles Lernen durch freiwilliges Engagement	D5/06	I/P
24.	Teilnahme u. Verantwortungsübernahme in außerschul. Lernorten	D5/08	I/P
25.	Kognitive Kompetenzen	D6/06; D6/08	W
26.	Schulabgänger mit und ohne Abschluss	D7/06; D7/08	W
E Berufliche Ausbildung			
27.	Ausbildungsanfänger – Strukturentwicklung in der Berufsbildung	E1/06; E1/08	I
28.	Angebot und Nachfrage in der dualen Ausbildung	E2/06; E2/08	I/P
29.	Betriebliches Ausbildungsplatzangebot	E3/06	I
30.	Stabilität von Ausbildungsverhältnissen	E4/06	P
31.	Vollzeitschulisches Ausbildungsangebot	E3/08	I
32.	Schulisches Bildungsniveau der Ausbildungsberufe	E4/08	I/P
33.	Arbeitsmarktresultate: Erwerbsstatus und Einkommen nach Berufsgruppen	E5/06	W
34.	Erfolgreiche Ausbildungsabschlüsse	E5/08	W

Indikatoren		Code/ Bericht	Dimension*
F Hochschule			
35.	Übergänge in die Hochschule	F1/06	I/P
36.	Studienanfängerinnen und Studienanfänger an Hochschulen	F2/06, F1/08	I
37.	Studienverlauf, Studiendauer, Studienabbruch	F3/06; F4/08	P
38.	Hochschulabsolventinnen und -absolventen	F4/06; F5/08	W
39.	Lehrendes Personal an Hochschulen	F2/08	I/P
40.	Studienfinanzierung	F3/08	I
G Weiterbildung und Lernen im Erwachsenenalter			
41.	Teilnahme an allgemeiner und beruflicher Weiterbildung	G1/06; G1/08	I
42.	Finanzierung der Weiterbildung	G2/06	I
43.	Informelles Lernen Erwachsener	G3/06; G3/08	I/P
44.	Arbeitsmarkterträge beruflicher Weiterbildung	G4/06; G4/08	W
45.	Berufl. Weiterbildungsangebote und -ausgaben v. Unternehmen	G2/08	I
H „Schwerpunktthema" (datengestützter Teil)			
I Wirkungen und Erträge von Bildung (datengestützter Teil)			
46.	Bildung, Erwerbstätigkeit, Einkommen	I1/06	
47.	Bildung, Lebensführung und gesellschaftliche Teilhabe	I2/06	
48.	Bildung, Wirtschaftswachstum, soziale Erträge	I3/06	
49.	Differenzierung und Kumulation von Bildung im Lebenslauf	I4/06	
50.	Bildung und Wirtschaftswachstum	I1/08	
51.	Bildung und Arbeitsmarkt	I2/08	
52.	Individueller Nutzen von Bildung	I3/08	
53.	Chancengleichheit und gesellschaftliche Teilhabe	I4/08	

* K = Kontext, I = Input, P = Prozess, W = Wirkungen

6. Die zeitliche Abfolge der Darstellung der Indikatoren in den Bildungsberichten

Auf der Grundlage der Überlegungen unter 5. sowie zur Systematisierung der Auswahl und Darstellung der Indikatoren eines Bildungsberichts empfiehlt es sich, die Indikatoren in vier Gruppen einzuteilen:

1. Kernindikatoren, die in jedem Bericht dargestellt werden müssen;
2. Kernindikatoren, die im Wechsel nur in jedem 2. Bericht enthalten sind;
3. neue Indikatoren aus den jeweiligen Forschungsvorhaben und
4. Ergänzungsindikatoren.

Um eine Unterscheidung bei den ersten beiden Gruppen von Indikatoren vornehmen zu können, wurden folgenden Kriterien zugrunde gelegt:

– Bedeutung des Indikators für die Systembeschreibung, also Absicherung „tragender Aussagen" zu einem Bildungsbereich;

- Relevanz des Indikators für Steuerung und bildungspolitische Entscheidungen im jeweiligen Bildungsbereich bzw. aus der Gesamtperspektive des Bildungswesens;
- gesicherte oder zu erwartende Datenbasis zur operationalisierten Darstellung des Indikators in verschiedenen Kennziffern und nach Differenzierungsaspekten.

Insgesamt ergibt sich daraus folgender Vorschlag für die zeitliche Abfolge einer mittelfristigen Darstellung von Indikatoren (vgl. Tab. 3).

Tab. 3: Übersicht über die Abfolge von Indikatoren der Bildungsberichte 2006 bis 2012[10]

		Bildungsbericht			
Indikatoren		2006	2008	2010	2012
A Bildung im Spannungsfeld veränderter Rahmenbedingungen (z. Z. noch datengestützter Teil)					
1.	Demographische Entwicklung	x	x	x	x
2.	Wirtschaftliche Entwicklung	x	–		
3.	Finanzsituation der öffentlichen Haushalte	x	–	–	–
4.	Internationalisierungs- und Globalisierungstrends	x	–	–	–
5.	Strukturwandel z. Dienstleistungs- u. Wissensgesellschaft	x	–	–	–
6.	Veränderte Familien- und andere Lebensformen	x	–	–	–
7.	Wirtschaftliche Entwicklung und Strukturwandel	–	x	x	x
8.	Wandel der Familien- und Lebensformen	–	x	x	x
B Grundinformationen zu Bildung in Deutschland					
9.	Bildungsausgaben	x	x	x	x
10.	Bildungsbeteiligung	x	x	x	x
11.	Bildungsstand der Bevölkerung	x	x	x	x
12.	Bildungspersonal	–	x	x	x
C Frühkindliche Bildung, Betreuung und Erziehung					
13.	Platzangebot in Kindertageseinrichtungen	x	–	–	–
14.	Angebote frühkindlicher Bildung, Betreuung u. Erziehung	–	x	–	x
15.	Inanspruchnahme der frühkindl. Bildung, Betreuung u. Erz.	x	x	x	x
16.	Pädagogisches Personal im frühkindlichen Bereich	x	x	x	x
17.	Übergang in die Schule	x	x	x	x
D Allgemeinbild. Schule und non-formale Lernwelten im Schulalter					
18.	Übergänge und Wechsel innerhalb des Schulwesens	x	x	x	x
19.	Klassenwiederholungen	x	x	x	x
20.	Ganztägige Bildung und Betreuung im Schulalter	x	x	x	–

10 Der überschaubare Zeitraum bis 2012 wurde deshalb gewählt, weil nach Auffassung der Autorengruppe 2010, spätestens jedoch 2012, eine Bilanzierung der Bildungsberichterstattung erfolgen sollte. Diese bliebe nicht ohne Konsequenzen für die zeitliche Abfolge der Indikatoren.

21.	Computernutzung in und außerhalb der Schule	x	–	–	–
22.	Pädagogisches Personal im Schulwesen	–	x	x	x
23.	Informelles Lernen durch freiwilliges Engagement	x	–	x	–
24.	Teilnahme und Verantwortungsübernahme in außerschul. Lernorten	–	x	–	x
25.	Kognitive Kompetenzen	x	x	x	x
26.	Schulabgänger mit und ohne Abschluss	x	x	x	x
E Berufliche Ausbildung					
27.	Ausbildungsanfänger – Strukturentwicklung in der Berufsbildung	x	x	x	x
28.	Angebot und Nachfrage in der dualen Ausbildung	x	x	x	x
29.	Betriebliches Ausbildungsplatzangebot	x	–	x	–
30.	Stabilität von Ausbildungsverhältnissen	x	–	–	x
31.	Vollzeitschulisches Ausbildungsangebot	–	x	–	x
32.	Schulisches Bildungsniveau der Ausbildungsberufe	–	x	–	x
33.	Arbeitsmarktresultate: Erwerbsstatus und Einkommen nach Berufsgruppen	x	–	x	–
34.	Erfolgreiche Ausbildungsabschlüsse	–	x	–	x
F Hochschule					
35.	Übergänge in die Hochschule	x	–	x	x
36.	Studienanfänger/-innen an Hochschulen	x	x	x	x
37.	Studienverlauf, Studiendauer, Studienabbruch	x	x	x	x
38.	Hochschulabsolventinnen und -absolventen	x	x	x	x
39.	Lehrendes Personal an Hochschulen	–	x	-	x
40.	Studienfinanzierung	–	x	–	–
G Weiterbildung und Lernen im Erwachsenenalter					
41.	Teilnahme an allgemeiner und beruflicher Weiterbildung	x	x	x	x
42.	Finanzierung der Weiterbildung	x	–	–	–
43.	Informelles Lernen Erwachsener	x	x	x	x
44.	Arbeitsmarkterträge beruflicher Weiterbildung	x	x	x	x
45.	Berufl. Weiterbildungsangebote und -ausgaben von Unternehmen	–	x	–	–
H „Schwerpunktthema" (datengestützter Teil)					
I Wirkungen und Erträge v. Bildung (z. Z. noch datengestützter Teil)					
46.	Bildung, Erwerbstätigkeit, Einkommen	x	–	–	–
47.	Bildung, Lebensführung und gesellschaftliche Teilhabe	x	–	–	–
48.	Bildung, Wirtschaftswachstum, soziale Erträge	x	–	–	–
49.	Differenzierung u. Kumulation von Bildung im Lebenslauf	x	–	–	–
50.	Bildung und Wirtschaftswachstum	–	x	x	x
51.	Bildung und Arbeitsmarkt	–	x	x	x
52.	Individueller Nutzen von Bildung	–	x	x	x
53.	Chancengleichheit und gesellschaftliche Teilhabe	–	x	x	x

Literatur

Ackeren, L. van/Hovestadt, G. (2003): Indikatorisierung der Empfehlungen des Forum Bildung. Ein exemplarischer Versuch unter Berücksichtigung der bildungsbezogenen Indikatorenforschung und -entwicklung. In: Bundesministerium für Bildung und Forschung (BMBF) (Hrsg.): Reihe „Bildungsreform", Band 4. Bonn.

Arbeitsgemeinschaft Betriebliche Weiterbildungsforschung (ABWF) (2001-2006): Kompetenzentwicklung (Jahrbuch). Münster, New York: Waxmann.

Avenarius, H./Ditton, H./Döbert, H./Klemm, K./Klieme, E./Rürup, M./Tenorth, H.-E./ Weishaupt, H./Weiß, M. (2003a): Bildungsbericht für Deutschland. Erste Befunde. Opladen: Leske + Budrich.

Avenarius et al. (2003b): Bildungsberichterstattung für Deutschland. Konzeption. Frankfurt/M.: DIPF.

Baethge, M. (2001): Paradigmenwechsel in der beruflichen Weiterbildung. In: Forum Bildung (Hrsg.): Lernen ein Leben lang. Vorläufige Empfehlungen und Expertenbericht. (Hg. v. Arbeitsstab Forum Bildung). Bonn, (URL: http://www.blk-bonn.de/papers/forum-bildung/band09.pdf; Stand: 04.04.2008).

Baethge, M./Buss, K.-P./Lanfer, C. (2003): Konzeptionelle Grundlagen für einen Nationalen Bildungsbericht: Berufliche Bildung und Weiterbildung/Lebenslanges Lernen. Bildungsreform, Band 7. Berlin: BMBF.

Baethge, M./Baethge-Kinsky, V. (2004): Der ungleiche Kampf um das Lebenslange Lernen. Münster, New York, München, Berlin: Waxmann.

Ballerstedt E./Glatzer, W. (1975): Soziologischer Almanach, Handbuch gesellschaftspolotischer Daten und Indikatoren für die Bundesrepublik Deutschland, unter Mitarbeit von Mayer, K. U., Zapf, W. Frankfurt/M.: Herder und Herder.

Bartelheimer, P. (2006a): Wozu sozioökonomische Berichterstattung? – eine Kontroverse. In SOFI-Mitteilungen, Nr. 34, 67-90.

Bartelheimer, P./Boes, A./Fuchs, T./Grimm, N./Hacket, A./Land, R./Mayer-Ahuja, N./ Weber, C. (2006b): Berichterstattung zur sozioökonomischen Entwicklung Deutschlands. Zweiter Bericht, Zwischenbericht, Teil I, Auswertung der Werkstattgespräche zur sozioökonomischen Berichterstattung im ersten Halbjahr 2006, Göttingen (URL: http://soeb.de/img/content/zwischenbericht_2006_teil_1.pdf; Stand: 04.04.2008).

Baumert, J./Schümer, G. (2001): Familiäre Lebensverhältnisse, Bildungsbeteiligung und Kompetenzerwerb. In: Deutsches Pisa-Konsortium (Hrsg.): PISA 2000 – Basiskompetenzen von Schülerinnen und Schülern im internationalen Vergleich. Opladen: Leske + Budrich, S. 323-407.

Berger-Schmitt, R. (2001): Dimensions, Indicators and Time Series in a European System of Social Indicators by Example. EuReporting Working Paper No. 16. Towards a European System of Social Reporting and Welfare Measurement. A TSER-Project Financed by the European Commission, Subproject European System of Social Indicators. Centre for Survey Research and Methodology (ZUMA). Mannheim: ZUMA.

Bourdieu, P. (1997): Ökonomisches Kapital, kulturelles Kapital, soziales Kapital. In: Steinrücke, M. (Hrsg.): Die verborgenen Mechanismen der Macht. Hamburg: VSA-Verlag, S. 49-79.

Bottani, N./Tuijnman, A. (1994): International Education Indicators: Framework, Development and Interpretation. In: Centre for Educational Research and Innovation (Eds.): Making Education Count. Developing and Using International Indicators. Paris: OECD, S. 65-80.

Dohmen, G. (2001a): Das informelle Lernen. Die internationale Erschließung einer bisher vernachlässigten Grundform menschlichen Lernens für das lebenslange Lernen aller. Untersuchungsbericht. Bonn: BMBF.

Dohmen, G. (2001b): Zertifizierung. In: Forum Bildung (Hrsg.): Lernen ein Leben lang. Bonn, S. 152-160.

Düx, W. (2006): „Aber so richtig für das Leben lernt man eher bei der freiwilligen Arbeit." Zum Kompetenzgewinn Jugendlicher im freiwilligen Engagement. In: Rauschenbach, T./Düx, W./Sass, E. (Hrsg.): Informelles Lernen im Jugendalter. Vernachlässigte Dimensionen der Bildungsdebatte. Weinheim: Juventa, S. 205-240.

Fitz-Gibbon, C. T. (1996) Monitoring School Effectiveness: Simplicity and Complexivity. In: Gray, J./Reynolds, D./Fitz-Gibbon, C./Jesson, D. (Eds): Merging Traditions: The Future of Research on School Effectiveness and School Improvement. London: Cassell.

Fitz-Gibbon, C. T./Tymms, P. (2002). Technical and Ethical Issues in Indicator Systems. Education Policy Analysis Archives, 10(6).

Kommission der Europäischen Gemeinschaft (2000): Memorandum über Lebenslanges Lernen. Brüssel: EG.

Konsortium Bildungsberichterstattung (2006): Bildung in Deutschland. Ein indikatorengestützter Bericht mit einer Analyse zu Bildung und Migration (im Auftrag der Ständigen Konferenz der Kultusminister der Länder in der Bundesrepublik Deutschland und des Bundesministeriums für Bildung und Forschung), Bielefeld: Bertelsmann.

Noll, H.-H. (1998): Sozialberichterstattung: Funktionen, Merkmale und Grenzen. In: Institut für Sozialwissenschaftliche Forschung (IFS) u. a. (Hrsg.): Jahrbuch Sozialwissenschaftliche Technikberichterstattung, Sonderband Beobachtungsfeld Arbeit. Berlin: IFS, 25-35.

Noll, H.-H. (2002): Social Indicators and Quality of Life Research: Background, Achievements und Current Trends. In: Genov, N. (Ed.): Advances in Sociological Knowledge over Half a Century. Paris: International Social Science Council.

Noll, H.-H. (2003): Sozialberichterstattung, amtliche Statistik und die Beobachtung sozialstaatlicher Entwicklungen. In: Meulemann, H. (Hrsg.): Der Sozialstaat in der amtlichen Statistik. Angebote und Nachfragen. Sozialwissenschaftliche Tagungsberichte Band 6. Bonn: IZ, 65-84.

Nonaka, I./Takeuchi, H. (1995): Die Organisation des Wissens. Wie japanische Unternehmen eine brachliegende Ressource nutzbar machen. New York: Campus.

Oakes, J. (1989): What educational indicators? The case for assessing school context. In: Educational Evaluation and Policy Analysis, 1, (2), 181-199.

Ogawa R./Collom, E. (Eds.) (1998): Educational Indicators: What are they? How can schools and school district use them? Riverside: California Educational Research Cooperative.

Overwien, B. (2000): Das lernende Subjekt als Ausgangspunkt – Befreiungspädagogik und informelles Lernen. In: Wittwer, W./Kirchhoff, St. (Hrsg.): Informelles

Lernen und Weiterbildung: Neue Wege zur Kompetenzentwicklung. Neuwied: Luchterhand, S. 43-70.

Rauschenbach, T./Leu, H. R./Lingenauber, S./Mack, W./Schilling, M./Schneider, K./ Züchner, I. (2004): Non-formale und informelle Bildung im Kindes- und Jugendalter. (Konzeptionelle Grundlagen für einen Nationalen Bildungsbericht). Berlin: BMBF.

Scheerens, J. (1994): Prozessindikatoren der Arbeitsweise von Schulen. In: Mitter, W./ Schäfer, U. (Hrsg.): Die internationalen Bildungsindikatoren der OECD – ein Analyserahmen. Ein OECD/CERI-Bericht. Frankfurt/M.: Lang, S. 62-91.

Staudt, E./Kriegesmann, B. (1999): Weiterbildung. Ein Mythos zerbricht. In: QUEM (Hrsg.): Kompetenzentwicklung '99. Berlin: ABWF, S. 17-59.

Straka , G. A. (Hrsg.) (2003): Zertifizierung non-formell und informell erworbener beruflicher Kompetenzen. Münster: Waxmann.

Voges, W. (2002): Perspektiven des Lebenslagenkonzeptes. In: Zeitschrift für Sozialreform, Vol. 48, 262-278.

Anhang 1

List of Indicators on „The Condition of Education“ (USA, 2000–2007)

This List of Indicators includes all the indicators that appear on *The Condition of Education* website (http://nces.ed.gov/programs/coe), drawn from the 2000–2007 print volumes. The list is organized first by section and then by subject area. Thus, the indicator numbers and the years in which the indicators were published are not sequential.

	Indicator number	Year
Special Analyses		
Entering Kindergarten: A Portrait of American Children When They Begin School		2000
Students Whose Parents Did Not Go to College: Postsecondary Access, Persistence, and Attainment		2001
Private Schools: A Brief Portrait		2002
Nontraditional Undergraduates		2002
Reading – Young Children's Achievement and Classroom Experiences		2003
Paying for College: Changes Between 1990 and 2000 for Full-Time Dependent Undergraduates		2004
Mobility in the Teacher Workforce		2005
U.S. Student and Adult Performance on International Assessments of Educational Achievement		2006
High School Coursetaking		2007
Section 1 – Participation in Education		
All Ages		
Enrollment Trends by Age	1	2007
Preprimary Education		
Enrollment in Early Childhood Education Programs	2	2007
Elementary/Secondary Education		
Trends in Full- and Half-Day Kindergarten	3	2004
Past and Projected Public School Enrollments	3	2007
Trends in Private School Enrollments	4	2007
Homeschooled Students	3	2005
Racial/Ethnic Distribution of Public School Students	5	2007
Concentration of Enrollment by Race/Ethnicity and Poverty	6	2006
Family Characteristics of 5- to 17-Year-Olds	2	2003
Language Minority School-Age Children	6	2007
Children With Disabilities in Public Schools	7	2007

	Indicator number	Year
Undergraduate Education		
Past and Projected Undergraduate Enrollments	8	2007
Graduate and Professional Education		
Trends in Graduate/First-Professional Enrollments	9	2007
Adult Learning		
Participation in Adult Education	10	2007
Section 2 – Learner Outcomes		
Early Childhood Outcomes		
Students' Reading and Mathematics Achievement Through 3rd Grade	8	2004
Children's Skills and Proficiency in Reading and Mathematics Through Grade 3	8	2005
Academic Outcomes		
Reading Performance of Students in Grades 4, 8, and 12	11	2007
International Comparisons of Reading Literacy in Grade 4	10	2003
Writing Performance of Students in Grades 4, 8, and 12	10	2004
Mathematics Performance of Students in Grades 4 and 8	13	2006
Mathematics Performance of Students in Grade 12	12	2007
International Comparison of 4th- and 8th-Grade Performance in Mathematics	11	2005
Poverty and Student Mathematics Achievement	15	2006
Reading and Mathematics Score Trends by Age	15	2007
Reading and Mathematics Achievement at 5th Grade	16	2007
Trends in the Achievement Gaps in Reading and Mathematics	14	2007
Student Reading and Mathematics Performance in Public Schools by Urbanicity	14	2005
International Comparisons of Mathematics Literacy	17	2006
International Comparisons of Mathematics Cognitive Domains of 4th- and 8th-Graders	17	2007
Science Performance of Students in Grades 4, 8, and 12	13	2007
International Comparison of 4th- and 8th-Grade Performance in Science	12	2005
U.S. History Performance of Students in Grades 4, 8, and 12	14	2003
Geography Performance of Students in Grades 4, 8, and 12	13	2003
Adult Literacy		
Trends in Adult Literacy	18	2007
Trends in Adult Literary Reading Habits	15	2005
Adult Reading Habits	20	2006
Social and Cultural Outcomes		
Education and Health	12	2004
Youth Neither in School nor Working	19	2007

	Indicator number	Year
Economic Outcomes		
Annual Earnings of Young Adults	20	2007
Employment Outcomes of Young Adults by Race/Ethnicity	17	2005
Section 3 – Student Effort and Educational Progress		
Student Attitudes and Aspirations		
Time Spent on Homework	21	2007
Student Preparedness	22	2007
Postsecondary Expectations of 12th-Graders	23	2006
Student Effort		
Student Absenteeism	24	2006
Elementary/Secondary Persistence and Progress		
Grade Retention	25	2006
Event Dropout Rates by Family Income, 1972–2001	16	2004
Status Dropout Rates by Race/Ethnicity	23	2007
High School Sophomores Who Left Without Graduating Within 2 Years	27	2006
Public High School Graduation Rates by State	24	2007
Transition to College		
Immediate Transition to College	25	2007
International Comparison of Transition to Postsecondary Education	17	2004
Postsecondary Persistence and Progress		
Remediation and Degree Completion	18	2004
Transfers From Community Colleges to 4-Year Institutions	19	2003
Institutional Retention and Student Persistence at 4-Year Institutions	20	2003
Persistence and Attainment of Students With Pell Grants	23	2003
Trends in Undergraduate Persistence and Completion	19	2004
Postsecondary Participation and Attainment Among Traditional-Age Students	22	2005
Completions		
Degrees Earned	26	2007
Degrees Earned by Women	28	2007
Time to Bachelor's Degree Completion	21	2003
Postsecondary Attainment of 1988 8th-Graders	22	2003
Educational Attainment	27	2007
Advanced Degree Completion Among Bachelor's Degree Recipients	32	2006
Section 4 – Contexts of Elementary and Secondary Education		
Learning Opportunities		
Early Development of Children	35	2005
Early Literacy Activities	33	2006

	Indicator number	Year
Care Arrangements for Children After School	33	2004
Afterschool Activities	29	2007
Availability of Advanced Courses in High Schools	25	2005
Student/Teacher Ratios in Public Elementary and Secondary Schools	30	2007
Out-of-Field Teaching in Middle and High School Grades	28	2003
Out-of-Field Teaching by Poverty Concentration and Minority Enrollment	24	2004
Special Programs		
Public Alternative Schools for At-Risk Students	27	2003
Inclusion of Students With Disabilities in General Classrooms	31	2007
School Choice		
Charter Schools	32	2007
Parental Choice of Schools	36	2006
Profile and Demographic Characteristics of Public Charter Schools	28	2005
Teachers		
Characteristics of Full-Time School Teachers	33	2007
Beginning Teachers	29	2003
Elementary/Secondary School Teaching Among Recent College Graduates	37	2006
School Characteristics and Climate		
Characteristics of School Principals	34	2007
Size of High Schools	30	2003
Student Perceptions of Their School's Social and Learning Environment	29	2005
Parents' Attitudes Toward Schools	38	2006
School Violence and Safety	36	2007
Student Support Staff in Public Schools	35	2007
High School Guidance Counseling	27	2004
Finance		
Variations in Instruction Expenditures per Student	39	2007
Public Elementary and Secondary Expenditures by District Poverty	40	2007
Public Elementary and Secondary Expenditures by District Location	35	2004
Expenditures in Public Elementary and Secondary Schools by Expenditure Category	38	2007
Public Effort to Fund Elementary and Secondary Education	39	2005
International Comparisons of Expenditures for Education	41	2007
Changes in Sources of Public School Revenue	37	2007
Section 5 – Contexts of Postsecondary Education		
Characteristics of Postsecondary Students		
Minority Student Enrollments	31	2005

	Indicator number	Year
Programs and Courses		
Fields of Study	42	2007
Top 30 Postsecondary Courses	30	2004
International Comparisons of Degrees by Field	43	2007
Learning Opportunities		
Remedial Coursetaking	31	2004
Instructional Faculty and Staff Who Teach Undergraduates	46	2006
Distance Education by Postsecondary Faculty	47	2006
Distance Education at Postsecondary Institutions	32	2004
Special Programs		
Services and Accommodations for Students With Disabilities	34	2003
Faculty and Staff		
Faculty Salary, Benefits, and Total Compensation	44	2007
College Resources		
Electronic Services in Academic Libraries	33	2005
State Policy		
State Transfer and Articulation Policies	34	2005
Finance		
Institutional Aid at 4-Year Colleges and Universities	37	2004
Total and Net Access Price of Attending a Postsecondary Institution	47	2007
Total and Net Access Price for Graduate and First-Professional Students	48	2007
Debt Burden of College Graduates	38	2004
Employment of College Students	45	2007
Federal Grants and Loans to Undergraduate Students	46	2007
Public Effort to Fund Postsecondary Education	40	2005

Anhang 2

Übersicht über die Verfügbarkeit statistischer Daten im Jahr 2008

Anmerkung:

Die angegebenen Veröffentlichungstermine sind nur ungefähre Werte basierend auf den Vorjahren, eventuell sind manche Daten schon früher verfügbar oder die Veröffentlichung kann sich verzögern.

Erhebung/ Publikation	Stichtag/ Berichtszeitraum	Veröffent-lichung	Periodi-zität	Bemer-kungen
Kinder- und Jugend-hilfe-Statistik	15.03.2007	März 2008	jährlich	
Statistik der allgemein-bildenden Schulen	Schuljahr 2007/2008	Oktober 2008	jährlich	
Statistik der berufli-chen Schulen	Schuljahr 2007/2008	Oktober 2008	jährlich	
Berufsbildungsstatistik	31.12.2007		jährlich	Ergeb. sind für das 4. Quart. zu erwarten.
Hochschulstatistik - Studierende	Wintersemester 2007/2008	September 2008	jährlich	Einschließl. Studien-anfänger im Som-mersemester 2007
Hochschulstatistik - Prüfungen	Prüfungsjahr 2007	September 2008	jährlich	Wintersemester 2006/2007 u. Som-mersemester 2006
Hochschulstatistik - Personal	01.12.2007	Oktober 2008	jährlich	
Hochschulfinanz-statistik	2006	Mai 2008 (vor-aussichtlich)	jährlich	Kennzahlen im September 2008
Bildungsbudget	2005, vorläufige Daten für 2006	April 2008	jährlich	Daten zu „Ausgaben je Schüler" für 2006 im April 2009
Jahresrechnungssta-tistik der öffentlichen Haushalte	2006	Juli 2008	jährlich	
Personalstandstatistik des öffentlichen Dienstes	30.06.2007	Oktober 2008	jährlich	
BAföG-Statistik	2007	Juli 2008	jährlich	
AFBG-Statistik (Meis-ter-BAföG)	2007	Juni 2008	jährlich	

Erhebung/ Publikation	Stichtag/ Berichtszeitraum	Veröffent-lichung	Periodi-zität	Bemer-kungen
Continuing Vocational Training Survey (CVTS)	2005	August 2007	alle 5 Jahre	
Adult Education Survey (AES)	2007	Anfang 2008	geplant alle 5 J.	
Mikrozensus	2007	Juni 2008	jährlich	
EU-SILC	2007	Dezember 2008	jährlich	
Bevölkerungsstatistik	31.12.2007	August 2008	jährlich	
PISA				
IGLU				
...				
„Bildung auf einen Blick 2008"	Daten größtenteils für 2006	September 2008	jährlich	
„Internationale Bildungsindikatoren im Ländervergleich 2008"	Daten größtenteils für 2006	September 2008	jährlich	
„Key data on Education in Europe 2008"	Daten größtenteils für 2006	Dezember 2008	alle drei Jahre	Druck ist für Dezember 2008 geplant, Veröffentlichung evt. erst 2009
„Progress towards the Lisbon objectives in education and training 2008"	Daten größtenteils für 2006	noch nicht bekannt	jährlich	2007 wurde der Bericht im Oktober veröffentlicht, 2008 voraussichtl. im Juni

Verzeichnis der Autorinnen und Autoren

Prof. Dr. Dr. h. c. mult. Frank Achtenhagen
Georg-August-Universität Göttingen
Seminar für Wirtschaftspädagogik
Platz der Göttinger Sieben 5
37073 Göttingen

Prof. Dr. Martin Baethge
Georg-August-Universität Göttingen
Soziologisches Forschungsinstitut e.V. (SOFI)
Friedländer Weg 31
37085 Göttingen

Prof. Dr. Hartmut Ditton
Ludwig-Maximilians-Universität München
Institut für Pädagogik
Lehrstuhl Bildungs- und Sozialisationsforschung
Leopoldstraße 13
D-80802 München

Prof. Dr. Hans Döbert
Deutsches Institut für Internationale Pädagogische Forschung
Warschauer Str. 34-38
D-10243 Berlin

Prof. Dr. Peter Drewek
Universität Mannheim
Lehrstuhl Erziehungswissenschaft I
PF 103462
D-68131 Mannheim

Prof. Dr. Hans-Peter Füssel
Deutsches Institut für Internationale Pädagogische Forschung
Warschauer Str. 34-38
D-10243 Berlin

Prof. Dr. Harm Kuper
Freie Universität Berlin
AB Weiterbildung und Bildungsmanagement
Arnimallee 12
D-14195 Berlin

Prof. Dr. Frank-Olaf Radtke
Johann-Wolfgang-Goethe-Universität Frankfurt
Institut für Allgemeine Erziehungswissenschaft
Robert-Mayerstr. 1
D-60054 Frankfurt am Main

Prof. Dr. Thomas Rauschenbach
Deutsches Jugendinstitut e.V. (DJI)
Nockherstr. 2
D-81541 München

Bernhard von Rosenbladt
TNS Infratest Sozialforschung
Landsberger Str. 338
D-80687 München

Dr. Bernhard Schmidt-Hertha
Ludwig-Maximilians-Universität München
Institut für Pädagogik
Lehrstuhl für Allgemeine Pädagogik und Bildungsforschung
Leopoldstr. 13
D-80802 München

Michael Segeritz
Freie Universität Berlin
AB Empirische Bildungsforschung
Habelschwerdter Allee 45
D-14195 Berlin

Prof. Dr. Petra Stanat
Freie Universität Berlin
AB Empirische Bildungsforschung
Habelschwerdter Allee 45
D-14195 Berlin

Prof. Dr. Klaus-Jürgen Tillmann
Universität Bielefeld
Fakultät für Pädagogik
Universitätsstraße 25
D-33615 Bielefeld

Prof. Dr. Rudolf Tippelt
Ludwig-Maximilians-Universität München
Institut für Pädagogik
Lehrstuhl für Allgemeine Pädagogik und Bildungsforschung
Leopoldstr. 13
D-80802 München

Prof. Dr. Olga Zlatkin-Troitschanskaia
Johannes-Gutenberg-Universität Mainz
FB Rechts- und Wirtschaftswissenschaften
Jakob-Welder-Weg 9
D-55099 Mainz

Prof. Dr. Horst Weishaupt
Deutsches Institut für Internationale Pädagogische Forschung
AE Steuerung und Finanzierung des Bildungswesens
Schloßstr. 29
D-60486 Frankfurt am Main

Prof. Dr. Andrä Wolter
Technische Universität Dresden
Institut für Allgemeine Erziehungswissenschaft
Weberplatz 5
D-1217 Dresden